Art of the
Limited
Palette

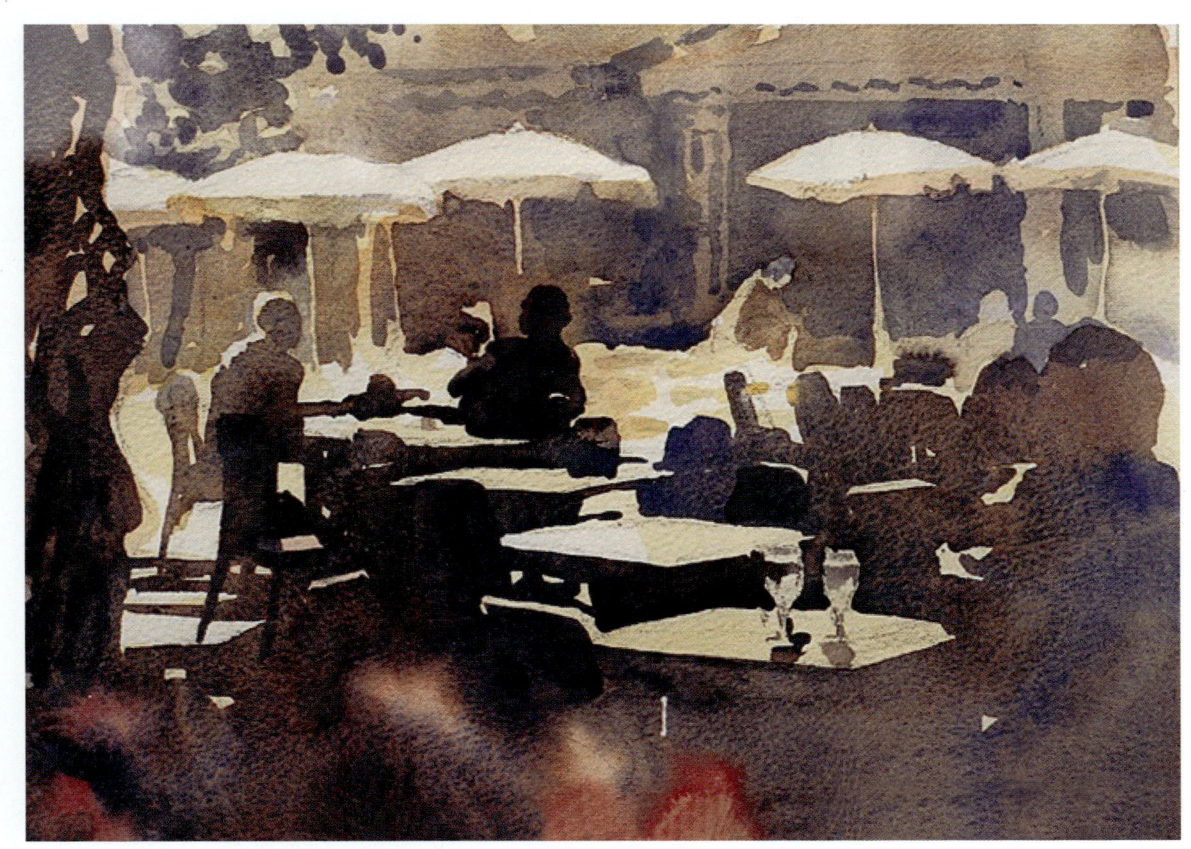

■ 일러두기

– 이 책은 Hazel Soan의 《Art of the Limited Palette》(B.T. Batsford, 2022)를 우리말로 옮긴 것이다.
– 외래어 표기는 국립국어원 외래어 표기법에 따르되, 관습으로 굳어진 것은 관례를 따랐다.
– 원어는 필요하다고 판단되는 곳에 병기하되, 본문에 사용된 모든 색에 관해서는 100~101쪽에 별도 목록으로 정리했다.
– 옮긴이의 주註는 본문에 (—옮긴이)로 표기했다.

한정된 팔레트로 그리는 수채화

첫판 1쇄 펴낸날 2023년 12월 18일

지은이 | 헤이즐 손
옮긴이 | 황희경
펴낸이 | 박남주

종이 | 화인페이퍼
인쇄·제본 | 한영문화사

펴낸곳 | (주)뮤진트리
출판등록 | 2007년 11월 28일 제2015-000059호
주소 | 서울시 마포구 토정로 135 (상수동) M빌딩
전화 | (02)2676-7117 팩스 | (02)2676-5261
전자우편 | geist6@hanmail.net
홈페이지 | www.mujintree.com

ⓒ 뮤진트리, 2023

ISBN 979-11-6111-124-7 03630

* 책값은 뒤표지에 있습니다.

한정된 팔레트로 그리는 수채화
Art of the Limited Palette

Hazel Soan

헤이즐 손
황희경 옮김

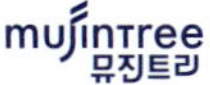

musintree
뮤진트리

** 이 책을 남편과 아들, 세 자매
와 두 사촌 그리고 그들의 배우자
를 비롯한 모든 자녀와 손자들에게
바친다. 가족은 한정된 팔레트와
비슷하다. 한 번에 얼굴을 보는 건
두 셋뿐이어도 다른 가족들이 늘
함께하고 있음을 알기에 인생은 살
아갈 만하다.

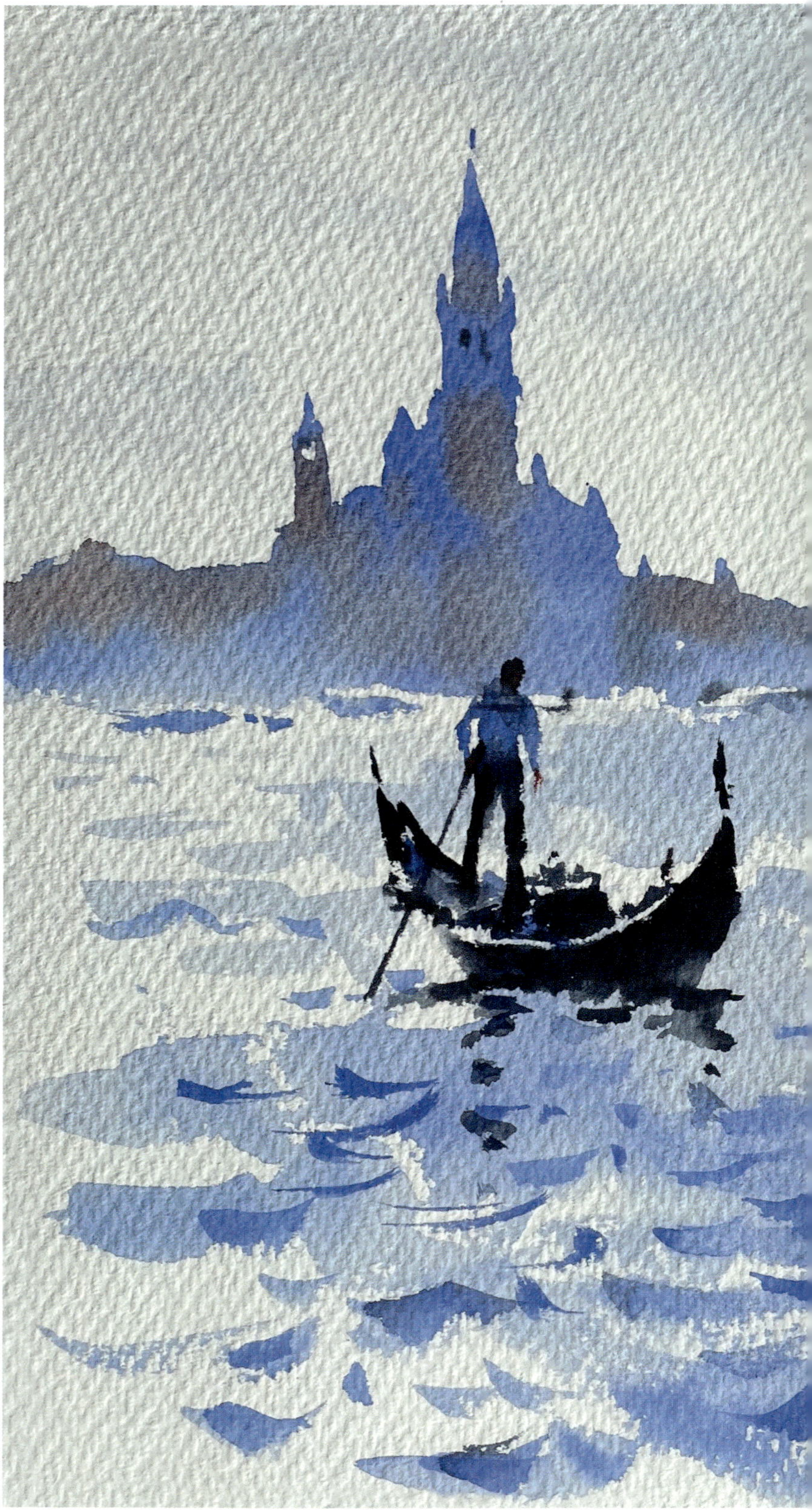

Art of the Limited Palette

by Hazel Soan

차례

들어가는 말

이 책을 손에 들었다면, 아마도 수채화 화가들이 '한정된 팔레트'로 그림을 그린다는 것에 대해 말하는 것을 들어보긴 했을 테지만, 한정된 팔레트가 무엇을 의미하는지, 어째서 효과적인지 또는 특히 수채화에서 왜 그렇게 유용한지에 대해 정확히는 알지 못하는 상황일 것이다. 적은 수의 색을 사용해 그림을 그리는 것이 많은 색을 사용할 때보다 어째서 색채가 더 풍부해 보일까? 게다가 '적은 수'의 색이란 몇 개의 색을 말하는 걸까?

이 책은 위의 질문들에 답하고 매우 다양한 예시를 보여준다. 따라서, 실제 작업에 활용할 수 있는 실용적인 안내서이다. 머지않아 여러분은 수채화를 그릴 때 한정된 팔레트로 그리는 것이 작업에 도움이 될 뿐만 아니라 굉장히 효율적이라는 사실을 알게 될 것이다(13쪽 참조).

이 책은 두 개의 장으로 이루어져 있다. 첫 번째 장에서는 전반적인 설명을 하고 두 번째 장에서는 각각의 그림과 관련지어 설명한다.

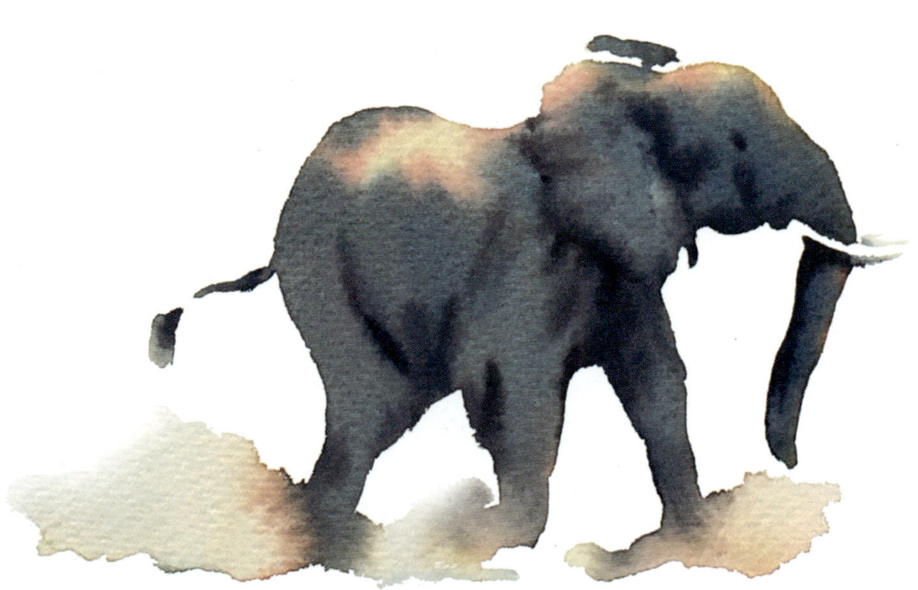

◀ 이 새끼 코끼리 그림에서 보듯이 노란색, 빨간색, 파란색을 혼합하여 풍부한 색채의 회색을 만드는 방법을 알게 될 것이다.

▶ **월스트리트,**
38x28cm(15x11in)
인디언 옐로, 알리자린 크림슨, 울트라마린 블루의 세 가지 색을 종이 위에서 블렌딩하고 팔레트에서 혼색하여 뉴욕 거리 풍경의 변화무쌍한 움직임을 빠르게 담아냈다.

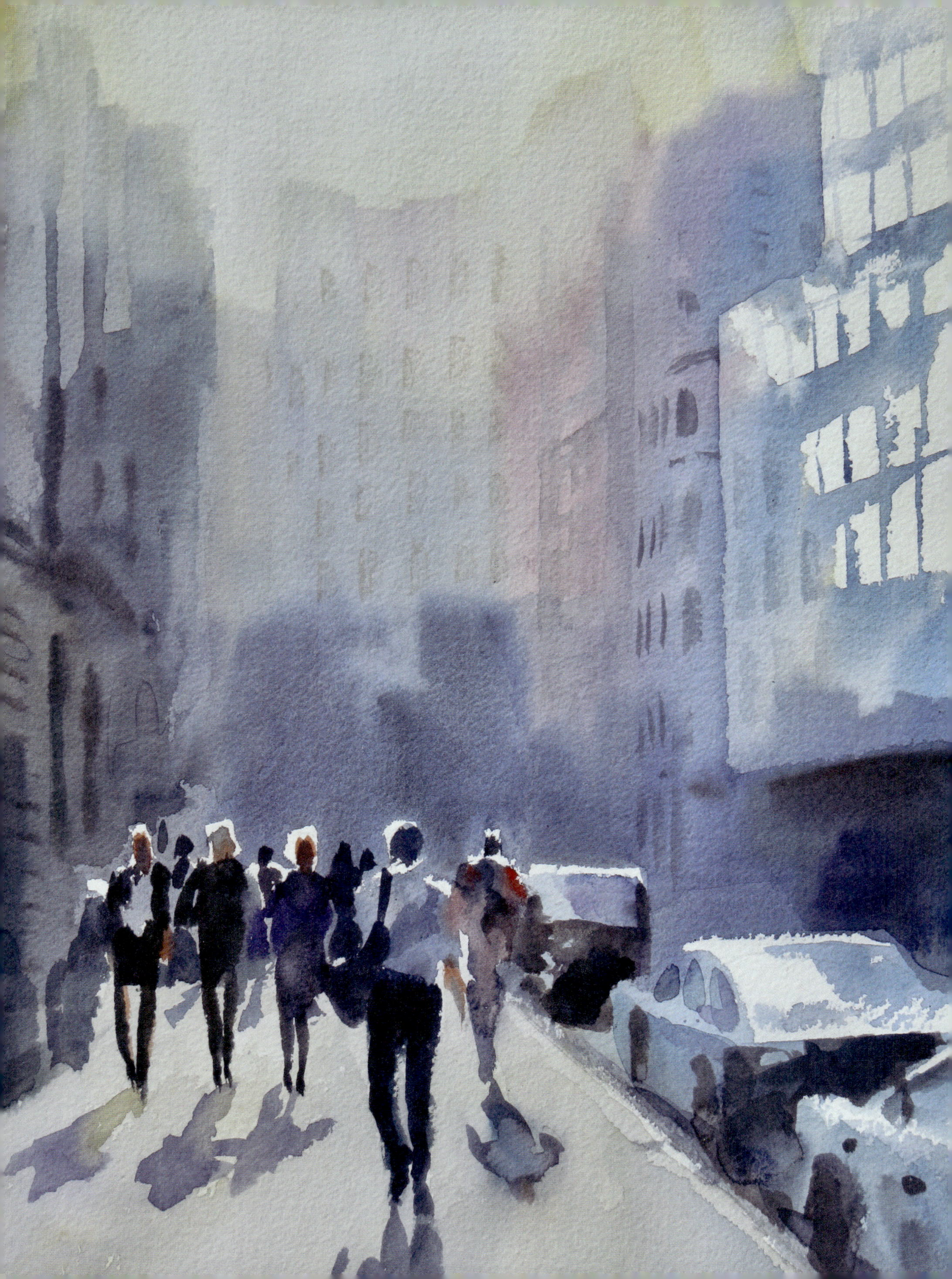

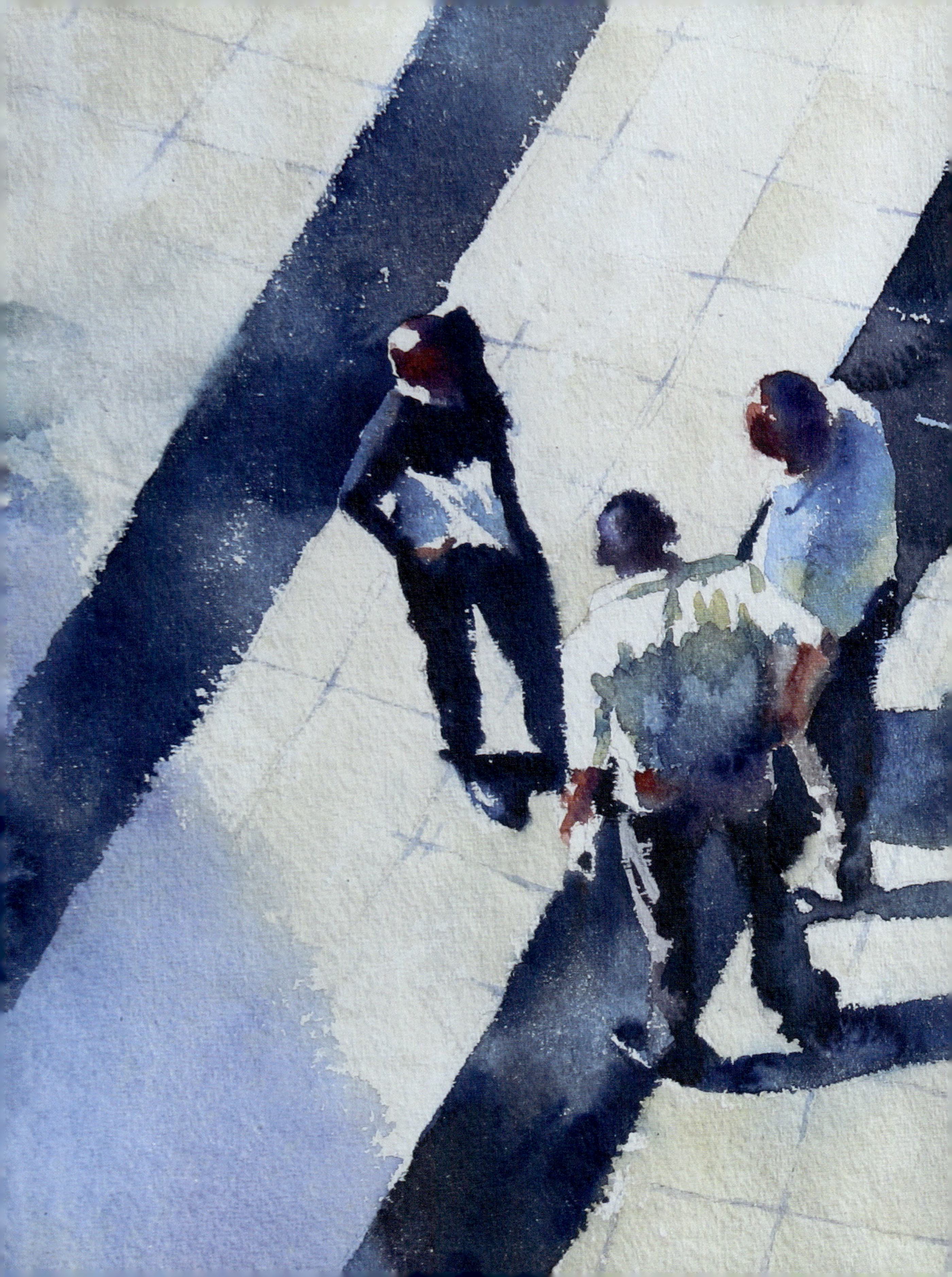

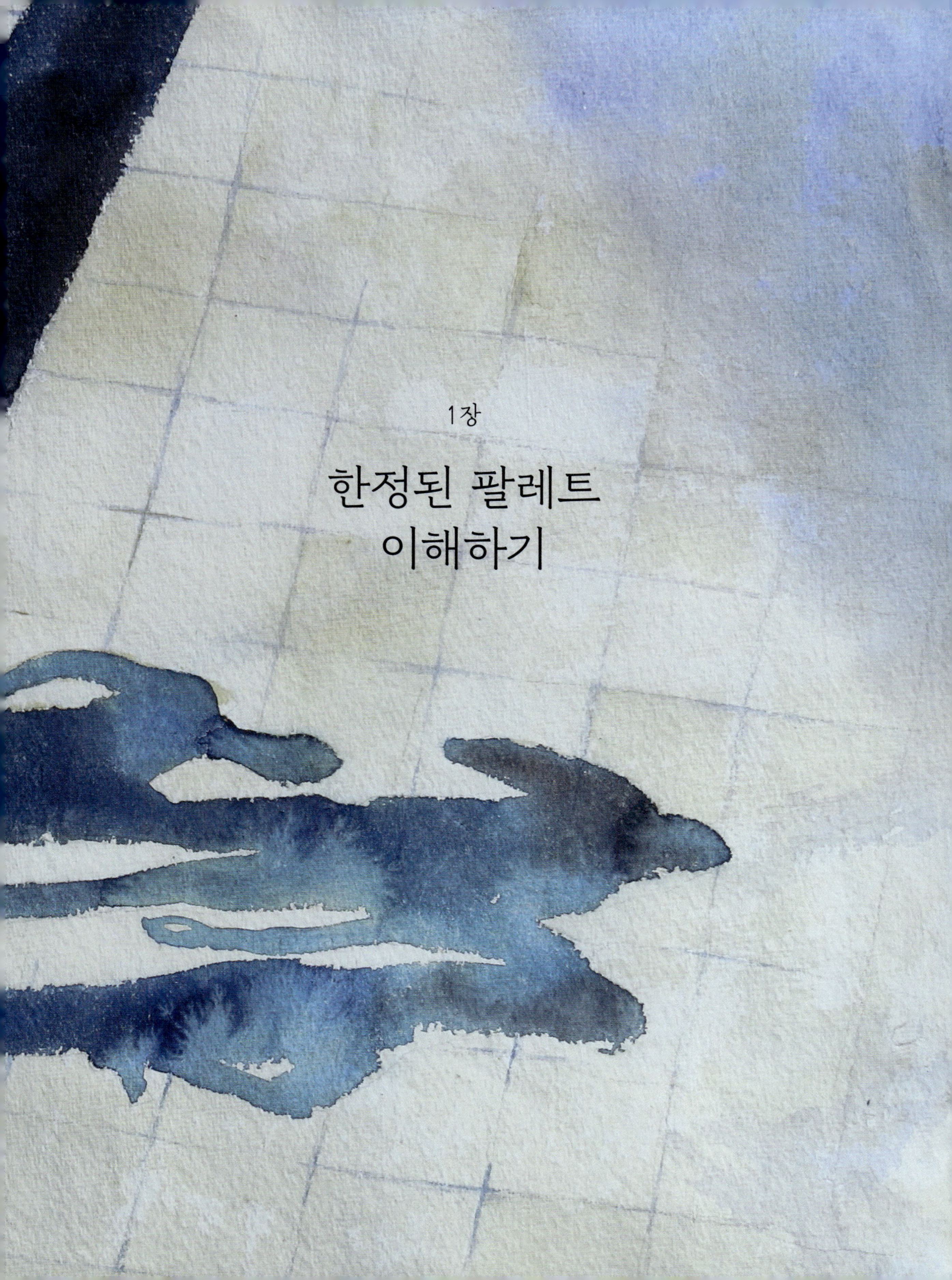

1장

한정된 팔레트
이해하기

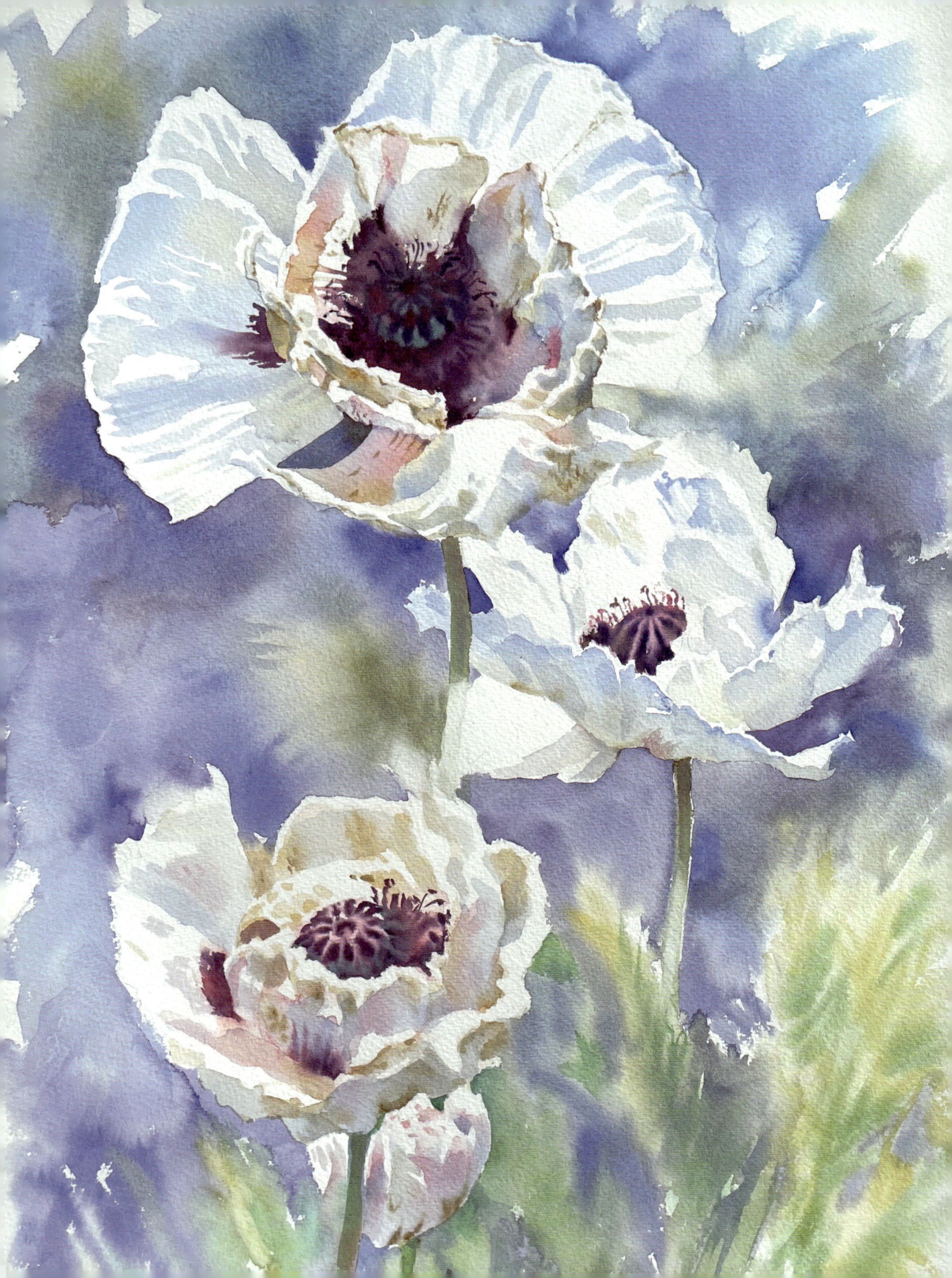

한정된 팔레트란?

한정된 팔레트란 될 수 있는 한 최소한의 색을 사용하여 다채로운 채색을 구현하는 방법을 의미한다. 더 나은 그림을 위해 불필요한 색을 배제하는 것이다.

방법은 함께 섞을 몇 가지 색을 찾아 그림에 필요한 모든 색을 만드는 것이다. 나는 한정된 팔레트가 '제한적'인 것이 아니라 오히려 자유를 주는 수단이라는 것을 알게 되었다. 한정된 팔레트는 색을 섞는 작업을 흥미진진하게 만들고 구도와 형태 그리고 색조에 집중할 수 있게 한다. 내 경우에는 파란색·노란색·빨간색, 이 세 가지 기본색의 혼합으로 다른 온갖 색을 만들 수 있다는 기본 원리에서 출발한다. 나는 이를 '3색으로 구상하기three-color thinking'라고 하는데, 이 방침은 지금까지 내가 수채화 작업을 해오는 동안 어떤 주제와 상황에서도 효율적으로 색을 선택하는 데 도움이 되었다.

◀ **그레이브타이 양귀비,**
76×56cm(30×22in)
처음부터 색의 수를 한정함으로써 짙은 보라색과 옅은 녹색이 서로 어우러지게 하고 흰 꽃잎에 보이는 다양한 색을 아무 걱정 없이 자유롭게 탐구할 수 있다.

▶ **동틀녘의 산 조르조, 베네치아,**
20×25.5cm(8×10in)
한정된 팔레트는 필요한 색이 두 가지뿐이라면 그것으로만 구성할 수도 있다. 여기서는 연한 빨간색과 군청색만으로도 산 조르조 마조레San Giorgio Maggiore 성당과 베네치아 석호 위로 해가 떠오르는 새벽의 색을 표현하기에 충분하다.

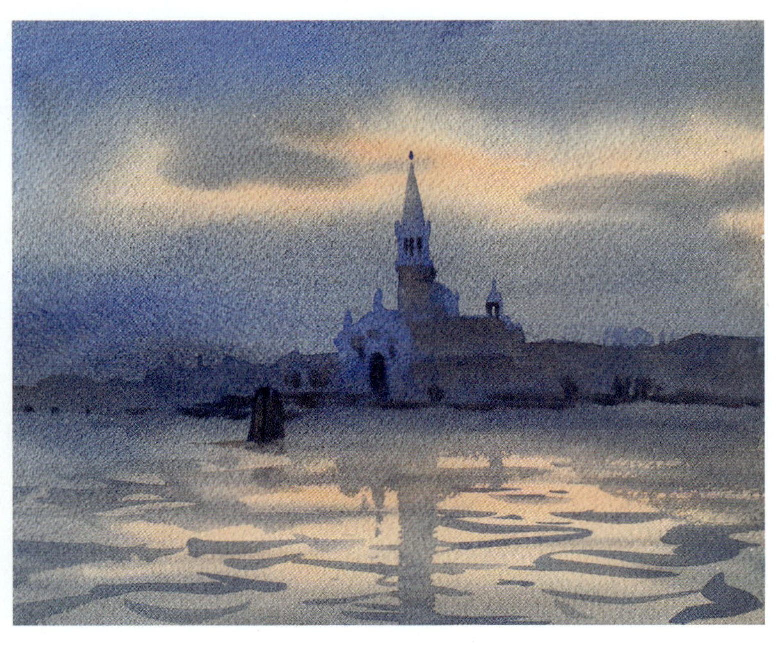

2색, 3색, 4색으로 그리는 그림

이 책에서는 주로 2색, 3색, 4색을 사용하는 그림에 중점을 두어 이렇게 몇 안 되는 색이 제공하는 다양한 가능성과 조화, 그리고 효율성을 살펴볼 것이다. 세 가지 색을 섞으면 온갖 색을 만들 수 있으나, 뒤에서 살펴보겠지만 이는 이점이 될 수도 있고 아닐 수도 있다. 더 많은 색이 필요할 때도 있고 때로는 두 가지 색이면 충분할 때도 있다. 그림은 예술이지만 종이 위에서 일어나는 일은 과학이며, 그림에서는 결코 타협이 허용되지 않는다. 한정된 팔레트는 '적을수록 풍부하다'의 미학으로 나아가는 길을 열어주는 흥미진진한 열쇠이며, 나는 여러분이 이 여정을 즐길 수 있을 거라고 생각한다.

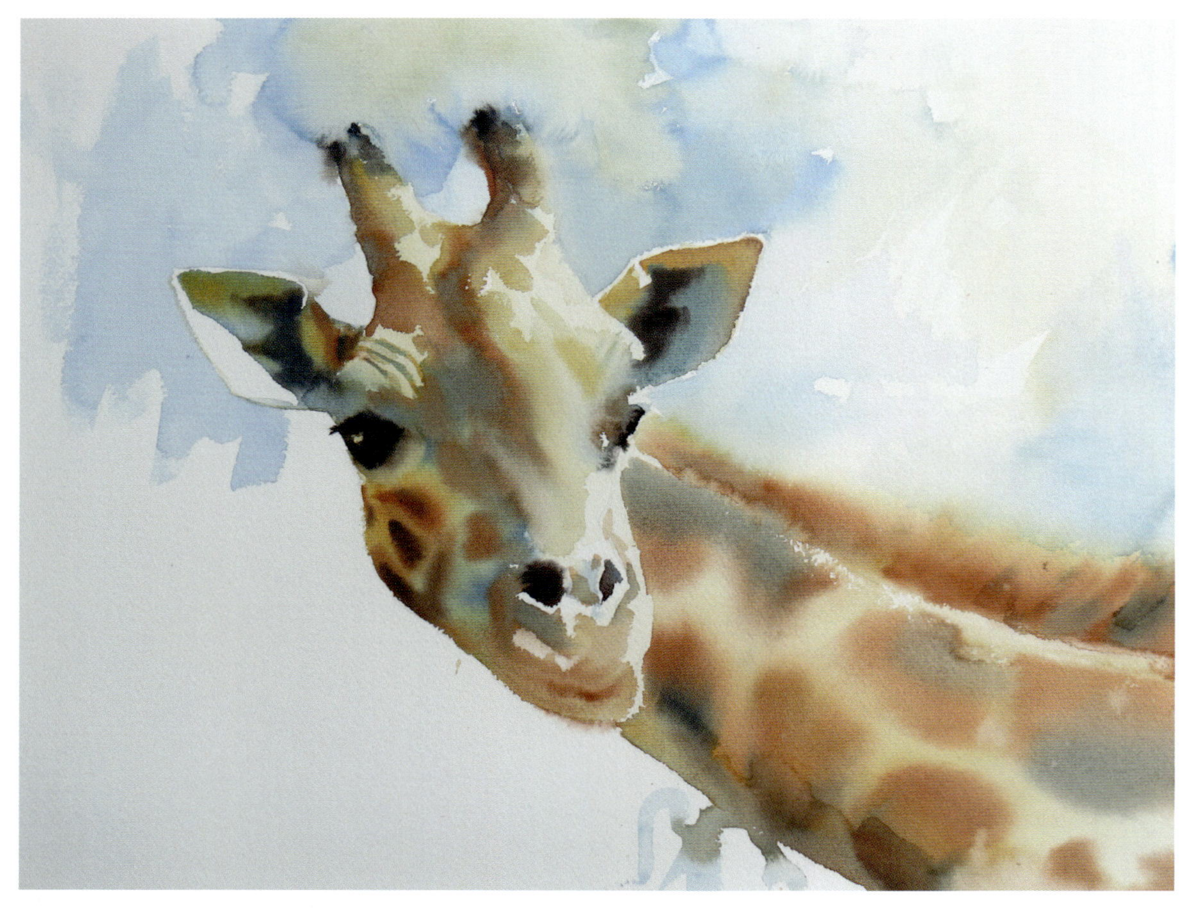

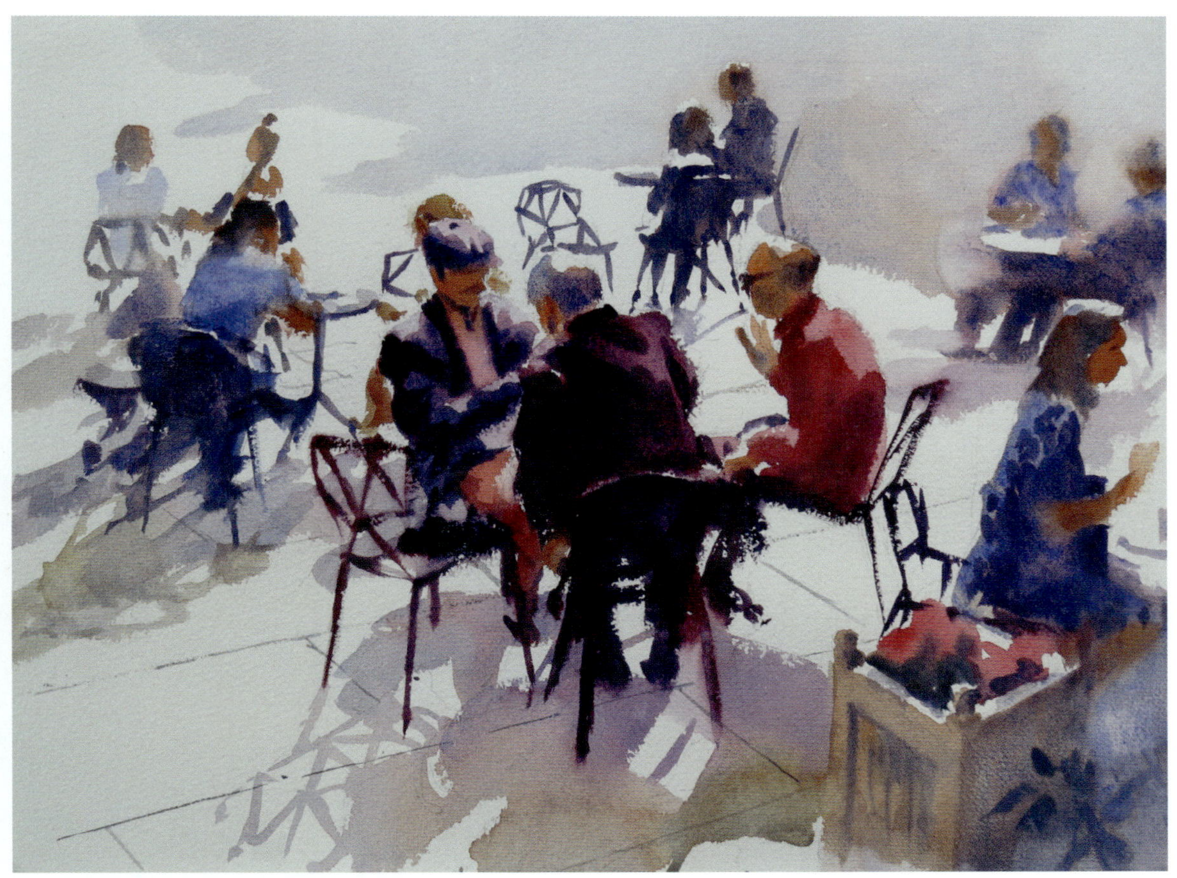

효율성의 이점

한정된 팔레트의 주요한 이점은 효율성이다. 수채화는
대부분 실물을 그대로 사생한 그림이므로 변화무쌍한
빛의 명암을 효과적으로 기록하기 위해 빠르게 그려야
하는 경우가 많다. 한정된 수의 색을 사용하면 물감을
혼합할 때 변수가 줄어들어 더 수월하고 채색을 더 능
률적으로 할 수 있기 때문에 효율적이다. 빛의 효과를
놓치지 않고 그려야 하거나 움직이는 대상을 포착하거
나 엷게 바른 칠인 워시wash가 마르기 전에 물감을 흘
려 넣어야 할 때, 단호한 혼합은 매우 중요하다.

한정된 팔레트의 원리

한정된 팔레트는 단호하고 효율적일 뿐만 아니라, 조화를 보장하고 그림 안에서 색의 상호작용을 극대화하며 혼색 시 색이 탁해지고 칙칙해질 가능성을 줄여 그림의 색을 돋보이게 한다. 이상하게 들릴 수 있지만, 수채화에서는 적은 수의 색을 사용할수록 색이 더 풍부해 보인다.

안료의 혼합

안료의 물리적 특성은 다른 회화 매체보다 수채화에서 더 크게 작용한다. 종이 위에 칠해진 색은 다양한 안료로 이루어져 있다. 안료가 서로 섞이면 그 혼합물에 다양한 안료의 색이 더해지면서 혼합된 색은 더 어두워지거나 더 탁해지게 된다. 화가의 물통을 보라! 수채화 화가는 산뜻하고 생생한 색을 만들어 내려고 하는데, 팔레트나 종이 위에 너무 많은 색이 함께 뒤섞이게 되면 안료가 혼합되면서 어두워지는 경향으로 인해 색이 칙칙해지기 쉽고 채색이 탁해질 수 있다. 섞이는 안료 수가 줄어들면 이러한 경향을 피할 수 있다.

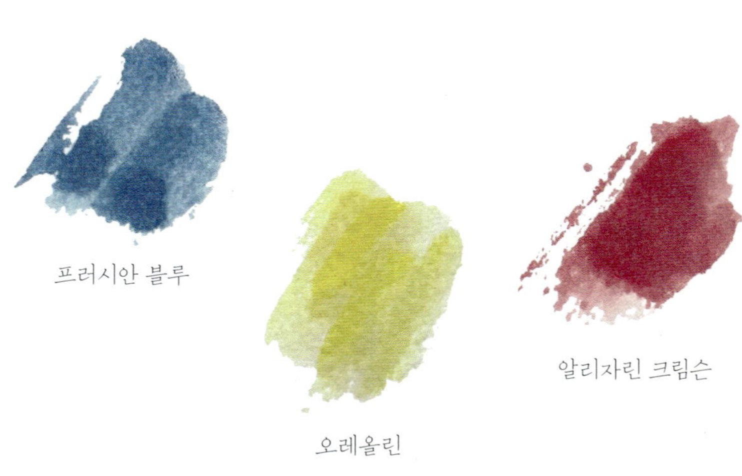

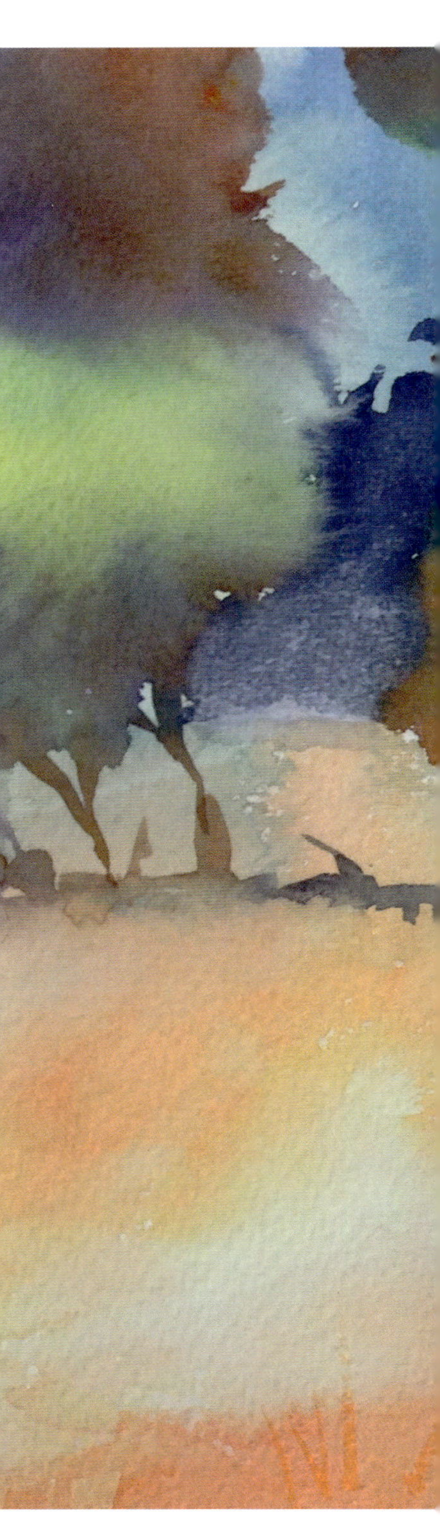

▶ **아프리카의 색**, 28x38cm(11x15in)

그림에서, 색은 따로따로 떨어져 보이는 것이 아니라 서로 상대적으로 여겨진다. 이 그림은 위에 보이는 차가운 버전의 파란색, 빨간색, 노란색이 사용되었지만 따뜻함이 넘친다. 주황색은 차가운 보라색과 대비되어 따뜻하고 선명해 보이며 노란색을 띤 녹색과 대비되어 더 밝아 보인다.

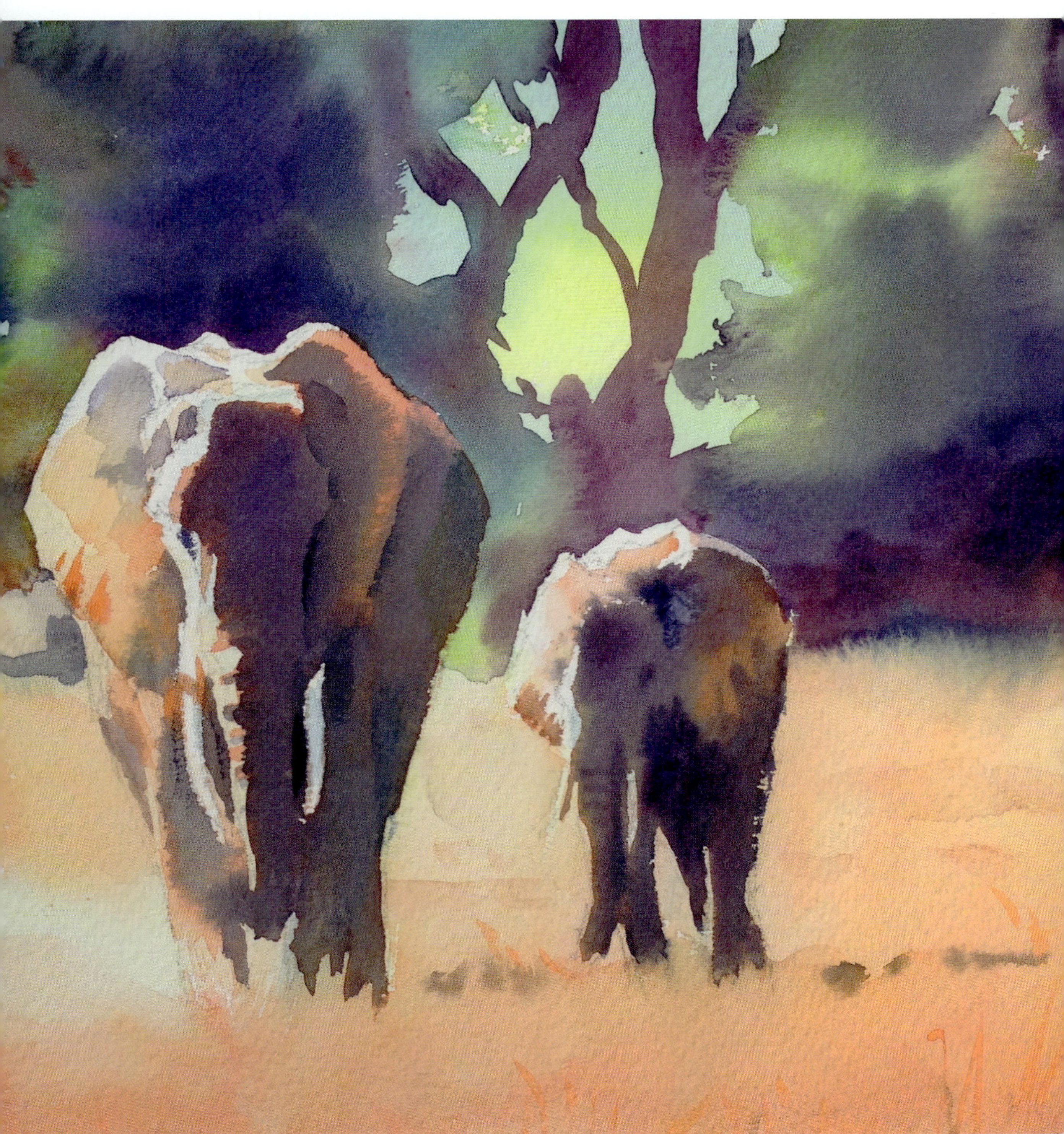

기억해 두면 유용한 색상환

색은 상대적이고 여러 색이 상호작용하므로 단 몇 가지 색과 이를 섞어 만든 색으로 다양한 색을 표현할 수 있다. 아마도 지금까지 여러분은 그림 그리기를 다룬 모든 책에서 오른쪽에 있는 것과 같은 색상환을 보았을 것이다. 색상환은 색의 작용 방식을 이해하는 데 필수적이다. 그렇기에 한정된 팔레트의 개념을 이해하는 데도 유용하다. 이 색상환을 기억해 두거나 이 페이지를 계속해서 참조하면 특정 색의 선택과 조합에서 어떤 혼색이나 상호작용이 나타나는지를 빠르게 생각해 낼 수 있다.

울트라마린 블루

프러시안 블루

▶ 색상환은 화가에게 색의 혼합에 대한 가이드 역할을 하며 이를 통해 반대색을 빠르게 확인할 수 있고 온도 편향을 바로 떠올릴 수 있다. 색상환을 그려본 적이 없다면, 확실하고 아주 효과적인 훈련으로서 한 번 그려보기를 적극 권한다. 이 색상환은 꾸준히 쓰는 여섯 가지 색, 즉 각 기본 색상의 차가운 색과 따뜻한 색 버전을 사용해 그렸다.

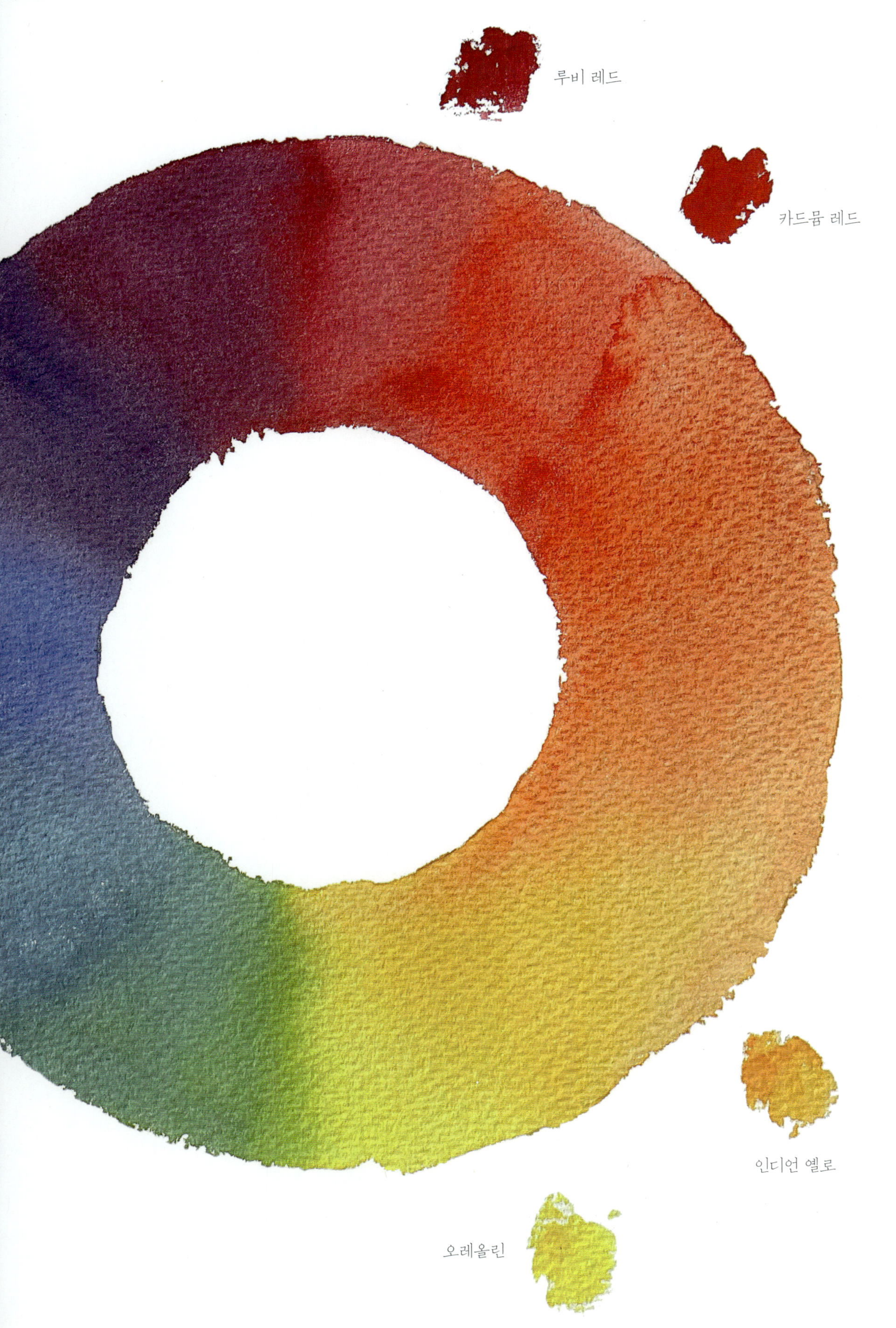

루비 레드
카드뮴 레드
인디언 옐로
오레올린

기본색으로 구상하기

나는 종이에 물감을 칠하기 전에 먼저 1색, 2색, 3색으로 이루어진 기본 색상 세트를 선택하는데, 각각의 색이 서로 어떻게 섞이는지 잘 알고 있기 때문에 세 가지 색이면 충분할지 아닐지를 빠르게 알 수 있다. 이렇게 되려면 훈련이 필요하다는 점은 인정한다(그래서 이 과정의 지름길을 알려주기 위해 이 책을 쓰고 있다). 그림 그리기에 앞서 나는 세 가지 색, 즉 파란색·노란색·빨간색을 바탕으로 구상하는데, 대체로 쓰인 순서대로 그리고 색상 측면에서는 가장 넓은 범위에서 생각한다. 이 세 가지 색은 모든 혼색의 바탕이 되는 토대로, 이 기본색들을 섞으면 모든 색을 만들 수 있기 때문이다. 이 세 가지 색으로 혼색을 구상하면 개개의 색을 맞추려고 애쓰지 않아도 되고 색이 서로 조화되어 따로 놀지 않고 전체적으로 어우러져 보인다. 세 가지 시작 색을 선택하면 세 가지 색으로 충분한지, 그렇지 않다면 어떤 색이 추가로 필요한지 금방 알 수 있다.

▶ 모래의 소리, 28x38cm(11x15in)
여기서 '파란색'은 코발트 세룰리안, '노란색'은 로우 엄버 그리고 '빨간색'은 망가니즈 바이올렛이다. 이 세 가지 색이 섞여 말의 검은색을 나타내고, 모두 과립성의 색이라 하늘과 모래에 멋진 질감을 준다.

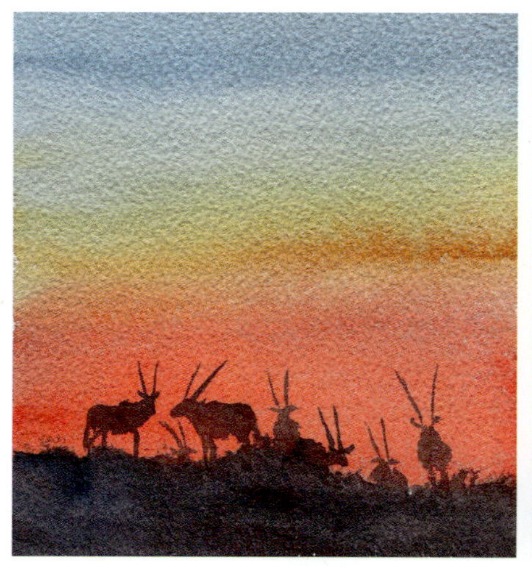

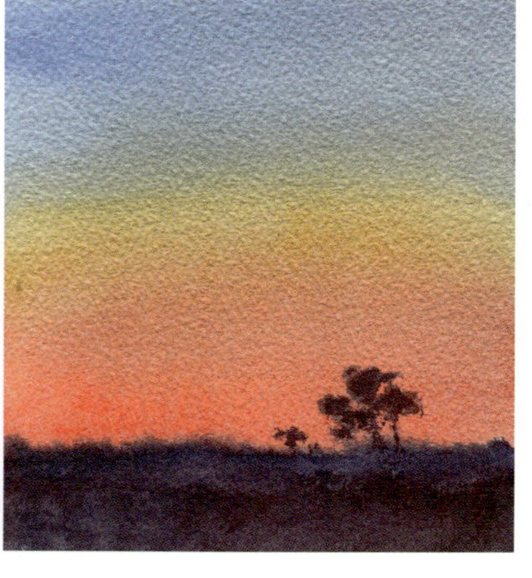

◀ 해가 진 후 하늘의 색은 종종 세 가지 기본색을 나타내며, 그 색들이 함께 섞여 모든 색의 총합인 검은색으로 풍경의 실루엣을 표현한다.

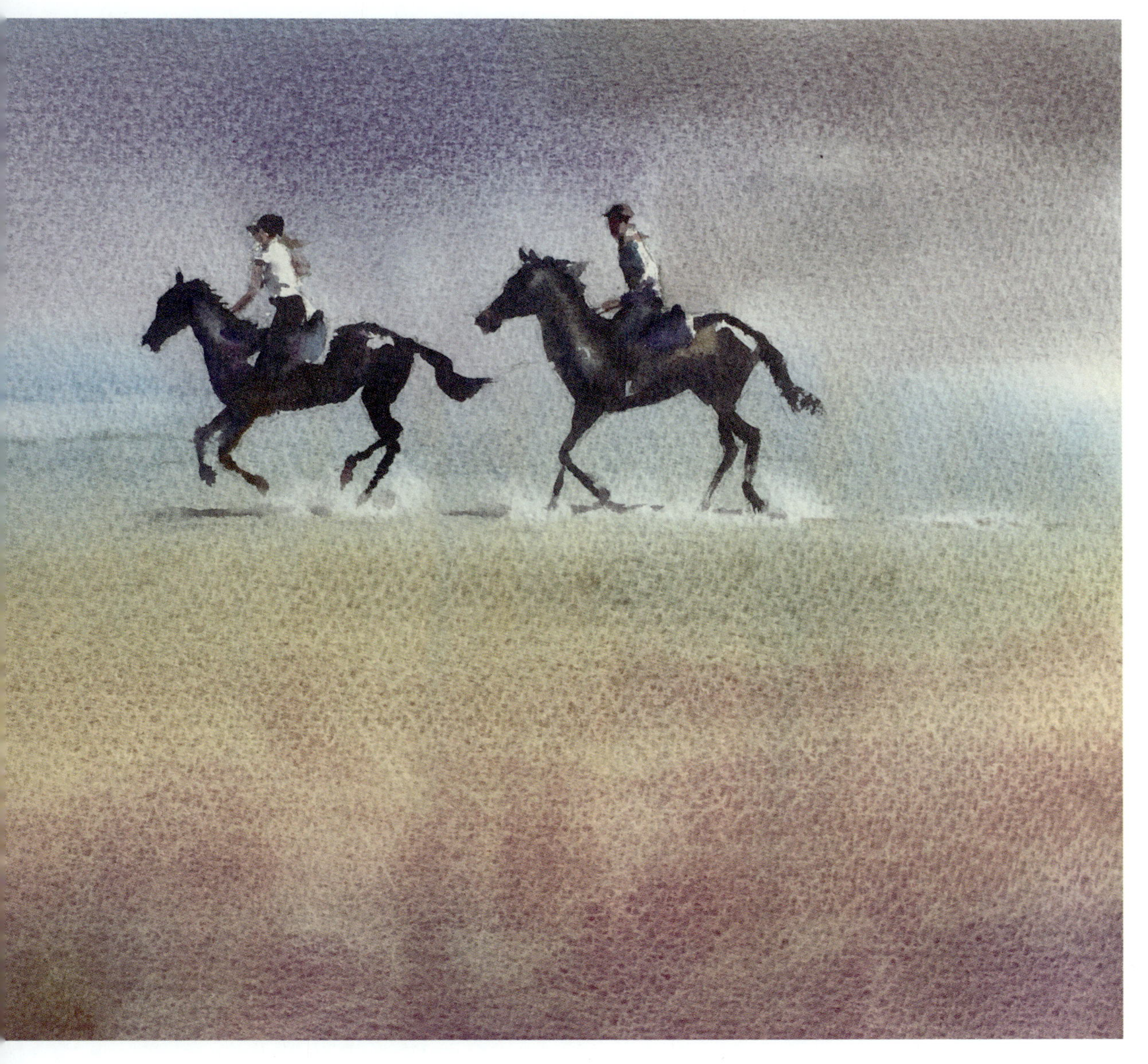

파란색, 노란색, 빨간색

'파란색', '노란색', '빨간색'이라고 하면 나는 유치원에서 배운 선명한 포스터용 기본색이 아니라 가장 넓은 범위에서 이 색들을 생각한다. 색상hue, 따뜻함과 차가움, 색조tone의 밝기와 농도, 투명도와 불투명도, 착색성 그리고 과립성과 관련하여 그 색이 나타낼 수 있는 특성의 다양함을 떠올리는 것이다. 색은 알아갈수록 친한 친구가 되며, 모두 성격과 필요가 다르므로 의지하게 되는, 화가의 그림 인생에 없어서는 안 될 일부가 된다.

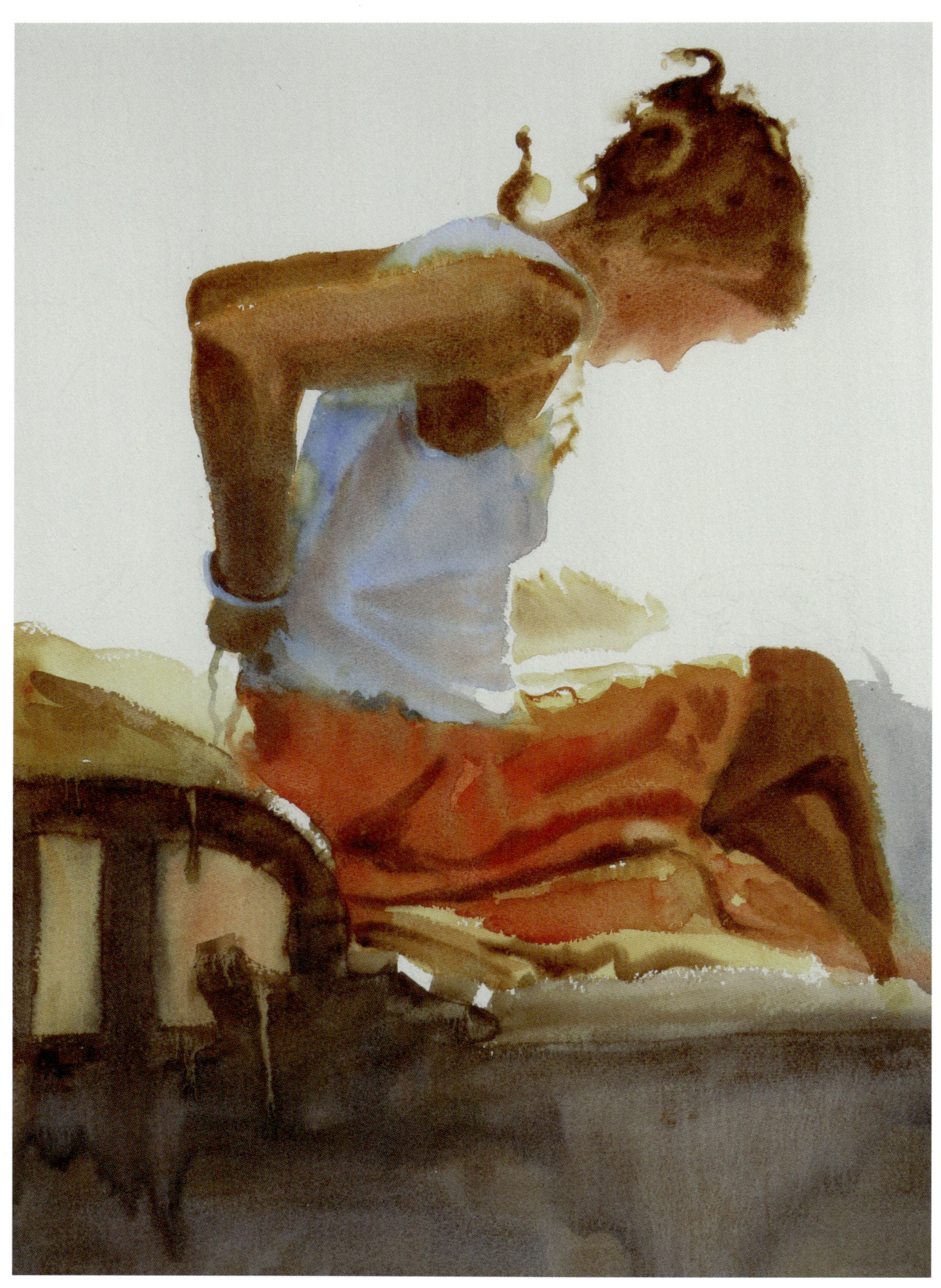

색의 이해

한정된 팔레트가 수채화에서 왜 그렇게 효과적인지 이해하려면, 먼저 색 자체를 살펴보고 그 색이 어떻게 작용하는지를 알아야 한다. 각각의 색은 생각보다 훨씬 더 흥미롭다. 각기 다른 안료로 만들어진 모든 색은 저마다의 개성을 지니고 있기 때문이다.

색은 각기 다르다

안료는 각 색에 저마다의 독특한 특성들을 부여한다. 모든 색은 화가에게 고유한 무언가를 제공하기에 수채화 물감에 그렇게 많은 색이 있는 것이다. 각 색의 특성을 파악하는 데는 오랜 시간이 걸린다. 그래서 대신에 화가는 익숙한 일련의 색을 선택한다. 그러다 보면 몇몇 믿음직한 색에 대해 아주 잘 알게 되고 섞었을 때 일어날 결과를 예상할 수 있게 된다.

이 책은 하나의 그림에 필요한 색이 얼마나 적은지를 보여주지만, 모든 그림은 다르므로 각각의 그림에 몇 개의 색만 사용된다고 해도 팔레트에는 여러 가지 색이 있어야 한다. 나는 20여 가지의 색을 꾸준히 사용한다. 울트라마린 블루와 같은 몇몇 색은 변함없이 믿음직한 색이고, 여덟 가지 정도의 주요색을 다른 색들보다 더 자주 사용한다. 전체적으로 이 책의 그림에는 30여 가지의 다른 색이 등장한다. 나는 내 목적에 가장 적합한 선택을 하는지 확인하기 위해 항상 색을 테스트한다.

◀ 동일한 안료로 만든 비슷한 색은 혼색의 관점에서 한 가지 색으로 여겨질 수 있다. 여기에서 번트 시에나와 옐로 오커는 모두 산화철을 재료로 하는 색이므로 카드뮴 레드, 울트라마린 블루와 함께 내 여동생을 그린 이 그림의 채색에 쓰였다.

▶ 동일한 색상의 색이라도 특성이 다를 수 있다. 이 세 가지 색은 모두 파란색이지만, 상당히 다른 특성을 지니고 있다. 곧 이에 대해 살펴볼 것이다.

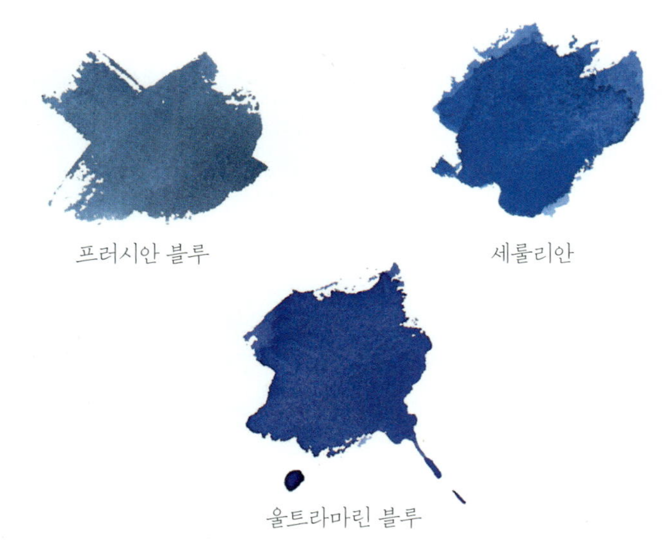

색은 색상이며 색조이다

색은 색상hue과 색조tone를 지니고 있다. 색상은 빨강, 파랑, 초록, 노랑과 같은 색의 분류를 말하며 색조는 색상의 명암을 말한다. 수채화에서, 팔레트의 색에 대해 가장 처음 인지하는 속성은 보통 색상이지만, 그 색이 나타낼 수 있는 색조의 범위, 즉 얼마나 어둡게 또는 옅게 표현될 수 있는지도 알아야 한다. 팔레트 팬에서 건조된 상태 혹은 물감 튜브에서 짜낸, 물이 섞이지 않은 농축된 색은 그 색의 가장 깊은 명암도를 보여준다. 물을 섞어 묽게 하면 가장 어두운색도 공기처럼 옅은 연한 색조를 나타낼 수 있다. 일반적으로 파란색, 갈색, 보라색 같은 어두운 색상은 노란색 같은 밝은 색상보다 색조의 깊이가 더 크고 명암의 범위가 더 넓을 가능성이 있지만, 각 색상 분류 내에서 다양한 변형이 존재한다.

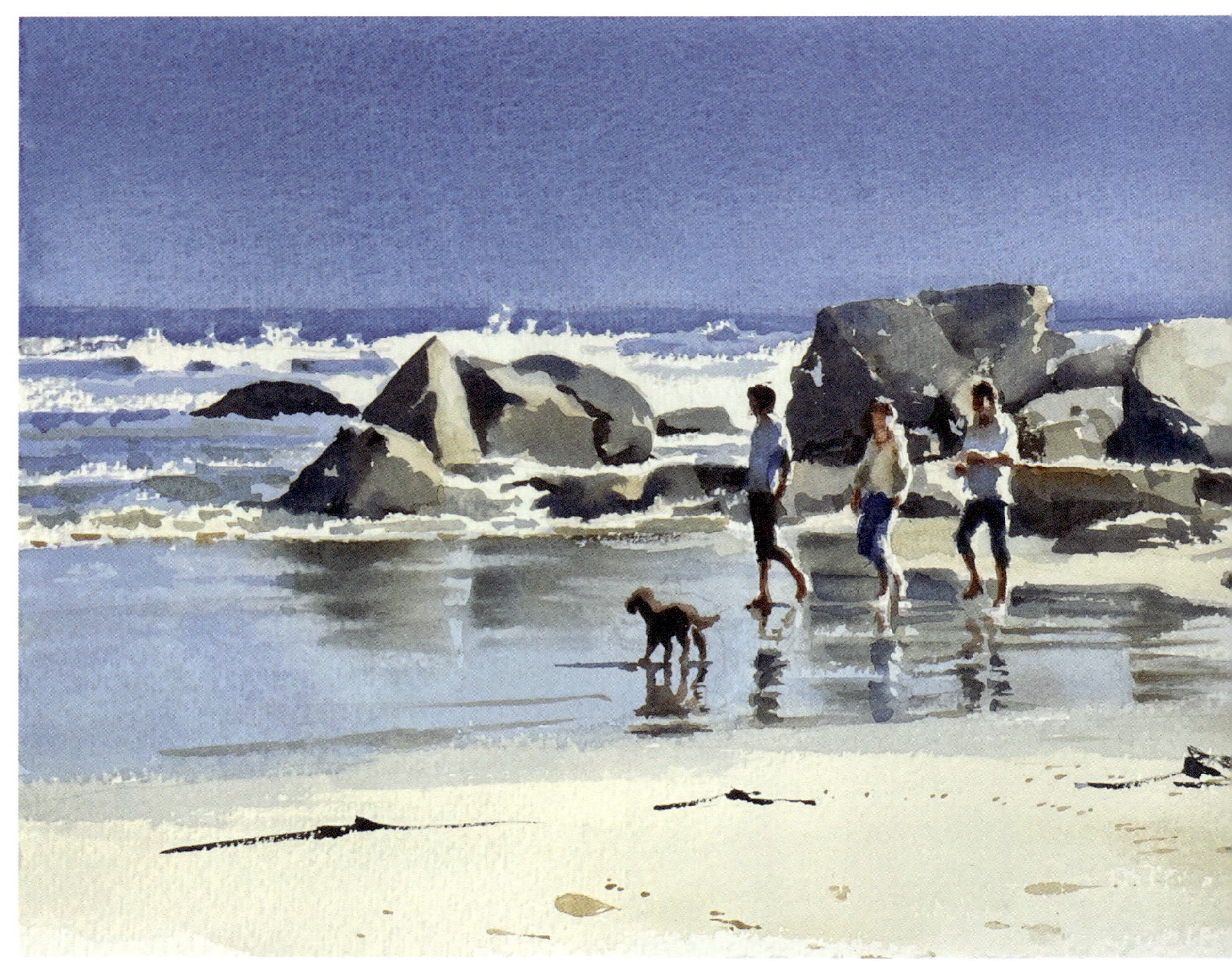

 한정된 팔레트로 그리는 수채화

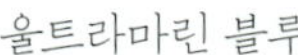
울트라마린 블루

울트라마린 블루는 물로 희석할 경우 짙고 강렬한 밝은 파란색에서부터 엷고 연한 파란색에 이르기까지 색조에 변화를 줄 수 있다.

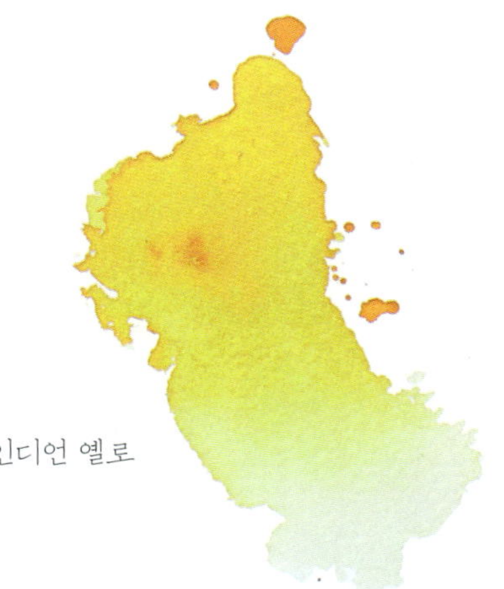
인디언 옐로

인디언 옐로 같은 밝은 색상의 색조 범위는 더 좁다. 이 색은 매우 밝고 옅은 색조를 나타낼 수는 있지만 짙은 색조를 나타낼 수는 없다.

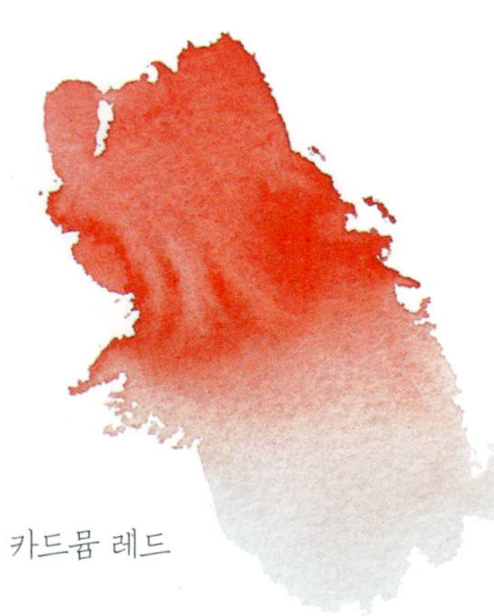
카드뮴 레드

빨간색은 일반적으로 고유의 색조를 기준으로 할 때 파란색과 노란색 사이에 위치한다. 여기 보이는 진한 카드뮴 레드는 물을 섞지 않은 노란색보다는 짙은 색조를 나타낼 수 있지만, 물을 섞지 않은 파란색만큼 짙은 색조는 아니다.

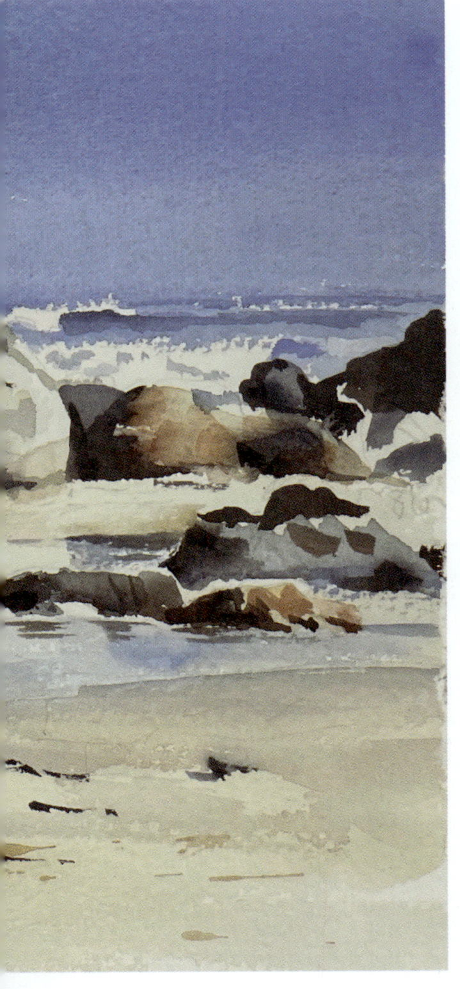

◀ 친구들끼리, 25.5x46cm(10x18in)
바위의 둥근 형태는 밝고 옅은 색조에서부터 짙은 색조에 이르기까지 색조의 변화를 통해 표현되는데, 이 색조들은 울트라마린 블루, 번트 시에나와 로우 엄버 세 가지 색을 혼합해 만들었다.

색상의 범위, 색조의 농도

색조에는 다양한 가족 구성원이 있다. 파란색은 인디고부터 튀르쿠아즈까지, 노란색은 옅은 레몬색부터 로우 엄버, 퀴나크리돈 골드 같은 갈색을 띤 노란색까지 다양하다. 빨간색에는 크림슨, 마젠타, 스칼릿 등 다양한 빛깔의 빨간색이 있지만, 모두 빨강 계열 색상에 속한다. 적갈색인 번트 시에나는 때때로 빨간색으로 여겨질 수 있고, 보라색은 빨간색 또는 파란색처럼 쓰일 수도 있다.

색조의 농도는 안료에 따라 크게 달라진다. 인디고는 세룰리안보다 훨씬 어두운 파란색이지만 둘 다 파란색이다. 프탈로 튀르쿠아즈는 세룰리안과 같은 초록빛이 도는 파란색이지만 훨씬 더 색조 범위가 넓고 농도가 짙다. 알리자린 크림슨은 밝은 카드뮴 레드보다 더 어두운 빨간색이며 색조 범위가 훨씬 더 넓다. 퀴나크리돈 레드는 카드뮴보다 약간 더 은은하고 더 분홍빛을 띠며 범위는 비슷하게 좁다.

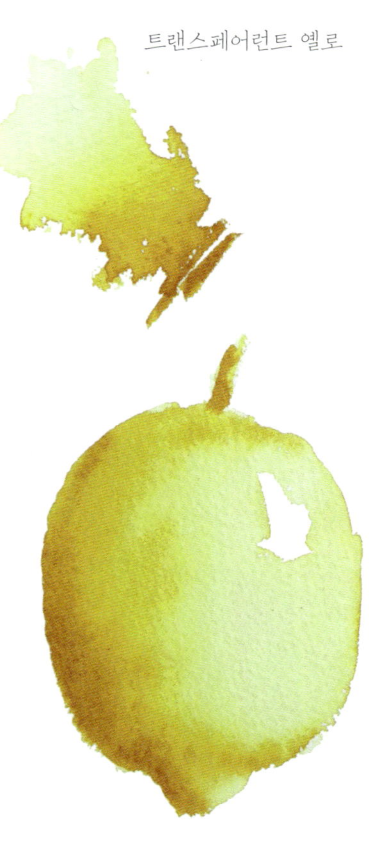

▲ 이 레몬 두 개를 비교해 보자. 트랜스페어런트 옐로는 인디언 옐로보다 훨씬 더 짙은 색조를 나타낸다. 색을 섞을 때 이 차이를 기억하자.

▶ 어두운 명도는 앞으로 나와 보이고 밝은 색조는 뒤로 물러나 보이면서 종이 위에서 거리와 공간을 나타낸다. 여기에서 명암도의 변화와 대비는 한 바위가 다른 바위 앞에 있다는 것을 표현하여 깊이가 있다고 착각하게 한다.

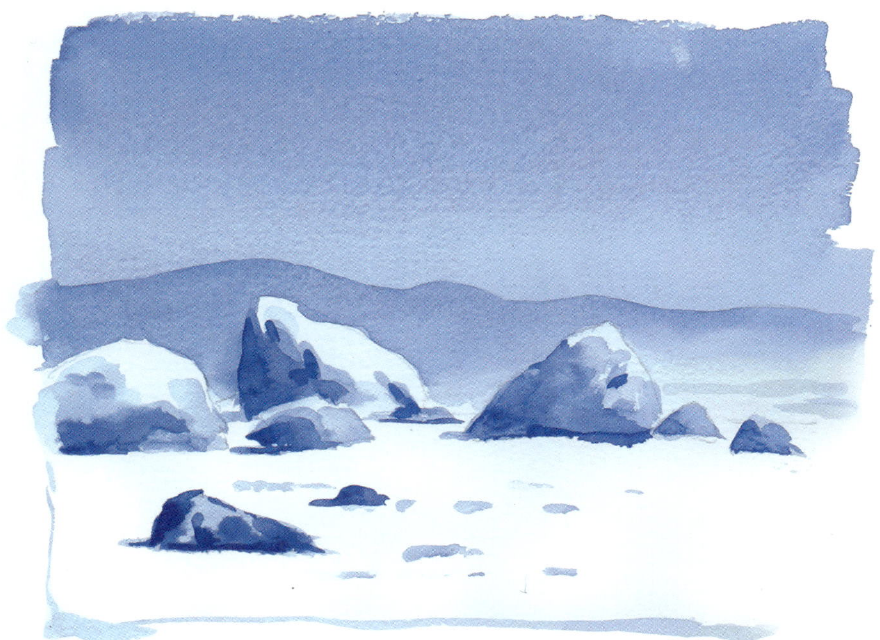

울트라마린 블루

▶ 울트라마린 블루의 가장 밝은 색조와 가장 어두운 색조 사이의 점진적인 변화가 풍선의 둥근 형태를 나타낸다.

카드뮴 레드

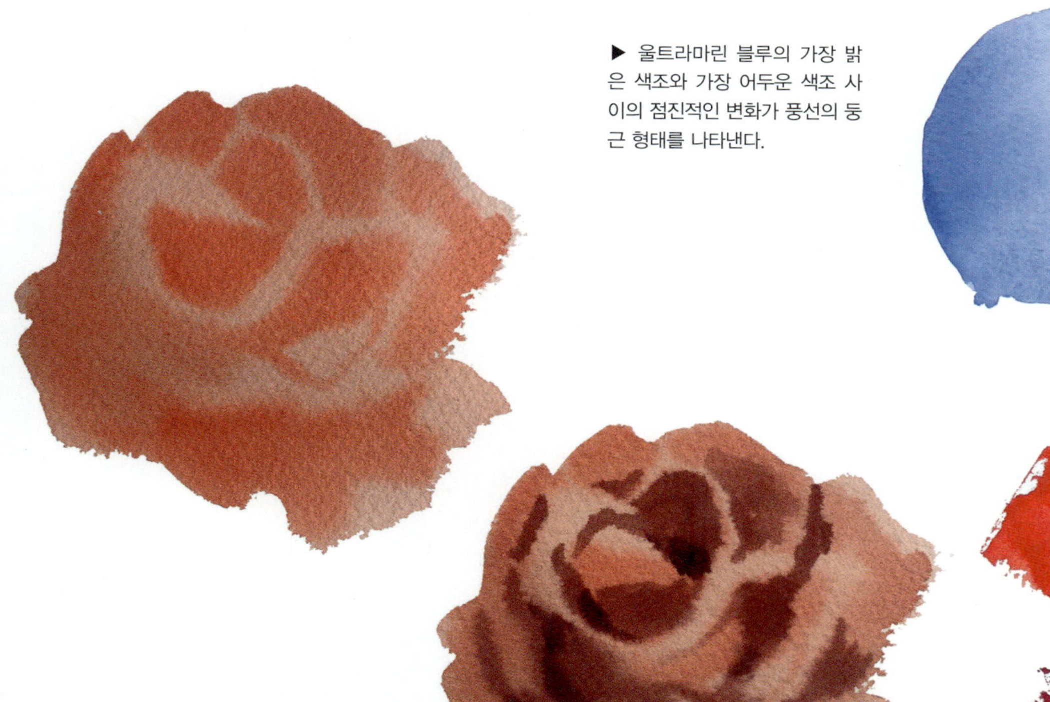

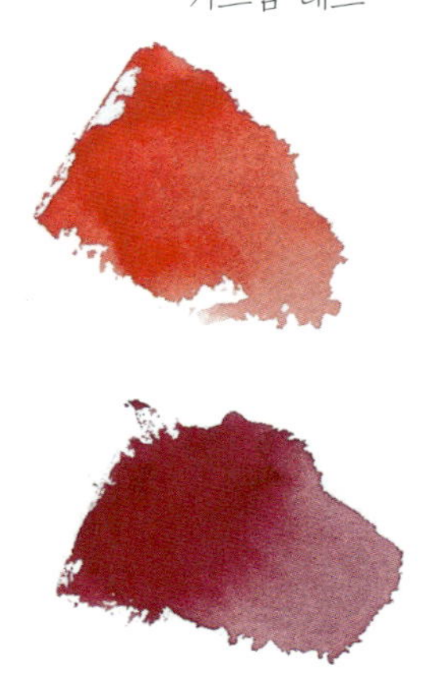

▲▶ 위의 장미는 카드뮴 레드로만 채색했으며 꽃잎 사이의 음영을 표현하기 위해 가장 진한 농도로 사용했지만, 더 짙은 빨간색인 알리자린 크림슨을 더해 음영을 표현한 오른쪽 장미에서 보이는 색조와 같은 정도의 농도를 나타내지는 못한다.

알리자린 크림슨

실제 작품으로 살펴보는 색조의 농도

색상이 표현할 수 있는 색조의 범위가 넓을수록, 혼색에서 더 어두운 색조
가 만들어질 수 있다. 여기에 보이는 두 개의 코끼리 그림은 모두 세 가지
색을 사용해 채색되었다. 프러시안 블루와 인디언 옐로는 양쪽 그림에 모두
사용되었지만, 빨간색은 서로 다르다. 아래 그림에는 더 짙고 어두운 알리자
린 크림슨이 쓰였고, 오른쪽 그림에는 더 은은하고 밝은 퀴나크리돈 레드가
쓰였다. 이를 통해 얼마나 큰 차이가 나타났는지 보자. 알리자린 크림슨은
색조의 범위가 더 넓어서 더 짙고 강한 색과 색조를 표현한다. 퀴나크리돈
레드는 더 은은한 빨간색으로 온화하고 따뜻한 분위기를 연출한다.

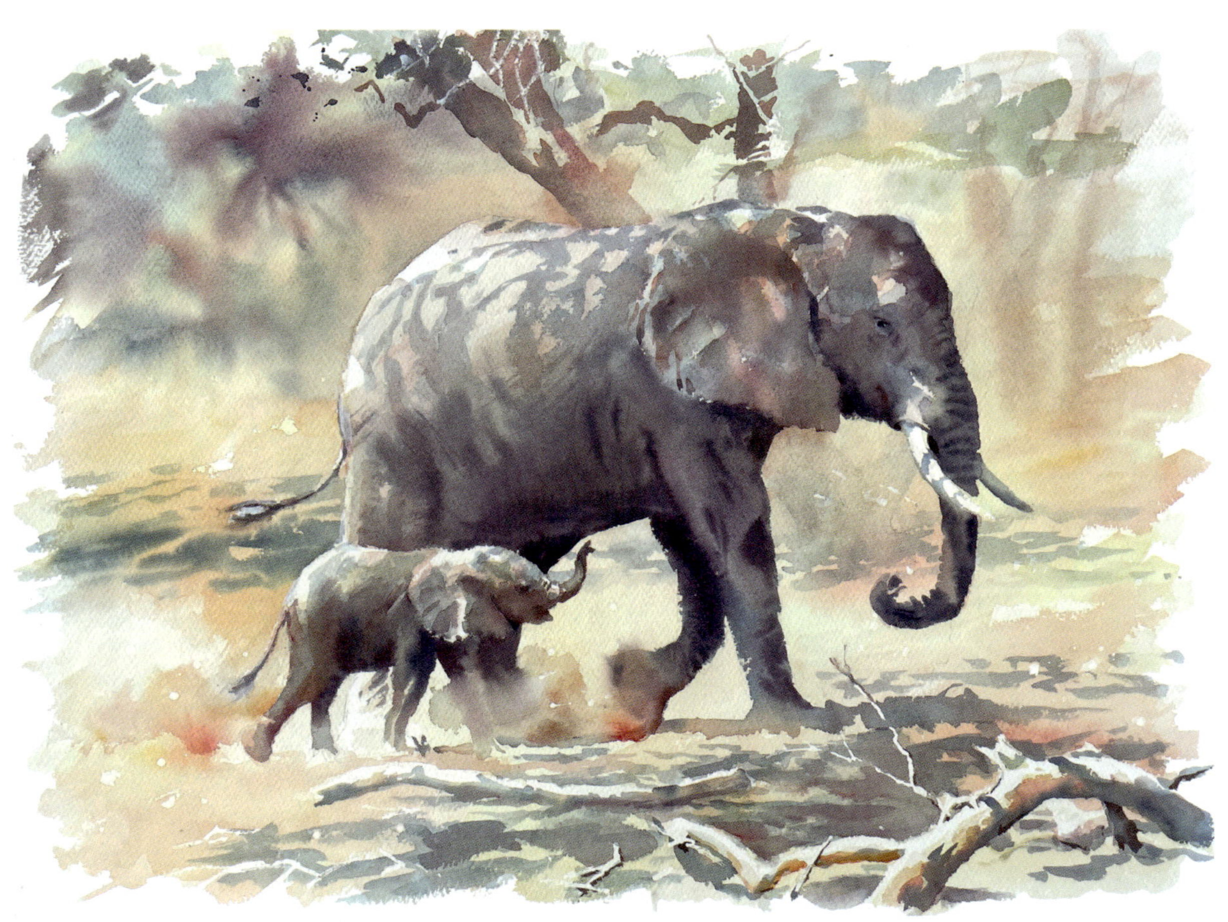

  한정된 팔레트로 그리는 수채화

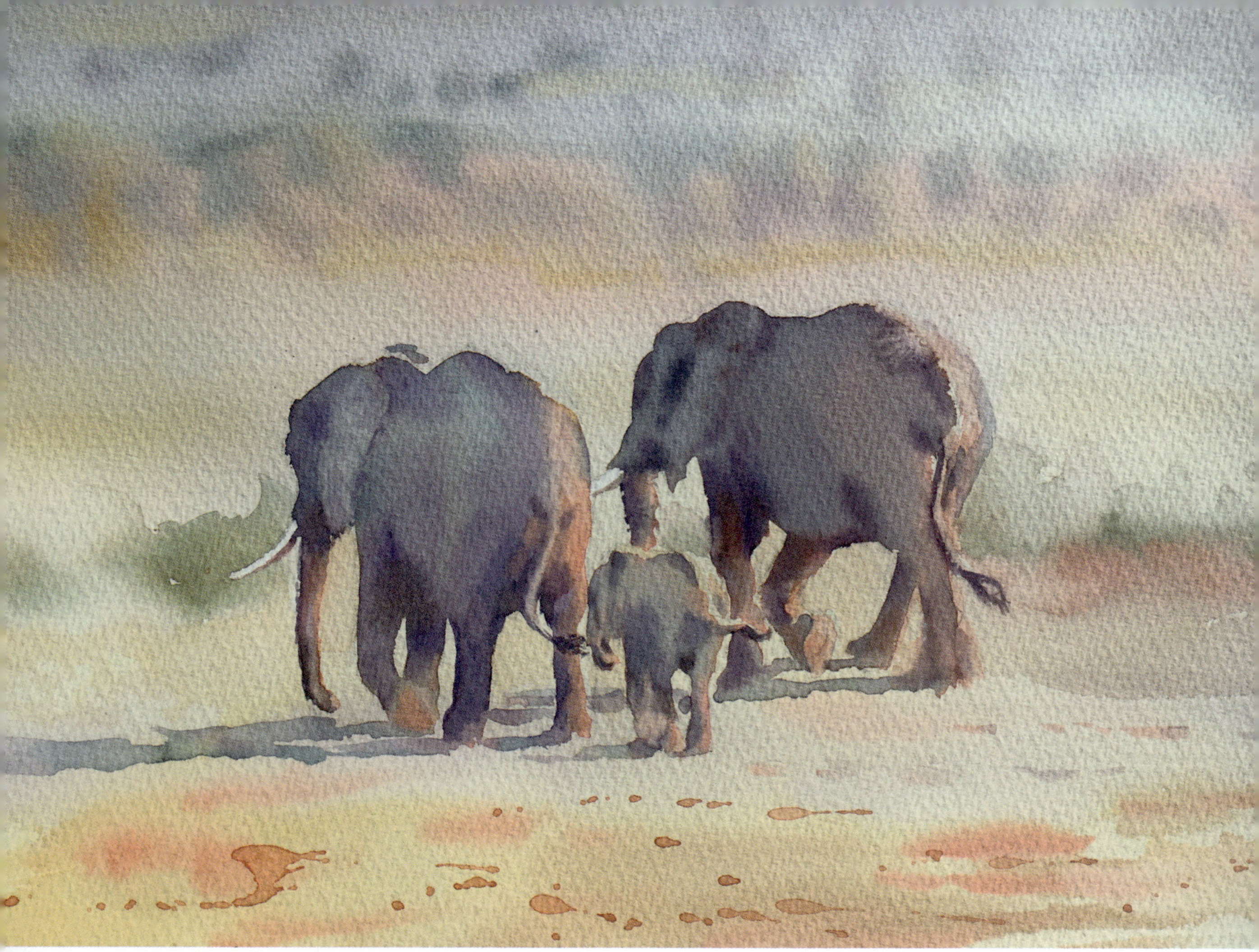

▲ 마지막 산책, 아프리카 평원,
28x38cm(11x15in)
은은하고 밝은 퀴나크리돈 레드가 섞여 은은
한 연보라색과 주황색이 되고, 감동적인 장
면을 더 돋보이게 하는 온화한 흐릿함이 그
림을 가득 채운다.

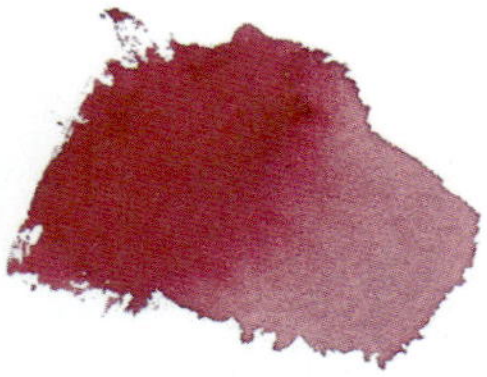

◀ 나의 안식처가 되어주세요,
56x76cm(22x30in)
알리자린 크림슨으로 만들어 낼 수 있는 더
어두운 혼색은 사막의 태양이 내뿜는 열기로
부터 어린 새끼를 보호하는 어미 코끼리의
강인한 힘을 표현하는 데 도움이 된다.

투명도

개별적인 색의 색조 농도는 안료의 투명도와 관련이 있다. 수채 물감의 안료는 '비쳐 보이는 정도'가 각기 다르다. 물감의 투명도는 완전 투명에서 반투명, 반불투명, 불투명까지로 분류된다. 투명한 색은 빛을 투과시켜 특히 유사한 색상 중 일반적으로 불투명한 색보다 더 짙은 색조를 표현할 수 있다. 이 특성은 색을 혼합할 때 매우 중요한데, 어떤 색에 다른 색이 더해질 때 혼색이 더 짙어지게 될지 또는 더 밝아지게 될지가 이 특성으로 결정되기 때문이다. 이 정보를 알고 있으면 한정된 팔레트의 색을 선택할 때 큰 도움이 된다.

▼ ▶ 두가지 저녁노을을 나란히 두지 않았다면 실루엣에 담긴 풍경의 검은색 차이를 거의 알아차리지 못했을 것이다. 아래 그림에는 세 가지의 투명한 색(인디언 옐로, 알리자린 크림슨, 울트라마린 블루)이 사용되었고 오른쪽 그림에는 세 가지의 불투명한 색(카드뮴 옐로, 카드뮴 레드, 세룰리안)이 사용되었다. 자세히 보면 불투명한 색은 투명한 색을 혼합하여 얻을 수 있는 만큼의 진한 검은색을 나타내지 못한다.

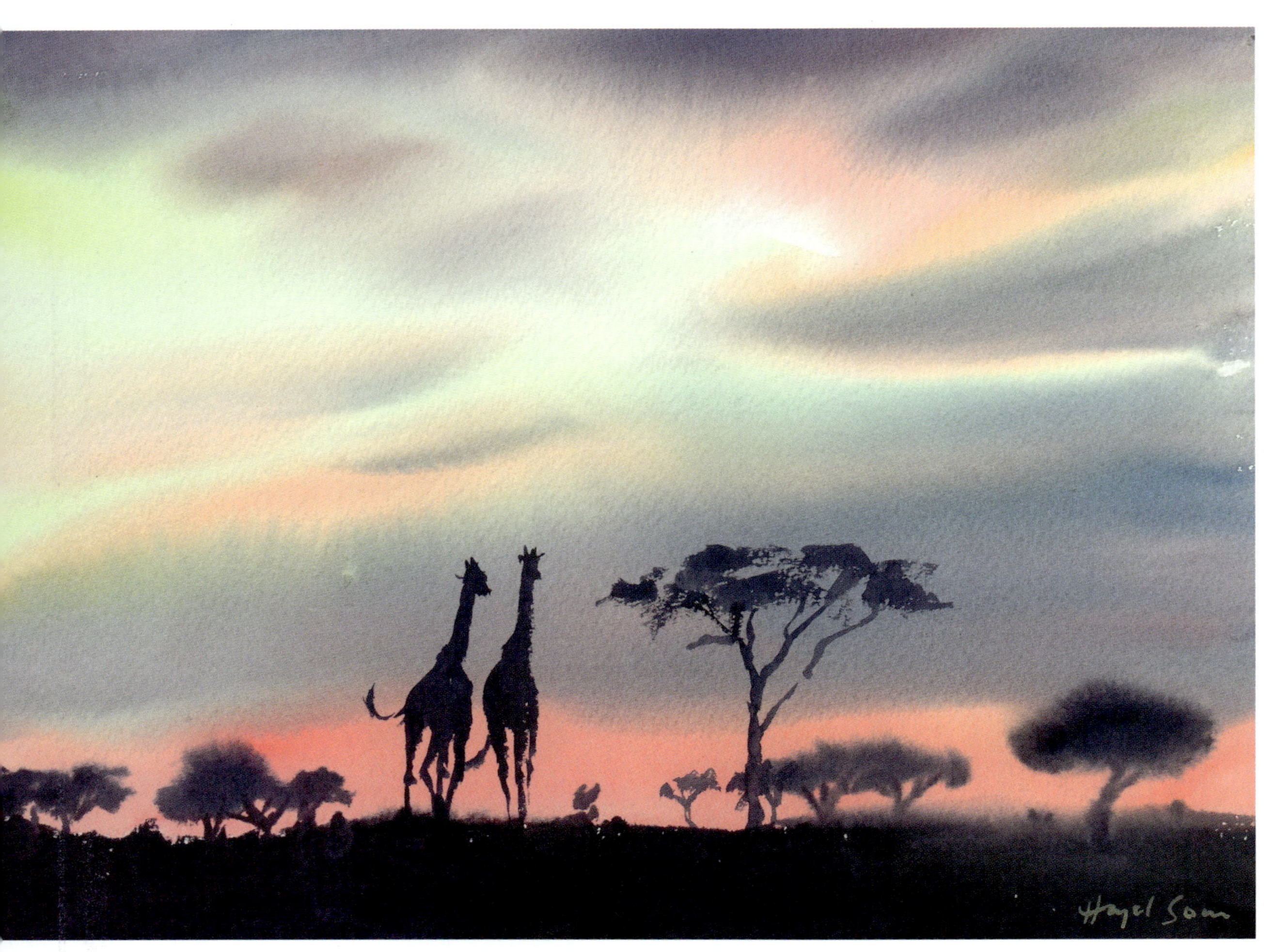

  한정된 팔레트로 그리는 수채화

투명도를 알 수 있는 단서

특정한 색의 투명도 또는 불투명도를 확실히 알 수 없다
면 물감을 물통에 헹궈보자. 헹군 물이 맑은 빛깔이면 그
색은 투명한 색이고 물이 탁해지면 불투명한 색이다.

팔레트 팬 또는 튜브 속의 물기 없이 농축된 색을 살펴봐
도 좋다. 이를 다른 색과 비교해 보자. 어두워 보이면 어두
운 혼색을 만드는 데 도움이 될 수 있고 밝고 색이 선명해
보이면 불투명한 색일 수 있으므로 혼색을 밝게 하거나
짙은 혼색을 알맞게 조절할 수 있을 것이다.

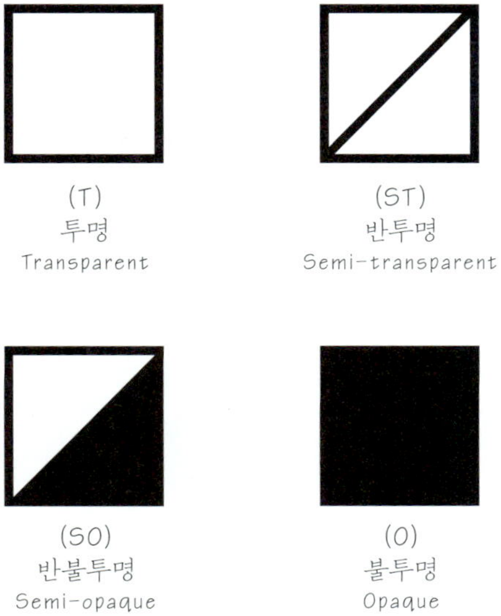

▶ 투명도라는 특성은 각 튜브에 사각형 기
호로 표시되어 있다. 빈사각형은 투명, 채워
진 사각형은 불투명을 나타낸다.

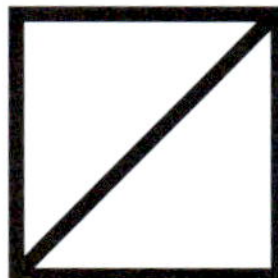

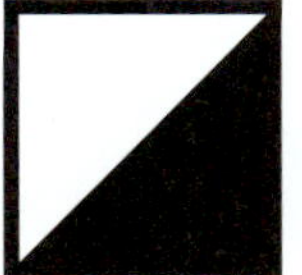

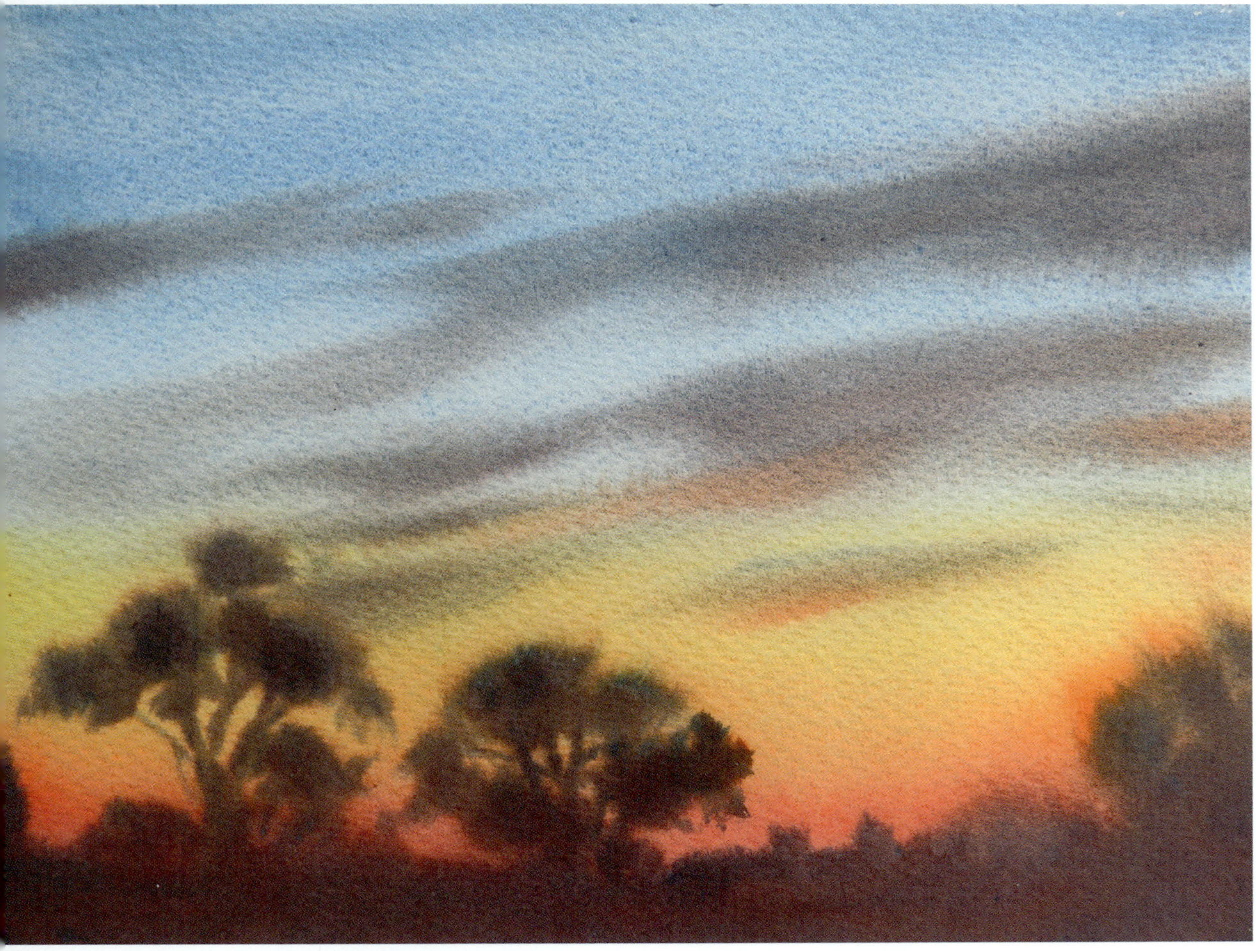

착색성

그림에 선택되는 색을 결정지을 수 있는 안료의 세 번째 특성은 색이 종이에 고착되게 하는 능력, 즉 착색력이다. 수채화 물감은 곱게 간 안료로 만들어진다. 안료 입자는 미세하며 아라비아고무로 결합되어 있다. 입자들은 물과 섞이면 물과 아라비아고무로 이루어진 얇은 막 안에서 종이 위에 떠다니는 부유물로 남는데, 이것이 그림의 워시가 되고 붓 자국을 만든다. 대부분의 색은 입자가 매우 고와서 보통 목재 펄프로 만든 종이의 조직에 침투하여 착색된다. 입자가 더 큰 그 밖의 안료들은 종이 표면에 놓여 있게 되거나 고르지 않은 종이 표면의 요철에 침착되므로 건조 상태에서도 어느 정도 색을 닦아낼 수 있다. 이러한 비착색성Non-staining 색은 알갱이가 생기고 퇴적되는 경우가 많아 매력적인 질감이 만들어진다(19쪽 그림 참조). 착색 정도는 물감 튜브에 삼각형 기호로 표시되어 있다.

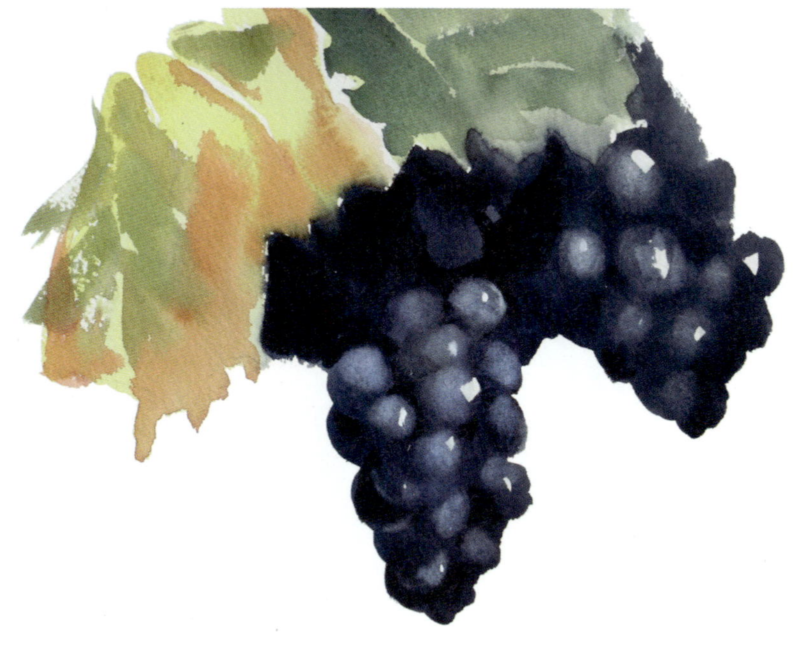

◀ 닦아낼 수 있는 색인 번트 엄버와 울트라마린 블루의 혼색을 포도의 진한 음영을 칠하는 데 사용했다. 그런 다음 각각의 포도알에서 밝은 부분의 색을 닦아내 광택감 없는 과분果粉과 둥근 형태를 표현했다.

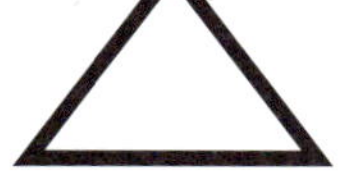

비착색성
Non-staining

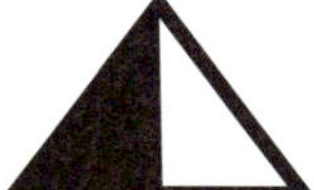

반착색성
Semi-staining

착색성
Staining

▶ 전문가용 수채 물감의 라벨에는 염료의 색인명, 정사각형의 투명도 기호와 함께 작은 삼각형 기호가 표시되어 있어 각 색의 착색 효과를 알 수 있다.

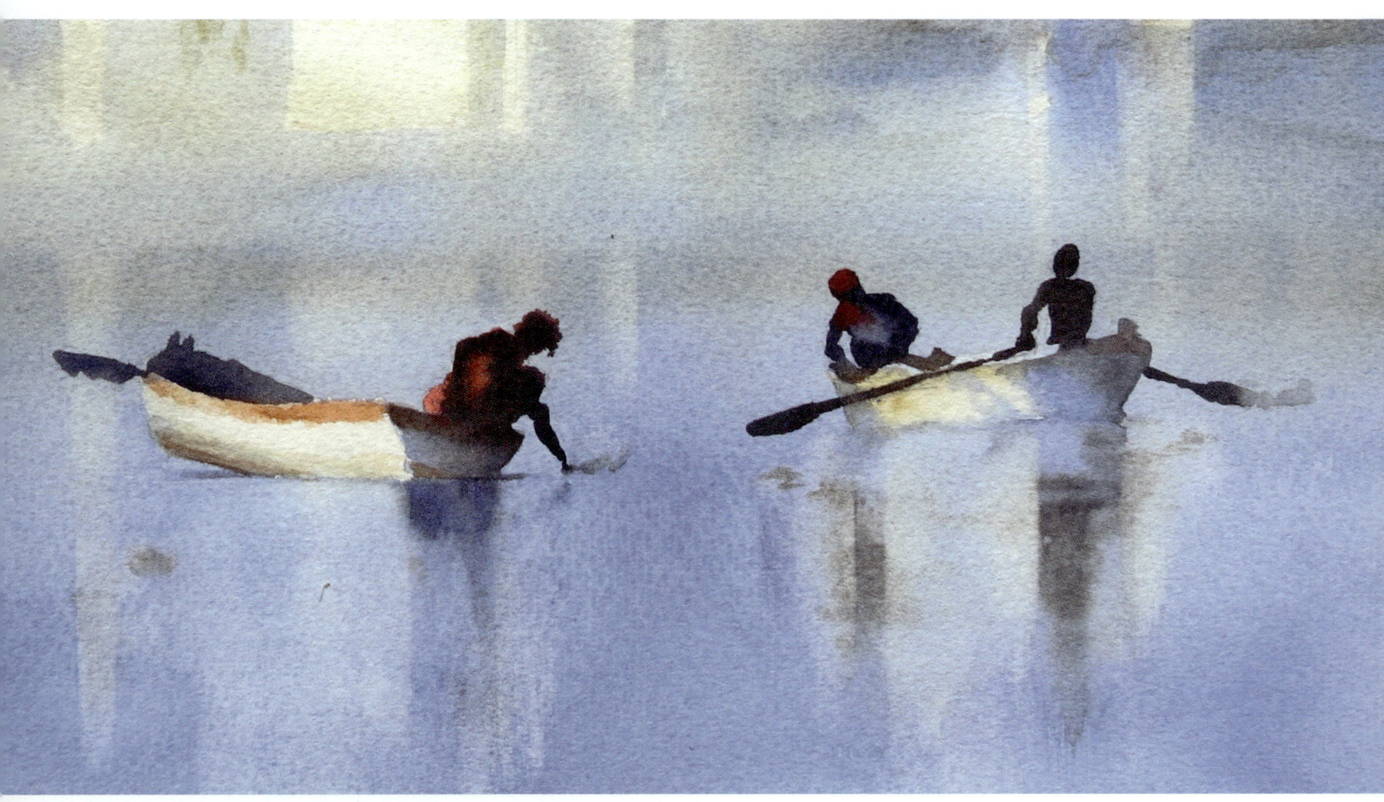

착색성과 닦아내기

색의 착색성 또는 과립성을 이해하는 것은 색이 종이 위에서 작용하는 방식을 알 수 있기에 중요하다. 착색성 색은 한번 칠해지면 제거할 수 없고 마른 다음에야 걱정 없이 덧칠할 수 있다. 반면 대부분의 비착색성 색은 어느 정도 제거할 수 있고 종이에서 닦아낼 수도 있다. 이 성질로 인해 비착색성 색은 수정과 변경 측면에서 관용성을 지니며 부드럽게 닦아냄으로써 색조를 옅어지게 할 수 있으므로 밝은 부분을 되살리는 데 유용하다. 이는 잘못된 위치에 붓 자국이 생겼을 때 안전망이 되어주므로, 나는 이러한 색을 친절한 색이라고 부른다. 반대로 아라비아고무는 종이 위에 색이 정착되게 하지만, 이후의 붓질이나 물기가 과도한 덧칠로 흐트러지게 되면 의도치 않게 색이 닦이거나 다른 색으로 번져서 선명도가 떨어질 수 있다.

색 닦아내기 - 실내광

과립성의 색이나 착색성이 낮은 색을 사용하면 지나치게 진한 색조를 옅게 할 수 있고 마른 붓 자국과 워시의 가장자리를 부드럽게 하고 블렌딩하는 데도 어느 정도 융통성이 허용된다. 여기에서 선택한 색은 프렌치 울트라마린. 트랜스페어런트 시에나, 오레올린이다. 필요한 경우 더 넓은 부분의 색을 닦아내는 데 도움이 되는 작은 스펀지도 있어야 할 것이다.

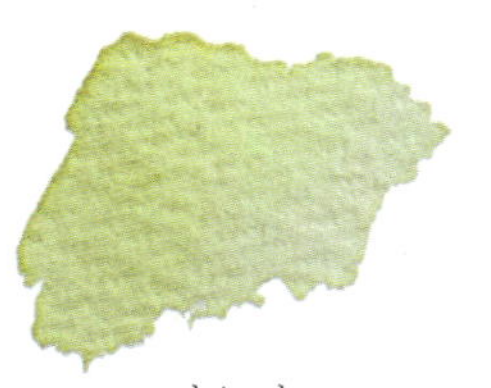
오레올린

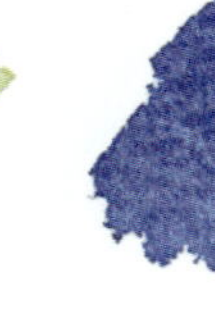
프렌치 울트라마린

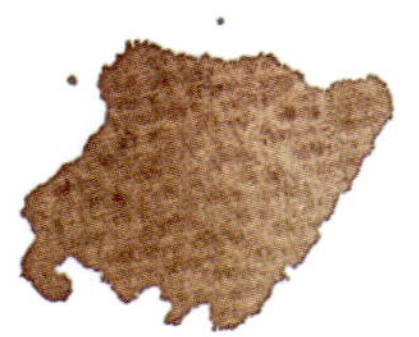
트랜스페어런트 시에나

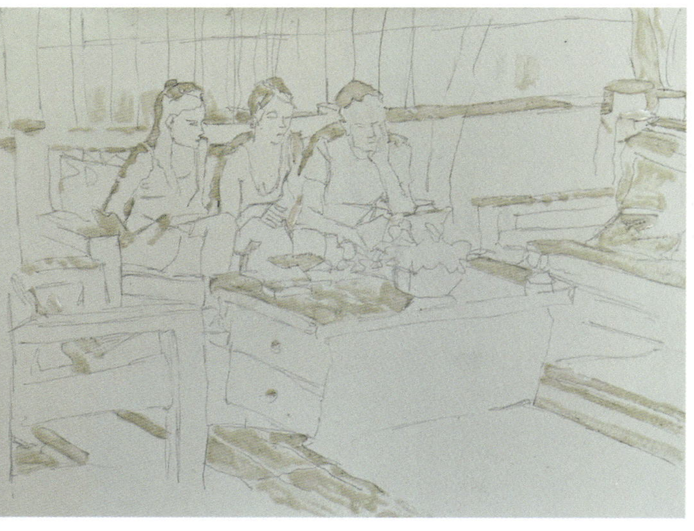

1 방 안 인물들의 구도를 잡은 다음, 옅은 크림색 마스킹액으로 밝은 하이라이트 부분을 모두 마스킹 처리했다(라텍스 액이 붓을 망가트리므로 낡은 붓이나 마스킹 도구를 사용하기).

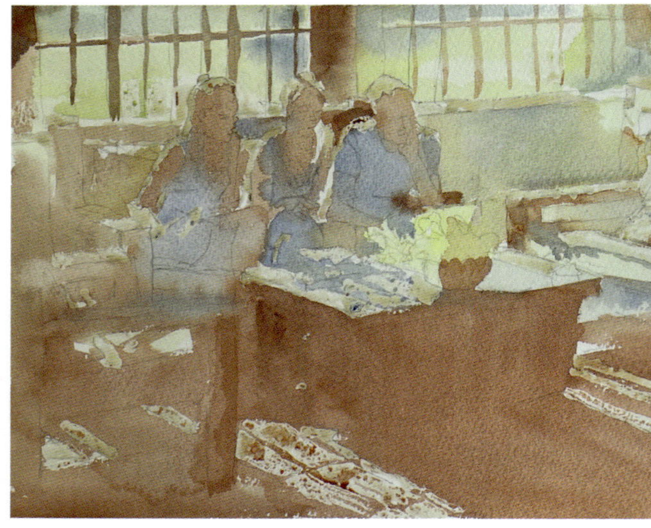

2 마스킹이 완전히 건조되고 나서 차례대로 먼저 배경과 식물에 묽은 오레올린을, 이어서 옷에 프렌치 울트리마린을, 그리고 가구·그림자·살색에 번트 시에나를 그림 전체에 걸쳐 섞인 칠 기법Variegated Wash으로 적당히 칠했다. 그런 후 색이 자유롭게 섞이게 두었다.

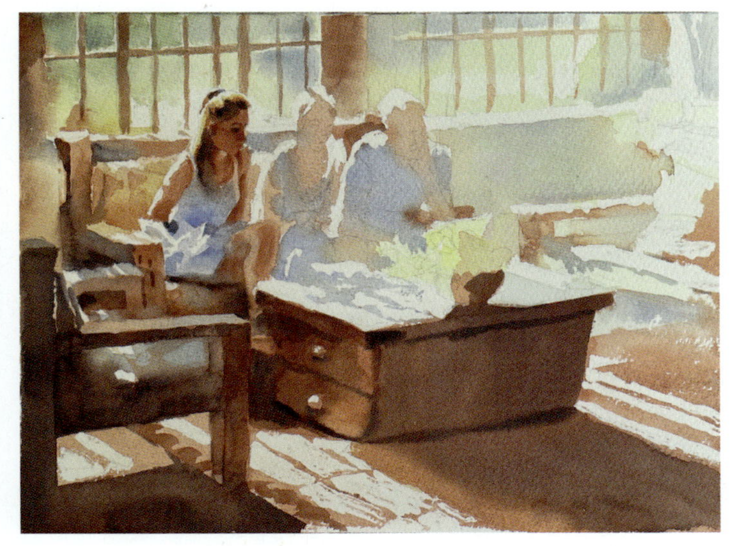

3 밑칠이 완전히 건조되고 나서 모든 마스킹 부분을 조심스럽게 문질러 제거하고 인물과 가구의 중간 색조와 어두운 색조의 디테일을 칠하기 시작했다. 물만 묻히고 물감은 묻히지 않은 작은 붓으로 둥근 형태에서 뚜렷한 붓 자국 경계를 부드럽게 하여 단계적으로 블렌딩했다.

4 각 디테일이 완성됨에 따라 옷과 얼굴에서, 그리고 커피 테이블의 오른쪽 모서리를 두드러지게 하고 비스듬한 커튼을 표현하기 위해 색을 닦아내고 제거했다.

▼ 함께한 추억으로 빛나다,
28x38cm(11x15in)

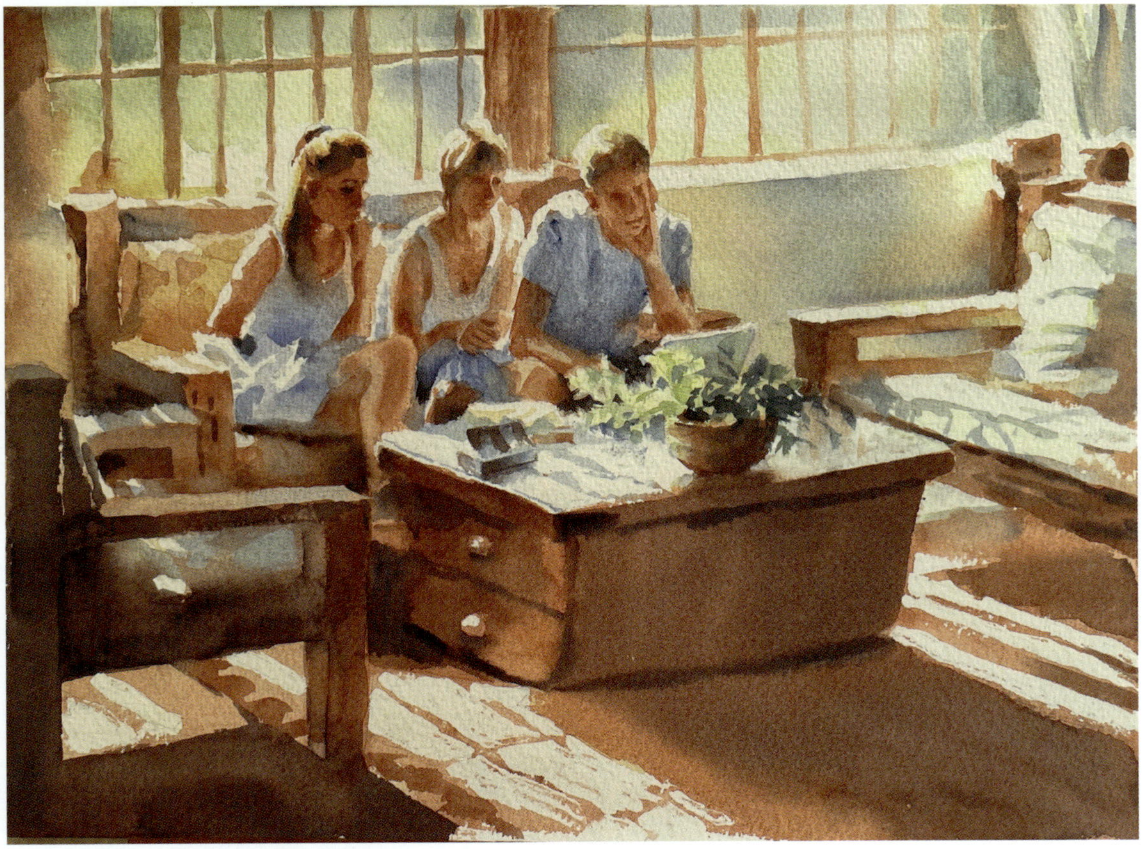

온도 편향 현상

온도 편향은 색의 혼합과 상호작용에 영향을 미치므로 각 색의 매우 중요한 특성이다. 각기 다른 색상을 지닌 색에는 빨강-파랑 스펙트럼에서 따뜻함부터 차가움까지의 색온도가 나타난다. 빨간색은 따뜻한 색으로, 파란색은 차가운 색으로 여겨진다.

각각의 일반적인 따뜻한 색상 또는 차가운 색상 내에서 개개의 색은 스펙트럼을 따라서 빨간색에 더 가까운지 파란색에 더 가까운지에 따라 따뜻한 온도 또는 차가운 온도에 대한 편향을 보인다. 따라서 스펙트럼 전체에 걸쳐 색상은 빨간색 또는 파란색 쪽으로 향한다고 볼 수 있다. 빨간색으로 향하는 색상에 속하는 색은 따뜻한 색으로 여겨지고 파란색으로 향하는 경우 차가운 색으로 여겨진다. 예를 들어 주황색에 가까운 노란색은 파란색에서 멀어져 빨간색을 향하고 있으므로 따뜻한 색이다. 반면 녹색 옆의 노란색은 빨간색에서 멀어져 파란색을 향하고 있으므로 차가운 색이다. 마찬가지로 녹색을 향하고 있는 파란색은 보라색을 향하고 있는 파란색보다 더 차가운 색이 되는 식이다.

예를 들어 빨간색 색상 중에서 퀴나크리돈 마젠타와 알리자린 크림슨은 모두 빨간색이므로 파란색에 비해 따뜻한 색상이다. 하지만 다른 빨간색과 비교하면(이를테면 선명한 원색이며 모든 색 중에서 가장 따뜻한 색인 카드뮴 레드) 파란색 쪽을 향해 있으므로 온도가 더 차다. 그래서 그러한 색을 차가운 빨간색이라고 부른다.

▶ 마젠타에서 보라색에 이르는 가시 색상 스펙트럼은 따뜻한 빨간색부터 차가운 파란색에 이르는 색온도 범위를 보여준다. 스펙트럼의 양 끝을 원형으로 오므렸다고 생각해 보라. 그러면 17쪽의 색상환과 비슷한 모습이 된다.

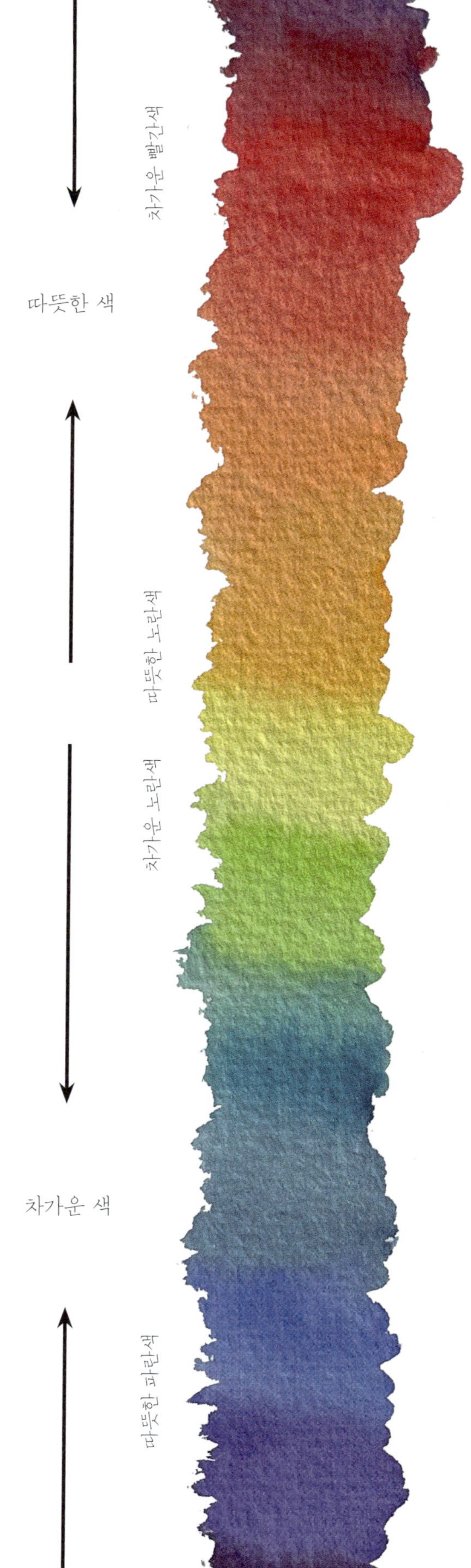

따뜻한 색   차가운 색

카드뮴 레드

알리자린 크림슨   루비 레드
(퍼머넌트 로즈)

인디언 옐로   울트라마린 블루

오레올린   프러시안 블루

▲ 각 기본 색상의 따뜻한 버전과 차가운 버전이
내 팔레트에서 가장 중요한 여섯 개의 색을 이룬다.

혼색의 온도 편향

색의 온도 편향은 혼색에 엄청난 영향을 미치므로 이 책 전반에서 확인할 수 있듯이 한정된 팔레트의 색 선택에서 주요한 결정 요인이다. 예를 들어 이차색인 주황색을 혼색할 경우, 주황색은 따뜻한 색이기 때문에 따뜻한 빨간색과 따뜻한 노란색을 혼합하면 따뜻한 빨간색과 차가운 노란색을 혼합할 때보다 더 밝은 주황색이 된다. 마찬가지로 녹색은 차가운 색이므로 차가운 파란색과 차가운 노란색을 혼합하면 더 밝은 녹색이 된다. 보라색을 혼색할 경우 가장 밝고 맑은 색상을 만들려면 따뜻한 파란색과 차가운 빨간색이 필요하다. 왼쪽에 나와 있는 차가운 색-따뜻한 색 스펙트럼에서 볼 수 있듯이, 보라색은 빨간색과 파란색으로 만들어지므로 이 척도의 시작과 끝에 위치한다.

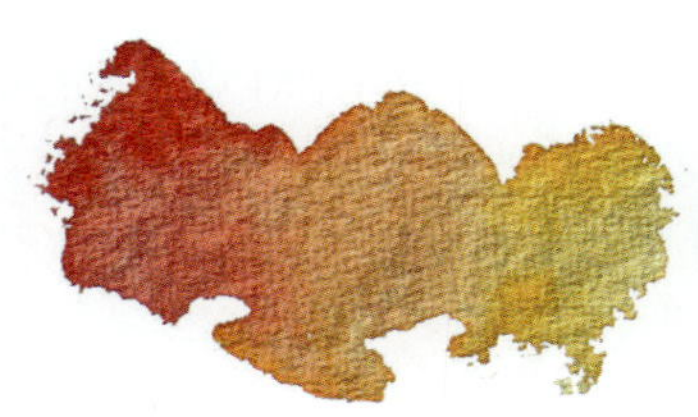

주황색: 두 개의 따뜻한 색, 카드뮴 레드와 인디언 옐로를 섞으면 가장 밝은 주황색이 만들어진다.

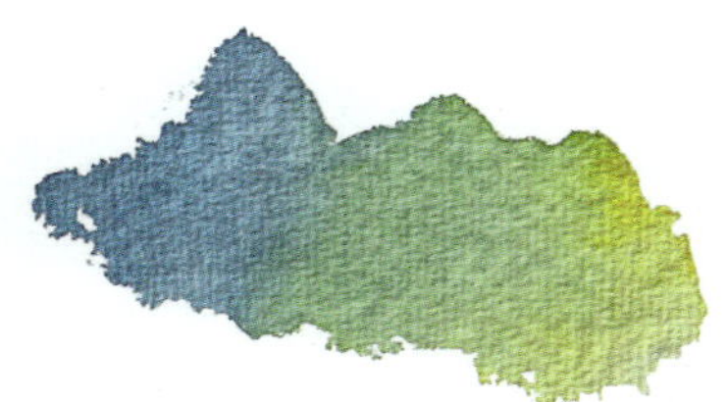

녹색: 두 개의 차가운 색, 프러시안 블루와 오레올린을 섞으면 가장 밝은 녹색이 만들어진다.

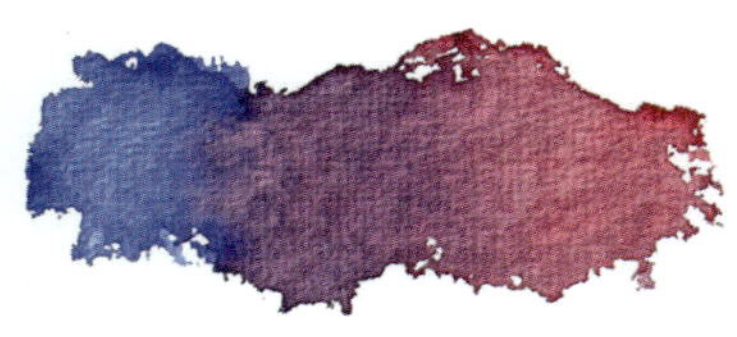

보라색: 온도 편향이 반대인 두 개의 색, 즉 따뜻한 파란색인 울트라마린 블루와 차가운 빨간색인 루비 레드를 섞으면 가장 밝은 보라색이 만들어진다.

울트라마린 블루
(따뜻한 파란색)

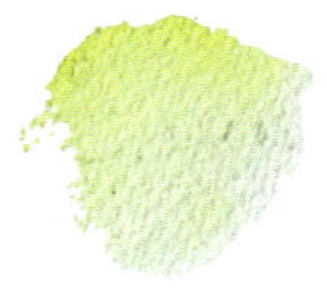

오레올린
(차가운 노란색)

인디언 옐로
(따뜻한 노란색)

옐로 오커
(따뜻한 황토색)

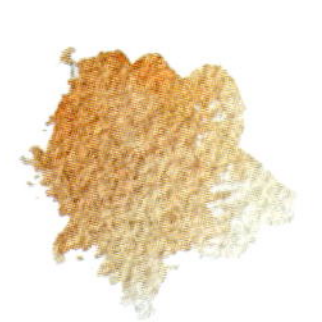

트랜스페어런트 오렌지
(부리와 다리에만)

온도 편향 – 녹색 혼색하기

여기에서의 목표는 파란색과 노란색을 섞어 만든 녹색의 온도 편향 현상을 확인하는 것이다. 또 각기 다른 녹색을 겹쳐 칠했을 때 파란색 그림자 색이 어떻게 바뀌는지도 살펴본다. 이를 위해서는 세 장의 작은 연습용 종이와 왼쪽에 나와 있는 다섯 가지 색이 필요하다.

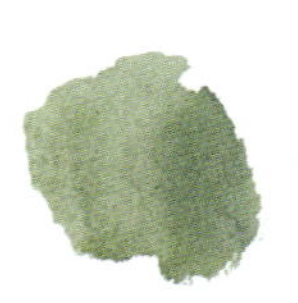

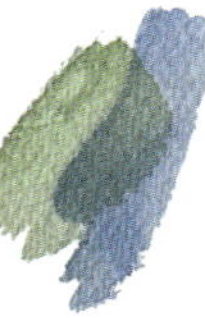

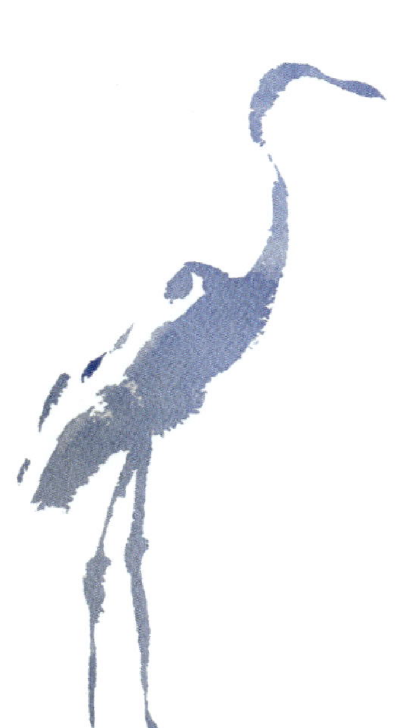

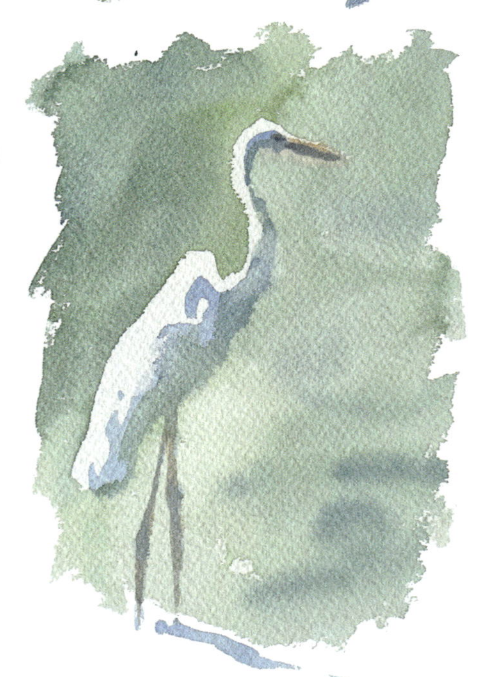

1 울트라마린 블루를 사용하여 황새의 음영 부분을 나타내는 파란색 형상을 세 장의 종이 각각에 똑같이 그린다.

2 울트라마린 블루와 차가운 노란색인 오레올린을 섞어 녹색을 만든다. 1번 황새 주변의 배경을 칠하고 황새 등과 목의 가장 밝은 부분을 네거티브 형태로 칠하지 않고 남겨서 황새 몸통의 나머지 부분을 표현한다. 황새 앞쪽 주변에 녹색을 더하고 배의 아랫부분에 겹치게 칠한다.

- 노란색이 차가울수록 녹색은 더 밝아진다. 이 말이 타당한 이유는 오레올린이 녹색을 향하는 색이기 때문이다. 배 부분의 그림자에 겹쳐 칠하면 파란색이 녹색으로 변한다.
- 노란색이 따뜻할수록 녹색은 덜 밝지만 더 자연스러워진다. 인디언 옐로는 주황색을 향하고 있으므로 녹색의 반대색인 빨간색의 기운이 미미하게 더해져 녹색의 색조가 부드러워진다. 배 부분의 그림자에 겹쳐 칠하면 파란색이 회색으로 변한다.
- 따뜻하고 칙칙한 옐로 오커를 사용하면 칙칙한 녹색이 만들어지고 겹쳐 칠하면 자연스러운 회색이 되면서 배 부분의 그림자가 더 짙어진다.

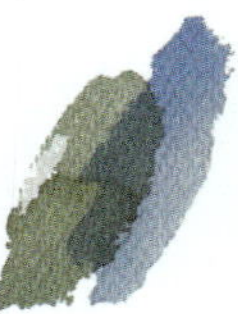

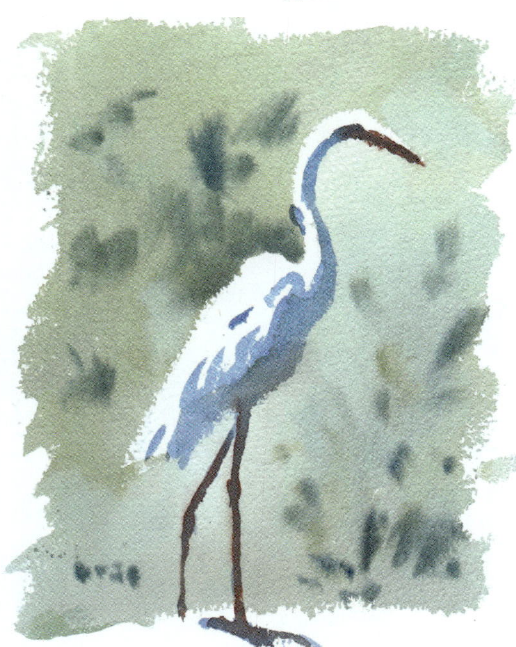

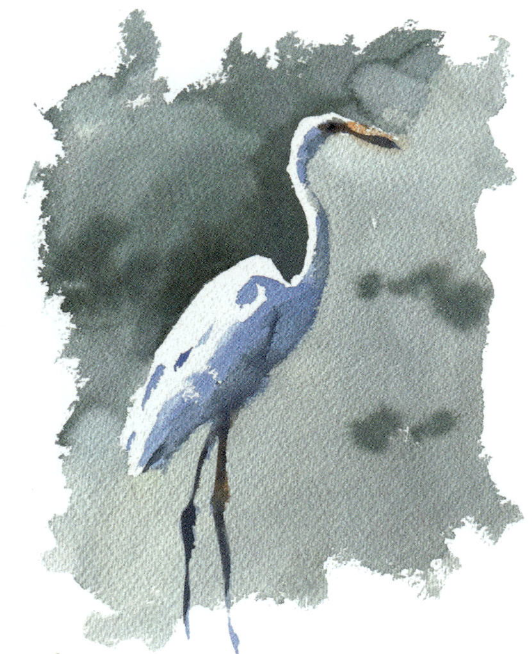

3 울트라마린 블루와 따뜻한 노란색인 인디언 옐로를 섞어 녹색을 만든다. 이전과 마찬가지로 황새 주변의 배경을 칠하되 전체 형상은 종이의 흰 바탕을 칠하지 않고 남겨둬서 표현하고 배는 어두운 부분이 더 짙어지게 겹쳐 칠한다.

4 울트라마린 블루와 따뜻한 황토색인 옐로 오커를 섞어 녹색을 만든다. 이 녹색은 갈색을 띤 노란색이므로 다른 두 녹색보다 칙칙해 보인다. 이전과 마찬가지로 배경은 동일하게 반복하고 배의 그늘진 부분에 겹치게 칠해 색조가 더 짙어지게 한다.

5 마르고 나면 마무리로 세 마리 황새의 부리와 다리를 트랜스페어런트 오렌지로 채색하여 스케치를 완성한다.

색온도 활용하기

빨간색의 따뜻함과 파란색의 차가움 또한 평면인 수채화 종이 위에 공간 감을 부여하는 효과적인 요소이다. 빨간색은 화면에서 앞으로 나와 보이고 파란색은 뒤로 물러나 보이는 경향이 있다. 현실적인 예로, 시선을 사로잡는 빨간색 경고 표시의 기능을 생각해 보거나 멀리 있는 언덕이 멀리 있을수록 얼마나 더 푸르게 보이는지를 주의 깊게 관찰해 보자. 한정된 팔레트에서는 배경 혼색에 차가운 색을 더 우선적으로 사용하고 전경 혼색에 따뜻한 색을 더 우선적으로 사용함으로써 이 효과를 손쉽게 활용할 수 있다. 3색, 즉 빨간색·노란색·파란색을 기본으로 하는 한정된 팔레트에서는 배경을 위한 혼색에 파란색을 더 많이 넣고 전경을 위한 혼색에 빨간색이나 노란색을 더 많이 넣으면 되는 경우가 많다.

울트라마린 블루

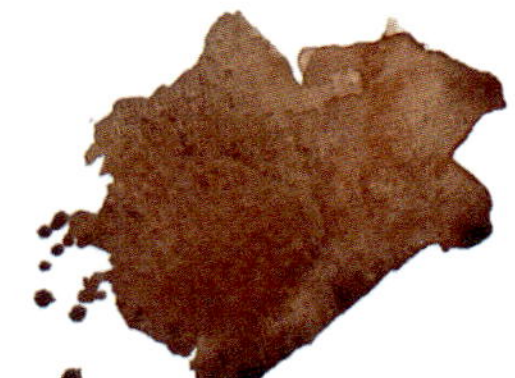

번트 시에나

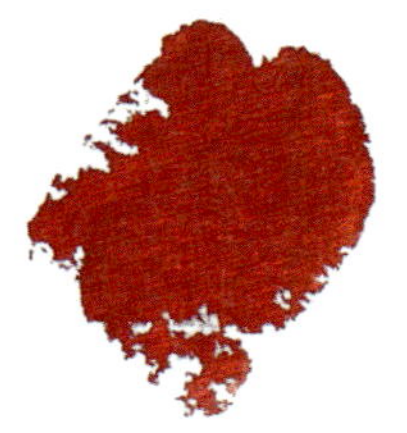

카드뮴 레드

▼ 소풍, 아버지와 아들,
18x23cm(7x9in)
빨간색은 화면에서 앞으로 나와 보이는 색이다. 소년의 빨간색 셔츠는 옆에 있는 인물들의 다른 색보다 배경에서 훨씬 더 뚜렷하게 두드러진다.

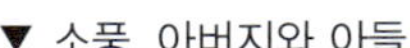

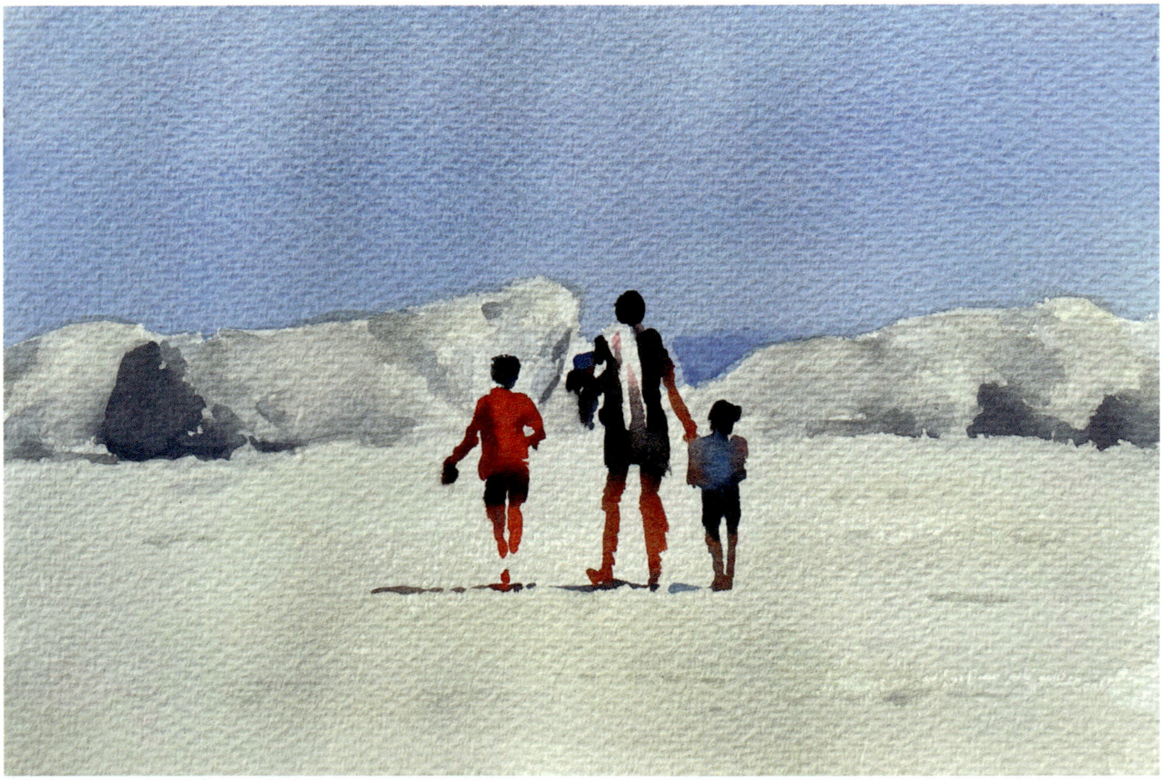

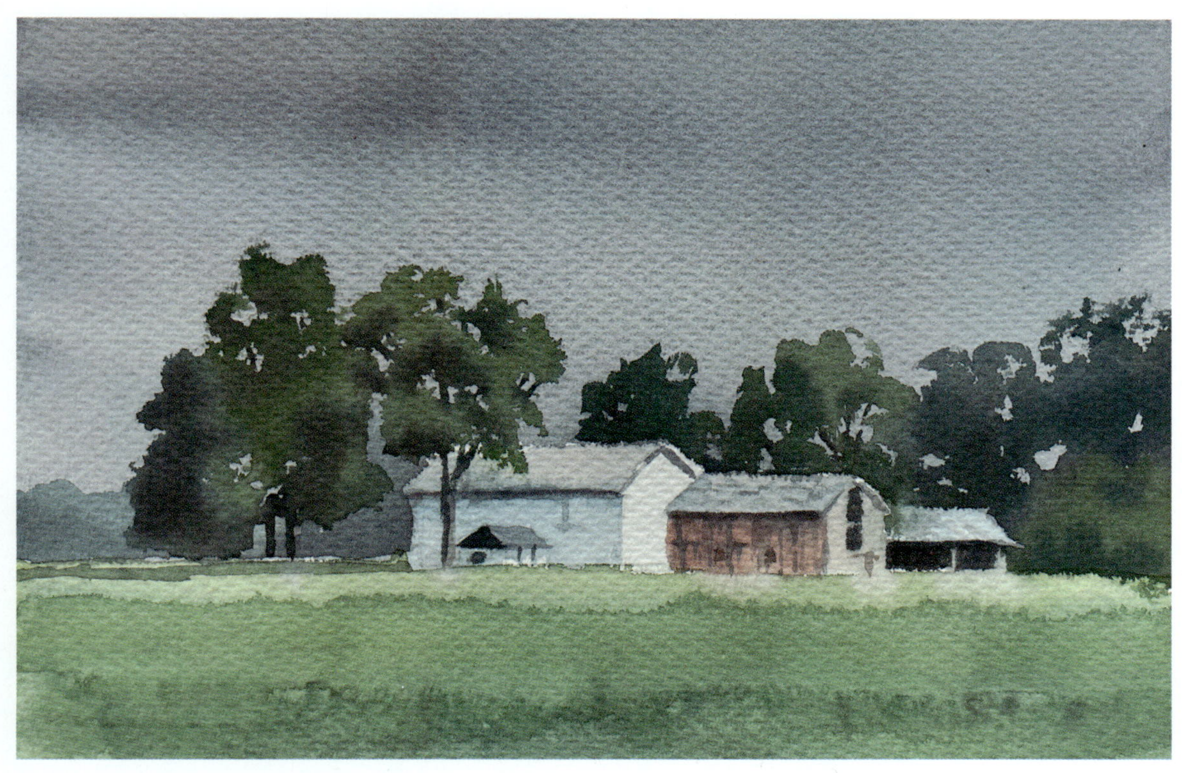

색온도는 평면인 종이를 좀 더 쉽게 3차원 공간 표현으로 받아들일 수 있게 한다. 멀리 있는 나무의 윤곽은 더 파란색을 띠어 집과 헛간 주변의 더 밝은 녹색 나무보다 더 멀리 있음을 나타내며 전경의 녹색에서 노란빛의 따뜻함은 들판이 앞으로 나와 보이게 한다. 이 그림에서는 프러시안 블루와 인디언 옐로를 섞어 녹색을 만들고 카드뮴 레드를 더해 흐려진 색으로 그림자를 표현했다.

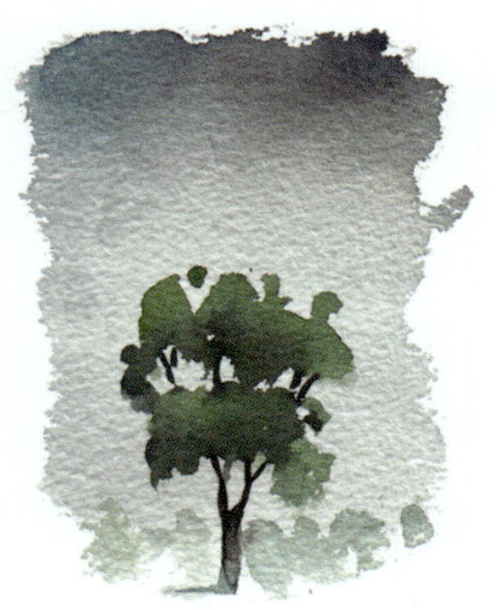

프러시안 블루

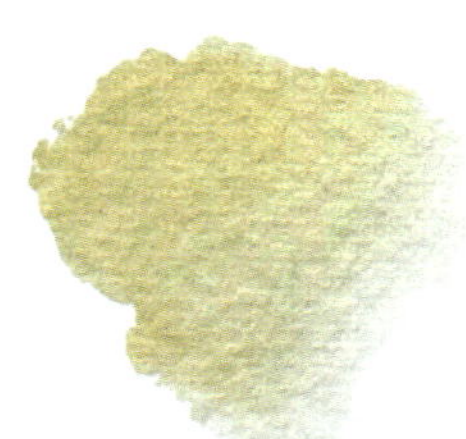

인디언 옐로

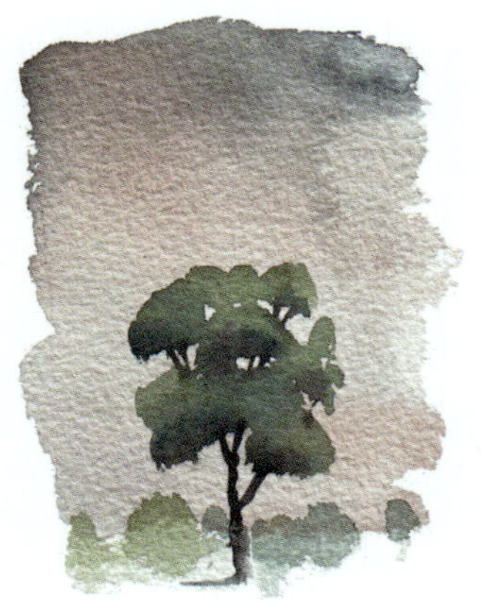

◀ 하늘을 채색하기 위해 프러시안 블루와 카드뮴 레드를 혼합할 때 이 두 색의 상대적인 양을 조절하여 차가운 온도에서 따뜻한 온도로 간단히 조정할 수 있으며, 또는 위의 그림과 같이 중간으로 유지할 수도 있다.

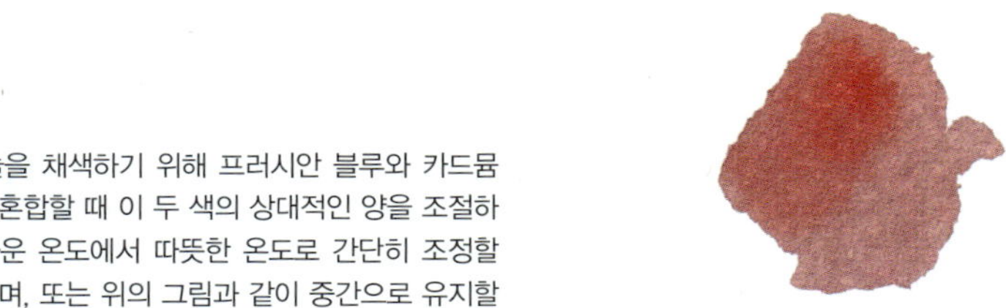

카드뮴 레드

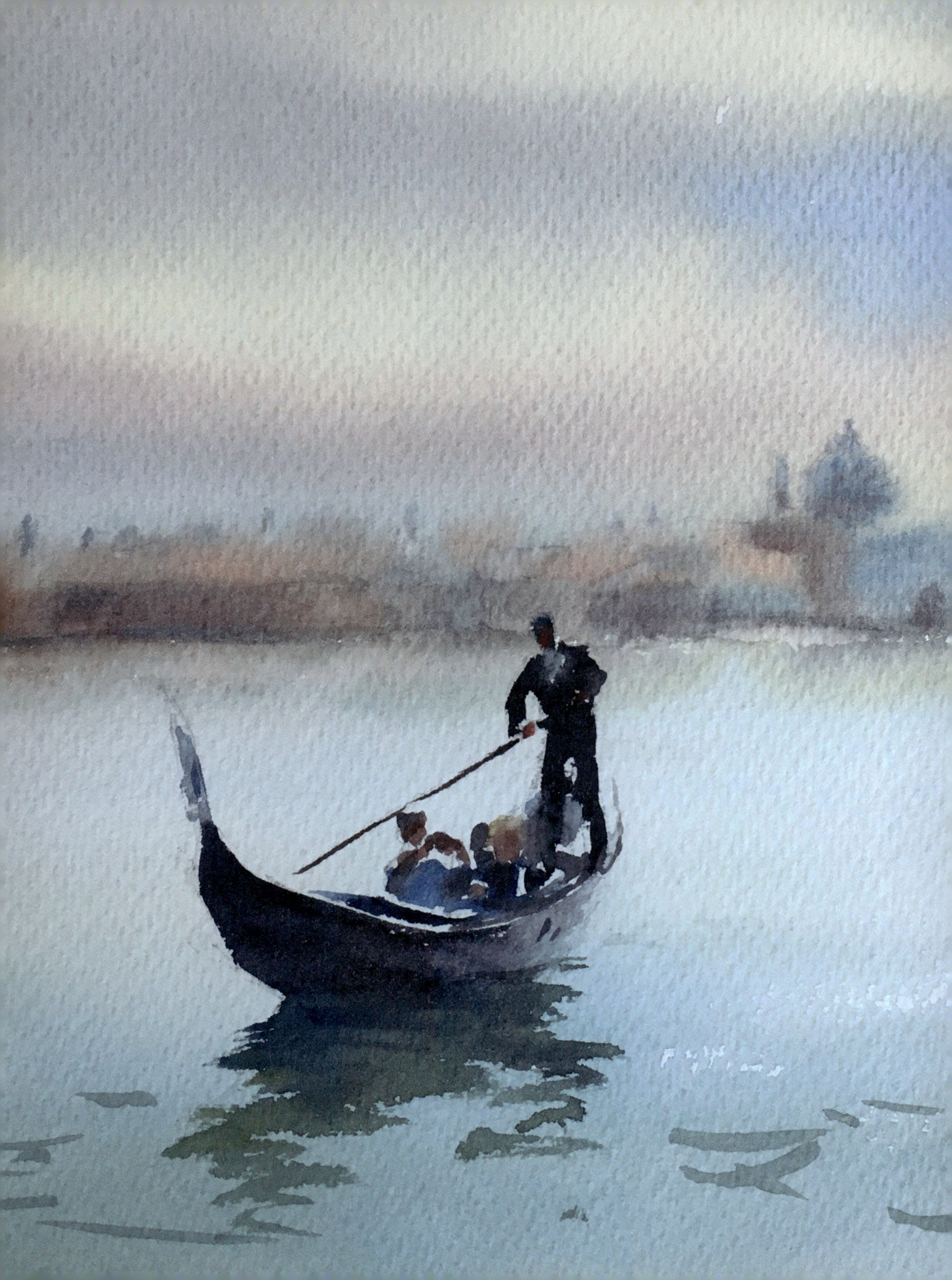

기본색의 조합

기초적인 색 혼합의 원칙은 이제 다 알 것이다. 빨간색, 노란색, 파란색은 그림의 기본색이다. 두 개의 기본색을 섞으면 이차색, 즉 주황색, 녹색, 보라색이 된다. 세 개의 기본색을 함께 섞으면 갈색, 회색, 검은색이 만들어진다.

기본 팔레트

세 가지 기본색을 혼합하면 다른 온갖 색을 만들 수 있으므로 단 세 가지 색의 팔레트를 가지고 그림을 완성하는 방법을 살펴보는 것이 타당하다. 그리고 이는 실제로 한정된 팔레트를 뒷받침하는 기본 개념이다. 이 책 전체에서 세 가지 색을 사용해 완성한 그림을 보게 될 것인데, 다양한 버전의 파란색, 노란색, 빨간색의 조합이 대부분이다. 그리고 바로 그 파란색, 노란색, 빨간색이 성공적인 채색의 비결이다. 때로는 갈색이 빨간색이나 노란색을 대신하거나 보라색이 파란색이나 빨간색을 대신하기도 한다.

세 가지 색에 대해서만 생각하면 되는 것의 장점은 시간과 움직임 측면에서 혼색을 효율적으로 할 수 있게 하고 그림 그리는 과정을 빨리 진행하게 한다(이는 변화무쌍한 빛을 서둘러 그려야 할 때 매우 중요하다!).

원리를 이론으로 이해하는 것은 간단하지만 실행에 옮기기는 그보다 어려운데, 이 책은 그런 면에서 도움이 될 것이다.

◀ 베네치아의 거울, 30.5x48cm(12x19in)
파란색 · 빨간색 · 노란색인 울트라마린 블루 · 카드뮴 레드 · 오레올린의 세 가지 색을 종이 위에 블렌딩하여 미묘한 녹색 · 연보라색 · 주황색을 만들고, 이 세 가지 색을 함께 섞어 살색의 갈색과 곤돌라의 검은색과 회색을 만든다.

두 가지 기본색의 혼합

가능한 한 적은 수의 색을 선택하여 그림을 그리는 방법을 이해하기 위해 두 개의 기본 색상을 혼합하는 것부터 시작해 보자. 혼색은 정밀함이 요구되는 기술이지만 원하는 색을 만들어 내자고 팔레트나 종이 위에서 색을 섞는데 너무 많은 시간을 할애할 수는 없다. 어떤 범위의 수채화에서건, 아주 매력적인 빨간색·노란색·파란색이 주어지면 다양한 녹색·주황색·보라색이 나올 수 있다. 다음 몇 페이지에서는 선택을 수월하게 하기 위해 내가 가장 꾸준히 사용하는 각 기본 색상의 따뜻한 버전과 차가운 버전을 사용할 것이다. 이러한 색을 혼합해 이차색인 녹색·보라색·주황색을 만든다. 해당 색은 울트라마린 블루(따뜻한 색), 프러시안 블루(차가운 색), 인디언 옐로(따뜻한 색), 오레올린(차가운 색), 카드뮴 레드(따뜻한 색), 루비 레드(퍼머넌트 로즈, 차가운 색)이다. 우리의 목표는 밝고 흐린 정도의 측면에서 혼합된 색의 미묘한 차이를 분간하는 것이다. 이러한 미묘한 차이를 알아차리지 못해서 종종 화가 지망생들은 적절한 색을 찾기 위해 필요 이상으로 많은 색을 쓴다.

▼ 본문에서 언급된 여섯 가지 색을 사용해 만든 색상표는 두 가지 기본색을 섞어 만들 수 있는 이차색의 다양한 버전 중 일부를 보여준다. 유사한 색상 사이의 차이가 얼마나 미묘한지 실제로 확인하고 다른 색에 인접해 있을 때 얼마나 쉽게 영향을 받아 더 밝아 보이거나 더 칙칙해 보일 수 있는지 이해하기 위해 직접 색상표를 채색해 보자(표의 채색을 마치고 나서 물통의 물을 확인해 보면 혼색에 안료가 과다하게 섞일 경우 얼마나 탁한 갈색 또는 칙칙한 회색이 만들어지는지 확실하게 알 수 있다!).

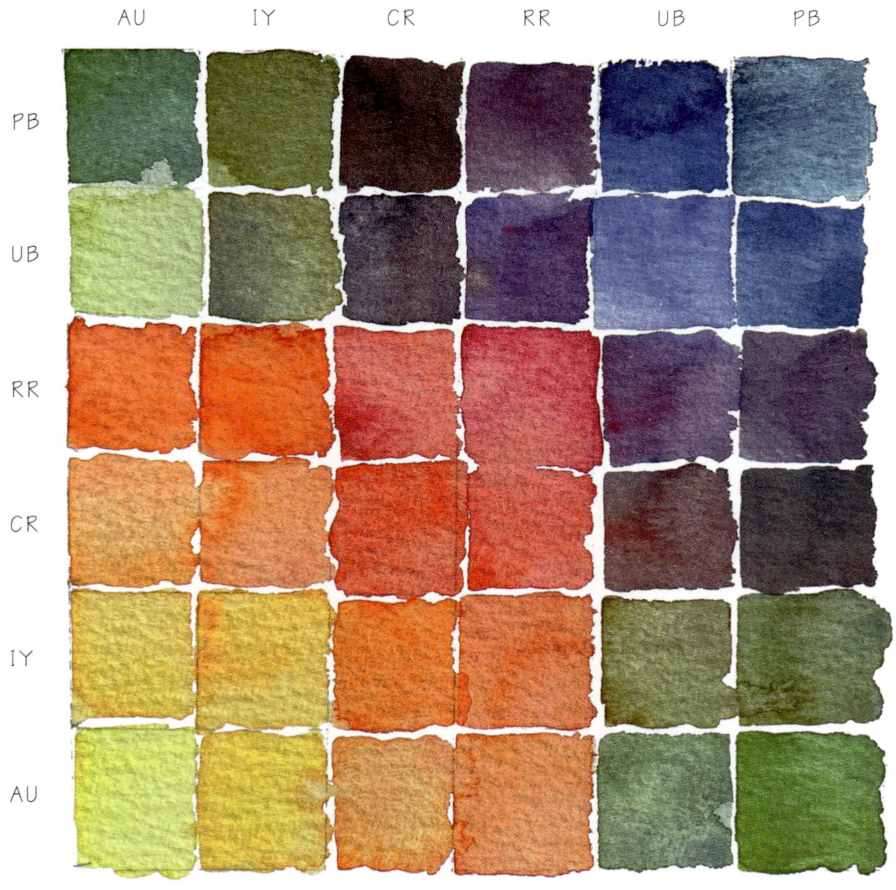

색 '맞추기'

이 여섯 가지 색을 사용하면 개별적으로는 수많은 색을 똑같이 맞출 수 있지만, 그림은 개별적인 색으로 구성되어 있지 않고 여러 색의 조합으로 이루어져 있다. 성공적인 혼색 기법의 핵심은 색이 전체적으로 함께 영향을 주고 상호작용하도록 하여 화가가 표현하고자 하는 색을 표현하는 것이다. 한정된 팔레트는 변수를 줄여 각각의 색이 좀 더 직접적인 방식으로 다른 색과 상호작용할 수 있게 하므로 '근사 기법art of approximation'을 사용한다고 말할 수 있다. 색상환에서 서로 반대편에 있는 색은 서로의 색상을 짙어 보이게 하고 대비를 통해 반대색을 더 밝게 한다. 마찬가지로 온도 편향에서 반대색도 그림에서 인접해 있을 때 서로를 상대적으로 더 따뜻해 보이거나 더 차가워 보이게 한다.

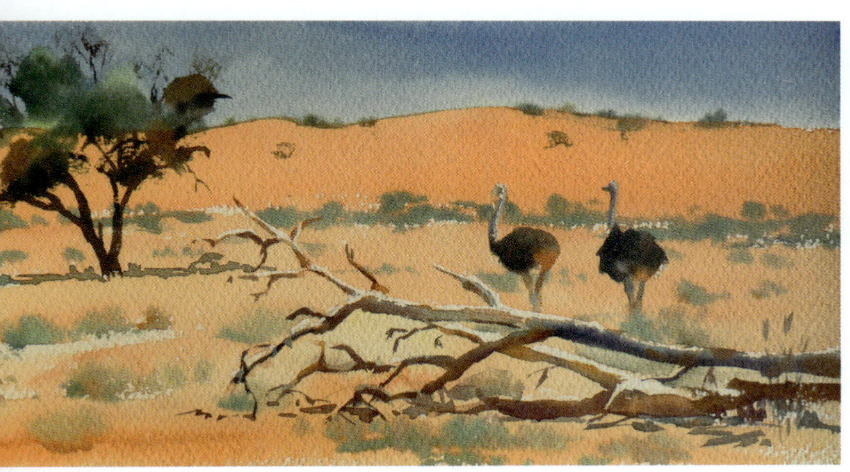

◀ 모래 언덕을 향해,
15x30.5cm(6x12in)
인디언 옐로와 루비 레드를 섞어 만든 모래 언덕의 밝은 주황색은 색상환에서 반대색인 하늘의 파란색과 인접해 있어 더 돋보인다. 차가운 파란색인 프러시안 블루는 대비를 통해 주황색을 더 따뜻하게 보이게 한다. 이 채색을 아래 그림과 비교해 보자.

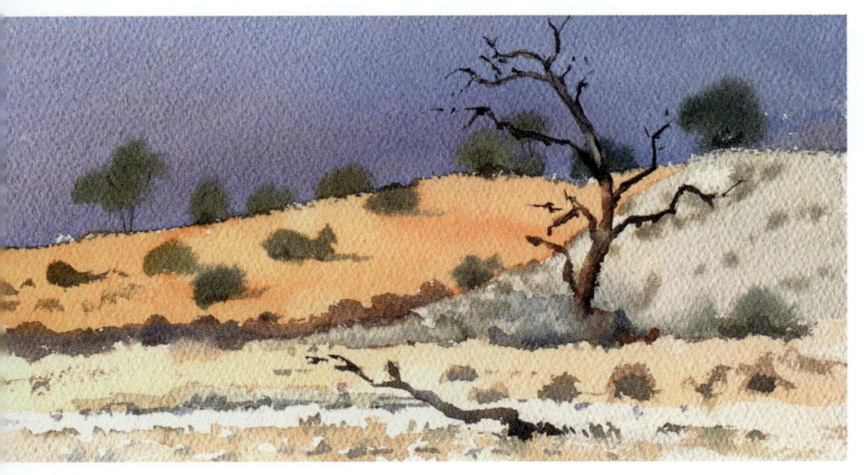

◀ 칼라하리의 모래 언덕,
15x30.5cm(6x12in)
이 그림에서 푸른 하늘은 따뜻한 파란색인 울트라마린 블루로 칠해져 있는데 루비 레드가 약간 추가되어 더 보랏빛을 띤다. 모래 언덕은 위의 그림과 같은 색으로 채색되었지만, 주황색 혼색의 노란색이 색상환에서 반대색인 하늘의 보라색과 대비되어 더 돋보인다.

파란색 + 노란색 조합 = 녹색

이차색인 녹색은 파란색과 노란색의 조합으로 만들어진다. 파란색과 노란색이 더 차가울수록 녹색은 더 밝아지고, 파란색과 노란색이 더 따뜻할수록 녹색은 더 칙칙해진다.

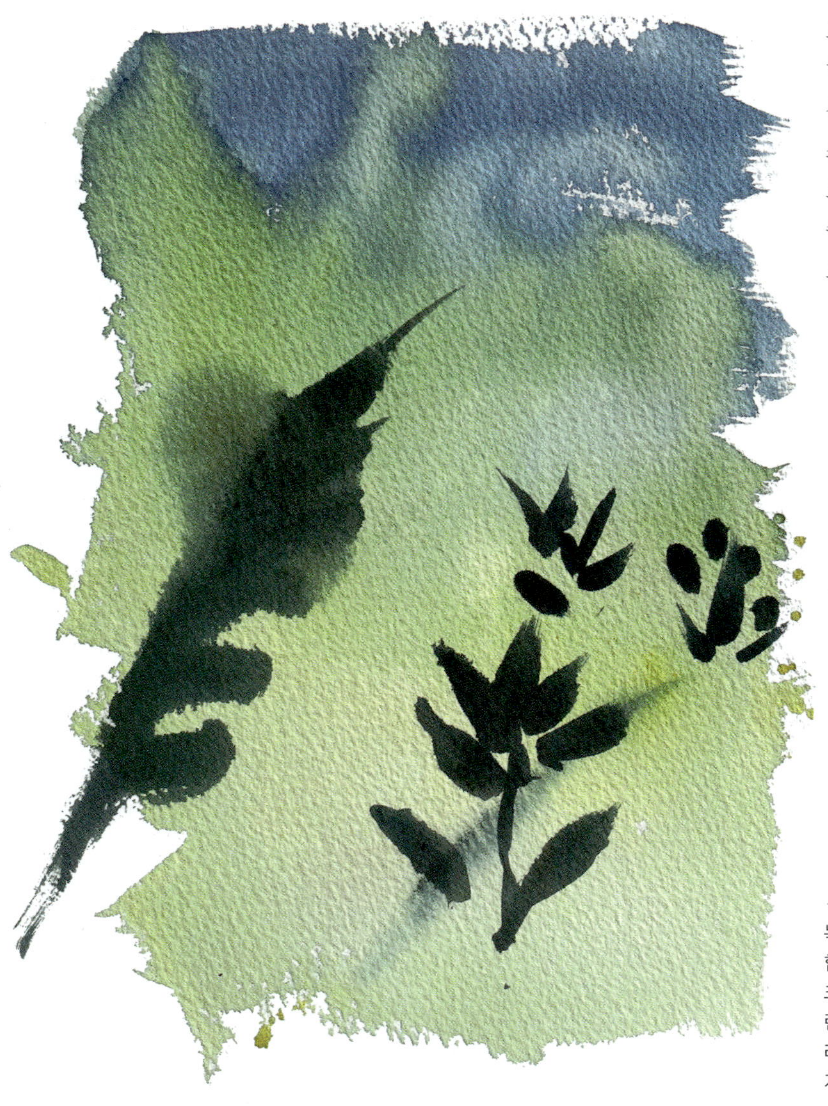

프러시안 블루(차가운 파란색) + 오레올린(차가운 노란색)

프러시안 블루는 색상환에서 녹색을 향하는 차갑고 투명한 파란색으로 매우 선명하고 착색성이 있는 색이다. 아주 소량만으로도 차가운 반투명 노란색인 오레올린과 섞으면 밝은 녹색을 만들 수 있다(프탈로 블루는 비슷하지만 더 밝고 차갑고 투명한 착색성 파란색이다).

◀ 차가운 파란색과 노란색이 섞이면 두 색 모두 녹색을 향하기 때문에 밝은 녹색이 만들어진다. 혼합된 색상은 파란색에 더하는 노란색의 양에 따라 크게 달라진다. 짙은 녹색 나뭇잎 형상에는 오레올린이 매우 적게 들어갔지만, 옅은 녹색 배경에는 오레올린이 많이 들어가고 프러시안 블루는 매우 적게 들어갔다.

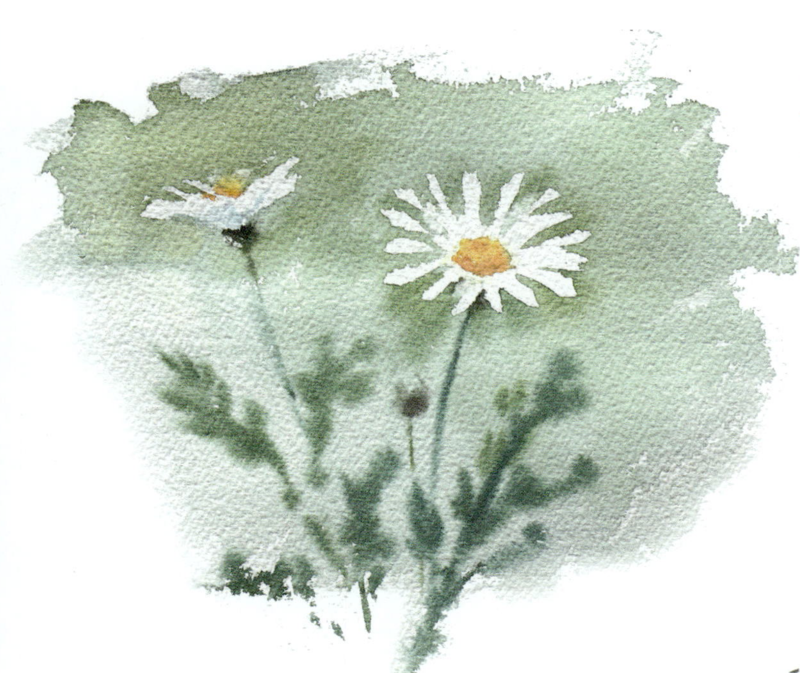

프러시안 블루(차가운 파란색) +
인디언 옐로(따뜻한 노란색)

인디언 옐로는 오레올린보다 훨씬 더 따뜻한 노란색이다. 이 노란색과 프러시안 블루를 섞어 만든 녹색은 맞은편의 녹색보다 덜 선명한데. 따뜻한 노란색이 녹색의 반대색인 빨간색을 향하고 빨간색은 녹색을 칙칙하게 만들기 때문이다(자세한 설명은 나중에).

▲ ▶ 데이지 화분花粉 한가운데의 진한 노란색은 따뜻한 노란색인 인디언 옐로의 선택이 적절함을 보여준다. 혼합하여 만든 녹색은 결과적으로 덜 선명하지만 매우 자연스러워 보인다. 배경의 녹색은 각 혼색에 포함된 인디언 옐로의 양이 많거나 적음에 따라 더 노랗게 또는 더 파랗게 보인다.

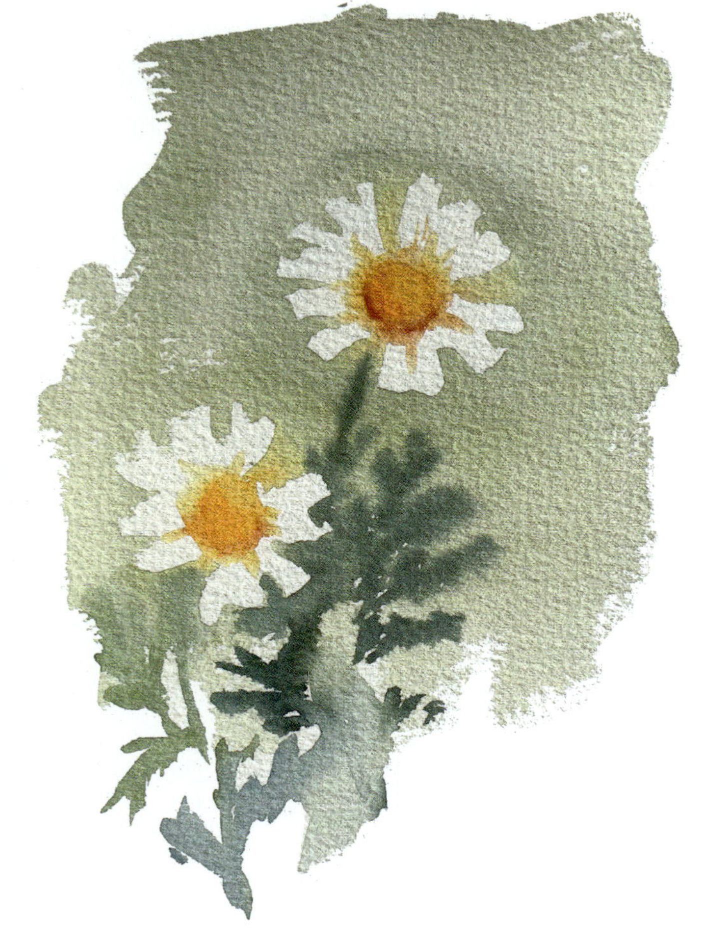

파란색 + 노란색 조합 = 녹색

울트라마린 블루(따뜻한 파란색) + 오레올린(차가운 노란색)

울트라마린은 따뜻하고 투명한 파란색으로 보통 녹색 색조와 붉은 색조의 두 가지 색조로 나온다. 여기에는 녹색 색조가 사용되었다(울트라마린 파이니스트: 붉은 색조의 프렌치 울트라마린보다 안료 입자가 더 곱다). 울트라마린 블루는 비착색성 색으로 부드럽게 닦아내면 쉽게 색을 덜어낼 수 있다. 프렌치 울트라마린은 더 따뜻한 색으로 입자가 커서 과립 현상이 더 잘 나타난다. 두 색조 모두 오레올린과 섞이면 프러시안 블루보다 약간 더 칙칙한 녹색이 된다.

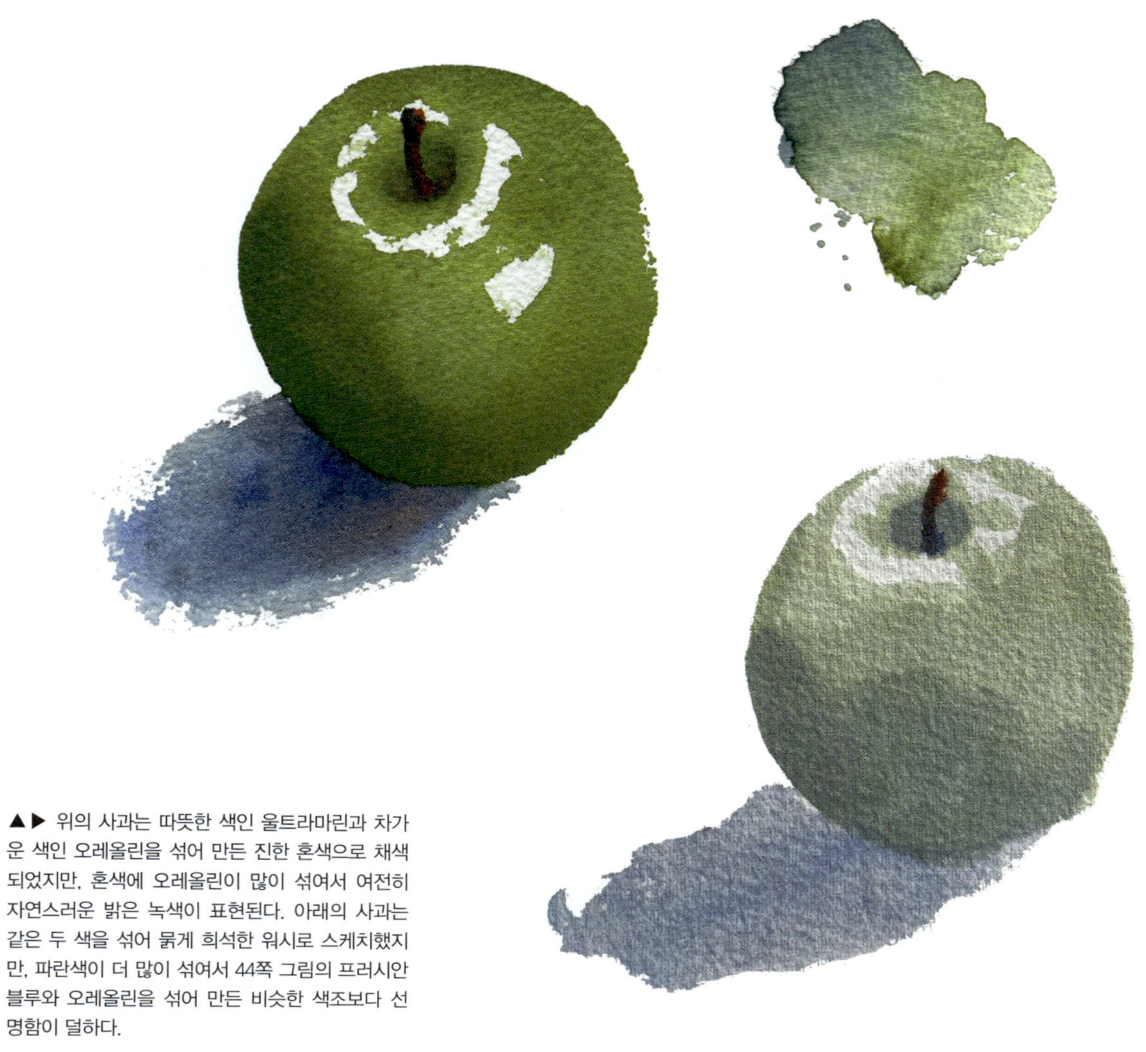

▲▶ 위의 사과는 따뜻한 색인 울트라마린과 차가운 색인 오레올린을 섞어 만든 진한 혼색으로 채색되었지만, 혼색에 오레올린이 많이 섞여서 여전히 자연스러운 밝은 녹색이 표현된다. 아래의 사과는 같은 두 색을 섞어 묽게 희석한 워시로 스케치했지만, 파란색이 더 많이 섞여서 44쪽 그림의 프러시안 블루와 오레올린을 섞어 만든 비슷한 색조보다 선명함이 덜하다.

울트라마린 블루(따뜻한 파란색)
+ 인디언 옐로(따뜻한 옐로)

따뜻한 파란색과 따뜻한 노란색을 섞으면 칙칙한 녹색
이 되는데, 울트라마린과 인디언 옐로 모두 녹색의 반
대색인 빨간색을 향하는 색이기 때문이다. 자연의 녹색
은 대부분 선명하지 않아서 풍경화에서 차분하고 자연
스러운 녹색을 표현하기에 매우 적합한 조합이다.

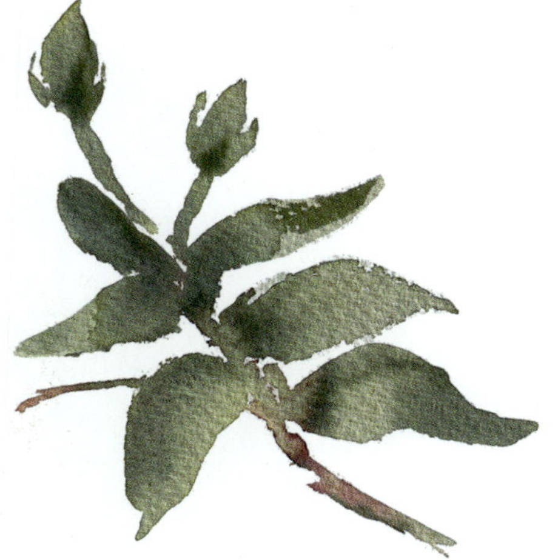

▲ ▶ 따뜻한 파란색과 따뜻
한 노란색을 섞으면 상당히
칙칙하지만 자연스러워 보이
는 녹색을 만들 수 있다. 이는
두 색 모두 색상환에서 빨간
색을 향하기 때문인데, 빨간색
은 녹색의 반대색이기에 혼색
에서 녹색을 탁하게 한다.

▼ 분홍색 원피스,
25.5x38cm(10x15in)
모래 언덕의 나뭇잎은 칙칙한 녹색이고
모래는 따뜻한 노란색이며 하늘은 따뜻한
파란색이므로 인디언 옐로와 울트라마린
조합은 이 그림에 매우 알맞다. (그림에는
또 다른 색인 루비 레드(퍼머넌트 로즈)와 번트
시에나도 사용되었다.)

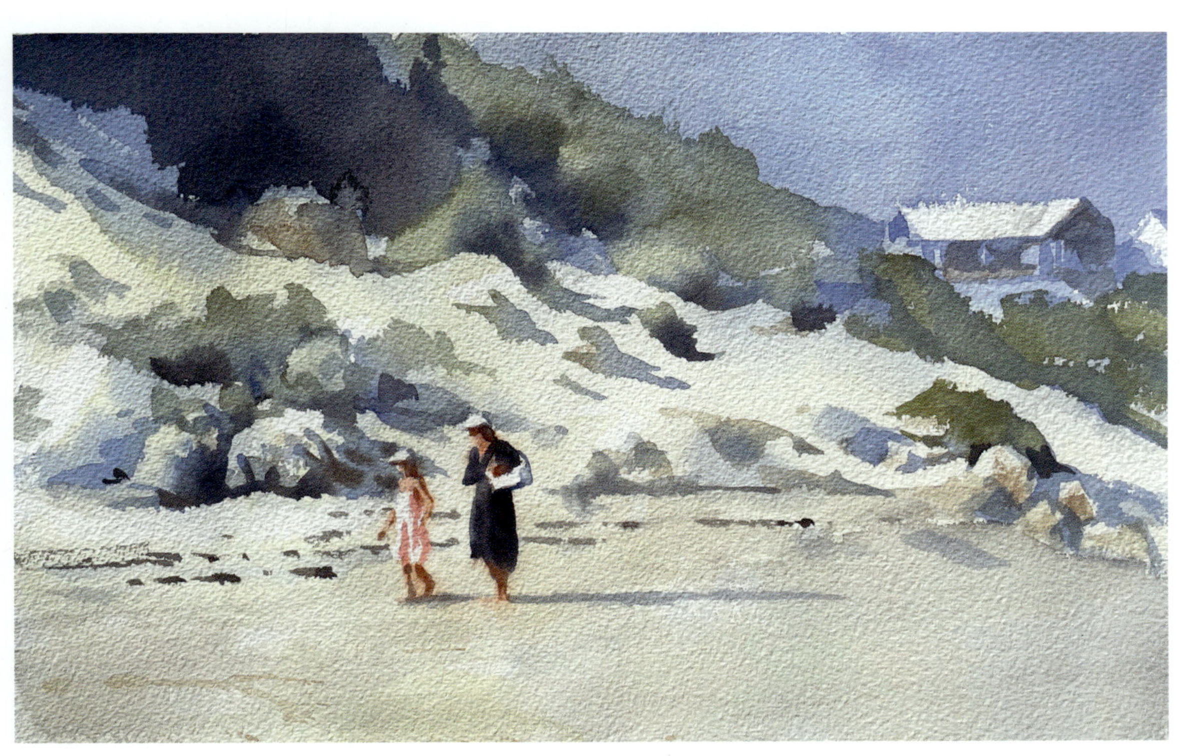

노란색 + 빨간색 조합 = 주황색

노란색과 빨간색을 섞으면 이차색인 주황색이 만들어진다. 빨간색 안료가 더 진하고 강렬하기 때문에 보통 혼색에 빨간색보다 노란색이 더 많이 필요하다. 혼색의 밝기를 좌우하는 것은 색온도이다. 주황색은 따뜻한 색이므로 따뜻한 노란색과 따뜻한 빨간색을 섞으면 가장 밝은 주황색이 된다. 차가운 노란색과 차가운 빨간색을 섞으면 가장 칙칙한 주황색이 된다. 주황색 혼색에서 불투명도가 필요한 경우에는 노란색을 불투명도가 더 높은 카드뮴 옐로나 레몬 옐로로 바꿔 쓴다.

인디언 옐로(따뜻한 노란색) + 카드뮴 레드(따뜻한 빨간색)

인디언 옐로는 이미 주황색에 가까운 투명한 반착색성의 따뜻한 노란색이다. 이 색은 내가 수년 동안 만족스럽게 즐겨 쓰는 따뜻한 노란색으로, 아프리카와 다른 더운 지역의 건조한 풍경을 채색할 때 빨간색과 효과적으로 조합된다. 카드뮴 레드는 불투명한 밝은 빨간색이므로 더 투명할 필요가 있을 때는 카드뮴 레드 대신 스칼릿 레드 같은 따뜻하고 투명한 빨간색이나 약간 더 차가운 퀴나크리돈 레드를 쓰면 좋다.

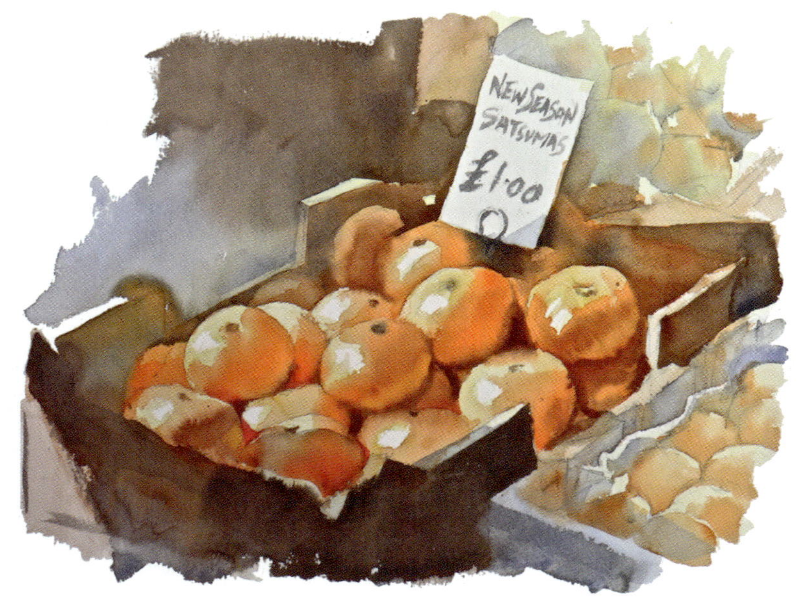

▲ 따뜻한 인디언 옐로와 따뜻한 카드뮴 레드를 섞으면 귤을 표현하기에 완벽한 밝은 주황색이 된다.

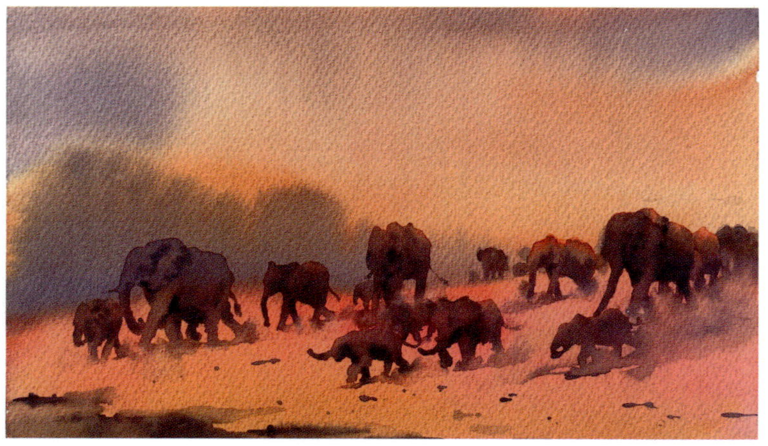

◀ 이 그림에서는 하늘의 달아오른 붉은 빛을 내뿜는 강렬하고 밝은 주황색을 원했기에 카드뮴 레드를 새로운 투명 안료인 피롤 Pyrrole로 만든 스칼릿 레드로 바꿔 인디언 옐로와 혼합했다.

인디언 옐로(따뜻한 노란색)
+ 루비 레드(차가운 빨간색)

루비 레드(퍼머넌트 로즈)는 차갑고 투명
한 분홍빛의 빨간색이다. 따뜻한 인디언
옐로가 혼합되면 밝은 주황색을 얻을
수 있고 그 투명도 덕분에 색이 매우 선
명해진다.

▼ 인디언 옐로와 루비 레드가 과일의 환히 빛나는 주황색을 표현한
다(프러시안 블루는 이 그림에 쓰인 세 번째 색으로 이 역시 인디언 옐로와 효
과적으로 조합되어 잎사귀의 자연스러운 녹색이 된다).

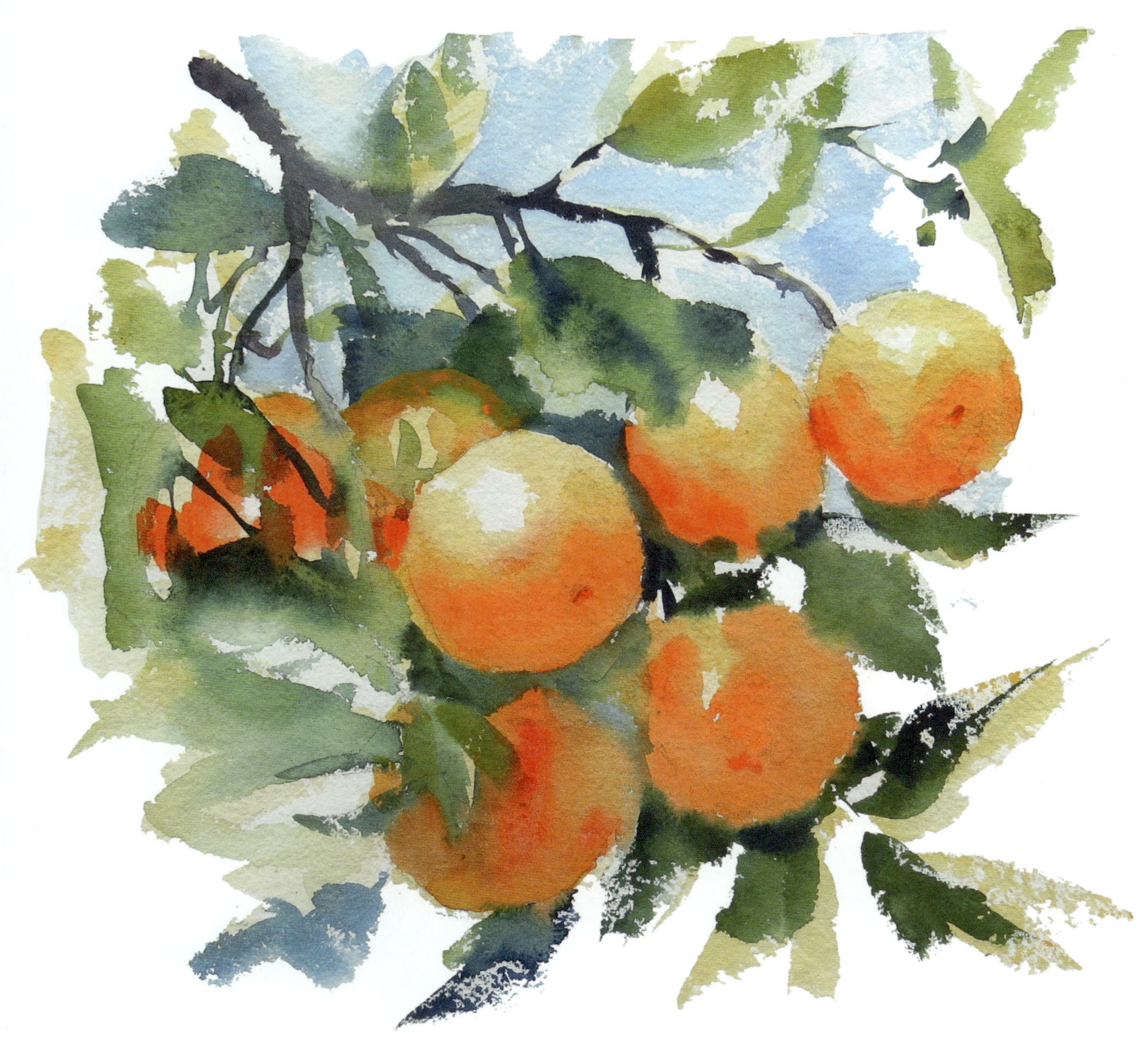

노란색 + 빨간색 조합 = 주황색

오레올린은 반투명, 반착색성의 차가운 노란색으로 파란색을 향해 녹색 쪽으로 편향되어 있다. 주황색은 색상환에서 파란색의 반대쪽에 있으므로 빨간색과 차가운 노란색을 혼합해 만든 주황색의 색상은 덜 밝을 거라고 예상할 수 있다. 주황색은 따뜻한 색이므로 선명함은 유지된다.

오레올린(차가운 노란색) + 카드뮴 레드(따뜻한 빨간색)

주황색의 선명함은 오레올린의 차가운 노란빛과 카드뮴 레드의 불투명함에 의해 다소 약해지지만, 카드뮴 레드의 따뜻함 덕분에 주황색의 밝기는 유지된다.

▲ 위 견본의 오레올린과 카드뮴 레드의 혼색은 아래 견본에서 오레올린을 카드뮴 레드 위에 겹쳐 칠한 것만큼 밝지 않다.

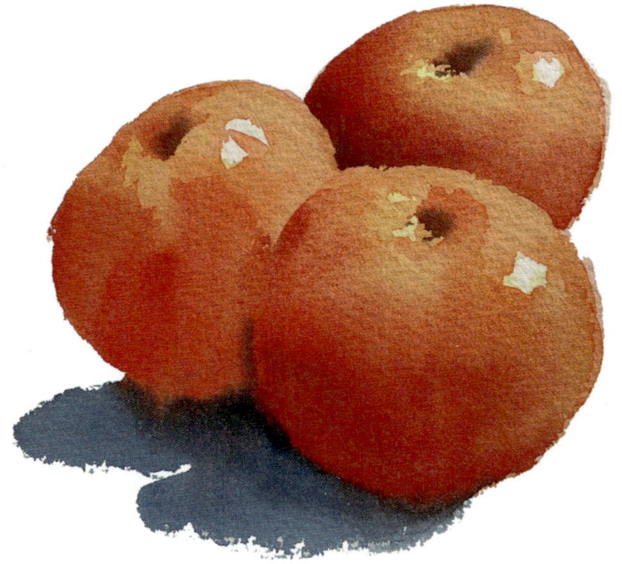

▲ 토마토는 오레올린의 엷은 워시로 밑칠을 한 다음, 순수한 카드뮴 레드를 음영 부분부터 칠해 노란색과 블렌딩하면서 둥근 형태를 표현했다. 마른 상태에서 투명한 오레올린의 밝은 색조를 토마토 전체에 겹치게 칠해 오렌지 빛깔을 더 선명하게 만든다.

▶ 오레올린과 카드뮴 레드를 종이 위에서 함께 블렌딩하면 주황색은 겹쳐 칠해졌을 때보다 약간 더 부드럽게 보인다. 위의 견본을 참조하자.

오레올린(차가운 노란색)
+ 루비 레드(차가운 빨간색)

오레올린과 루비 레드(퍼머넌트 로
즈)는 모두 차가운 색이므로 그렇
게 혼합된 주황색은 가장 덜 밝은
색이다. 이 조합은 자연경관의 주
황색을 표현하기에 이상적이다. 주
황색은 따뜻한 색이므로 녹색, 파
란색, 보라색과 같은 다른 차가운
색과 달리 따뜻하고 생동감이 느
껴진다(42쪽 색상표의 주황색 혼색
참조).

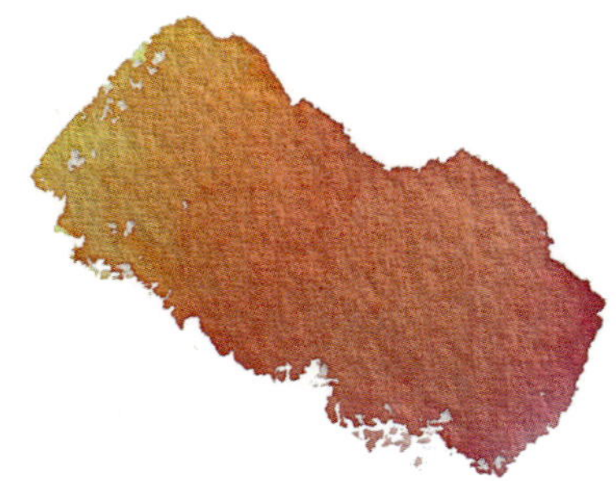

◀ 오레올린과 루비 레드
를 섞으면 선명함은 덜하
지만 매력적인 주황색을
만들 수 있다.

▼ 언덕 거닐기, 칼라하리, 30.5x40.5cm(12x16in)
루비 레드와 오레올린을 혼합하면 칼라하리의 붉은 모래 언덕을 물들
이는 깊고 자연스러운 주황색이 된다(한정된 팔레트의 세 번째 색인 울트라
마린 블루는 차가운 노란색과 혼합되어 그림 가운데에 있는 풀들의 명도를 높인
다. 번트 시에나는 빠르게 깔끔한 검은색을 만들기 위해 혼색에 추가되었다).

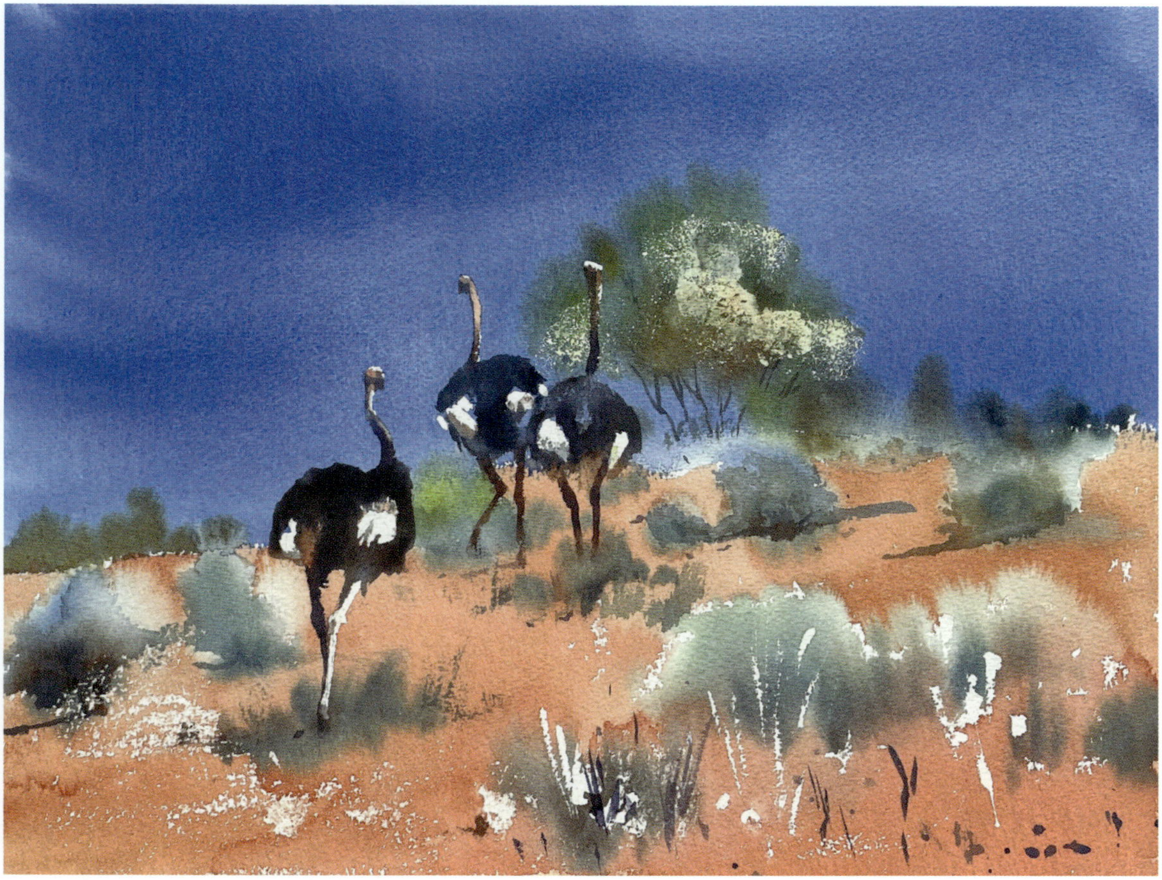

빨간색 + 파란색 조합 = 보라색

보라색은 파란색과 빨간색이 혼합된 이차색이다. 빨간색과 파란색은 색온도 척도에서 서로 반대쪽 끝에 위치하므로 파란색을 향하는 차가운 빨간색과 빨간색을 향하는 따뜻한 파란색이 섞이면 가장 밝은 보라색이 된다. 차가운 파란색과 따뜻한 빨간색을 섞어서는 실제로 보라색을 만들 수 없는데, 빨간색과 녹색이 색상환에서 서로 반대편에 있기 때문이다. 그 대신 갈색과 심지어 검은색까지 만들 수 있다.

루비 레드(차가운 빨간색) + 울트라마린 블루(따뜻한 파란색)

울트라마린 블루는 따뜻하고 투명한 파란색이다. 온도 스펙트럼의 양쪽 끝에 있는 색의 온도 편향이 반대로 조합되면 가장 순수한 보라색이 된다. 약간 덜 선명한 연보라색이 필요할 때는 종종 루비 레드 대신 즐겨 쓰는 다른 차가운 빨간색인 알리자린 크림슨을 사용한다.

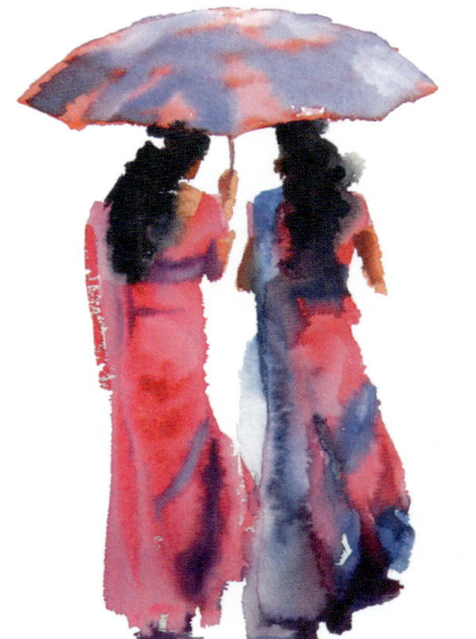

◀ 루비 레드와 울트라마린 블루가 사리와 우산 부분에서 블렌딩되면서 두 색이 섞여 순수한 보라색이 나타난다.

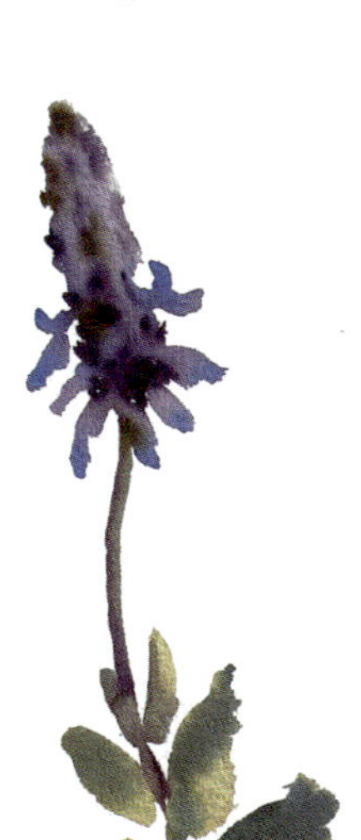

▶ 루비 레드와 울트라마린 블루를 섞으면 밝고 맑은 보라색을 만들 수 있다.

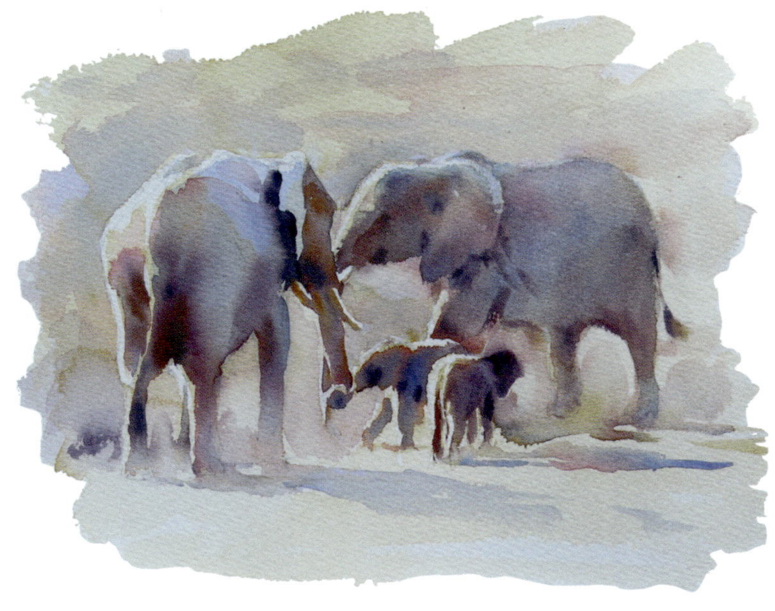

◀ 어미들의 모임,
18x23cm(7x9in)
더 은은하고 덜 선명한 보라색을 만들어 자연스러운 색감을 표현하기 위해 루비 레드 대신 알리자린 크림슨을 선택했다. 차가운 빨간색을 울트라마린 블루와 혼합하면 코끼리 가죽의 따뜻한 연보라색과 보라색을 만들 수 있다.

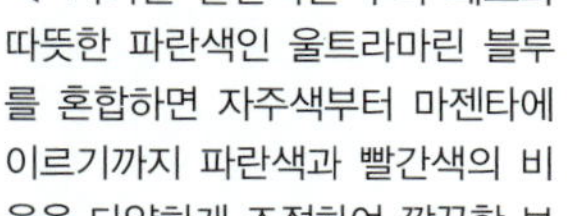

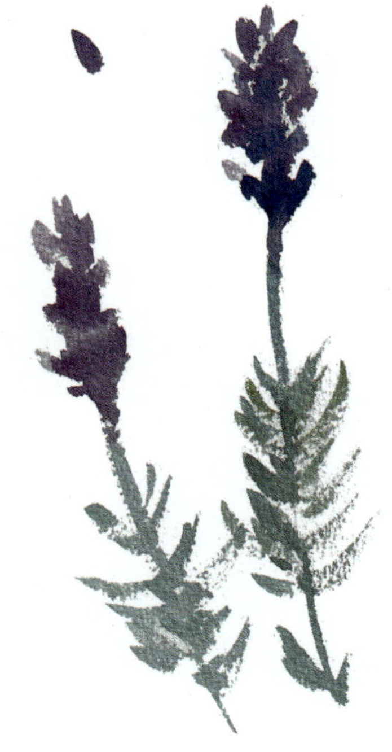

루비 레드(차가운 빨간색) + 프러시안 블루(차가운 파란색)

프러시안 블루는 차가운 파란색이다. 프러시안 블루를 루비 레드와 혼합하여 만든 보라색은 파란색에서 멀어져 녹색 편향을 보이게 되는 파란색에 의해 중화되어 선명함이 떨어진다. 색조가 차분해진 보라색 혼색은 자연스러운 보랏빛을 표현하는 데 이상적이어서 코끼리를 그릴 때 자주 사용한다. 종종 보라색을 더 부드럽게 만들기 위해 루비 레드를 알리자린 크림슨으로 바꾸기도 한다.

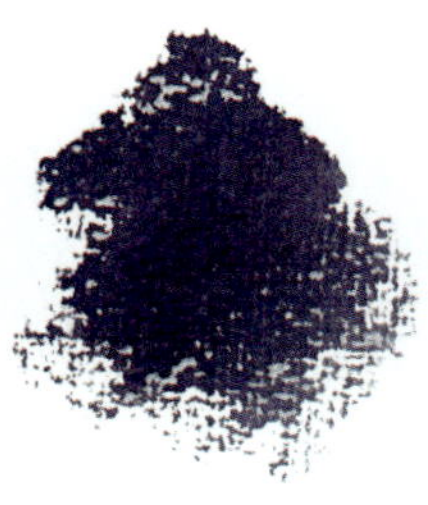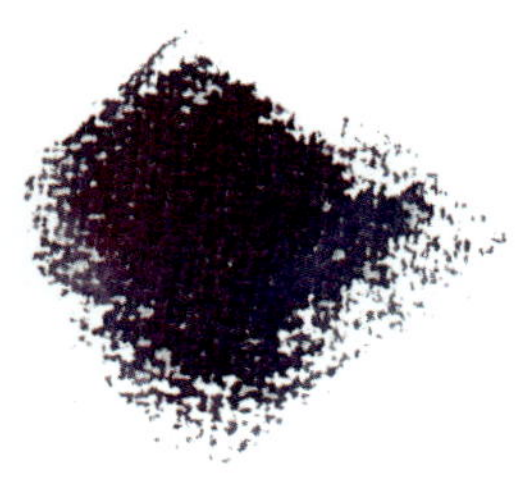

▲ 루비 레드와 프러시안 블루를 혼합하면 자주색부터 크림슨에 이르기까지 덜 선명한 보라색을 다양하게 만들 수 있다.

◀ 차가운 색인 루비 레드와 프러시안 블루를 혼합하면 차분하고 절제된 보라색을 만들 수 있으며 잎과 줄기의 녹색에 차가운 파란색이 유용하게 쓰일 때 더없이 좋다.

▼ 코끼리 몸체의 다채로운 회색을 만들 수 있는 칙칙한 보라색을 얻기 위해 루비 레드 대신 알리자린 크림슨을 사용했다.

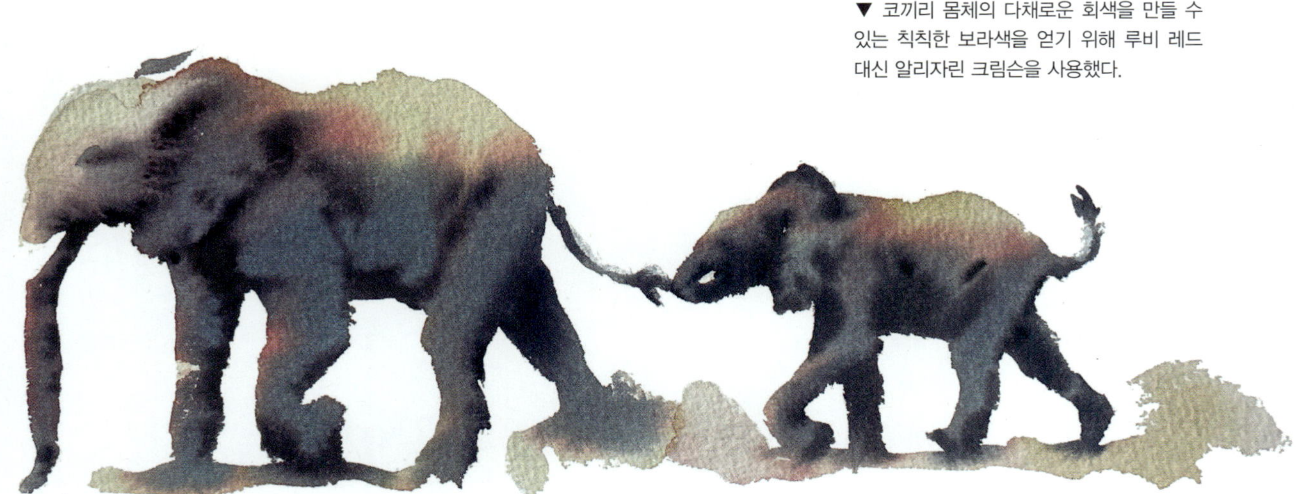

빨간색 + 파란색 조합 = 보라색

카드뮴 레드(따뜻한 빨간색)
+ 울트라마린 블루(따뜻한 파란색)

따뜻한 빨간색과 파란색으로는 순수한 보라색을 만들 수 없다. 빨간색 색상이 보라색의 반대색인 노란색을 향하기 때문이다. 울트라마린 블루와 카드뮴 레드를 혼합하면 차분한 보라색, 따뜻한 갈색과 검은색에 가까운 색을 만들 수 있다.

▼ 해변의 소녀들, 25.5x25.5cm(10x10in)
두 색상 모두 따뜻한 온도 편향을 보이는 따뜻한 색상과 차가운 색상의 조합은 온도 스펙트럼의 양극이 하나가 되게 한다. 카드뮴 레드와 울트라마린 블루를 합하면 보기 좋고 흥미로운 혼색을 다양하게 만들 수 있다.

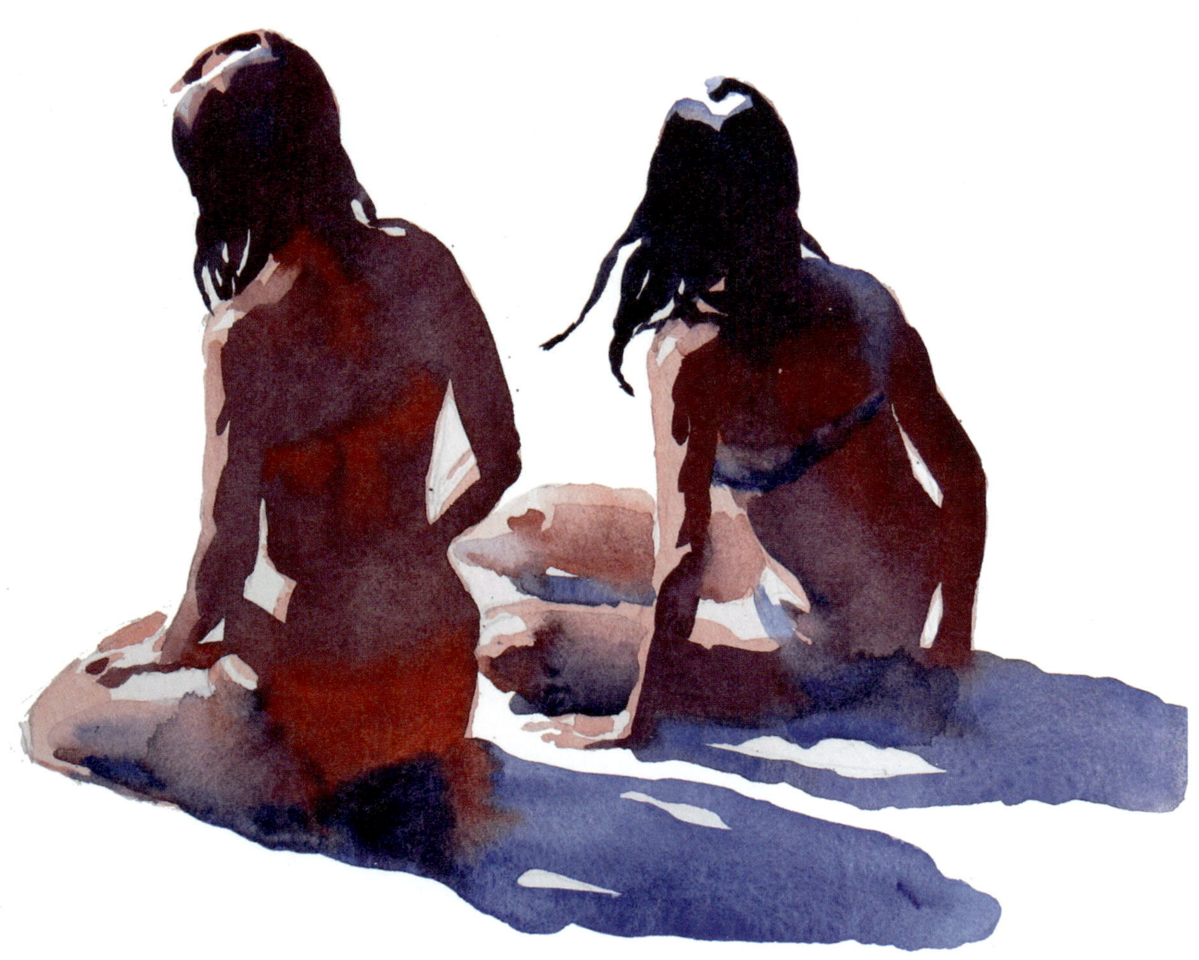

카드뮴 레드(따뜻한 빨간색)
+ 프러시안 블루(차가운 파란색)

카드뮴 레드와 프러시안 블루는 색상환에서 반대색
에 가깝다(17쪽 참조). 반대색이기 때문에 합쳐지면
회색과 매우 훌륭한 검은색이 만들어진다.

▲ 카드뮴 레드와 프러시안 블루는 농축된
상태로 혼합하면 매력적인 검은색으로 변신
한다. 프러시안 블루의 '녹색'은 빨간색의 반
대색이고 두 개의 반대색이 섞이면 다음 섹
션에서 볼 수 있는 것처럼 모든 색의 총합인
검은색 또는 어두운 갈색이 된다.

▲ 카드뮴 레드와 프러시안 블루의 혼색은 묽
은 상태에서만 보라색 비스름한 색이 나온다.
대신 혼색에 더 많이 쓰인 색이 빨간색인지 파
란색인지에 따라 따뜻함과 차가움을 오가는
근사한 회색이 된다(39쪽 하늘 스케치 참조).

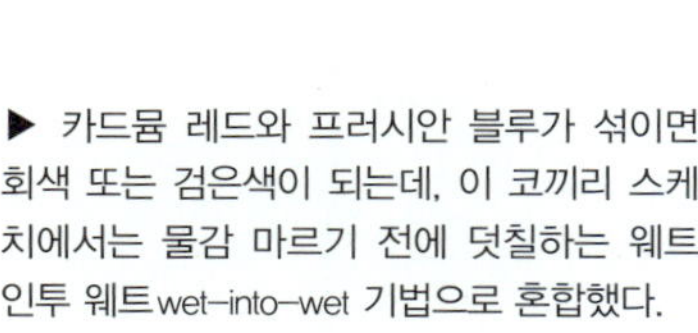

▶ 카드뮴 레드와 프러시안 블루가 섞이면
회색 또는 검은색이 되는데, 이 코끼리 스케
치에서는 물감 마르기 전에 덧칠하는 웨트
인투 웨트wet-into-wet 기법으로 혼합했다.

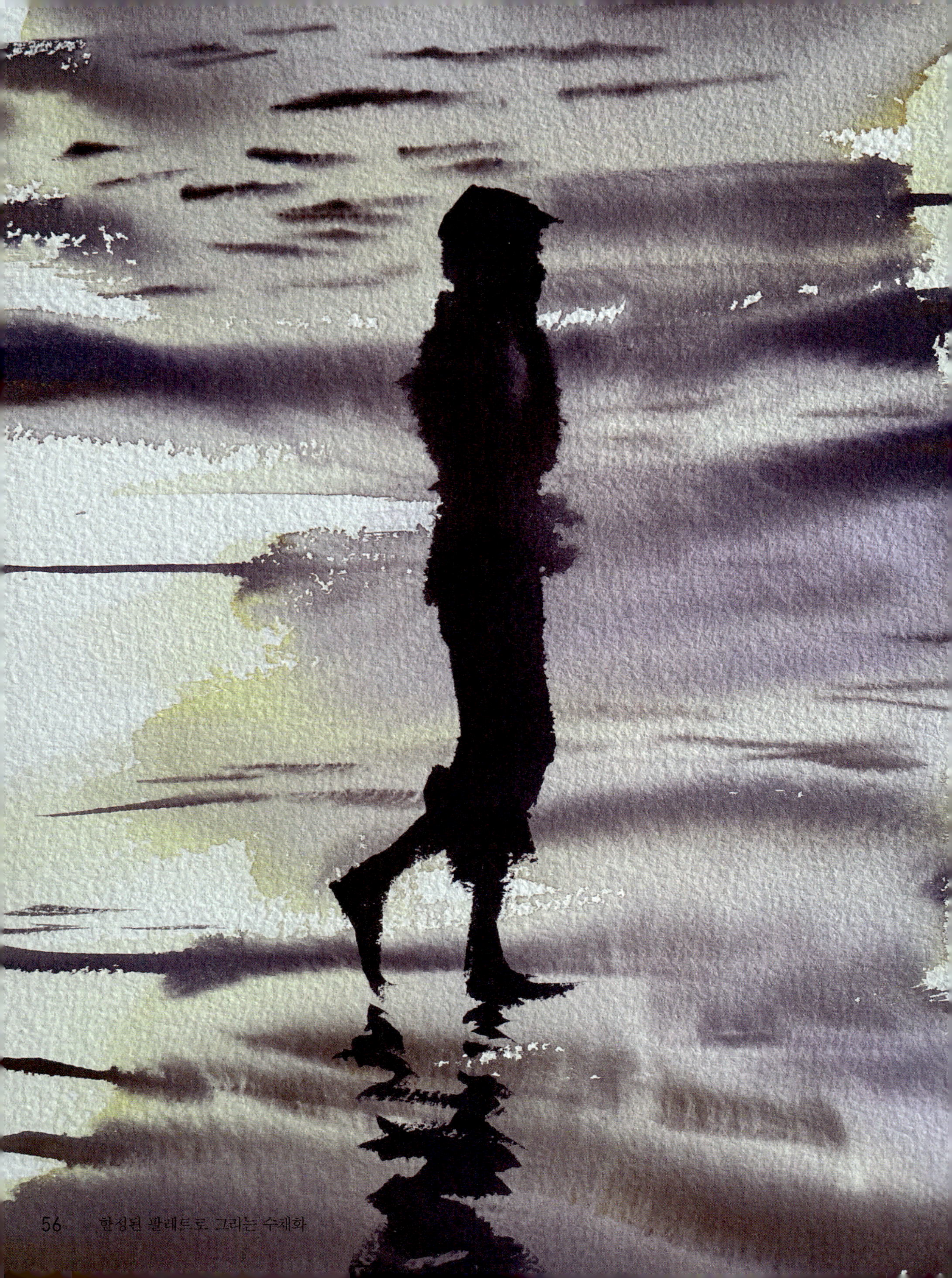

 한정된 팔레트로 그리는 수채화

반대색의 조합

색상환에서 서로 반대편에 있는 색은 2색 조합의 훌륭한 짝이 되어주므로 자연스럽게 매우 한정된 팔레트가 구성된다.

17쪽의 색상환을 다시 한번 살펴보자. 두 색이 색상환에서 서로 맞은편에 있다면 이 두 색의 합에는 세 개의 기본색이 모두 포함된 것이다. 이러한 두 가지 색을 혼합하면 삼차색인 회색, 갈색, 검은색이 만들어지며 검은색은 모든 색의 합이다. 그렇지만 2색 조합에서는 색을 섞어서 사용할 수도 있고 다른 색을 섞지 않고 사용할 수도 있으므로 충분히 다양한 색과 대비를 표현할 수 있다.

◀ 해변을 찾는 사람, 38x28cm(15x11in)
오레올린과 쉬민케 바이올렛: 종이 전체에 옅은 오레올린을 가볍게 칠했다. 그런 다음 노란색의 반대색인 희석된 바이올렛을 물기가 있는 노란색 부분에 더했다. 평붓으로 색이 섞이도록 칠해 가늘고 긴 바다의 잔물결을 표현했다. 다 마른 후, 최대한 농도 짙은 색을 내기 위해 튜브에서 짜낸 물감을 사용하고 짙은 색감을 유지하기 위해 노란색보다 보라색을 더 많이 넣어서 만든 두 색의 진한 혼색으로 인물을 그렸다.

▼ 산 조르조 디 마조레,
23x35.5cm(9x14in)
트랜스페어런트 오렌지와 프러시안 블루: 주황색을 종이 전체에 칠한 다음, 프러시안 블루로 어스레한 새벽의 구름과 수면을 표현했다. 말린 후에 프러시안 블루로 산 조르조의 실루엣을 그렸다. 반대색인 파란색과 주황색이 배색을 역동적으로 보이게 한다.

2색 혼색

2색 팔레트는 그야말로 한정된 팔레트이고, 두 가지 색의 혼합에 관해서만 생각하면 되는 데다 적절한 색조를 찾는 데 집중할 수 있기 때문에 그림을 빨리 그릴 수 있는 효율적인 방법이다. 노란색과 보라색 또는 주황색과 파란색 사이처럼 두 반대색 사이의 색조 범위가 넓은 경우는 색조가 비슷한 빨간색과 녹색처럼 색조 범위가 좁은 경우에 비해 그림에 더 쓰기 좋은 매우 효과적인 조합이 된다.

물론 두 가지 반대색의 조합만으로는 세 가지 기본색의 혼합으로 만들어 낼 수 있는 광범위한 색상을 구현할 수 없다. 하지만 반대색을 혼합하면 빠르게 갈색·회색·검은색을 만들 수 있고, 세 가지 색으로 같은 색조를 만들 수 있다 하더라도 몇몇 두 가지 색의 조합이 특정 혼색을 얻는 데 더 효율적이고 '더 깔끔한' 방법이 될 수 있다는 사실을 알게 될 것이다. 이러한 '단축키 조합'은 한정된 팔레트에서 가장 알맞은 색을 선택하고 색의 수를 결정하는 데 큰 도움이 된다.

▼ 다시 산 조르조가 등장하는데, 이번에는 울트라마린 블루와 붉은 빛을 띤 주황색 흙색인 라이트 레드Light Red로 채색했다. 반대 색상인 파란색과 주황색 사이의 넓은 색조 범위를 활용하면 강한 명암 대비를 표현할 수 있다.

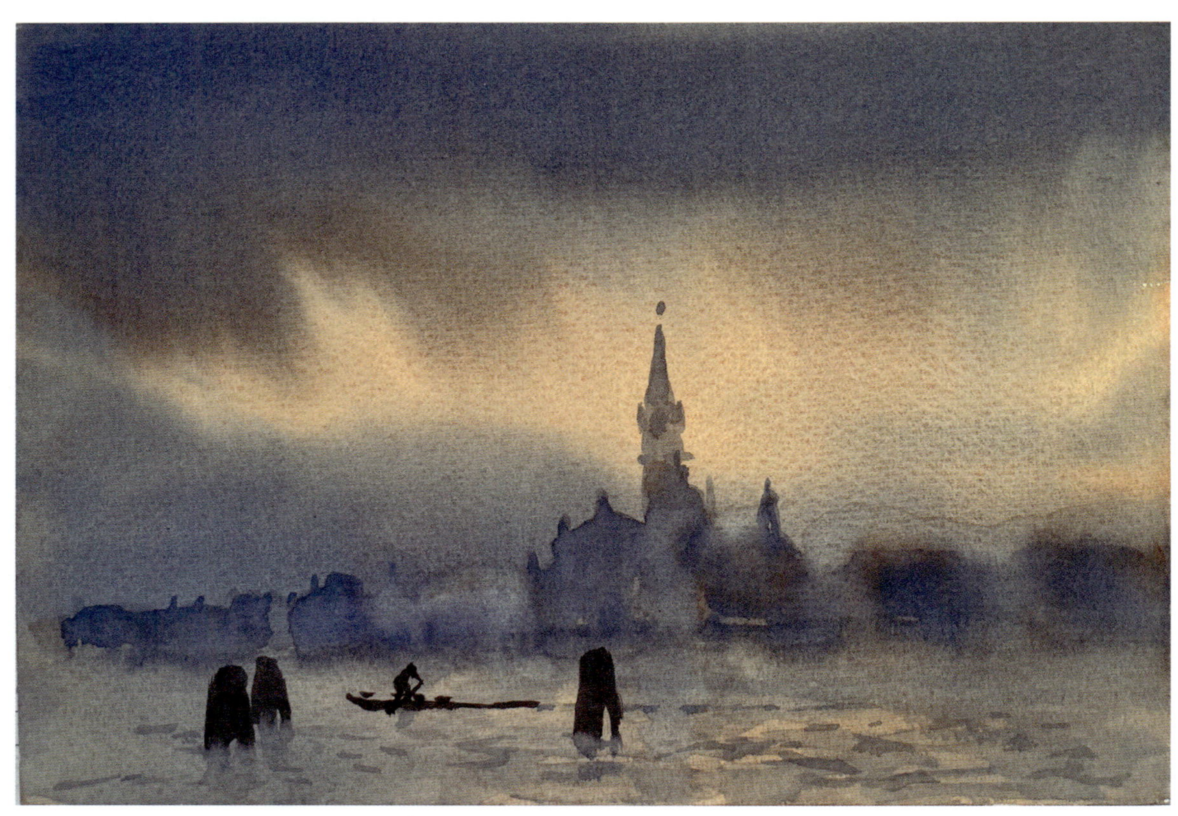

 한정된 팔레트로 그리는 수채화

기성 물감의 이차색

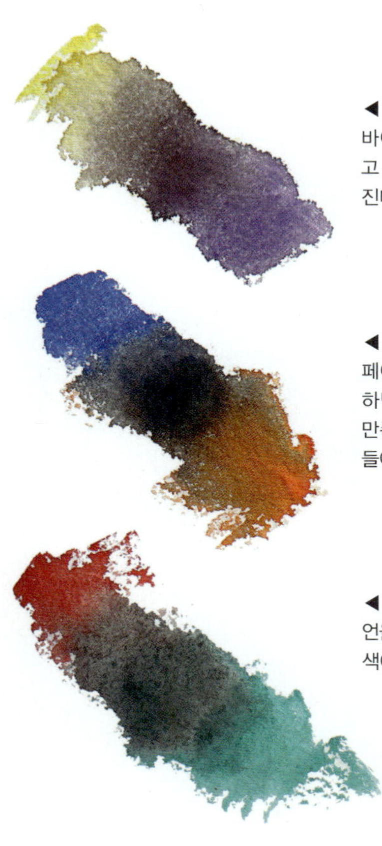

◀ 오레올린과 쉬민케 바이올렛을 혼합하면 짙고 따뜻한 갈색이 만들어진다.

◀ 울트라마린과 트랜스페어런트 오렌지를 혼합하면 갈색, 회색 그리고 만족스러운 검은색이 만들어진다.

◀ 카드뮴 레드와 비리디언을 혼합하면 근사한 회색이 만들어진다.

반대색은 그 두 가지 색의 조합으로 세 가지 기본색 전체의 합이 완성되고 그렇게 색상환이 완성되기 때문에 보색이라고 한다.

주요한 보색 조합 세 가지는 빨간색과 녹색, 파란색과 주황색, 보라색과 노란색이다. 두 개의 반대색 안료를 혼합한다는 것은 여섯 개의 색으로 이루어진 기본 세트(35쪽과 42쪽 참조-파란색, 노란색, 빨간색의 따뜻한 버전과 차가운 버전)에 기성 물감의 이차색을 추가한다는 것을 뜻한다.

단일 안료로 만든 이차색을 사용하면 혼색에 포함되는 안료가 줄어드는 장점이 있다(안료가 혼합되면 어두워지는 경향이 있고, 혼색에 너무 많은 안료가 들어가면 혼색이 칙칙하고 탁해질 위험이 있다는 점을 기억하자). 나는 단일 안료 이차색인 쉬민케 바이올렛과 트랜스페어런트 오렌지를 사용하며 가끔 비리디언, 두 개의 안료로 만들어진 색이기는 하지만 퍼머넌트 샙 그린을 사용한다. 노란색과 파란색이 섞이면서 나타나는 변화를 즐기는 편이어서 기성 물감의 녹색은 거의 사용하지 않는다.

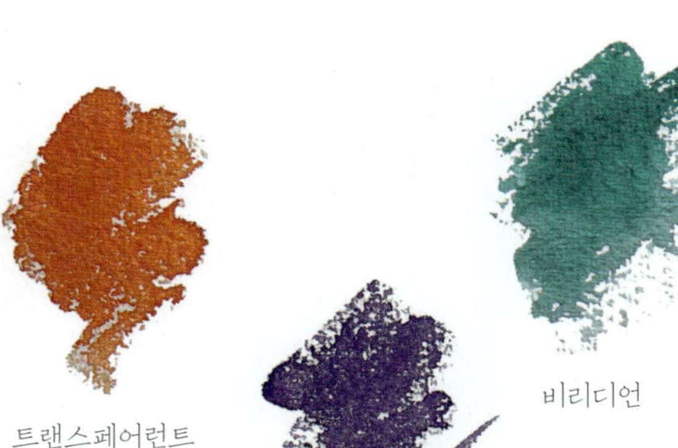

트랜스페어런트
오렌지

비리디언

쉬민케 바이올렛

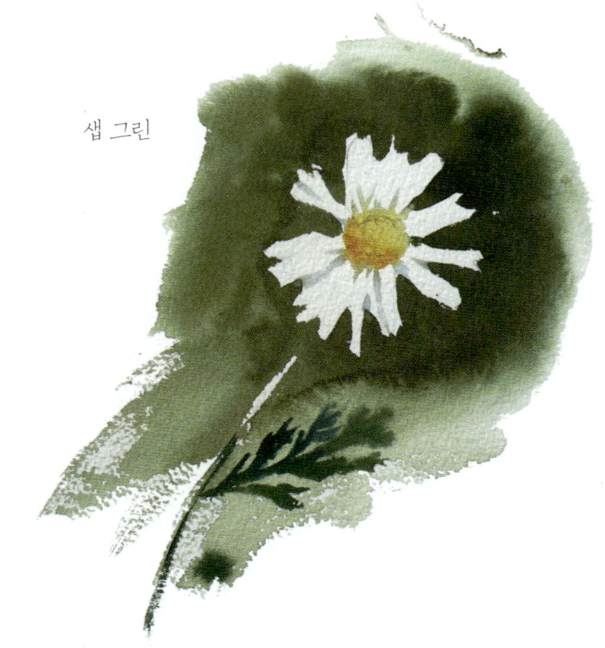

샙 그린

노란색 + 보라색

색조 변화 범위가 가장 큰 반대색은 보라색과 노란색이다. 색상과 관계없이 노란색과 보라색을
조합하면 가장 간단하게 갈색을 만들 수 있는데, 옅은 노란색과 대비되면 거의 검은색으로 보이
기도 한다(아래와 56쪽 참조). 노란색이 차가울수록 갈색도 차가워지고 노란색이 따뜻할수록 갈
색도 따뜻해진다.

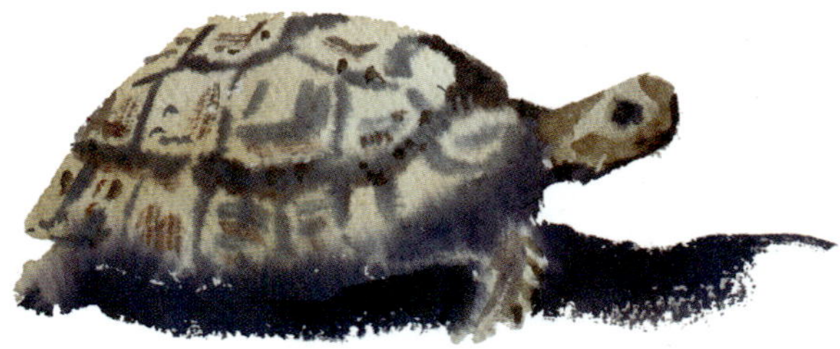

▲ 노란빛이 도는 갈색의 차가운 황토색인 로우 엄버를 쉬민케 바이
올렛과 혼합하면 거북이가 드리운 그림자에서 거의 검은색에 가까워
보이는 차갑고 어두운색을 만들 수 있다. 이러한 색을 함께 사용하면
움직이는 동물을 포착해 그릴 때 적합한 간결한 조합이 된다. 이 경우
에는 느리게 움직이지만!

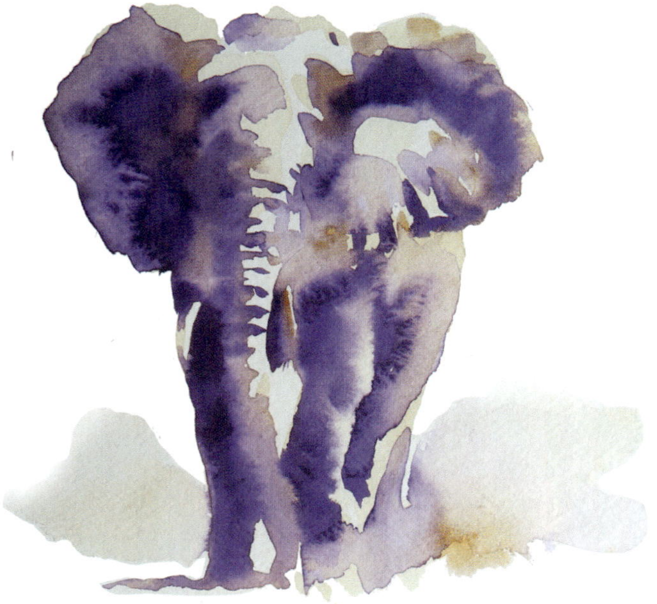

▲ 쉬민케 바이올렛과 따뜻한 황토색인 옐
로 오커가 혼합되어 귀의 짙은 보라색 그림
자에 블렌딩되는 황갈색이 된다. 이 채색을
우측의 코끼리와 비교해 보자.

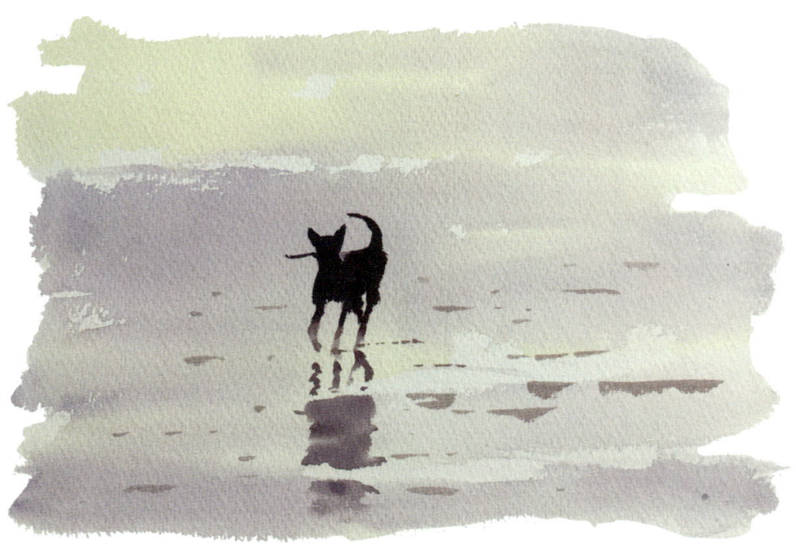

◀ 인디언 옐로와 쉬민케 바이올렛을 혼합
해서 갈색을 띠는 짙고 따뜻한 보라색을 어
둡게 만들어 해변을 달리는 강아지의 실루엣
을 표현했다.

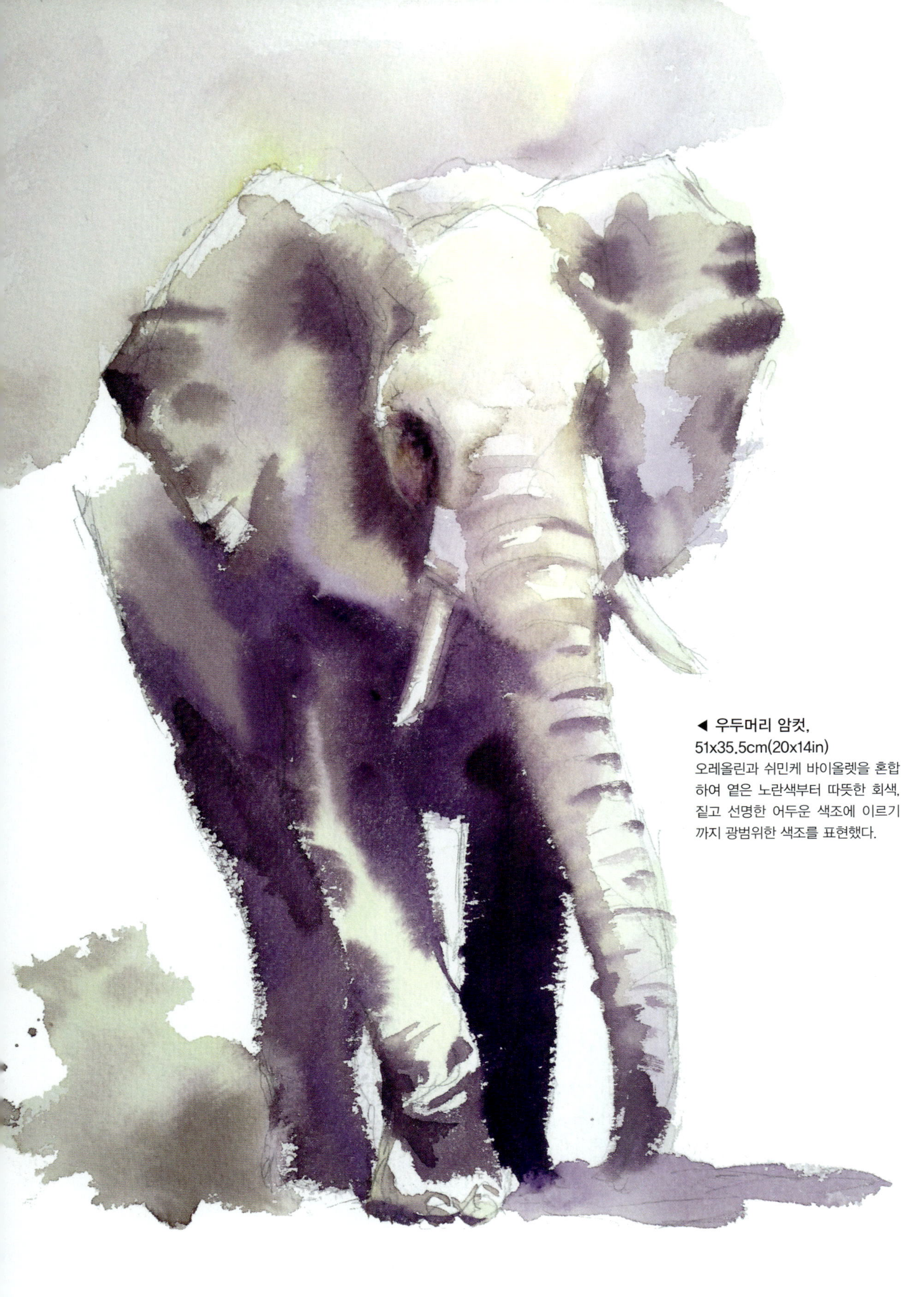

◀ 우두머리 암컷,
51x35.5cm(20x14in)
오레올린과 쉬민케 바이올렛을 혼합
하여 옅은 노란색부터 따뜻한 회색,
짙고 선명한 어두운 색조에 이르기
까지 광범위한 색조를 표현했다.

파란색 + 주황색

파란색과 주황색은 반대색 조합 중에서 아마도 가장 유용한 조합일 것이다.
두 색을 혼합하면 가장 완전한 검은색을 만들 수 있고 그 과정에서 근사
한 갈색을 다양하게 얻을 수 있다. 밝은 빨간색은 풍경과 동물 소재에서 그
다지 보편적인 색이 아니므로 주황색과 번트 시에나, 옐로 오커 같은 색은
3색의 한정된 팔레트에서 순수한 빨간색을 대체하는 데 매우 유용하다.

▼ 들개의 발레, 30.5x30.5cm(12x12in)
트랜스페어런트 오렌지가 움직이는 들개의 전체 형태 묘사에 사용되
었고 울트라마린 블루와 혼합되어 그림자와 얼룩덜룩한 빛깔을 표현
하는 갈색과 검은색이 되었다.

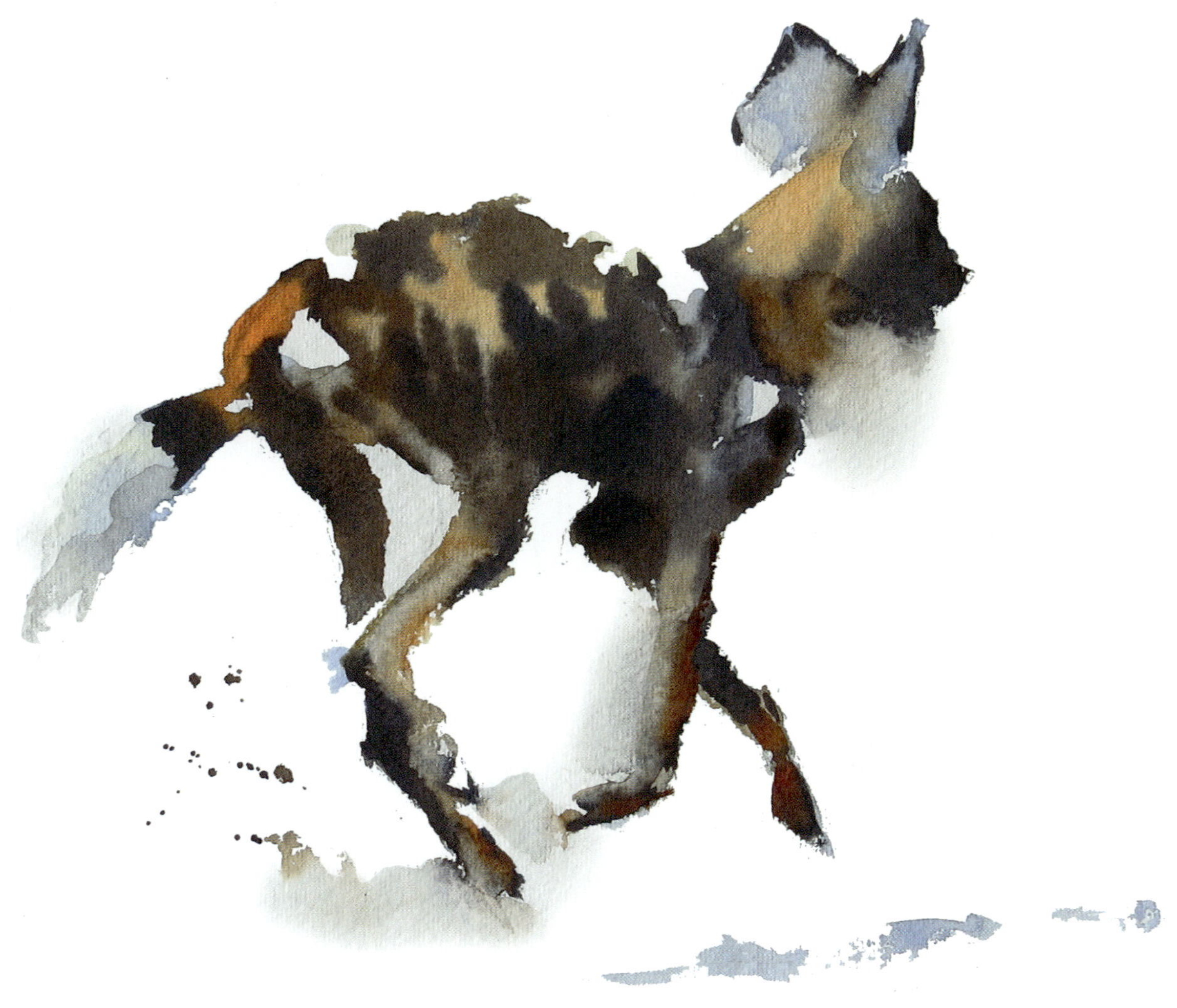

녹색 + 빨간색

녹색과 빨간색은 색상과 온도에서는 반대색이지만 색조 면에서는 매우 비슷하다(색맹은 보통 빨간색과 녹색을 구별하지 못한다). 기성 물감의 녹색을 거의 사용하지 않기에 자주 떠올리게 되는 반대색 조합은 아니지만, 특히 옷이나 일몰, 동물을 채색할 때 검은색을 빠르게 만들기 위해 녹색을 띠는 파란색인 프러시안 블루와 빨간색 조합을 자주 사용한다(39쪽 및 55쪽 참조). 정확히 같은 색조로 나란히 놓인 청록색과 빨간색은 눈을 자극하여 눈이 초점을 맞추려고 할 때마다 색이 진동한다.

◀ 양귀비의 스케치는 스칼릿 레드와 샙 그린으로 채색했다. 노란빛을 띠는 샙 그린은 빨간색과 혼합하면 짙은 갈색이 되는데, 옅은 빨간색 꽃잎과 대조를 이루어 수술과 줄기 부분의 갈색이 거의 검은색으로 보인다.

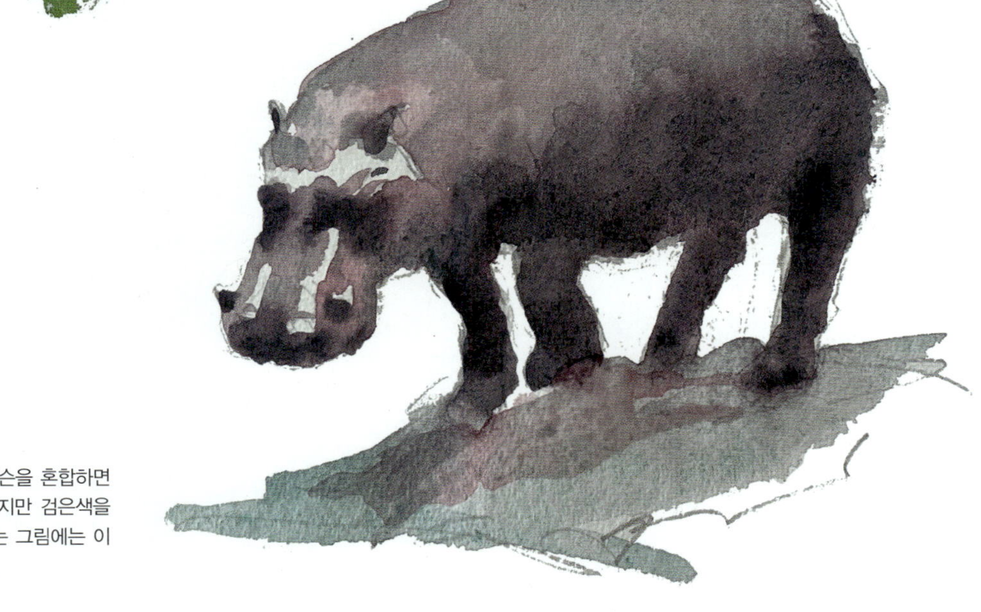

▶ 비리디언과 알리자린 크림슨을 혼합하면 꽤 특이한 회색을 만들 수 있지만 검은색을 얻기는 어려워, 2색을 사용하는 그림에는 이 조합을 거의 사용하지 않는다.

같은 계통의 반대색

효과적인 2색 조합을 만들기 위해 색상환에서 꼭 정반대에 있는 색을 사용할 필요는 없다. 따뜻한 노란색과 따뜻한 파란색이 둘 다 녹색을 상쇄할 만큼 빨간색 편향을 보이면 만족스러운 회색을 얻을 수 있고, 갈색과 파란색은 2색 조합에 아주 잘 어울리는 한 쌍이다.

▶ 아니타 영Anita Young M.B.E.,
76x56cm(30x22in)
영국 로열 발레단의 솔로이스트였으며 교사·안무가·코치이자 로열 발레단의 고문인 유명 발레리나 아니타 영의 이 초상화에는 옐로 오커와 울트라마린 블루가 함께 사용되었다. 옐로 오커는 반그림자에 따뜻함을 더하고 배경의 파란색을 돋보이게 한다. 두 색이 혼합되어 레이스, 머리카락, 얼굴 부분에 작은 그림자의 음영을 나타낸다.

▼ 비밀은 숨겨졌다, 28x28cm(11x11in)
로우 엄버에 옅은 프러시안 블루를 겹쳐 칠해도 갈색을 띠는 황토색의 '빨간색' 기미로 인해 녹색을 띠지 않는다.

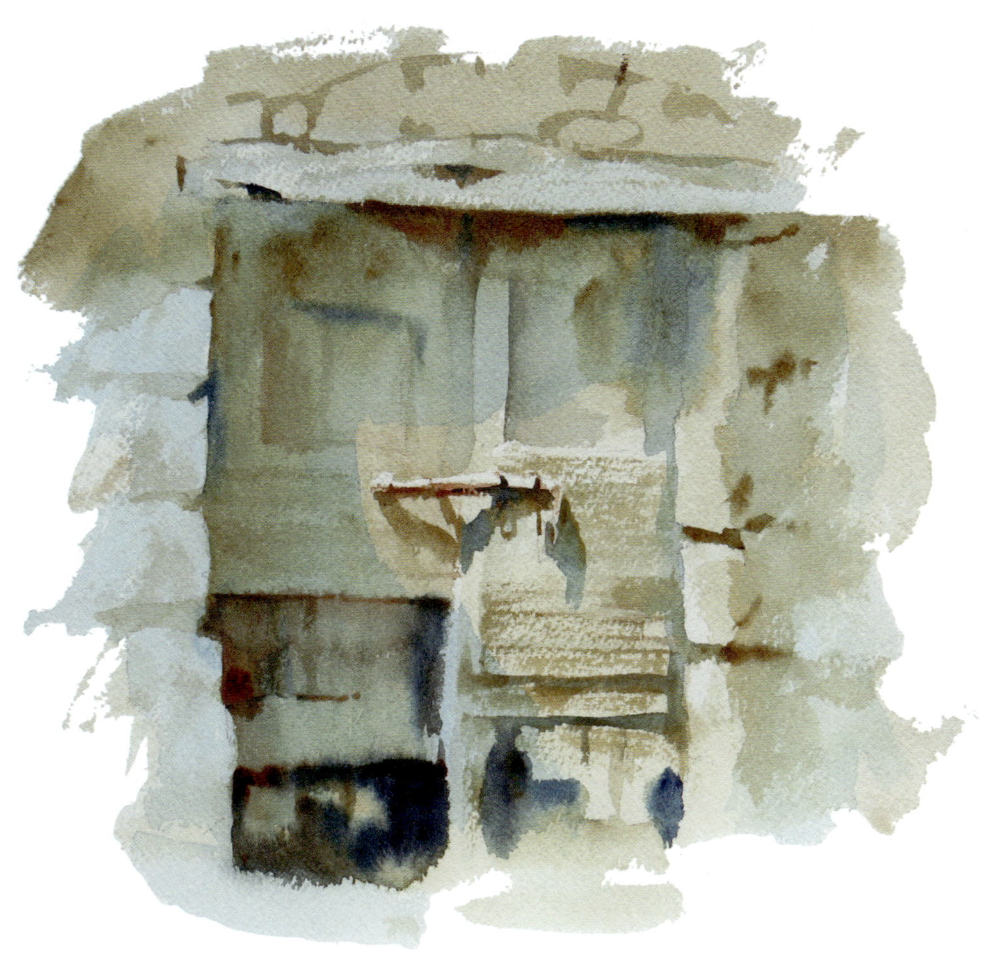

   한정된 팔레트로 그리는 수채화

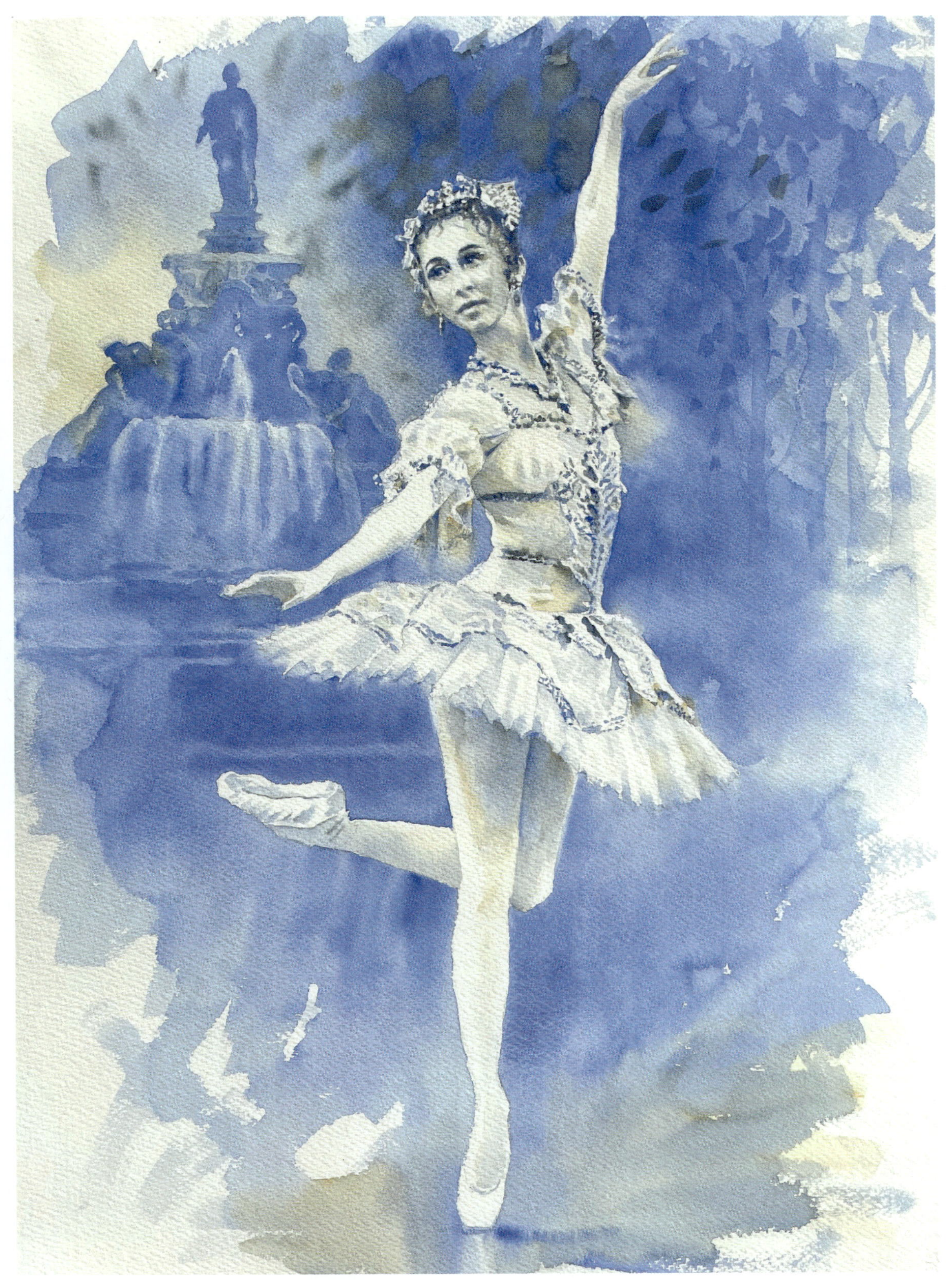

흙색 소개 - 빨간색과 노란색

이제 흙색을 소개해야 할 때이다. 반대색 조합에서 옐로 오커나 로우 엄버를 쉬민케 바이올렛이나 파란색과 조합했는데, 팔레트에 로우 시에나와 번트 시에나 그리고 번트 엄버도 추가해 보자. 이러한 흙색은 산화철 안료에서 나오는 색으로, 밝은 갈황색부터 빨간색이나 암갈색에 이르기까지 다양하다. 초상화·풍경·동물·실내 등 기본 빨간색이나 노란색이 필요하지 않은 소재의 경우, 흙색은 한정된 팔레트에서 빨간색과 노란색을 대신하기에 아주 좋다. 오커나 엄버, 시에나를 갈색이 아니라 색의 성향에 따라 '노란색'이나 '빨간색'이라고 생각해보자. 예를 들어 번트 시에나가 그림에서 가장 따뜻한 색이라면 '빨간색'이 된다. 로우 엄버가 그림에서 가장 밝은색이라면 그건 '노란색'이다.

로우 시에나

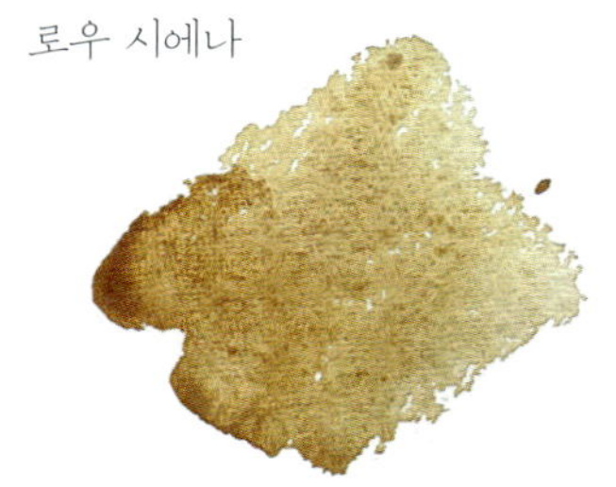

옐로 오커

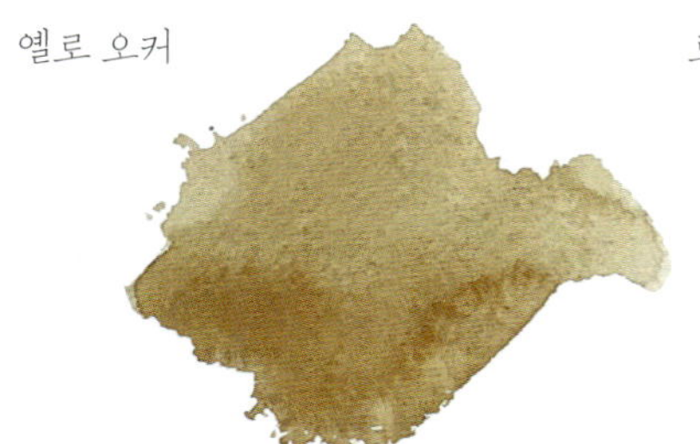

로우 엄버

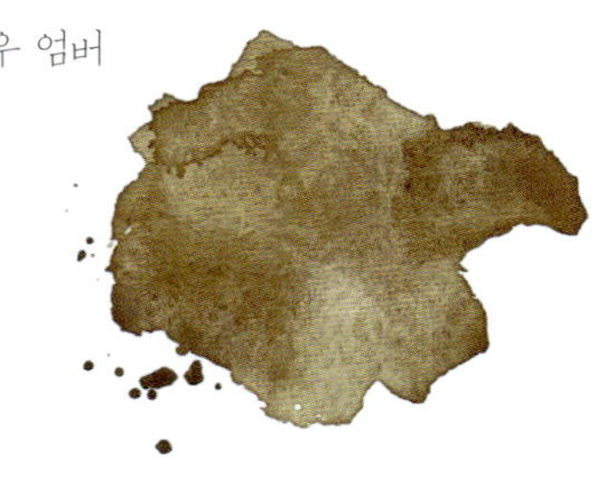

▲ 로우 시에나는 차갑고 매우 투명한 비착색성의 밝은 황색으로, 파란색과 혼합하면 근사하고 자연스러운 풍경색인 녹색이 만들어진다. 과립 현상이 잘 일어나고 닦아내기가 수월하다.

▲ 옐로 오커는 따뜻한 반투명의 황톳빛 노란색이다. 이 색의 불투명함은 어두운색을 흐려지게 하고 혼색을 탁하게 할 수 있어서 농축 상태에서는 조심해서 사용해야 한다. 아프리카에서 그림을 그릴 때 특히 밑칠을 위해 묽은 워시로 자주 사용하는 색이다.

▲ 로우 엄버는 밝은 갈황색으로 차가운 색이다. 차가운 색 편향을 보이지만, 파란색 옆에서는 따뜻하고 환해 보인다. 대부분의 흙색과 마찬가지로 안료가 종이 표면의 요철에 침전되므로 쉽게 닦아낼 수 있고 과립 현상이 잘 일어난다.

번트 시에나

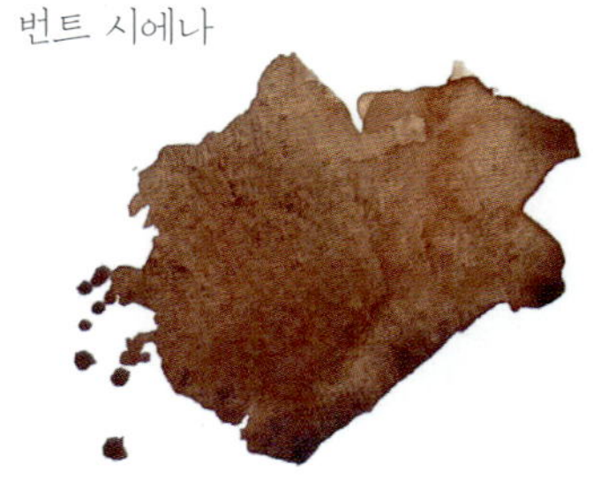

번트 엄버

◀ 번트 엄버는 녹색 편향을 보이는 더 차갑고 더 어두운 갈색이다. 프렌치 울트라마린(붉은 색조)과 혼합하면 짙은 검은색이나 어두운 갈색을 빠르게 만들 수 있다. 매력적인 질감의 과립 현상이 나타나며 종이에서 쉽게 닦아낼 수 있다.

▲ 내 경험으로 번트 시에나는 팔레트에 꼭 있어야 할 색이다. 따뜻하고 투명한 적갈색으로 풍경이나 살색과 동물의 채색에 자연스러운 '빨간색'으로 쓰기에 매우 탁월하다. 울트라마린 파이니스트(녹색 색조)와 잘 혼합하면 중간 색조의 근사한 회색과 검은색을 얻을 수 있다. 일반적으로 비착색성이므로 닦아낼 수 있다.

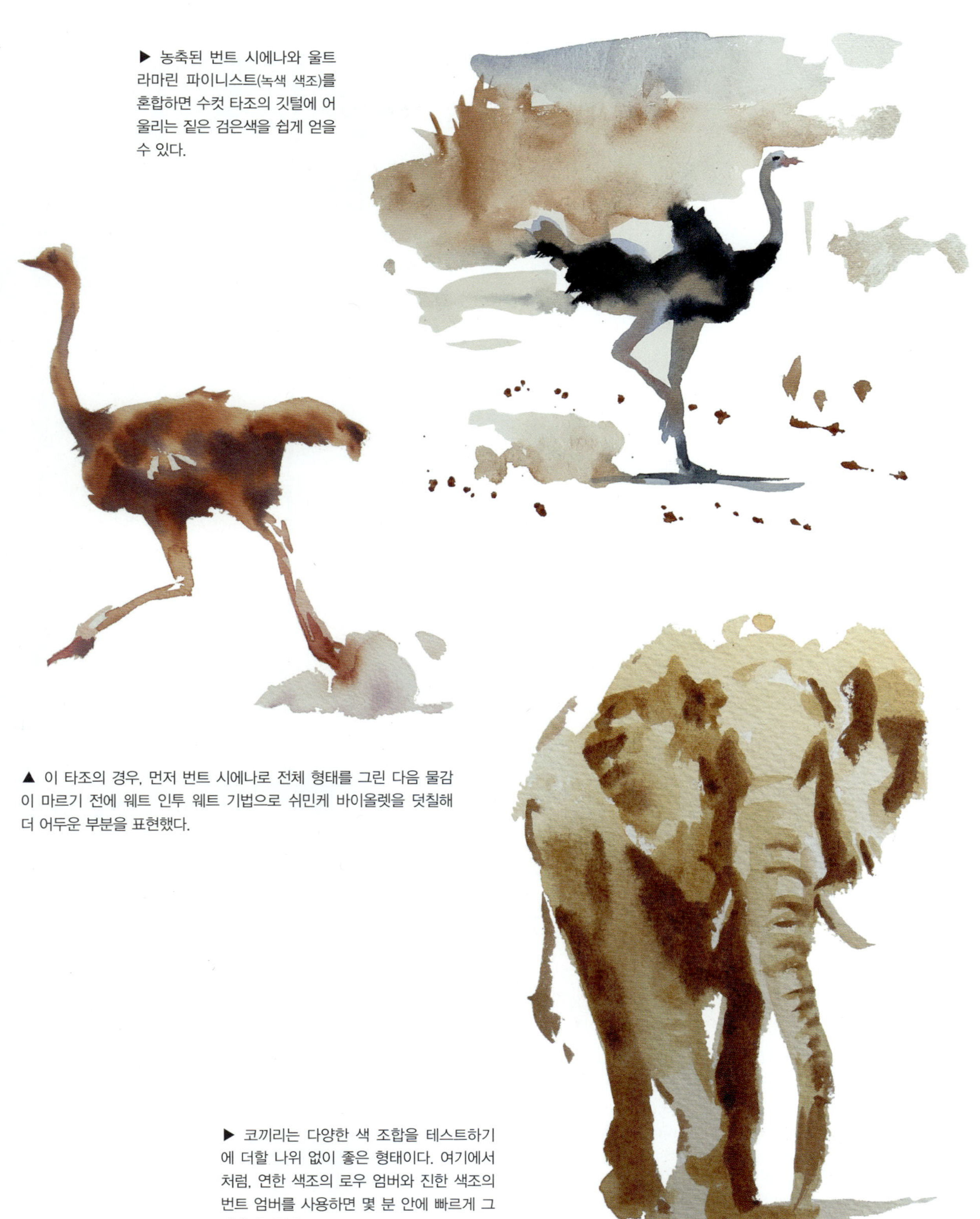

▶ 농축된 번트 시에나와 울트라마린 파이니스트(녹색 색조)를 혼합하면 수컷 타조의 깃털에 어울리는 짙은 검은색을 쉽게 얻을 수 있다.

▲ 이 타조의 경우, 먼저 번트 시에나로 전체 형태를 그린 다음 물감이 마르기 전에 웨트 인투 웨트 기법으로 쉬민케 바이올렛을 덧칠해 더 어두운 부분을 표현했다.

▶ 코끼리는 다양한 색 조합을 테스트하기에 더할 나위 없이 좋은 형태이다. 여기에서처럼, 연한 색조의 로우 엄버와 진한 색조의 번트 엄버를 사용하면 몇 분 안에 빠르게 그려낼 수 있다.

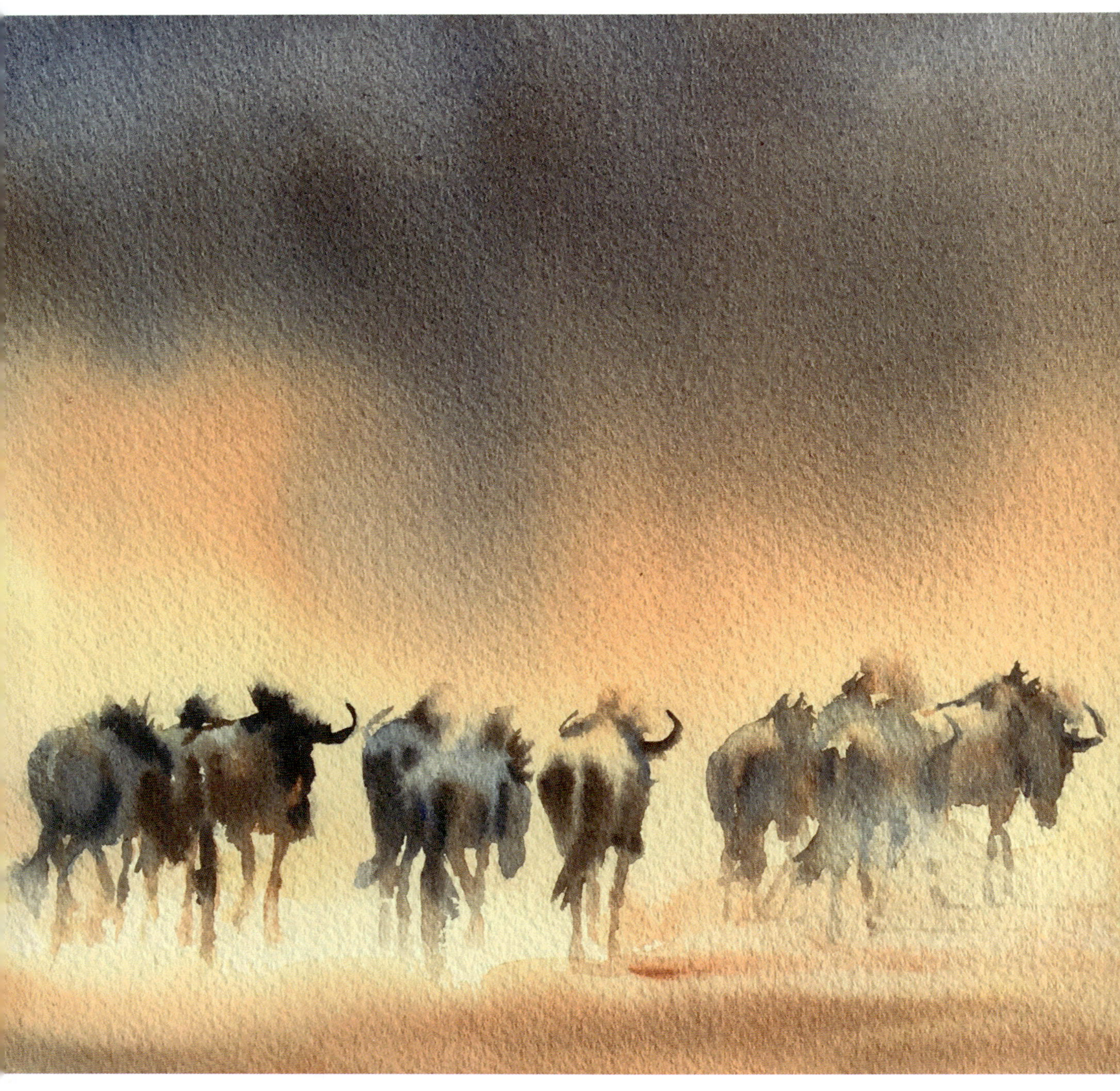

칼라하리 사막에서 동틀 무렵 물가를 향해 가는 영양 떼의 행렬을 그린 이 그림을 채색하기 위해 흙색인 번트 시에나, 번트 엄버를 울트라마린 파이니스트, 인디언 옐로와 혼합했다. 한정된 팔레트에 흙색을 조합하면 두 가지 색을 추가해도 하나의 안료만 추가되므로 혼색이 탁해질 가능성이 줄어드는 장점이 있다.

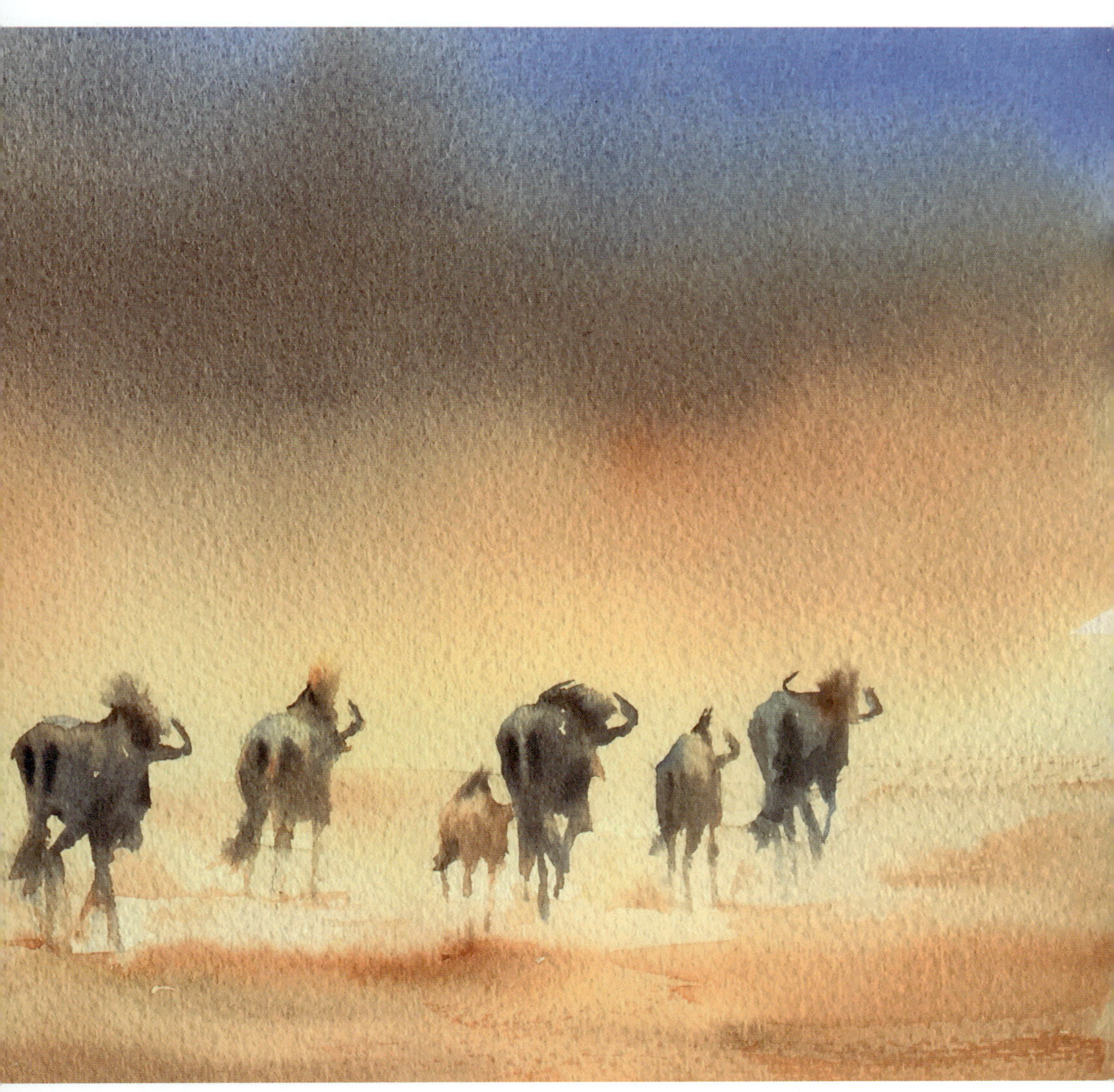

세피아와 인디고 –
두 개의 색으로 빠르게 만드는 검은색

반대색과 인접 보색의 조합은 2색 조합에 수많은 선택지를 제공한다. 소개할 마지막 반대색 조합은 빠르게 짙은 검은색을 만들어야 할 때 좋은 대안이다. 세피아는 매우 어두운 반투명 갈색이고, 인디고는 매우 짙은 완전 불투명한 파란색이다. 이 두 색 중 어느 하나라도 섞이면 바로 혼색이 칙칙해지기 때문에 이를 다른 색과 섞는 경우는 거의 없지만, 단색화를 그릴 때와 매우 짙고 빠르게 섞어 만들 수 있는 검은색이 별개로 필요할 때는 세피아와 인디고를 사용한다. 어두운색이어서 짙은 검은색을 얻기 위해 색이 나타나게 하는 데 시간이 거의 걸리지 않아 종종 배경을 칠할 필요가 없는 스케치와 실루엣에 이들을 활용한다.

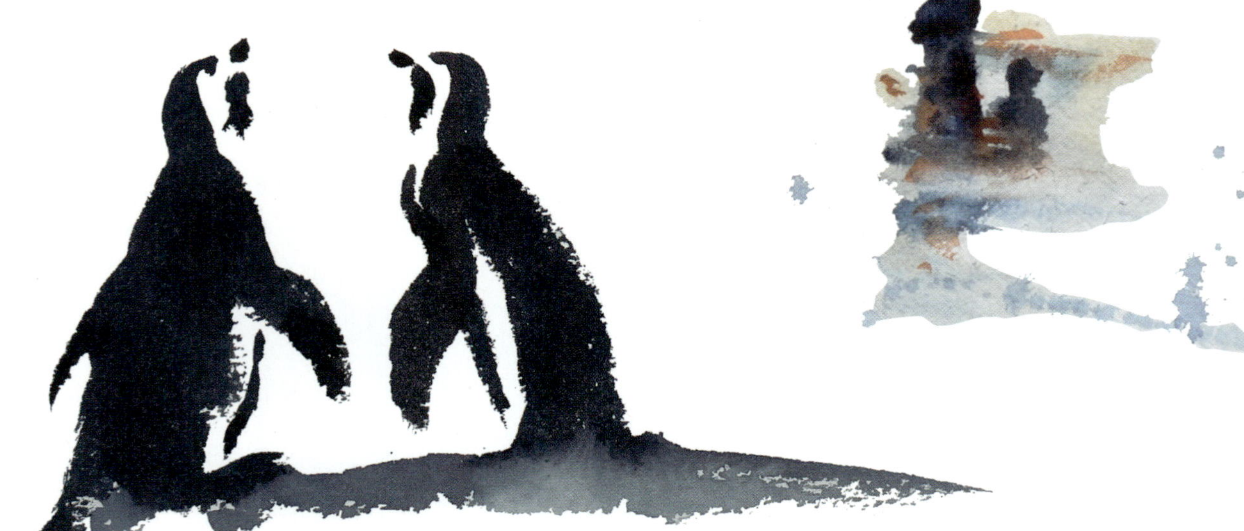

▼ 펭귄의 빠른 스케치를 위해 인디고와 세피아를 섞어 순식간에 검은색을 만들었다.

 한정된 팔레트로 그리는 수채화

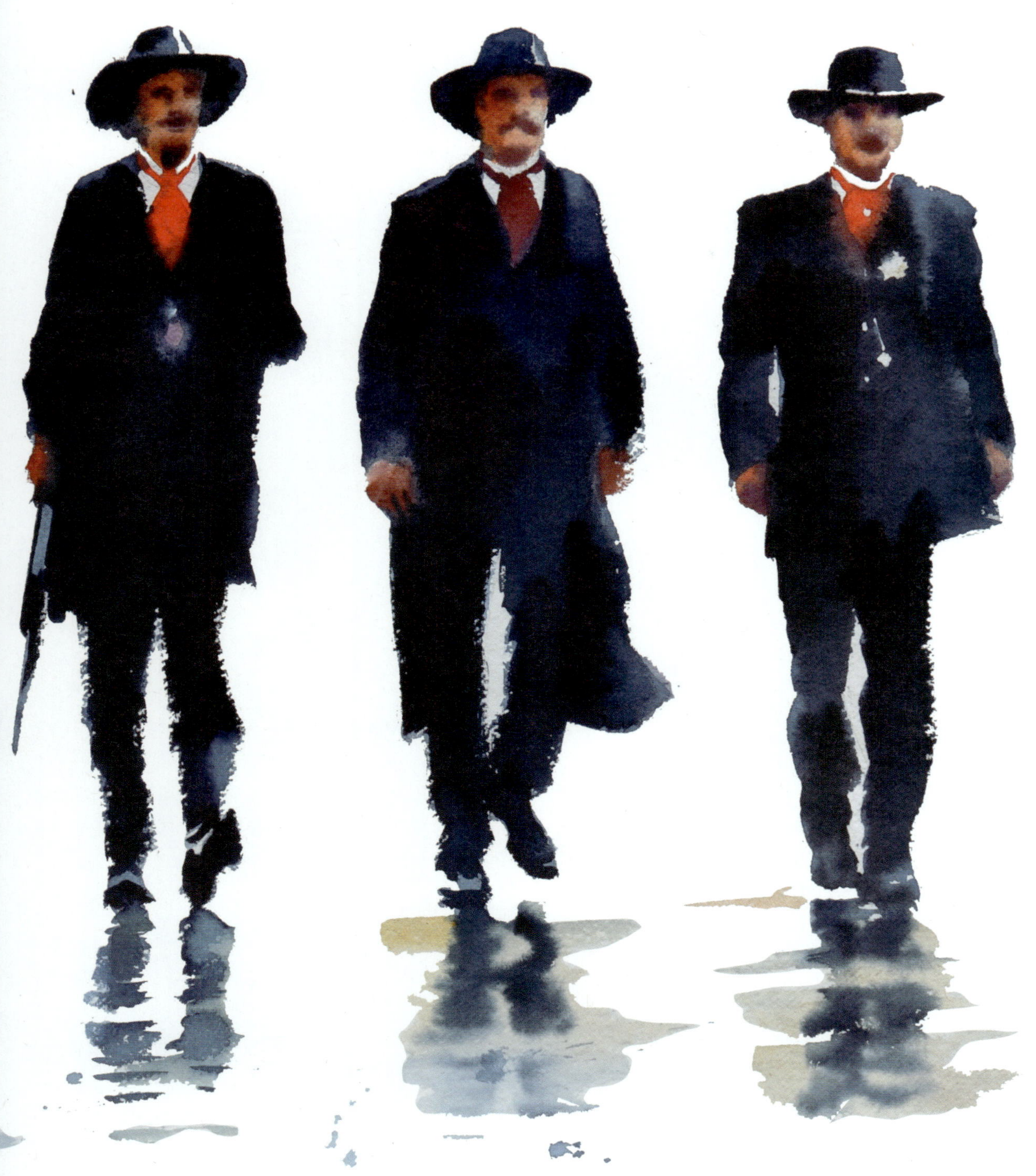

▲ 오케이 목장, 76x101.5cm(30x40in)

검은색은 하나의 물감 유동 피막 안에 칠해질 때 매혹적인 깊이가 나타날 수 있다. 이 대형 수채화 작품에서 닥터 홀리데이Doc Holliday와 어프 형제들Brothers Earp이 입은 클래식한 코트의 벨벳 같은 검은색은 인디고와 세피아로 채색했다. 검은색 부분이 넓으면 많은 안료가 필요한데, 검은색을 만들기 위해 어두운색을 선택함으로써 색이 신속하고 효율적으로 혼합되어 매력적인 인물들을 종이 위에 생생하게 되살린다.

인접 보색 조합 – 파란색과 갈색

정장을 입은 남자들을 칠하기 위해 울트라마린 블루와 번트 시에나를 혼합하고 수채화의 두 가지 주요 기법인 웨트 인투 웨트 블렌드와 웨트 온 드라이wet-on-dry 레이어링(마른 표면에 색을 올리는 기법–옮긴이)을 사용하여 다채로운 청회색, 갈색 그리고 검은색을 표현했다.

1 먼저 인물의 형태를 스케치한 다음 첫 번째 인물의 양복 전체에 아주 묽게 희석한 울트라마린 블루 워시를 칠하고 머리와 손 그리고 우산 손잡이에는 옅은 번트 시에나를 칠했다.

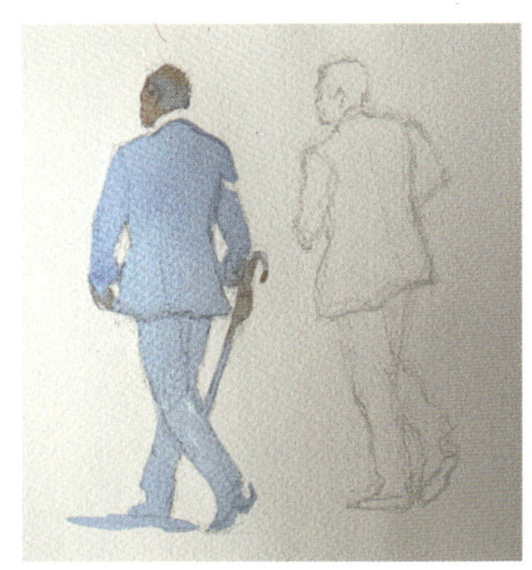

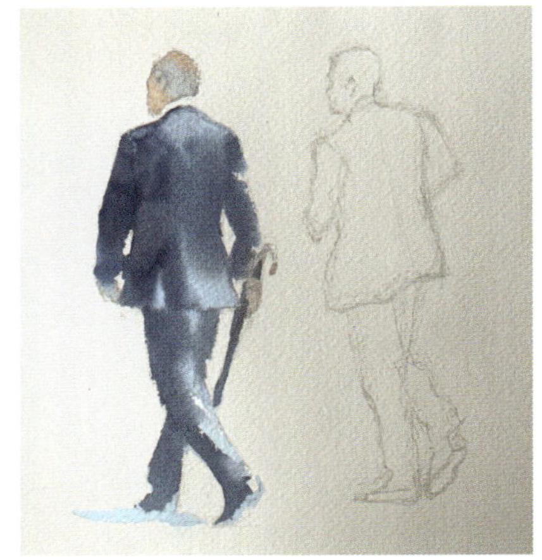

2 팔레트에서 울트라마린과 번트 시에나를 혼합하여 짙은 회청색을 만들고, 옅은 파란색 워시에 아직 물기가 있을 때 그늘진 쪽부터 더 짙은 색으로 웨트 인투 웨트 기법을 사용해 그림자를 표현했다.

3 팔레트에서 거의 물을 섞지 않은 울트라마린과 번트 시에나를 섞어 검은색을 만들고 짙은 회색 부분에 웨트 인투 웨트 기법으로 칠해 그늘진 부분의 색조가 더 짙어지게 했다. 아무것도 섞지 않은 번트 시에나로 살색을 보강하고 여기에 울트라마린을 약간 섞어 짙은 갈색 머리카락을 그렸다.

4 두 번째 남자에는 옅은 울트라마린 블루 워시를 칠하고 이번에는 마르게 두었다.

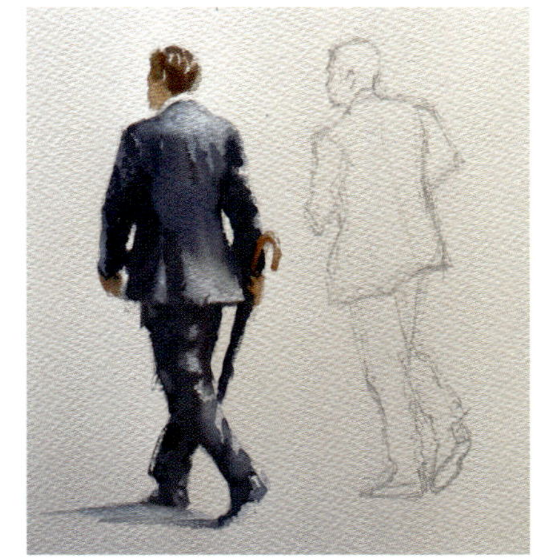

울트라마린 블루

번트 시에나

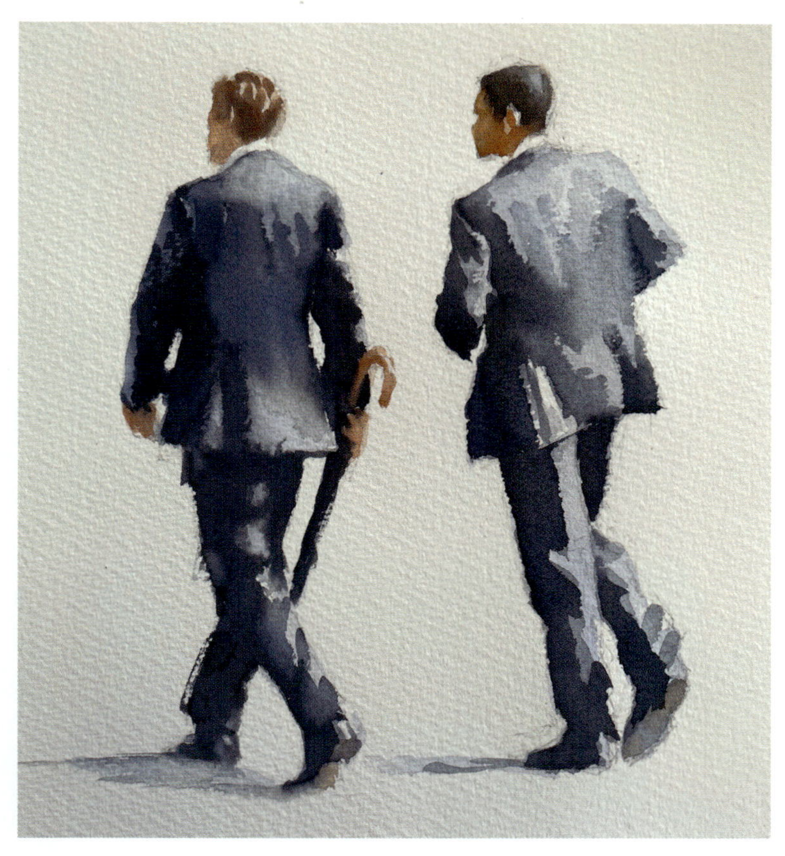

▲ 정장을 입은 남자들, 28x28cm(11x11in)

5 팔레트에서 울트라마린과 번트 시에나를 섞어 어두운 회청색을 만들어 정장의 그림자 부분에 칠했다. 색조가 점점 더 옅어지는 부분에서는 붓을 헹구고 약간의 물을 써서 종이 위의 색을 옅어지게 했다.

발견

- 인접 보색인 울트라마린 블루와 번트 시에나를 조합하면 회색, 갈색, 검은색을 만들 수 있다. 팔레트 팬에서 젖은 붓으로 뒤섞으면 바로 색이 나타나므로 진한 혼색을 매우 빠르게 만들 수 있다.
- 이 효율적인 조합은 두 색 모두 닦아낼 수 있는 안료이므로 안전망도 제공한다. 희석된 워시나 농축된 혼색으로 칠해도 명암도를 쉽게 조정할 수 있어 되돌릴 수 없는 실수를 걱정하지 않고 과감하게 칠할 수 있다.

3색으로 구상하기

한정된 팔레트를 뒷받침하는 원리의 근거는 색 혼합의 원칙이다. 기본색인 빨강, 노랑, 파랑을 섞으면 모든 색을 만들 수 있다. 수채화 물감에는 다양한 버전의 빨간색, 노란색, 파란색이 있으며 팔레트에서 혼합하거나 종이 위에서 웨트 인투 웨트 기법으로 블렌딩하거나 웨트 온 드라이 레이어로 겹쳐 칠하는 등 다양한 방식으로 조합하여 새로운 색을 만들 수 있다.

빨간색, 노란색, 파란색의 한 버전을 혼합하면 이차색부터 삼차색까지 다양한 색을 얻을 수 있지만, 혼합할 색 세트를 결정하는 것은 어려운 문제이다. 다양한 방식으로 작용하는 서로 다른 특성을 지닌 다양한 안료 중에서 어떻게 선택할까. 어두운색을 만드는 데 두 개의 반대색을 사용하는 것이 포함되는 색소가 적어 더 효과적이라면 또 어떻게 해야 할까? 한정된 팔레트의 색을 선택할 때 가장 좋은 출발점은 주제의 전체적인 색상 범위와 가장 어두운 색조의 특성을 살펴보는 것이다.

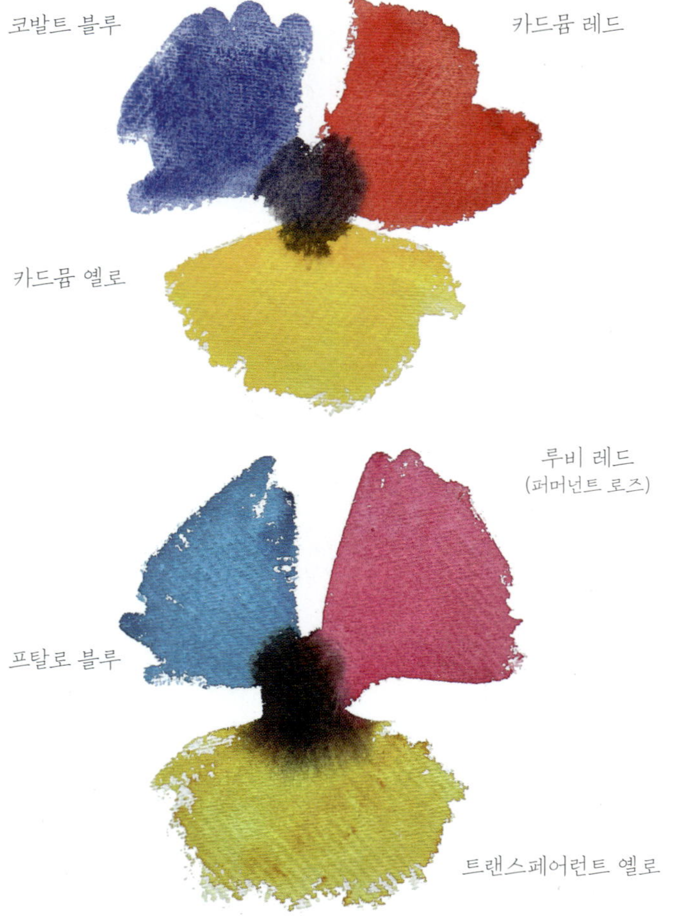

◀ 색 이론에 따르면 노란색, 빨간색, 파란색을 섞으면 검은색이 된다. 정확하게 원색에 가장 가까운 색은 불투명한 카드뮴 레드와 카드뮴 옐로 그리고 반투명한 코발트 블루이다. 이러한 안료는 모두 금속에서 얻은 색이라서 불투명하며 함께 섞었을 때 팔레트에서 완전한 검은색을 얻기는 어렵고 대신 갈색이나 회색이 되기 쉽다.

◀ 세 개의 투명한 색인 프탈로 블루, 루비 레드(퍼머넌트 로즈)와 트랜스페어런트 옐로를 섞으면 무리 없이 순수하고 짙은 검은색이 나온다. 인쇄에 사용되는 세 가지 기본 염료인 시안, 마젠타, 옐로(CMY)와 비슷함을 알 수 있다. 빠르게 검은색이 나타나게 하려면 빨간색보다 파란색을, 노란색보다 빨간색을 더 많이 섞어 보자.

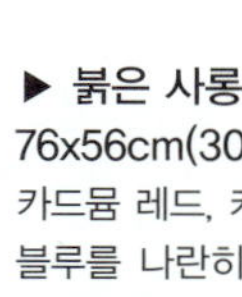

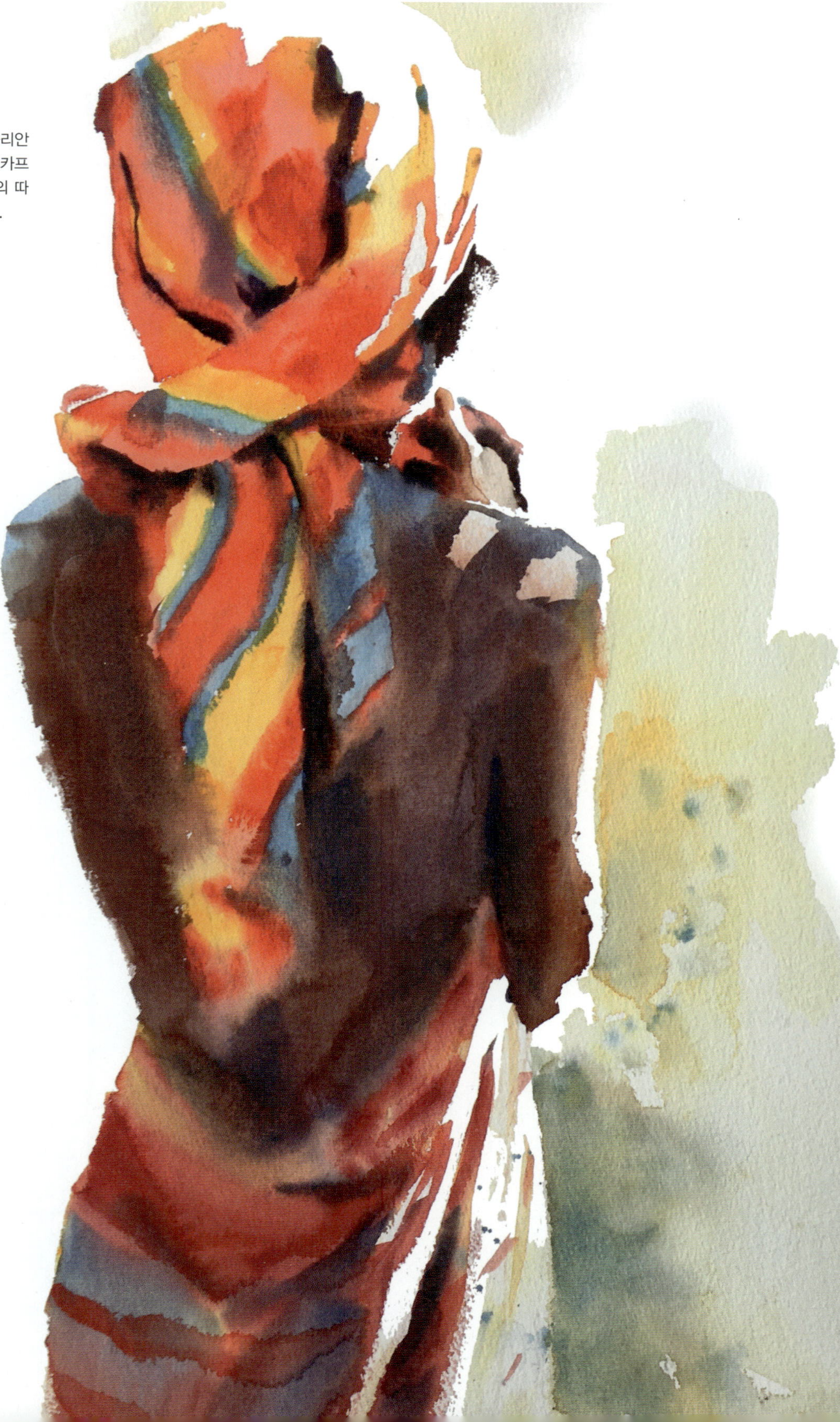

▶ 붉은 사롱,
76x56cm(30x22in)
카드뮴 레드, 카드뮴 옐로, 세룰리안
블루를 나란히 칠해 줄무늬 스카프
와 사롱을 채색하고 우아한 등의 따
뜻한 고동빛 피부색을 표현했다.

기본색을 혼합하여 검은색 만들기

짙은 검은색을 만들 수 있어야 하는지 아닌지는 대상에서 가장 어두운 색
조로 판단할 수 있다. 이론적으로 빨간색·노란색·파란색, 즉 세 가지 기본
색을 전부 혼합하면 검은색이 나오지만, 실제로 검은색의 농도는 안료와 특
히 그 투명도에 의해 결정된다. 수채화에서 완전히 짙은 검은색을 만들려
면 투명한 색을 조합해야 한다. 수채화 물감에서 프탈로 블루, 루비 레드(퍼
머넌트 로즈), 트랜스페어런트 옐로 같은 투명한 색을 혼합하면 완전히 짙은
검은색을 만들 수 있다. 하지만 그림 속 검은색은 절대적인 색이 아니라 항
상 주변의 다른 색과 연관되어 인지되기 때문에, 어두운 회색이나 짙은 갈
색이 팔레트에서 혼합되었을 때는 검은색으로 보이지 않더라도 그림에서는
검은색으로 보일 수 있다.

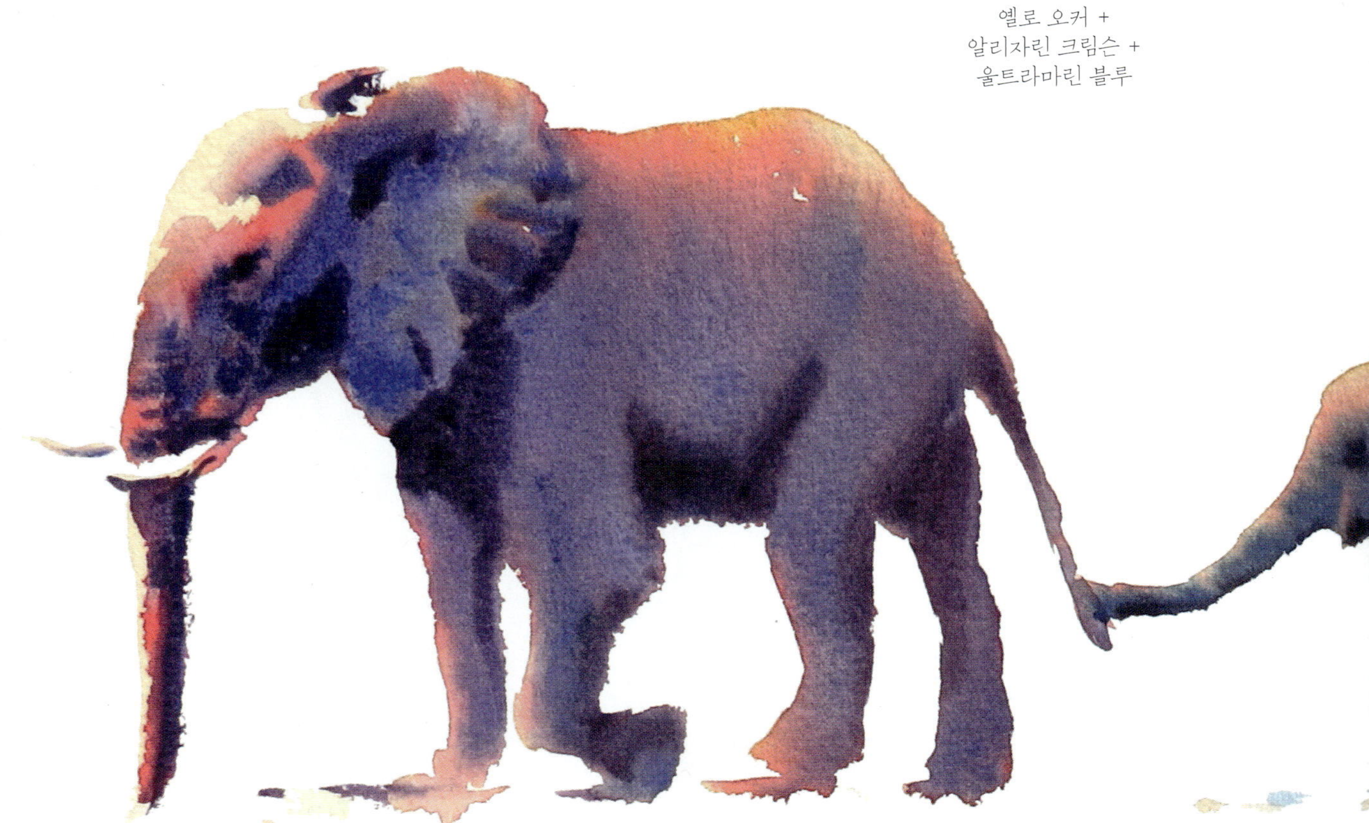

기본색을 혼합하여 검은색 만들기

검은색은 상대적이다

검은색이 필요하지 않은 그림이라도 밝은 색조부터 어두운 색조까지 다양한 색조가 있을 것이므로, 한정된 팔레트에서 색의 선택은 혼합해서 필요한 가장 어두운 명도를 구현할 수 있는가 없는가에 좌우되는 경우가 많다. 투명성이 있으면 짙고 선명한 어두운색이 나올 수 있으므로, 이러한 특성을 지닌 안료를 혼합하면 가장 짙은 색조의 완전한 검은색을 얻을 수 있다. 불투명성은 검은색의 범위를 제한하고 어두운 색조를 부드럽게 하므로, 이 특성을 활용하면 색조의 강도와 농도를 낮출 수 있다.

요약하면 짙은 색조의 어두운색은 투명한 색을 혼합하여 만들 수 있고, 차분한 색조의 어두운색을 만드는 데는 불투명함이 도움이 된다. 따라서 한정된 팔레트에서 색을 선택할 때는 혼합해서 가장 어두운 색조를 구현할 수 있는지를 판단하는 것에서 시작하면 효과적이다.

▼ 코끼리 행렬의 3색 혼색 비교, 51x15cm(20x6in)

행렬의 끝에 있는 코끼리는 카드뮴 레드, 카드뮴 옐로와 코발트 블루, 이 세 개의 불투명한 색으로 채색되었는데, 배 아래쪽 그림자 부분은 이 색들이 적절하게 혼합되어 어두운 회색을 나타낸다. 가운데에 있는 어린 코끼리는 프러시안 블루, 알리자린 크림슨과 인디언 옐로, 세 개의 투명한 색으로 채색되었는데, 여기서 배 아래쪽 그림자 부분은 두 개의 투명한 색과 하나의 반투명한 색, 즉 울트라마린 블루와 알리자린 크림슨 그리고 옐로 오커로 채색된 맨 앞의 엄마 코끼리에서와 마찬가지로 색조가 눈에 띄게 더 짙다.

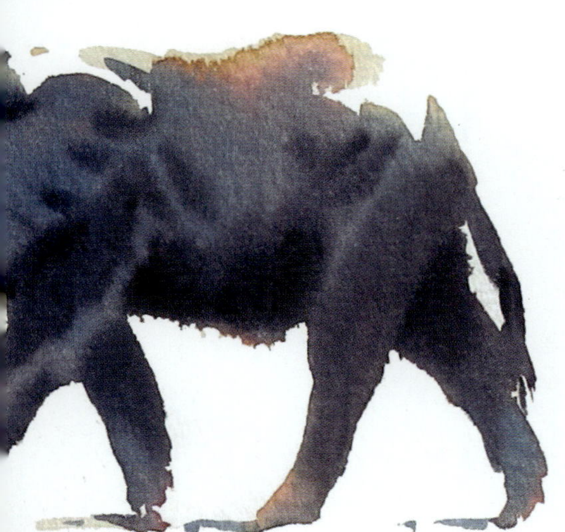

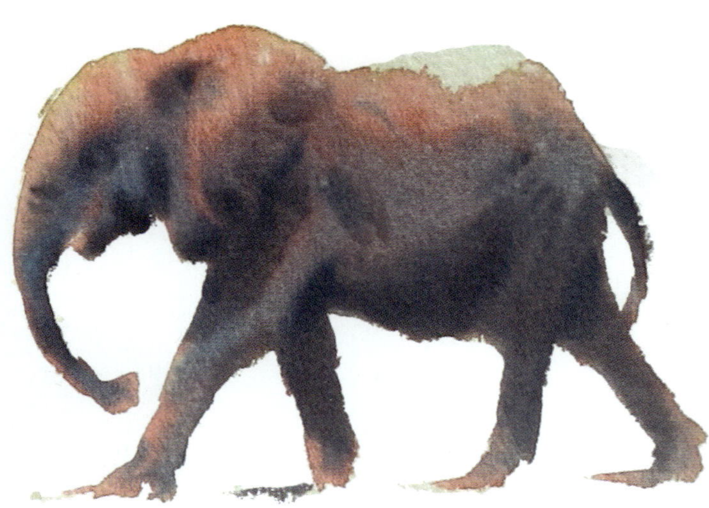

색을 구상하는 방법

대상 전체의 색조 범위를 기준으로, 모든 혼색에서 '빨간색' 요소는 가장 따뜻한 색상으로, '파란색' 요소는 가장 차가운 색상으로 생각할 수 있다. '노란색' 요소는 일반적으로 가장 밝은 색상이다. 기성 물감의 이차색 중에서 주황색은 노란색, 빨간색과 연관되어 밝고 따뜻한 색으로 생각할 수 있다. 반면 보라색은 빨간색, 파란색과 연관되어 대개 색조는 어둡고 온도는 차갑거나 따뜻하다. 나는 기성 물감의 녹색을 거의 쓰지 않지만, 쓴다면 보통 중간 색조의 녹색이며 푸른빛을 띤 녹색보다는 온도 편향에서 더 따뜻한 노란빛의 녹색이다.

'빨간색', '파란색' 또는 '노란색'의 혼합에서는 색조의 온도 편향이 혼색의 밝기를 좌우한다. 차가운 파란색과 차가운 노란색을 섞으면 가장 밝은 녹색이 되고, 따뜻한 빨간색과 따뜻한 노란색을 섞으면 가장 밝은 주황색이 된다. 차가운 빨간색과 따뜻한 파란색을 섞으면 가장 순수한 보라색이 된다.

투명한 색을 사용하면 더 환하고 짙은 색과 색조를 얻을 수 있는 반면, 불투명한 색은 밝기와 빛을 제공한다(주의하지 않으면 불투명한 색은 혼색을 금방 탁하게 할 수 있다). 두 가지 기본색을 혼합하면 이차색을 만들 수 있으며 반대색을 혼합하면 갈색, 회색, 검은색을 만들 수 있다. 노란빛과 빨간빛을 띠는 흙갈색은 고유의 색조 농도와 온도 편향을 선택할 기회를 제공하며 산화철 안료에서 유래하여 새로운 안료를 추가하는 위험 없이 혼색에 다중으로 사용할 수 있다(안료가 너무 많으면 문제가 될 수 있는 이유는 88쪽 참고).

하나의 색과 그 반대색을 생각해 보면 팔레트에서 혼합하기 전에 머릿속에서 잠재적 혼색의 성향을 예상할 수 있다.

옐로 오커

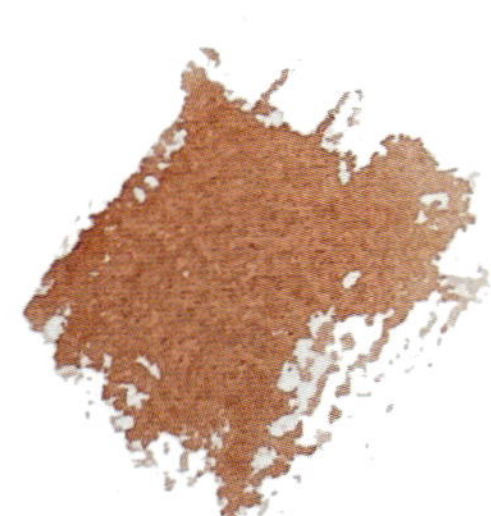

라이트 레드

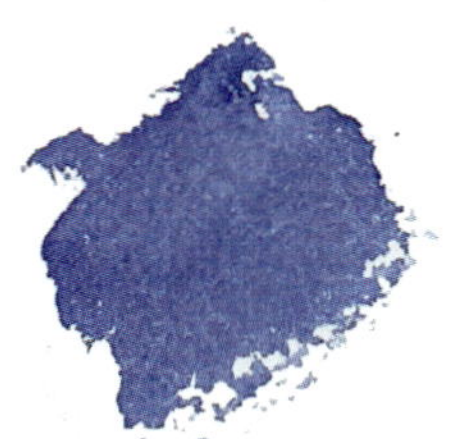

울트라마린 블루

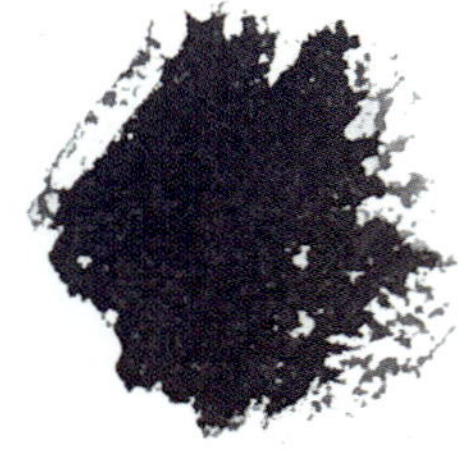

울트라마린 블루와 라이트 레드를 섞어 만든 검은색

라이트 레드는 불투명한 흙색 계열의 빨간색이고 옐로 오커는 반투명
한 노란색이다. 부드럽고 먼지 자욱한 공기를 표현하기 위해 불투명한
색이 포함되도록 색을 선택했지만, 울트라마린 블루와 라이트 레드로
들소의 광택감 있는 가죽을 표현하기에 충분히 어두운 검은색을 만들
수 있었다.

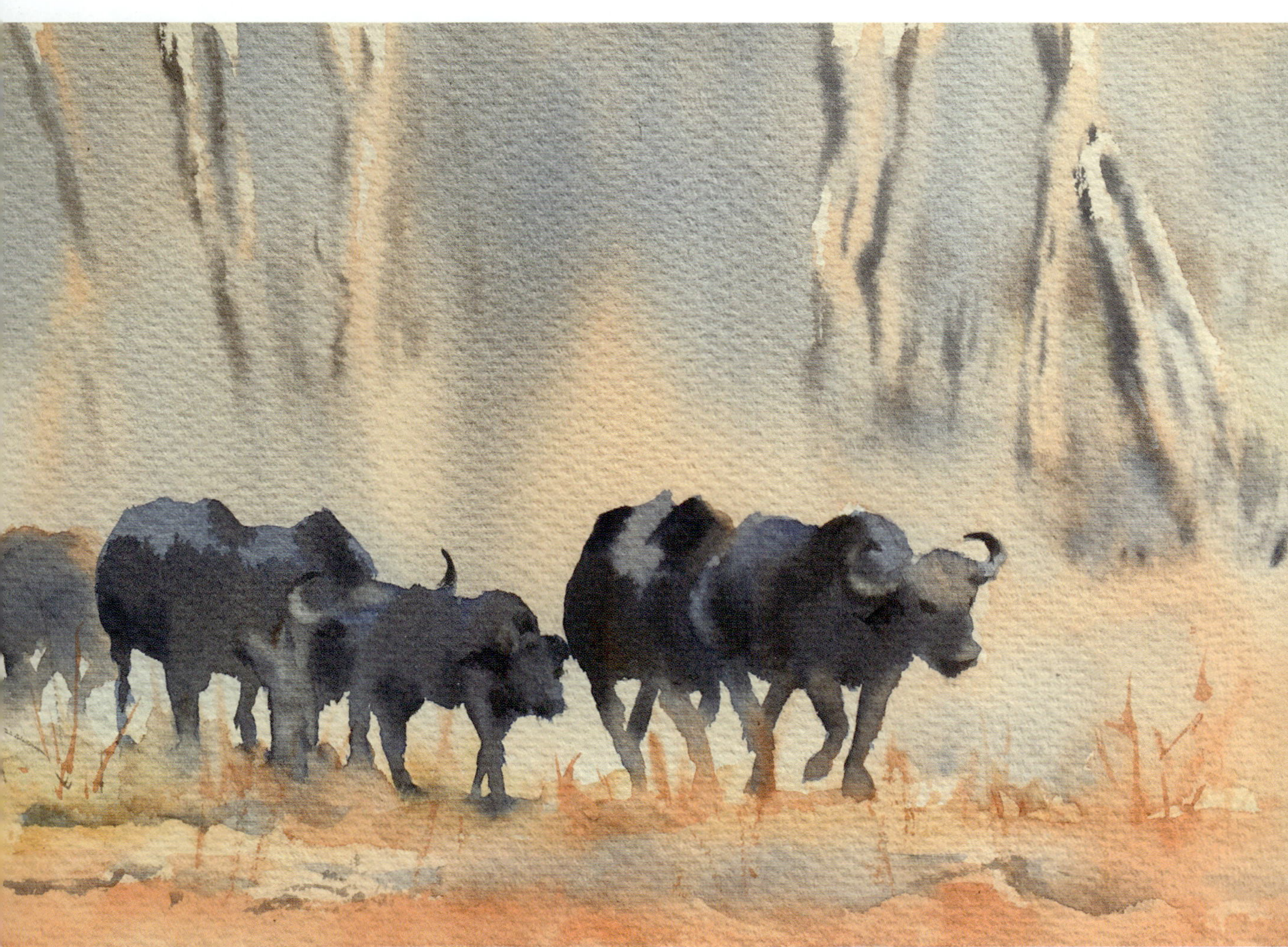

빨간색-노란색-파란색으로 구상하기
(더 정확히는 파란색-노란색-빨간색!)

특정 그림에 쓸 색을 결정하기 위해 나는 보통 파란색부터 선택하고 다음으로 노란색 그다음으로 빨간색을 선택한다. 일반적으로 파란색이나 보라색 같은 일종의 변형된 '파란색'을 쓸 필요가 없는 다색화를 그릴 일은 거의 없다. 파란색은 자연광과 반대되는 색상이고 음영을 채색하는 데 쓰이기 때문에 그림에서 여기저기 사용되는 색일 것이다. 어떤 파란색, 노란색, 빨간색을 선택할지를 결정짓는 고려 사항은 음영의 색조 농도, 대상의 고유색(잎의 녹색, 물의 파란색, 옷의 밝기 등) 그리고 전반적인 색조 및 온도 편향과 관련이 있다.

파란색 먼저 선택하기

실제 예를 들어 설명하면 더 쉽다. 이 그림은 빗속의 인물들이 등장하는 도시를 묘사한 것이다. 검은색은 여기서의 파란색을 선택할 때 중요한 고려 사항이다. 나는 따뜻한 파란색이고 매우 짙은 색조를 표현할 수 있는 울트라마린 블루를 선택했다. 택시 위의 빛과 그늘, 정장 그리고 젖은 거리를 나타내기에 적합하기 때문이다. 이를 인접 보색인 번트 시에나와 혼합하면 근사한 검은색을 만들 수 있다는 것을 알고 있었고, 두 색 모두 닦아낼 수 있는 색이라서 필요한 경우 색을 제거할 수 있었다. 노란색으로는 로우 엄버를 선택했는데, 석조물의 고유색으로 쓰기에 효과적이고 번트 시에나와 마찬가지로 흙색이므로 세 개의 안료로 한정된 팔레트가 유지되기 때문이다. 빨간색은 밝은 빨간색 스웨터와 우산을 채색하는 데 적합한 색상을 지니고 있고 불투명하여 로우 엄버나 번트 시에나와 혼합해 얼굴이나 손을 표현하기 적합한 카드뮴 레드를 선택했다.

▶ 도시의 물보라, 35.5x53.5cm(14x21in)
여기서 선택한 빨간색과 파란색, 노란색은 정장과 젖은 바닥(울트라마린 블루), 우산과 스웨터(카드뮴 레드) 그리고 배경 기둥(로우 엄버)의 고유색을 통해 확인할 수 있다. 번트 시에나는 검은색(택시와 정장)을 만들기 위해 울트라마린 블루와 혼합되었고 얼굴과 옷을 표현하는 데도 사용되었다.

▶ 로우 엄버, 카드뮴 레드, 울트라마린 블루,
이 세 가지 색을 혼합해서는 대상에 필요한 진
한 검은색을 만들 수 없지만, 맨 오른쪽과 같이
번트 시에나와 울트라마린 블루로는 빠르게 검
은색을 만들 수 있기에 이 두 번째 흙색을 추가
했다.

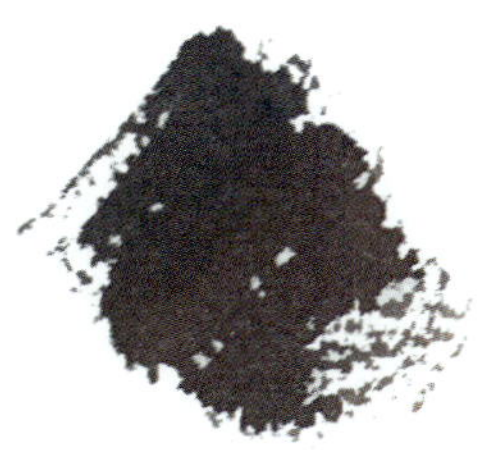

로우 엄버 +
카드뮴 레드 +
울트라마린 블루

번트 시에나 +
울트라마린 블루

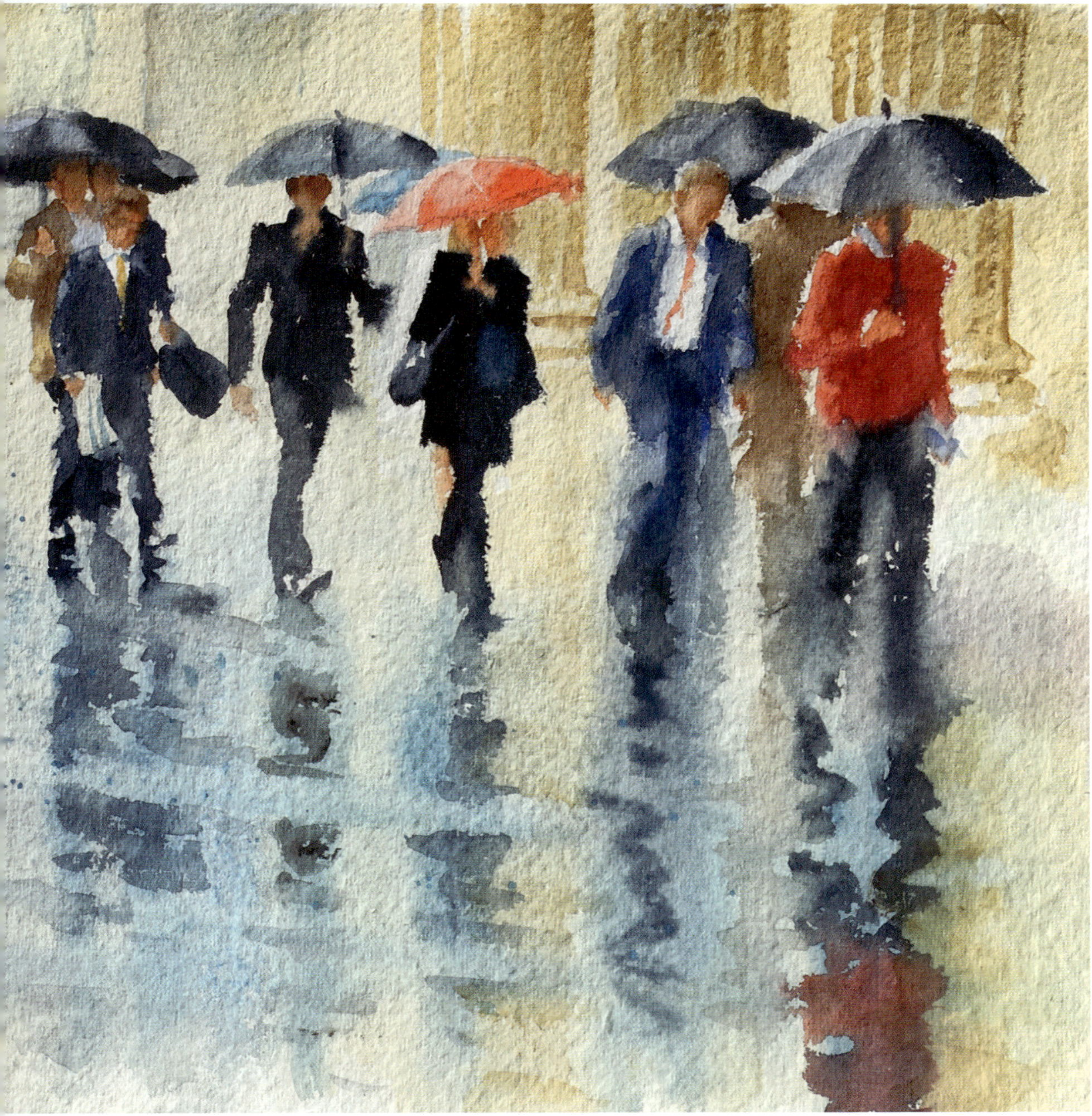

노란색 또는 빨간색 먼저 선택하기

보통은 파란색을 먼저 선택한 후 노란색을 두 번째로 생각하고 세 번째로 빨간색을 고려하지만, 대상의 고유색이 레몬같이 노란색일 경우에는 노란색을 먼저 선택하고 빨간색이면 빨간색을 먼저 선택한다. 실제로 주제에 풍경의 초록이 포함될 때는 파란색과 노란색을 함께 선택하는 경우가 많다. 나는 선택한 노란색과 맨 처음 선택한 파란색을 두고 (마음속으로) 이리저리 생각해 본다음, 대체 가능한 파란색을 (마음속으로) 시험해 보면서 적절한 조합을 선택했는지 또는 어떤색이 대안이 될 수 있는지를 살펴본다. 확실하지 않은 경우는 팔레트에서 혼색을 시험 삼아 만들어 본다. 연습 중에는 결과를 직접 확인하기 위해 팔레트에서 혼색을 모조리 만들어봐야 하겠지만, 색을 잘 알게 되면 머릿속에서 바로 추측할 수 있다.

일반적으로 빨간색은 그림에서 빨간색이 지배적인 색상이 아닐 경우 세 번째로 선택되는 색이지만, 이는 대상과 온도 편향에 따라 달라진다. 예를 들어 번트 시에나와 같은 갈색을 띠는 빨간색은 영양의 고유색을 고려하면 첫 번째로 선택되는 색일 수도 있고, 짙은 검은색을 빠르고 간편하게 만들어야 한다면 두 번째로 선택될 수도 있는 색이다.

모든 그림은 다르고 각각 고유한 사고 과정이 필요하며 결정을 내리기까지 생각을 거듭해야할 수도 있다. 이 책의 후반부는 각기 다른 그림의 색 선택 과정을 설명하는 데 중점을 두었으므로 각각의 경우에 어떤 생각을 거쳐 그러한 한정된 팔레트를 선택했는지 이해할 수 있을 것이다.

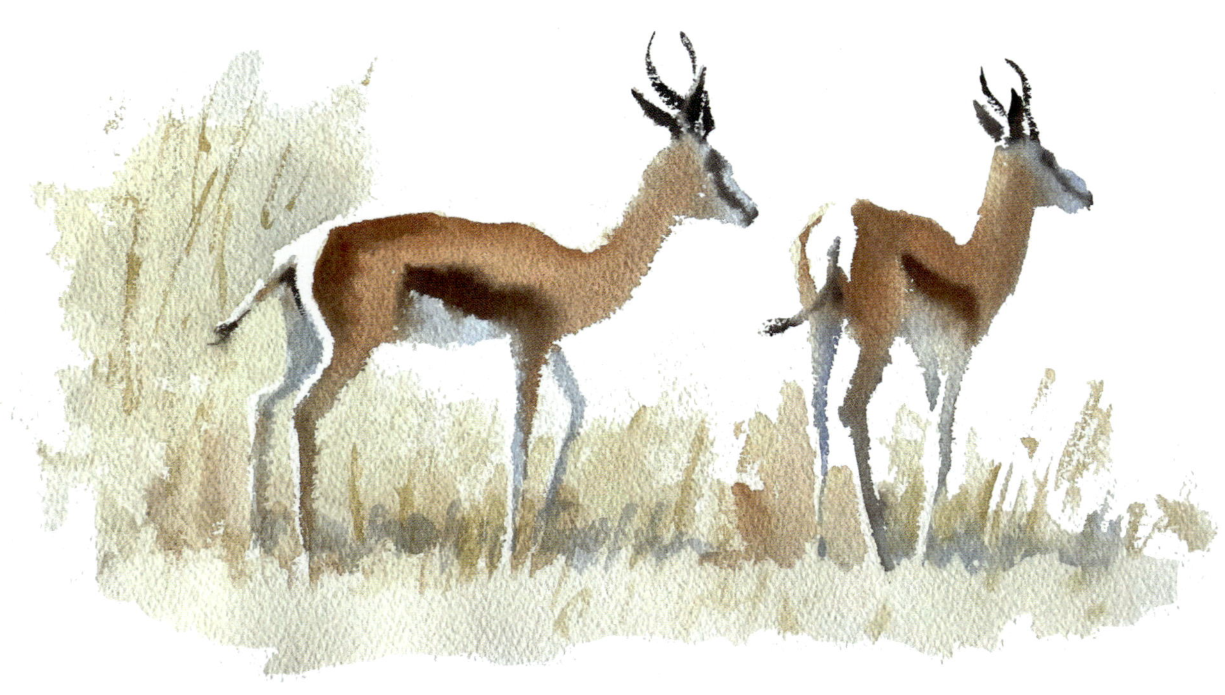

   한정된 팔레트로 그리는 수채화

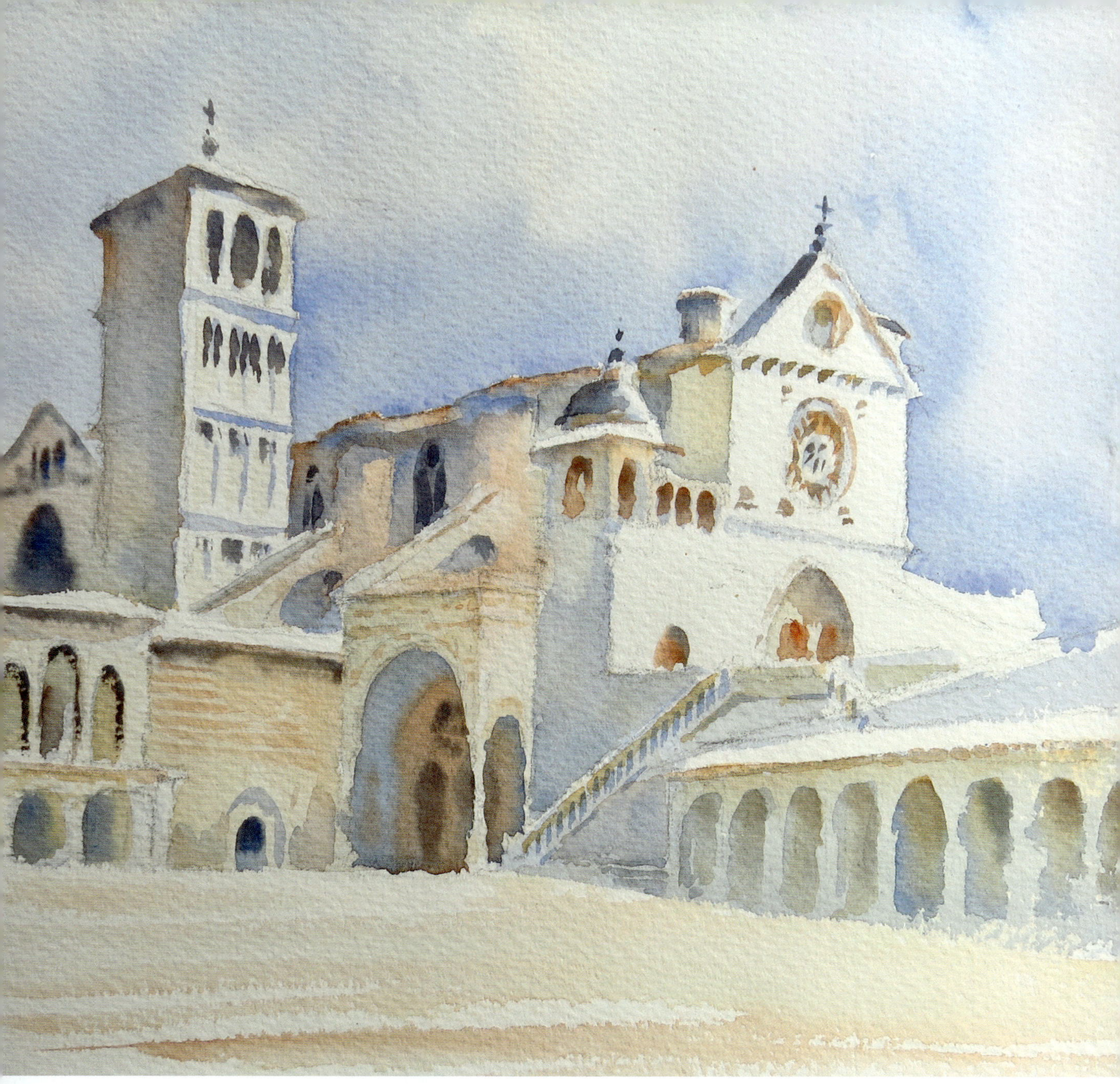

◀ 영양의 스케치, 40.5x23cm(16x9in)
▲ 하늘과 땅의 결합(아시시의 성 프란체스코 대성당),
25.5x28cm(10x11in)
두 그림의 영양과 대성당은 옐로 오커, 번트 시에나, 울트라마린 블루로 이루어진 동일한 색 조
합으로 채색되었다. 영양의 경우, 가죽 때문에 번트 시에나('빨간색')를 선택했고 이어 노란색과
파란색을 선택했다. 대성당의 경우, 돌의 색 때문에 먼저 옐로 오커(노란색)를 선택했고 다음으로
파란색과 갈색('빨간색')을 선택했다.

색 조합의 선택

빨간색-노란색-파란색으로 구상하는 방식을 활용하면 한정된 팔레트의 색상 조합을 훨씬 쉽게 선택할 수 있고 어떤 빨간색, 노란색, 파란색의 조합이든 그림에 다양한 색을 제공하며 특히 투명한 안료일 경우 가장 진한 색조의 어두운색을 만들어 낼 수 있다. 하지만 효과적인 색 조합을 선택하려면 안료가 어떻게 섞여서 그림에 필요한 색을 만드는지를 알아야 할 뿐만 아니라 그 색이 그림에 들어가고 나면 서로 어떻게 작용하는지도 이해해야 한다. 수채화에서 적은 색을 쓰는 것이 많은 색을 쓰는 것보다 색채가 더 풍부해 보일 수 있는 이유는 대부분 종이 위에서 일어나는 색의 상호작용 때문이다.

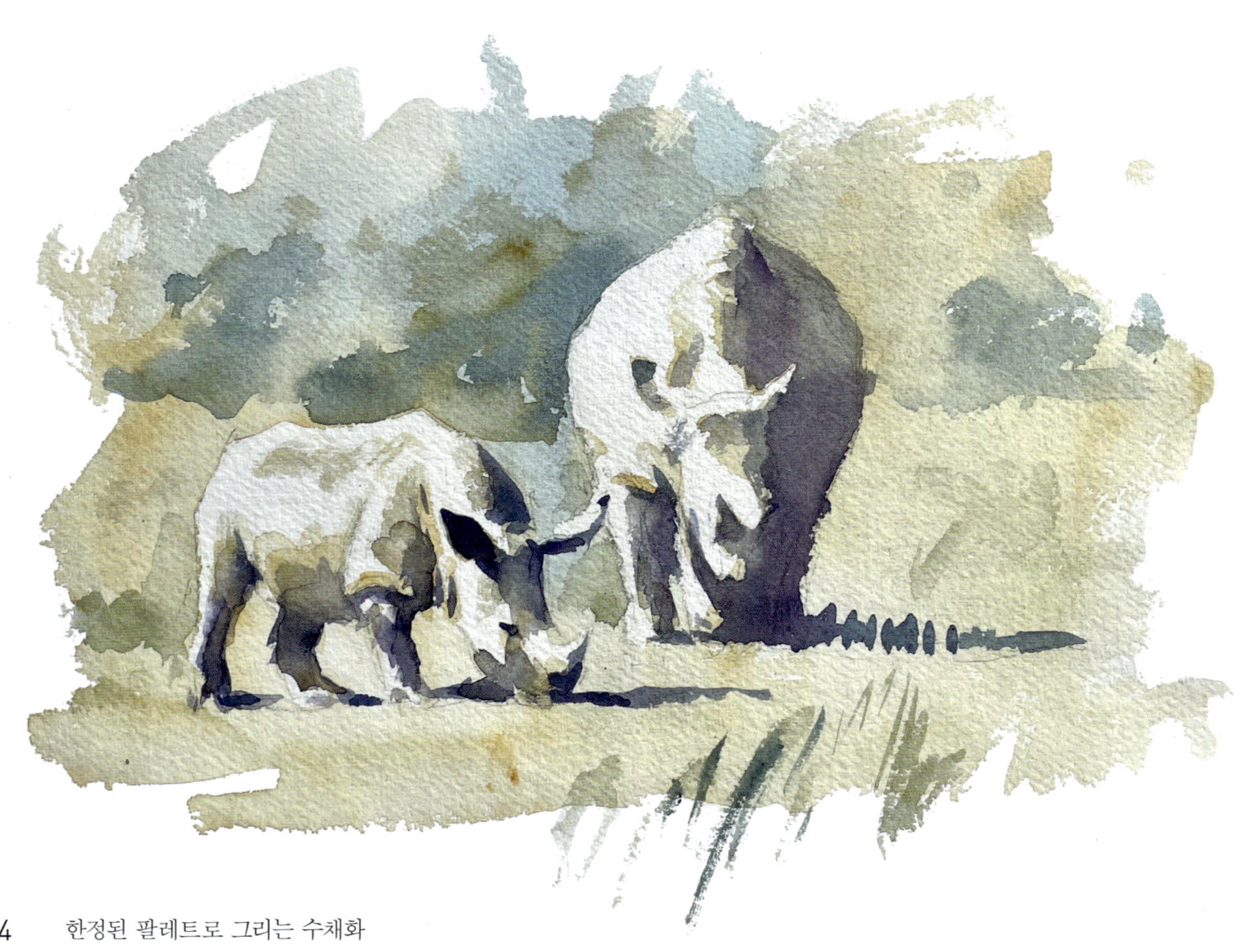

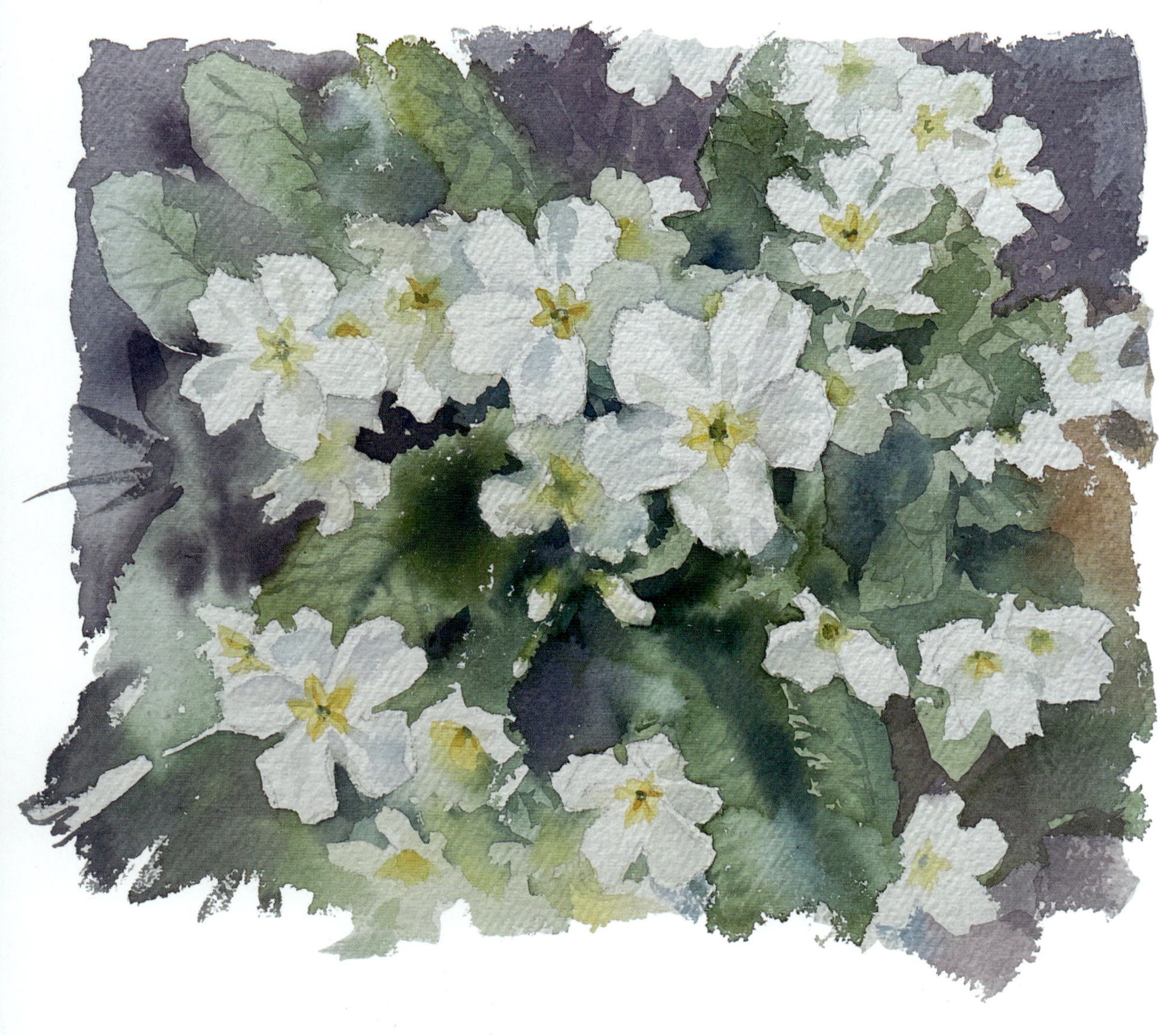

▲ 부활절 달맞이꽃,
30.5x33cm(12x13in)
나는 종종 인디언 옐로, 프러시안 블루, 알리
자린 크림슨의 조합으로 작업을 한다. 인디언
옐로와 프러시안 블루를 혼합하면 녹색이 되
고, 프러시안 블루와 알리자린 크림슨을 혼합
하면 보라색이 되며, 알리자린 크림슨과 인디
언 옐로를 혼합하면 오른쪽에 살짝 보이는 주
황색이 된다. 이 세 가지 색을 모두 혼합하면
음영이 된다. 보라색과 주황색만 보면 칙칙해
보여도 그림 내의 다양한 색, 색조와 적절하
게 상호작용하기에 그림은 생생해 보인다.

◀ 어미와 새끼,
28x33cm(11x13in)
이 생동감 넘치는 스케치에서는 쉬민케 바이
올렛과 옐로 오커가 대비되어 옅은 보라색과
노란색이 더 생생해 보인다. 세 번째 색인 프
러시안 블루는 어두운 음영에 차가움을 더하
고 배경의 녹색 색상을 표현한다.

색의 상호작용

가시 스펙트럼 전체를 상기하기 위해 17쪽의 색상환을 다시 살펴보자. 색은 다른 색을 색상환에서 반대색 쪽으로 밀어냄으로써 다른 색과 상호작용한다. 따라서 빨간색은 파란색이나 노란색을 녹색 쪽으로 밀어내고, 파란색은 빨간색이나 노란색을 주황색 쪽으로 밀어낸다. 마찬가지로 따뜻한 색은 인접한 색을 더 차가워 보이게 하고, 차가운 색은 대비를 통해 색을 더 따뜻하게 보이게 한다. 화가는 이러한 시각 현상을 이용하여 색을 다른 색상으로 편향되게 하거나 해당 색의 더 밝은 버전으로 보이게 '만들 수' 있다. 적은 수의 색을 사용하면 눈(실제로는 뇌)을 '혼란'시키는 충돌변수가 적어지므로 많은 수의 색을 사용할 때보다 이 상호작용이 더 효과적이다.

◀▼ 반대색, 즉 빨간색과 녹색 사이의 대비로 인해 각 사과의 색이 더 뚜렷해 보인다.

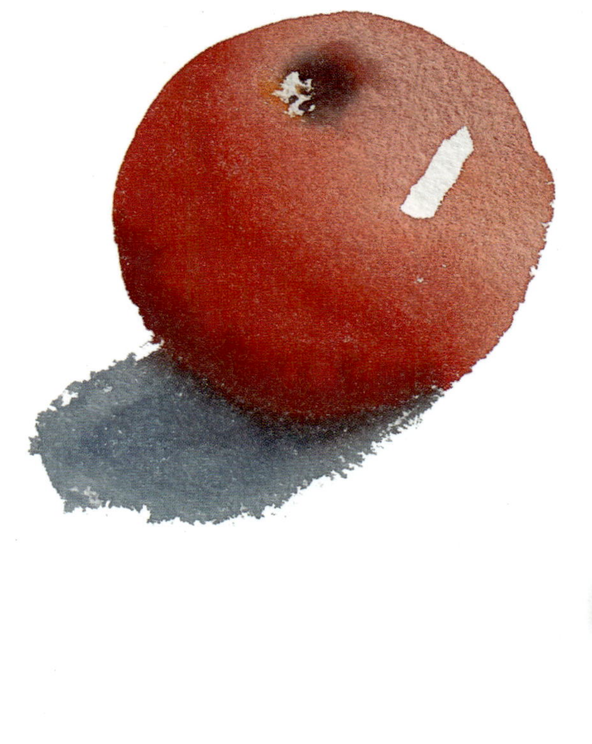
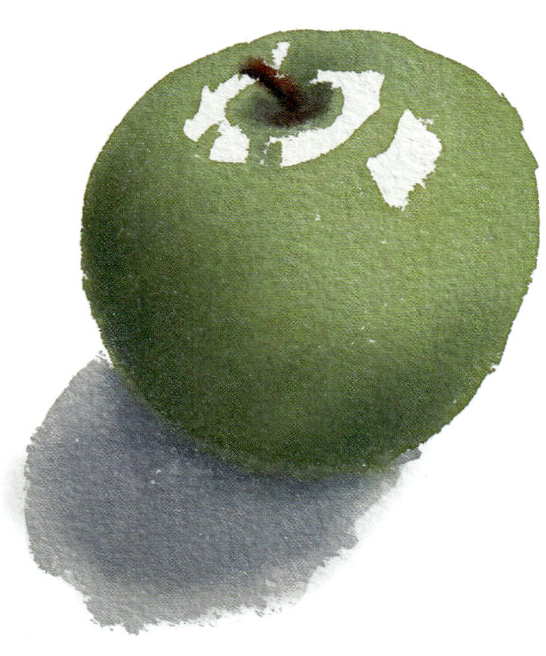

  한정된 팔레트로 그리는 수채화

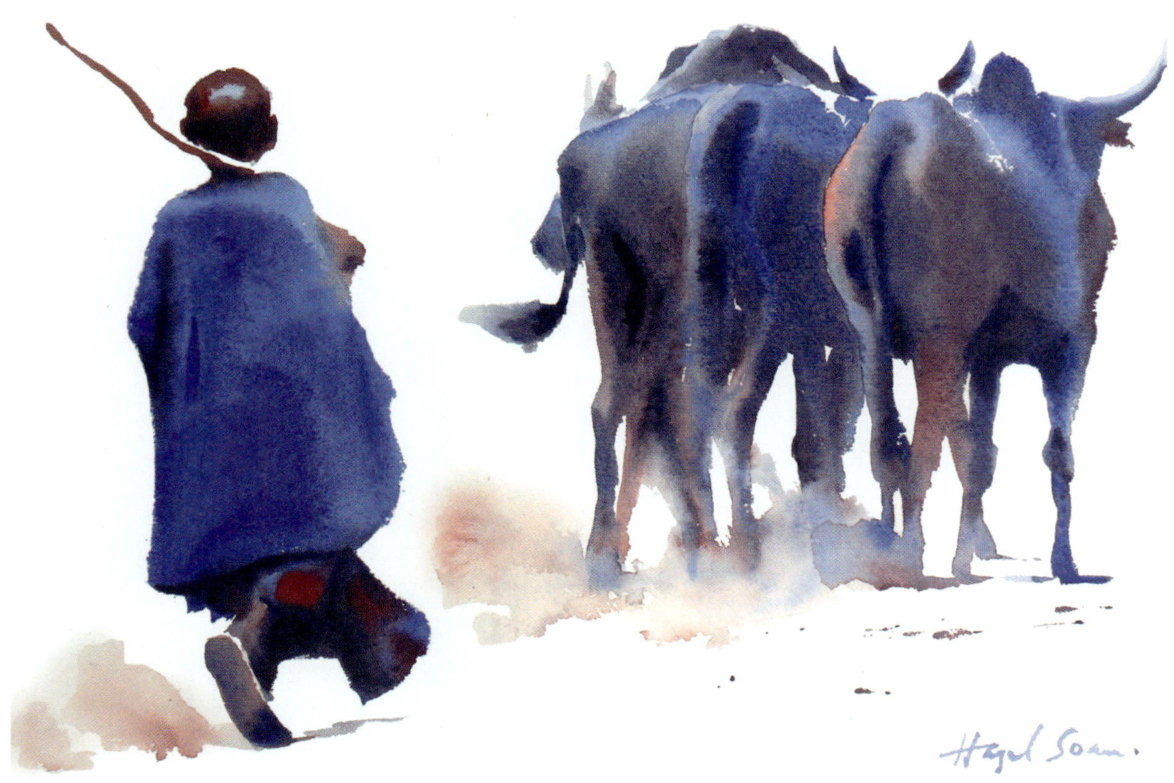

색의 근사화

색이 상호작용한다는 의미는 대상에서 보이는 색과 '근사近似 색을 만들어' 그림 안에서 색이 상호작용할 수 있게 하여 더 잘 조화되도록 연출할 수 있다는 뜻이다. 예를 들어 푸른 하늘을 더 밝아 보이게 하려면 파란색의 반대 색상으로 주황색 계열의 색을 풍경에 활용할 수 있다. 빨간색 스웨터를 더 돋보이게 할 때는 인접한 옷의 그림자에 녹색 편향의 파란색을 함께 사용할 수 있다. 노란색을 더 밝아 보이게 하기 위해서는 보라색 편향의 따뜻한 파란색을 사용할 수 있다. 기본색이나 이차색의 차가운 버전과 따뜻한 버전을 능숙하게 사용하면 거의 모든 주제의 색을 다룰 수 있다.

▲ 아프리카의 어린 목동,
25.5x35.5cm(10x14in)
여기서 울트라마린 블루가 선명해 보이는 이유는 다른 두 개의 색이 대비를 통해 파란색을 가장 밝은 버전이 되도록 밀어내기 때문이다. 반대색은 라이트 레드의 주황빛을 띠는 갈색 색상에서 찾을 수 있으며, 반대 온도는 카드뮴 레드가 더한다.

과다한 안료 사용에 따르는 문제

안료가 혼합되면 어두워지는 경향을 고려할 때, 모든 혼색과 그림에서 안료의 수를 가능한 한 가장 적게 유지하는 것이 항상 유리하다. 안료가 너무 많으면 금방 (그리고 당연히) 탁해지는 현상이 발생할 수 있는데, 특히 불투명한 색이 포함되어 있거나 각기 다른 안료로 만든 투명한 색을 네 개 이상 팔레트에서 혼합할 경우에도 혼합된 색의 색상이 점차 흐려지는 것을 볼 수 있다. 너무 많은 안료가 서로 겹쳐지거나 너무 많은 레이어로 인해 투명도가 떨어지는 경우, 같은 현상이 레이어링을 통해 종이 위에서 발생한다. 한정된 팔레트가 좋은 점은 탁해질 위험이 처음부터 배제된다는 것이다. 적은 수의 안료를 사용해 그림을 그리면 혼합했을 때 탁해지는 것을 막을 수 있다. 종이 위에서 색을 너무 마구 칠하거나 이전 색이 완전히 마르기 전에 다른 색을 겹쳐 칠해 워시가 제대로 건조될 수 없게 하지 않는 한, 적은 수의 색을 사용하는 것은 모두에게 만족스러운 결과를 준다.

▶ 뒤를 쫓는 사람들,
56x76cm(22x30in)
이 그림에서는 프렌치 울트라마린, 번트 시에나, 옐로 오커, 퀴나크리돈 레드의 조합이 블렌딩을 통해 혼합된 다양한 색을 나타낸다. 갈색과 검은색이 탁해지지 않도록 하기 위해 어떤 혼색에도 세 개 이상의 색을 넣지 않았고, 두 개의 색으로 만들어진 혼색도 있다.

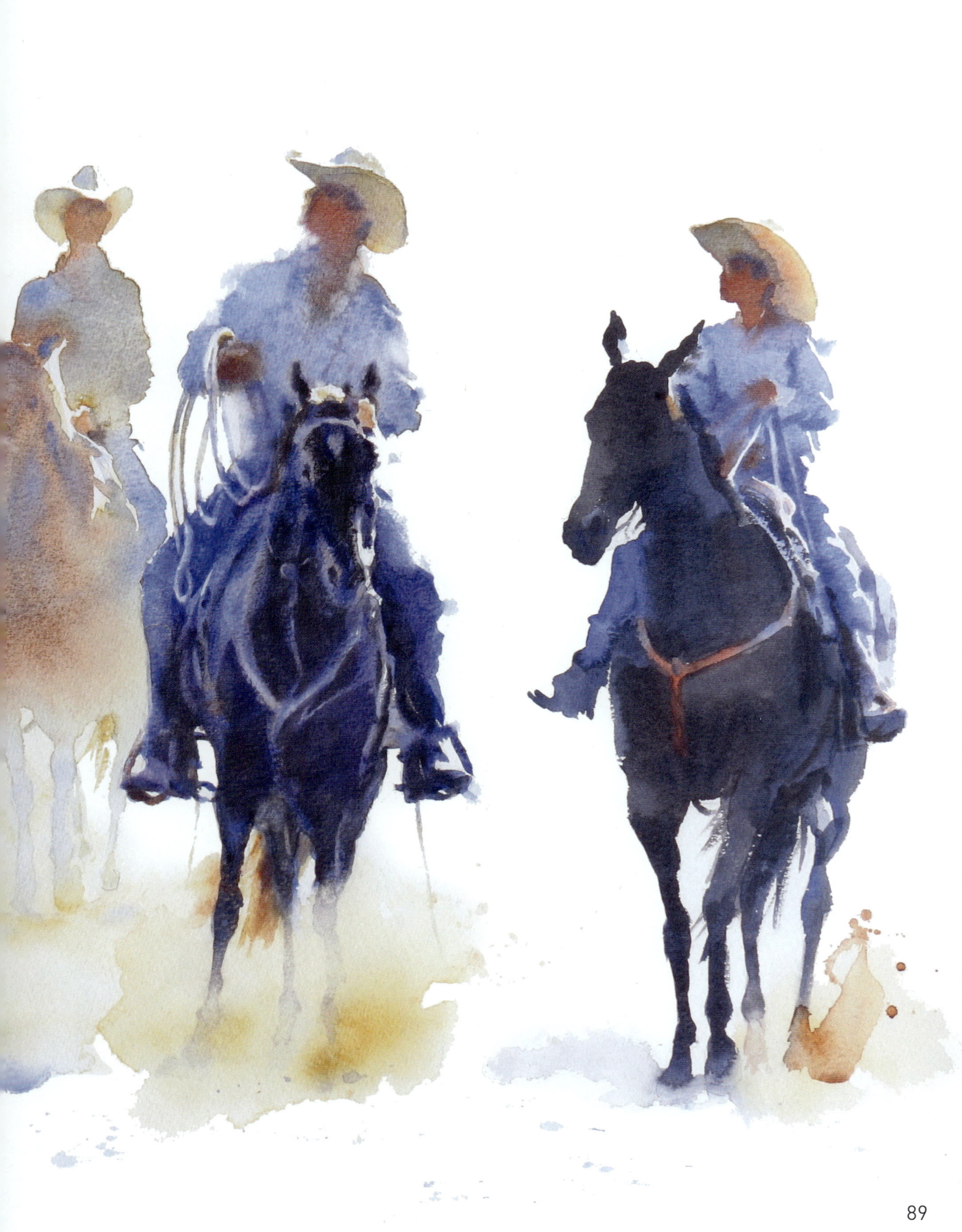

선택 시 고려할 사항

투명한 빨간색, 노란색, 파란색의 조합이라면 다양한
색을 얻는 데 전혀 문제가 없지만, 때로는 앞에서 살펴
본 것처럼 안료의 수를 줄일 수 있는 단축키를 제공하
는 이차색과 반대색을 활용하면 더 깔끔하고 더 빠르
게 혼색을 만들 수 있다. 또 어떤 경우에는 불투명성과
과립성, 닦아낼 수 있는 색과 같이 색의 다양한 특성
을 활용하여 가장 적절한 혼색을 만들 수도 있다. 고유
색의 독특한 색상에 비슷하게라도 만들 수 있는 색이
달리 없어서 추가 색이 필수적일 때도 있고, 추가 색은
이미 선택한 다른 서너 가지의 색을 재고하게 하거나
38쪽 해변 그림의 빨간색 스웨터처럼 독자적인 색이 될
수도 있다.

▼ 이 그림에는 프러시안 블루, 인디언 옐로,
번트 시에나가 사용되었다. 이 차가운 파란
색은 따뜻한 노란색과 조합되어 나뭇잎의 산
뜻한 녹색이 되고, 차가운 파란색과 따뜻한
갈색은 따뜻한 노란색에 의해 조정되어 기린
무늬와 따뜻한 음영을 나타낸다.

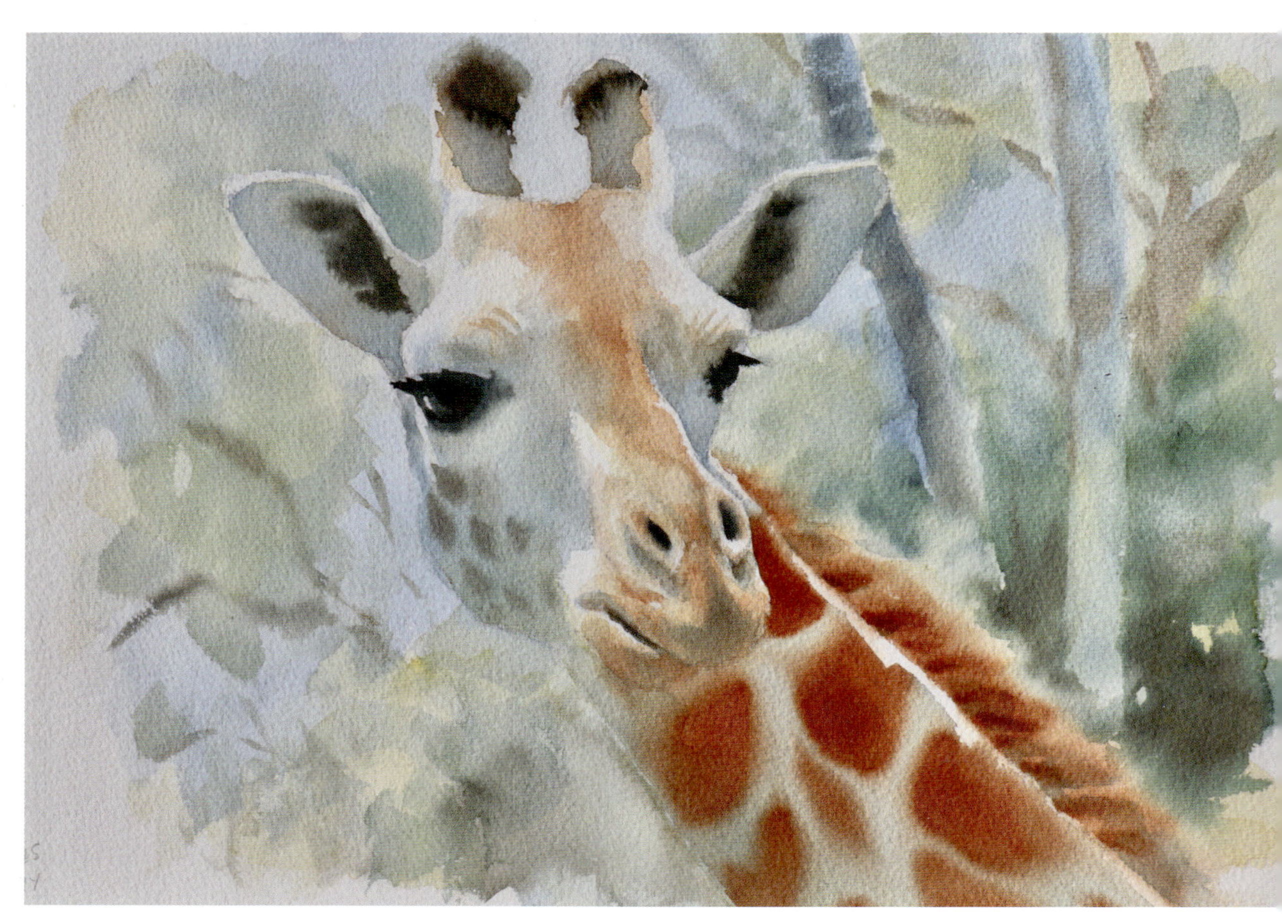

  한정된 팔레트로 그리는 수채화

열린 태도로 대안을 고려하자

투명한 기본색 세트를 줄곧 사용하면 못 그릴 그림은 없겠지만, 대안이 있음을 알게 되면 한정된 팔레트로 하는 작업은 복잡하고 우회적인 과정이자 흥미진진한 모험이 된다. 잠재적으로 효과적인 조합이 많다는 것을 알게 되면 제한되거나 변경할 수 없는 결정이란 없고 절대적으로 옳거나 그른 조합도 없다는 사실을 다시 깨닫게 된다. 선택한 색이 마음이 들지 않으면 같은 대상에 또 다른 색 조합을 시도해 볼 수도 있다.

기본적으로 한정된 팔레트를 구성하는 방법을 파악하면 대상에서 여러 색이 조화되게 하려고 애쓰지 않아도 되고 혼색을 더 간단하고 정확하고 효율적으로 할 수 있기 때문에 어쨌든 유리하다.

▼ 여기에 사용된 색은 울트라마린 블루, 오레올린 그리고 번트 시에나이다. 파란색과 노란색이 바뀌면서, 다르지만 비슷하게 그런 대로 괜찮은 분위기가 연출된다. 파란색은 따뜻하고 노란색은 차갑다. 반대편의 그림보다 파란색이 따뜻함에도 불구하고 전체적인 분위기는 더 차가운데, 차가운 노란색이 이 그림에서 가장 따뜻한 색인 번트 시에나를 차게 보이게 하기 때문이다.

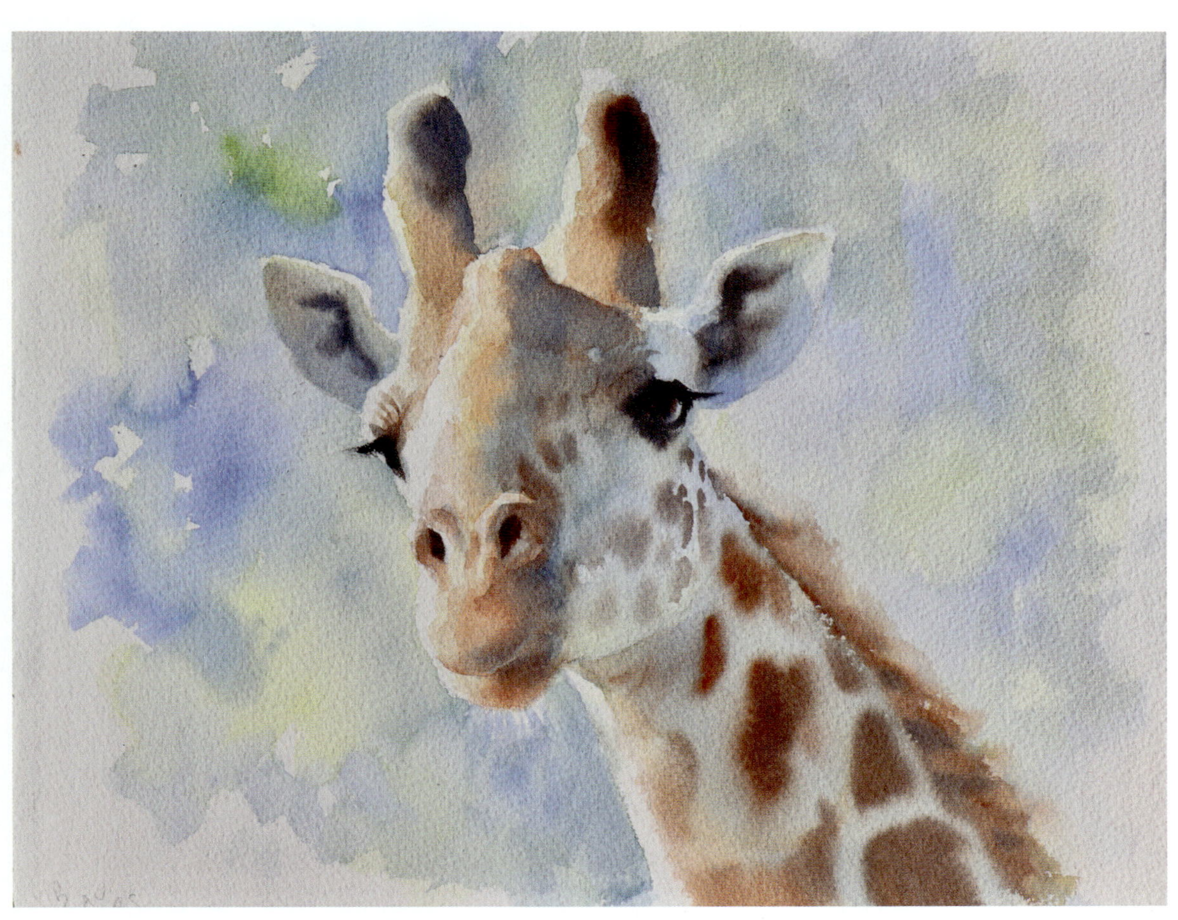

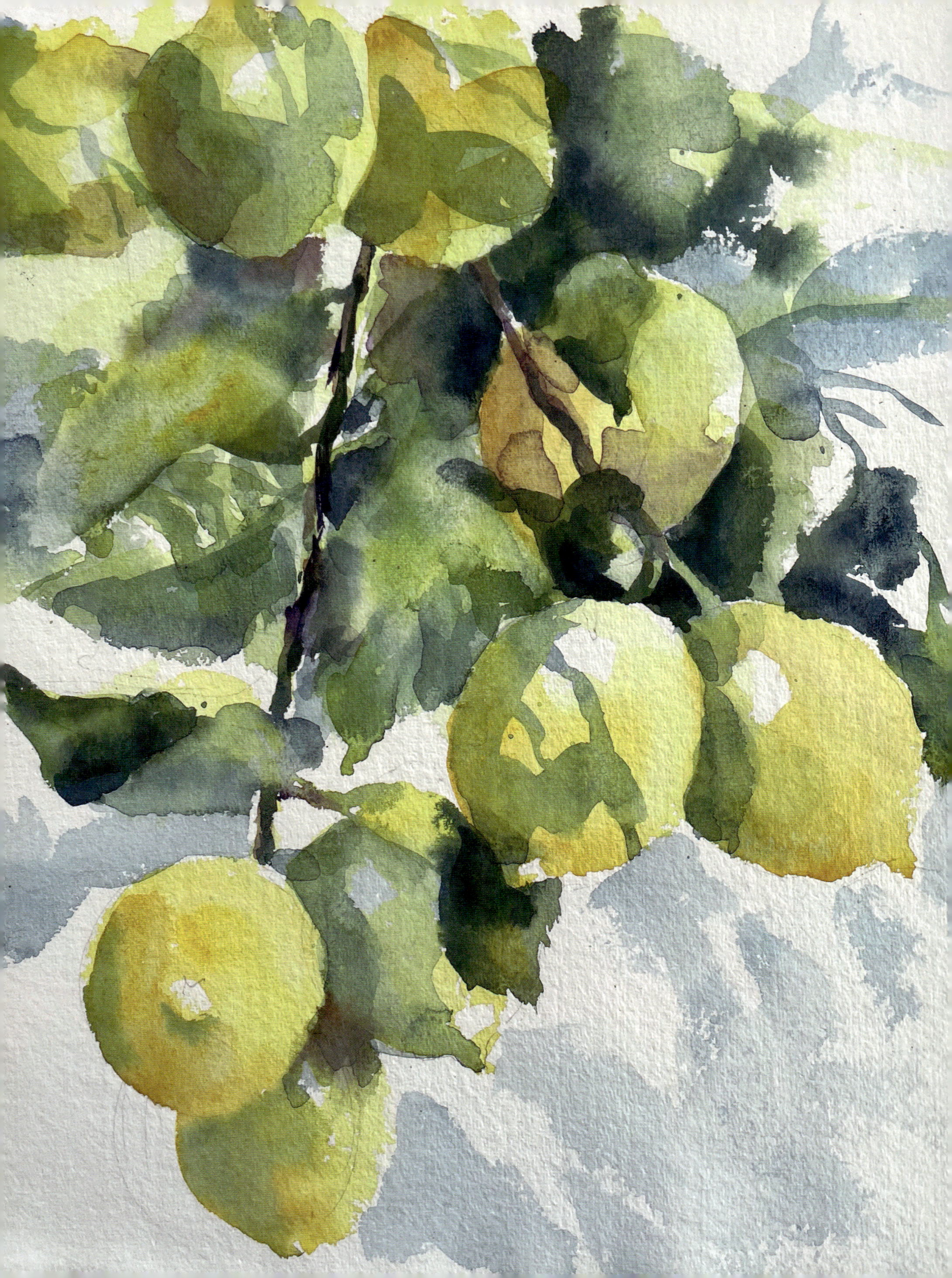

지표가 되는 주조색

그릴 대상에는 중심이 되는 색상이 있을 수 있는데, 이는 색을 선택하는 지표가 되며 이를 좌우하기도 한다. 예를 들어 풍경화에는 녹색이 흔히 나타나므로 풍경화에서 색 선택은 일반적으로 혼합해서 가장 적합한 녹색을 만들 수 있는 파란색과 노란색을 중심으로 이루어진다. 심지어 하늘은 그 자체가 파란색이지만, 하늘 색에 맞춰 파란색을 선택하기보다 파란색을 풍경의 녹색에 맞추는 편이 더 낫다. 나는 붉은색 바위와 흙이 많은 여러 더운 지역에서 그림을 그린다. 그곳의 색감을 고려하면, 빨간색을 먼저 선택하거나 빨간색과 노란색 혼색을 결정하고 나서 파란색을 선택하게 된다.

야생에서 동물을 그릴 때는 일반적으로 주변 풍경보다 동물의 색이 색 선택을 좌우하지만, 칼라하리의 인상적인 주황색 모래 언덕에 둘러싸여 있을 때는 주황색을 '반드시' 포함해야 할 색으로 정하고, 트랜스페어런트 오렌지를 중심으로 다른 색을 선택하게 된다.

▼ 여기서 울트라마린 블루와 카드뮴 레드의 선택을 결정지은 요인은 우산의 고유색이다.

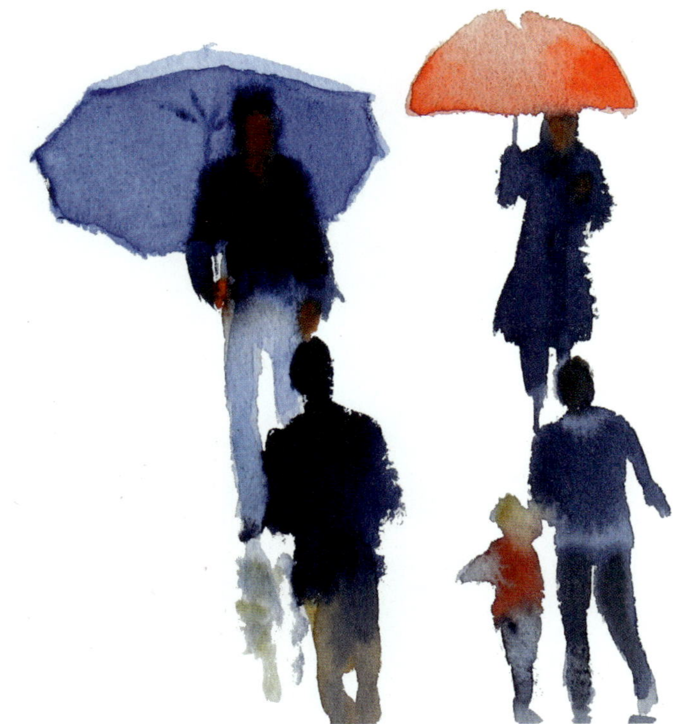

◀ **신선한 레몬,**
33x30.5cm(13x12in)
이 그림에서 오레올린은 레몬의 고유색에 완벽하게 어울리는 차가운 노란색이지만, 가장자리에 더 따뜻한 노란색이 필요했기에 인디언 옐로를 넣었다. 두 개의 노란색을 선택한 다음에는 프러시안 블루와 혼합하여 잎에 쓸 녹색 혼색을 만들어 번갈아 사용했다. 이 조합에서 '빨간색'은 쉬민케 바이올렛으로, 오레올린과 혼합하여 옅은 황갈색을 만들어 음영과 줄기의 어두운 색조를 표현했다.

주조색: 파란색을 대신하는 보라색

가령 빨간색이 대상의 주요한 색상이라고 한다면, 그 경우에는 빨간색을 먼저 선택하는 것이 좋다. 이 아프리카 풍경에서는 빨간색과 주황색이 두드러지며, 코끼리는 해가 지는 하늘을 배경으로 해서 어두워 보이지만 검은색실루엣은 아니다. 온도 측면에서 3색 조합 가운데 가장 차가운 색은 보통파란색이지만, 여기서 파란색은 어두운 색을 너무 차갑고 검게 만들기 때문에 파란색 대신 쉬민케 바이올렛을 사용했다.

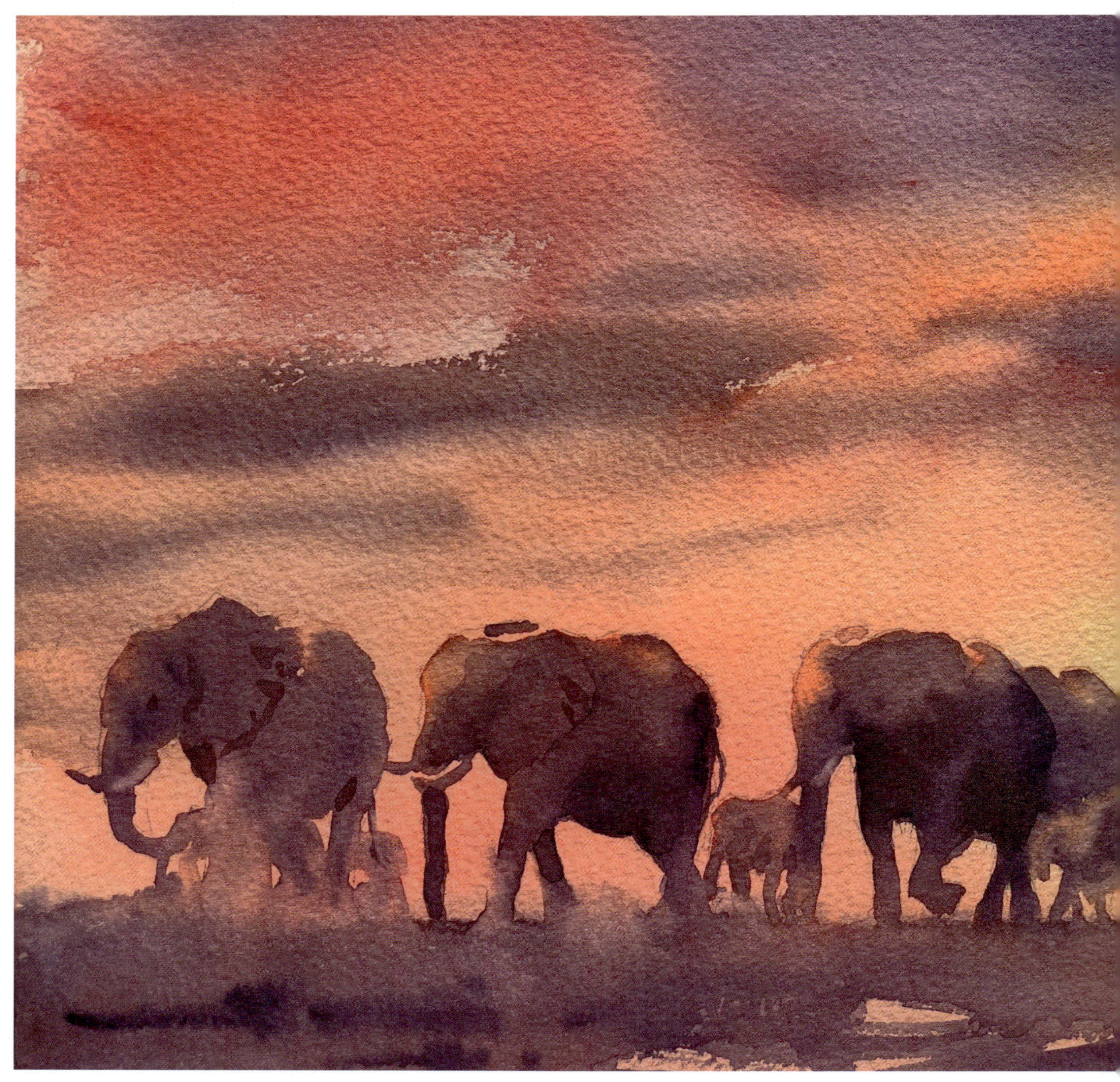

    한정된 팔레트로 그리는 수채화

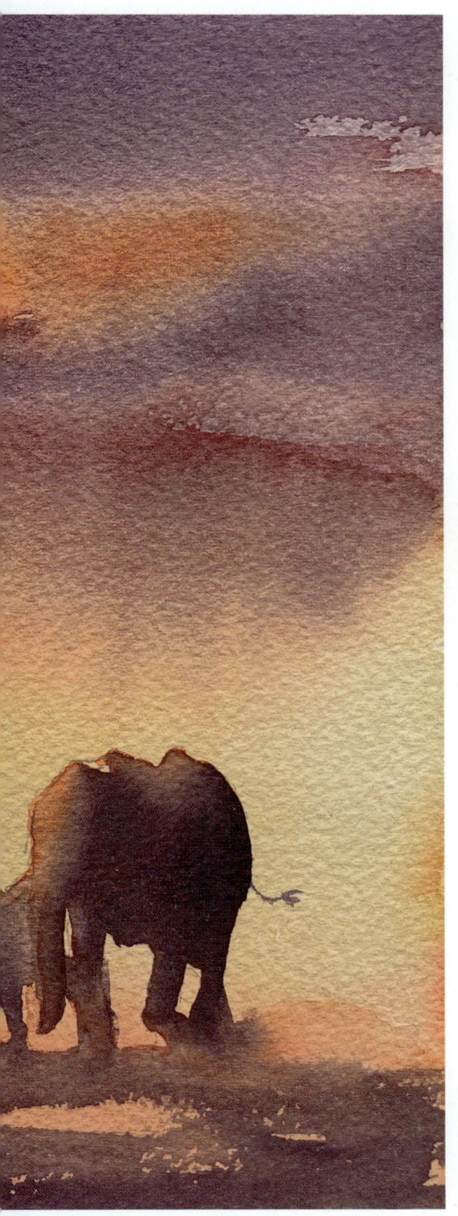

▼ 황혼과 함께 사라지다,
23x30.5cm(9x12in)
나는 이 조합이 매우 만족스러웠다. 쉬민케 바이올렛은 코끼리를 더 강렬하게 보이게 했고, 스칼릿 레드와 트랜스페어런트 옐로는 하늘에 섬세한 투명함을 더해 주었다.

색 선택

나는 노란색과 혼합하여 깔끔한 주황색을 만들 빨간색이 필요했는데, 세 번째 색과 혼합하면 짙고 따뜻한 어두운 색을 만들 수 있었다.

우선 빨간색과 노란색은 주황색의 투명함과 어두운 색의 짙음을 극대화하기 위해 가능한 한 투명한 색이어야 했다. 나는 피롤 레드Pyrolle Red로 만든 투명한 색인 스칼릿 레드를 선택했는데, 스칼릿 레드는 불투명성이 필요하지 않을 경우 카드뮴 레드의 훌륭한 대안이다.

다음으로 선택한 색은 아조/니켈 안료인 트랜스페어런트 옐로로, 앞에서 말했듯이 이 색은 어두운색을 흐려지게 하기보다 오히려 짙어지게 할 수 있다. 주황색은 정해졌는데, 짙은 어두운색은 어떻게 해야 할까?

나는 쉬민케 바이올렛을 선택했다. 이유는 빨간색과 연관 지어 보면 쉬민케 바이올렛이 빨간색을 차게 보이게 하여 검은색에 가까운 아주 짙은 어두운 색을 나타내고, 주황색과 연관 지어 보면 쉬민케 바이올렛이 더 파랗게 보여 더 다양하고 폭넓은 색을 나타낼 수 있기 때문이다.

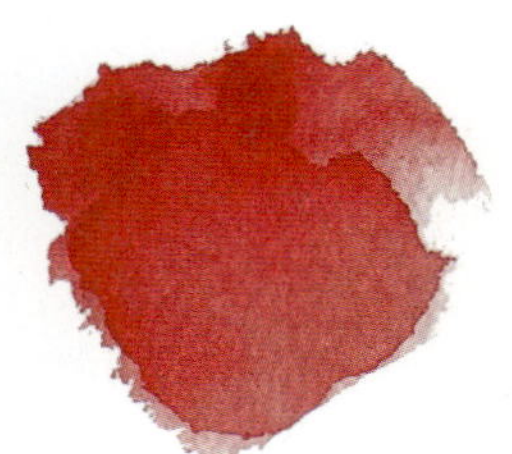

스칼릿 레드

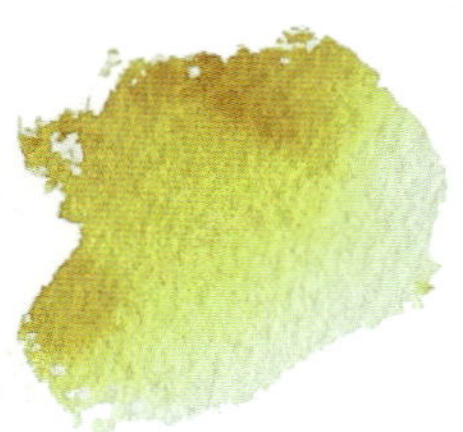

트랜스페어런트 옐로

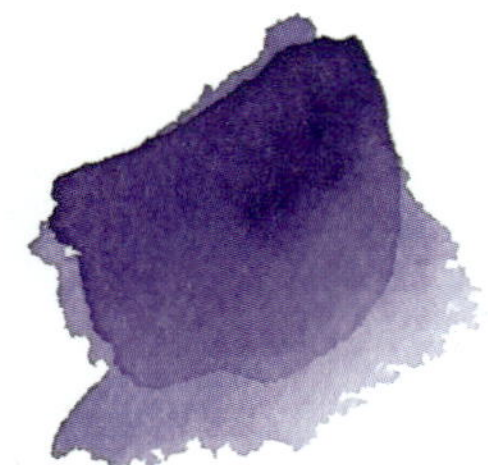

쉬민케 바이올렛

짙은 어두운색을
만들기 위해 세 가지
색을 모두 혼합

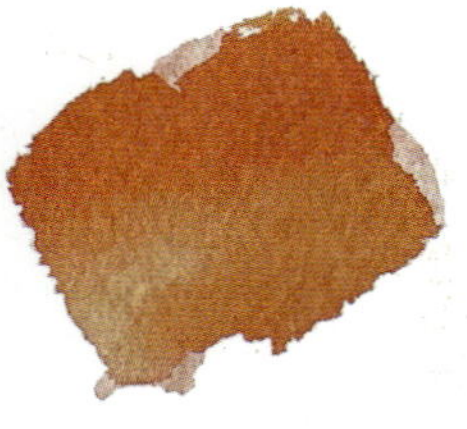

빨간색과 노란색을
섞어 만든
맑은 주황색

색상보다 특성으로 선택

내가 야외에서 쓰는 에나멜 팔레트에는 25개의 팬이 있고 이 색들 중 몇 개의 세트로 대부분의 그림을 그리지만, 작업실에는 튜브에 담긴 다른 색도 많이 있다. 나는 익숙하지 않은 색으로 실험하기를 즐긴다. 가끔 이 중 몇 개를 야외에서 작업할 때 가지고 가거나 작업실에서 사용하는데, 때로는 내 팔레트에 있는 고정적으로 선택하는 색에 여전히 만족하는지 확인하고 싶어서거나 그릴 대상에 따라 특정 색이 필요해 보이기 때문이다. 그때 이런 '낯선 색'을 찾게 된다. 예를 들어 나는 파란색과 노란색을 섞어 녹색을 만들어 쓰는 편이고 혼색이 투명한 것을 선호하기 때문에 불투명한 색인 카드뮴 옐로를 거의 사용하지 않지만, 밝은색 옷과 같이 불투명한 노란색이 필요할 때는 바로 카드뮴 옐로를 찾는다. 티타늄과 차이니즈 화이트는 내가 거의 사용하지 않는 또 다른 두 개의 불투명한 색이지만, 작은 빛의 반짝임을 되살리거나 안개 속에 멀리 있는 언덕을 흐릿하게 표현해야 할 때 바로 도움이 된다.

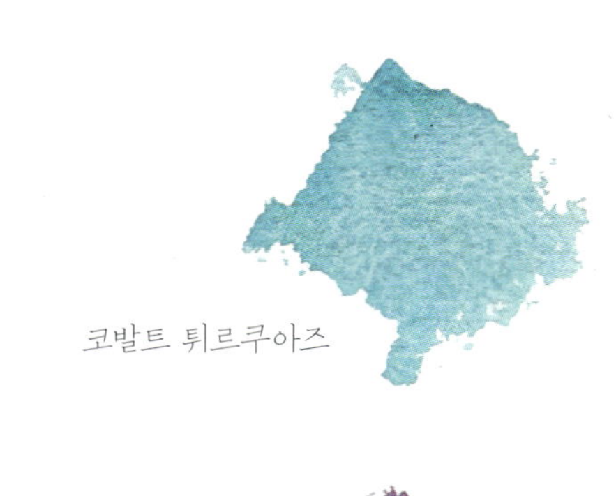

코발트 튀르쿠아즈

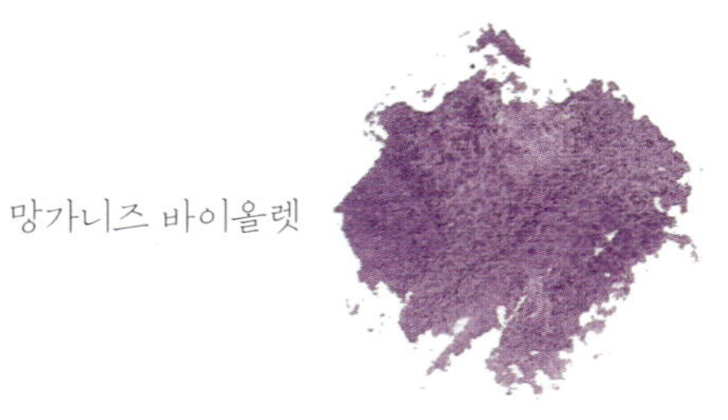

망가니즈 바이올렛

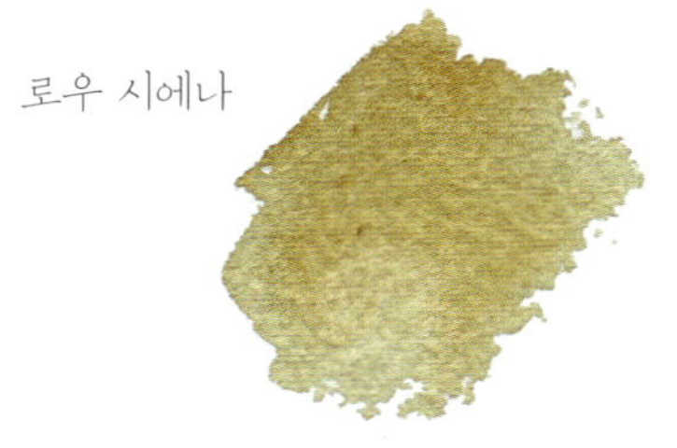

로우 시에나

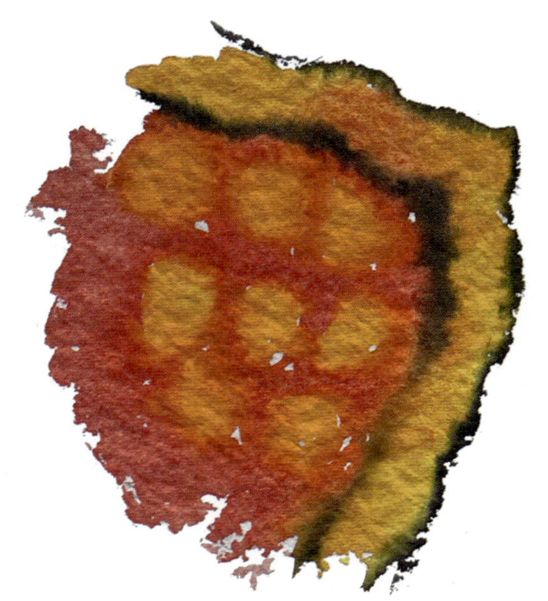

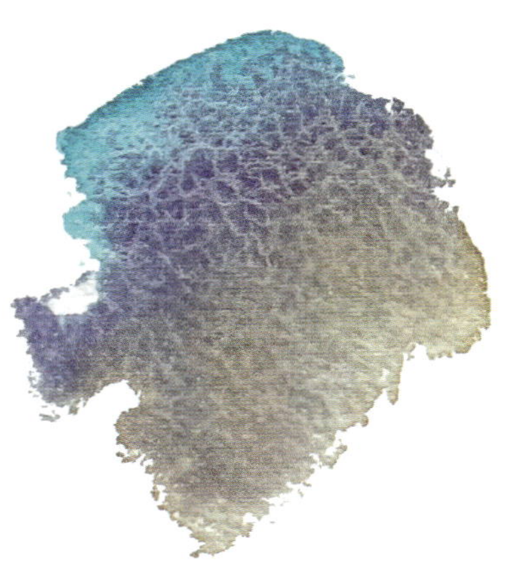

◀ 카드뮴 옐로의 불투명성 덕분에 빨간색 천의 노란색 무늬가 카드뮴 레드로 번져 주황색이 되지 않는다.

▲ 과립성 색이 함께 블렌딩되면 과립 현상이 더 뚜렷이 나타난다.

과립 현상

대상에 뚜렷한 질감이 있는 경우, 종이 표면의 요철에 침전되어 불규칙한 질감을 나타내는 과립성 안료 또는 침전 안료를 사용하여 질감의 매력을 표현할 수 있다. 여러 침전 안료를 혼합하면 과립 현상이 더 잘 나타난다.

코발트 블루는 유용하게 쓰이는 반투명한 과립성 파란색이며 로우 시에나는 투명한 과립성 노란색이다. 금속인 코발트에서 유래한 또 다른 안료인 코발트 튀르쿠아즈는 고르지 않은 종이 표면에서 쉽게 과립화된다. 하얀 모래 너머 열대 바다의 색인 불투명한 녹색 기미의 파란색인데 너무 밝은 색조라서 나는 그림에 거의 쓰지 않는다. 하지만 아래 그림에서는 특별히 바다색의 표현과 과립성 때문에 선택했고, 질감의 효과를 높이기 위해 다른 과립성 안료와 함께 사용했다. (과립 현상의 다른 작업 예시는 170쪽 참조.)

▼ 어린 시절의 모험,
25.5x35.5cm(10x14in)
여기서는 세 가지 과립성 색, 로우 시에나(노란색), 코발트 튀르쿠아즈(파란색) 그리고 망가니즈 바이올렛('빨간색')을 선택했지만, 이 세 가지 색의 혼색으로는 바위의 어두운 그림자를 표현할 수 없어서 울트라마린 블루와 또 다른 흙색 안료인 번트 시에나를 혼색에 포함했다. 배경에 물감을 겹쳐 칠한 부분에서 색이 탁해지기에 색조를 옅어지게 하여 약간의 투명함을 되살리느라 색을 덜어냈다.

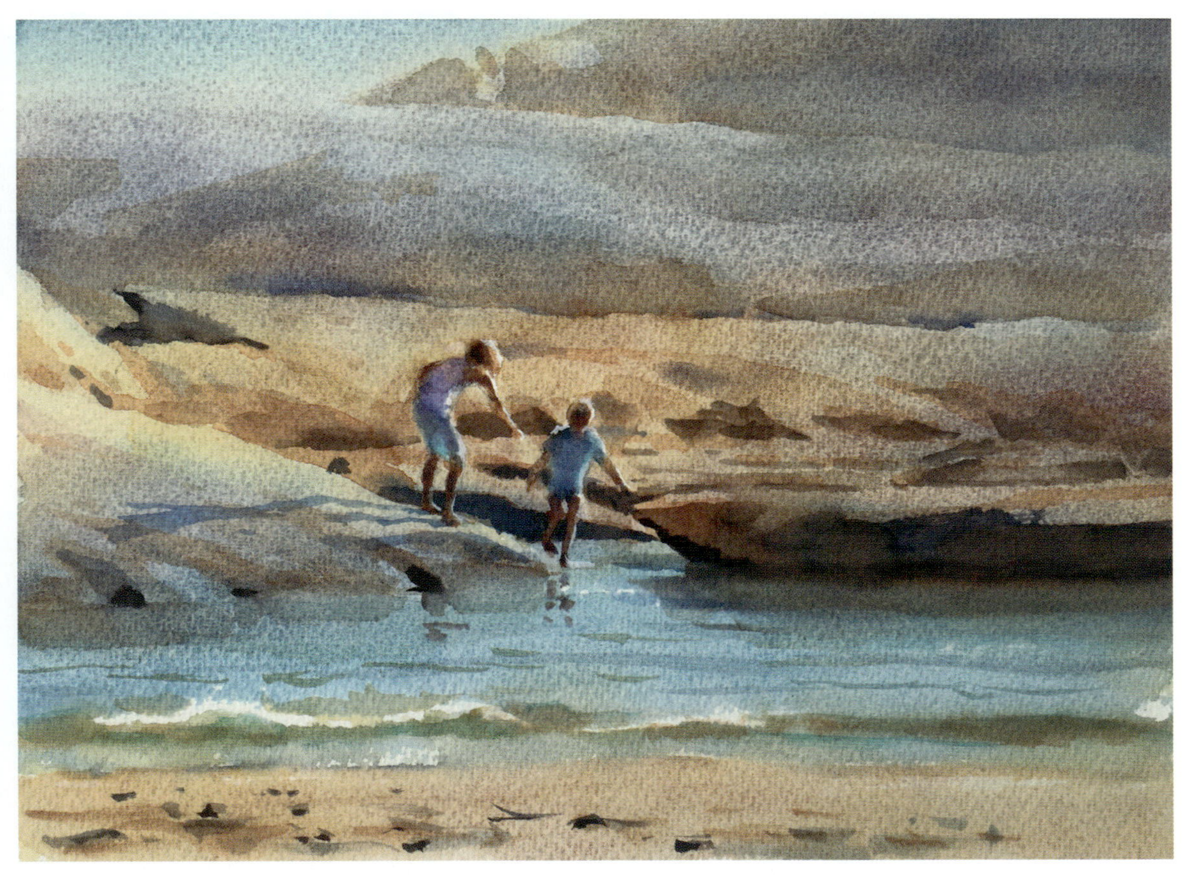

지표가 되는 명확한 색상 – 밝은색의 셔츠

소년이 입은 티셔츠의 분홍색은 이 해변 풍경의 초점이며 명확한 색이다. 희석한 루비 레드(퍼머넌트 로즈)로 만든 옅은 색조가 이 장밋빛 색상을 표현하기에 아주 적합하여 이 그림에서는 '빨간색'이 먼저 정해졌다. 녹색은 칙칙한 녹색이므로 노란색과 파란색은 모두 따뜻한 색이어야 하고, 해변과 바위는 황토색을 나타내므로, 노란색으로는 옐로 오커가 파란색으로는 울트라마린 블루가 적합해 보인다. 옐로 오커와 루비 레드를 섞으면 피부색을 묘사하기에 좋다. 어두운 색은 어떨까? 이 세 가지 색으로 혼색을 만족스럽게 만들 수 있을까? 가능하다. 이제 한정된 팔레트가 정해졌다.

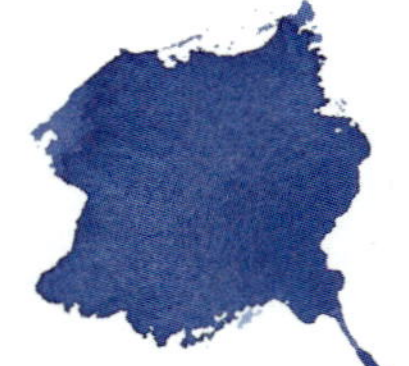

울트라마린 블루

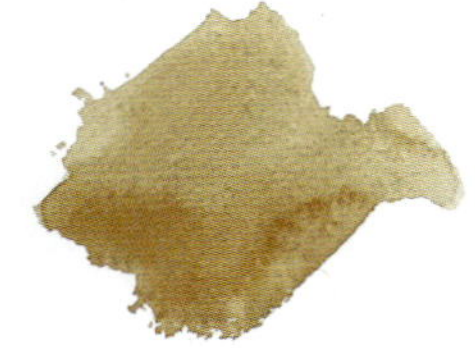

옐로 오커

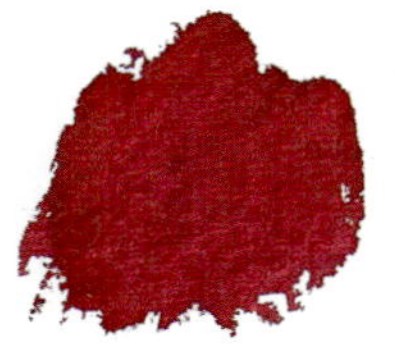

루비 레드
(퍼머넌트 로즈)

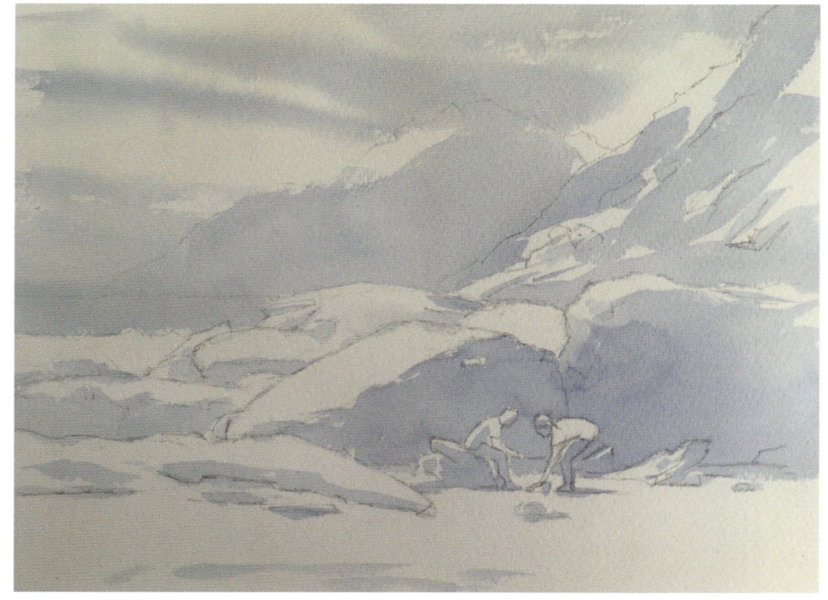

1 주요 형태와 인물의 윤곽을 그린 후 울트라마린 블루의 옅은 워시로 하늘, 멀리 있는 산, 모든 음영 부분을 칠했다. 이를 통해 밝은 부분과 어두운 부분의 전반적인 형태를 잡았다.

2 노란색과 파란색으로 중간 색조의
청록색 혼색을 만들어 먼 산을 표
현하고 가까운 산허리는 색조를 따뜻하
고 짙게 했다. 루비 레드를 살짝 가미해
혼색을 갈색으로 바꾸고 색조를 차갑고
짙어지게 해서 전경 바위의 그림자를 표
현했다. 소년이 입은 티셔츠의 옅은 분
홍색 색조는 녹색 및 파란색과 거의 반
대되는 대조를 이룬다.

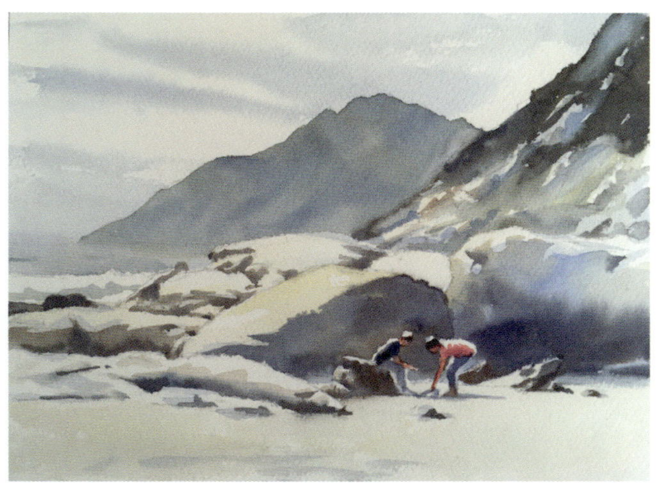

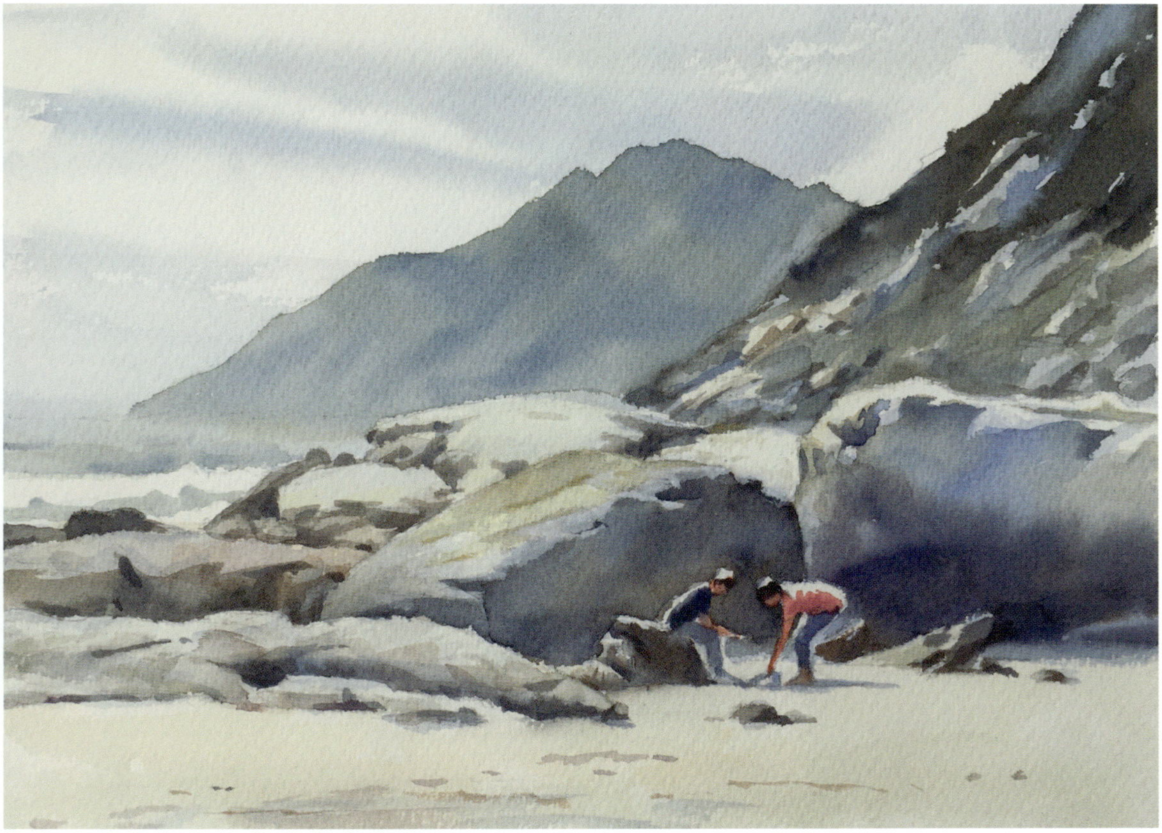

3 공간감을 표현하기 위해 색조를 조정하여 전경의 모래를 약간 더 어둡게 하
고 바위 표면의 디테일을 추가했다. 가운데 있는 바위의 곡선을 이루는 어
두운 부분이 먼 산과 아주 가깝게 나란히 있는 것처럼 보이는 곳에서는 어두운
색을 덜어내고 티타늄 화이트를 사용해 밝기를 가미함으로써 나란히 있는 것처
럼 보이지 않게 했다.

▲ 해변의 소년들,
28x38cm(11x15in)

이 책에 사용된 색 목록 –
온도 편향 및 특성 표시

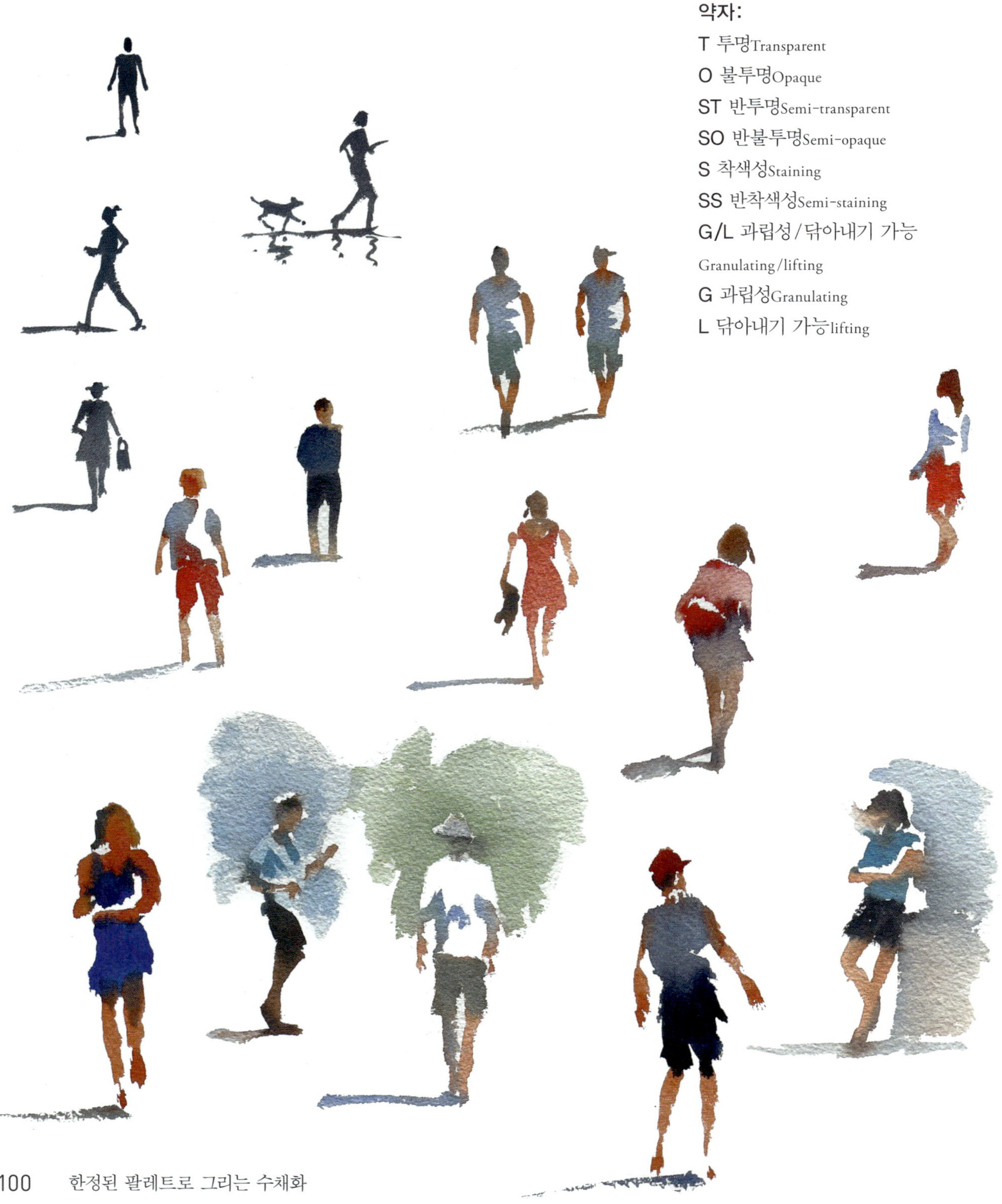

차가운 색:

오레올린 Aureolin ST, S
루비 레드 Ruby Red(퍼머넌트 로즈Permanent Rose) T, S
알리자린 크림슨 Alizarin Crimson T, S
프러시안 블루 Prussian Blue T, S
쉬민케 바이올렛 Schmincke Violet T, S
인디고 Indigo O, S
세피아 브라운 Sepia Brown SO, SS
코발트 세룰리안 블루 Cobalt Cerulean Blue O, G/L
퀴나크리돈 골드 Quinacridone Gold, T, S
인단트렌 블루 Indanthrene Blue T, S
로우 시에나 Raw Sienna T, G/L
프탈로 블루 Phthalo Blue T, S
트랜스페어런트 옐로 Transparent Yellow T, S

따뜻한 색:

인디언 옐로 Indian Yellow T, SS
옐로 로우 오커 Yellow Raw Ochre SO, SS
카드뮴 레드 Cadmium Red O, G
울트라마린 블루 파이니스트 Ultramarine Blue Finest T, L
프렌치 울트라마린 French Ultramarine T, G/L
코발트 블루 Cobalt Blue ST, G/L
번트 시에나 Burnt Sienna T, L
로우 엄버 Raw Umber T, G/L
번트 엄버 Burnt Umber T, G/L
퀴나크리돈 레드 Quinacridone Red T, SS
트랜스페어런트 오렌지 Transparent Orange T, SS
망가니즈 바이올렛 Manganese Violet T, G
트랜스페어런트 시에나 Transparent Sienna T

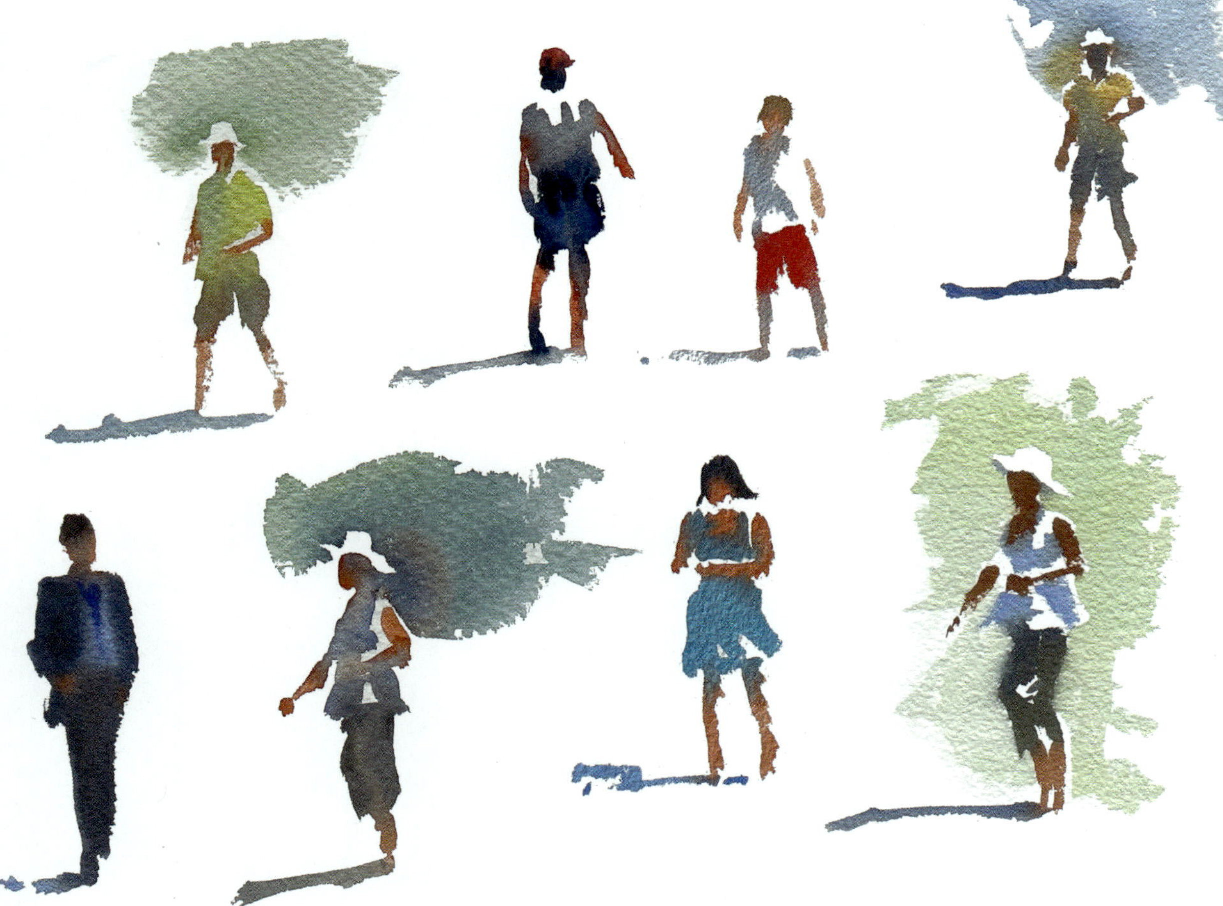

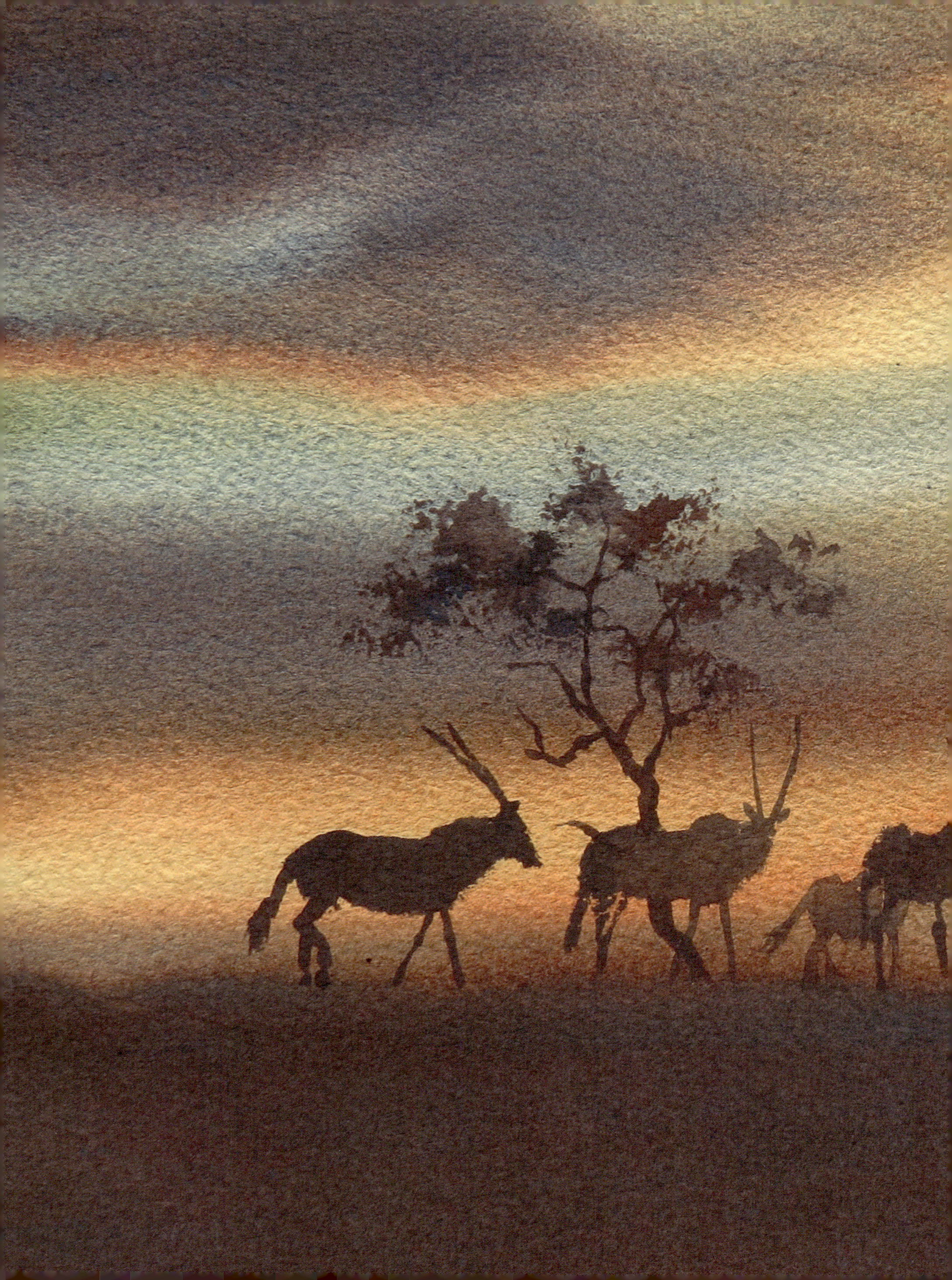

한정된 팔레트로
수채화 그리기 실전

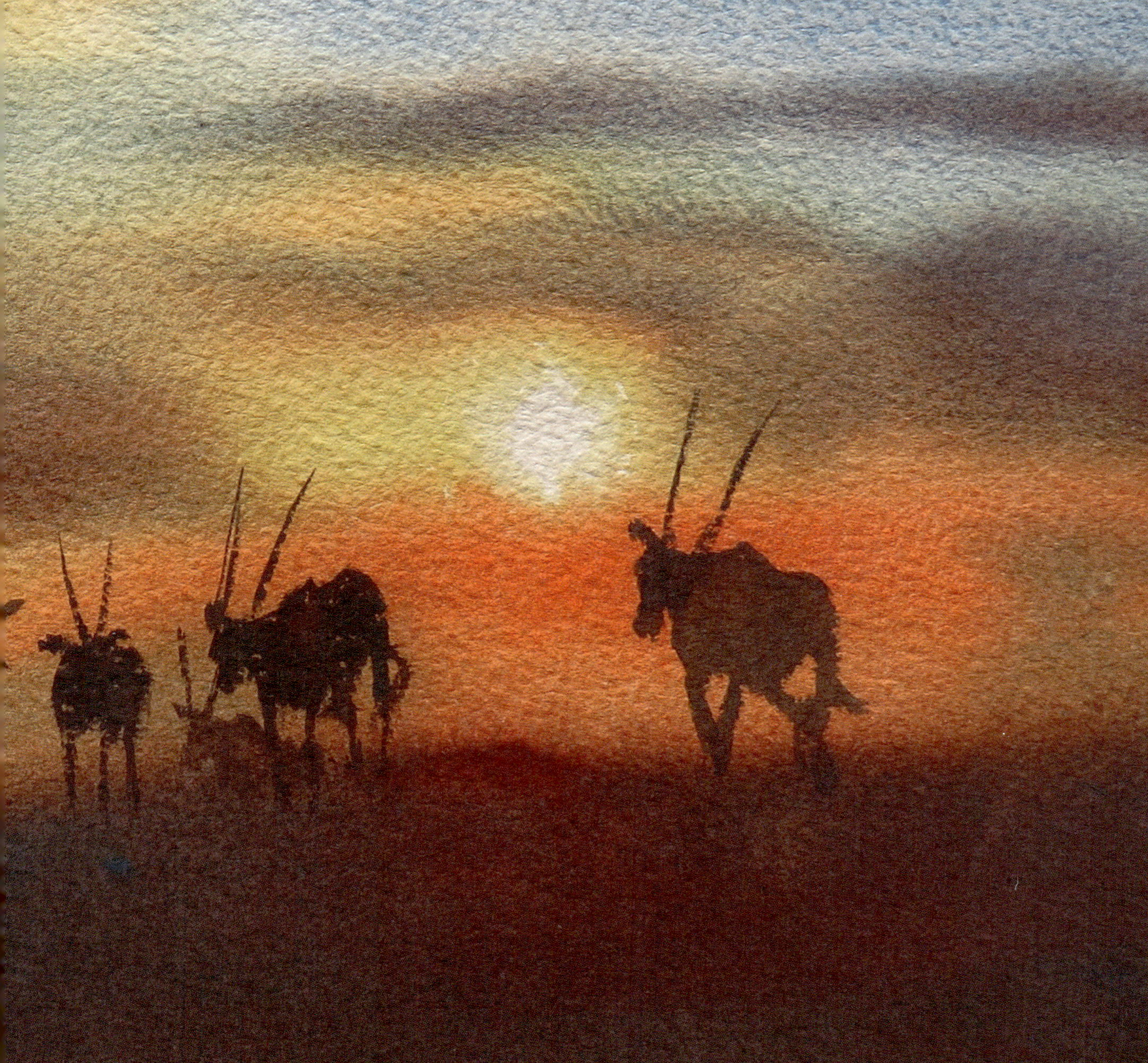

실제 작업에서의 색 조합 선택

이 장에서는 특정 상황에서 한정된 팔레트를 사용하여 작업한 실제 사례를 다룬다. 다양한 피사체와 주제를 보여주고, 각 그림에서 색을 선택하게 된 과정을 설명한다.

대부분의 색 조합은 주요 색상이나 특정 안료 특성에 따라 결정된다. 어떤 생각을 거쳐 색을 선택했는지를 상세하게 설명했으니, 흥미를 끄는 그림을 순서에 상관없이 살펴봐도 좋다. 다 보고 나면 실제 작업에 쓰기 좋은 세트로 색을 조합하는 방법에 대한 풍부한 지식을 얻게 될 것이다. 또한, 설레게 하고 영감을 주며 가장 편안함을 느끼게 해주는 색을 사용하여 나만의 조합을 선택할 수도 있게 된다.

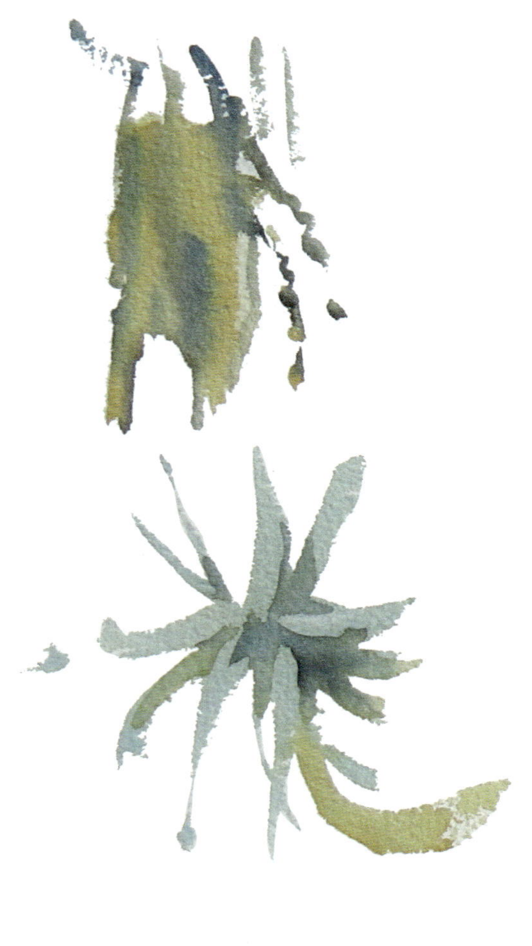

◀ 나뭇잎의 녹색을 혼색하는 과정은 여러 선택이 가능하기에 항상 흥미롭다. 여기서는 옐로 오커, 프러시안 블루와 쉬민케 바이올렛이 이 간략한 스케치의 희미한 밝은 부분과 흐린 녹색 음영에 효과적이었다.

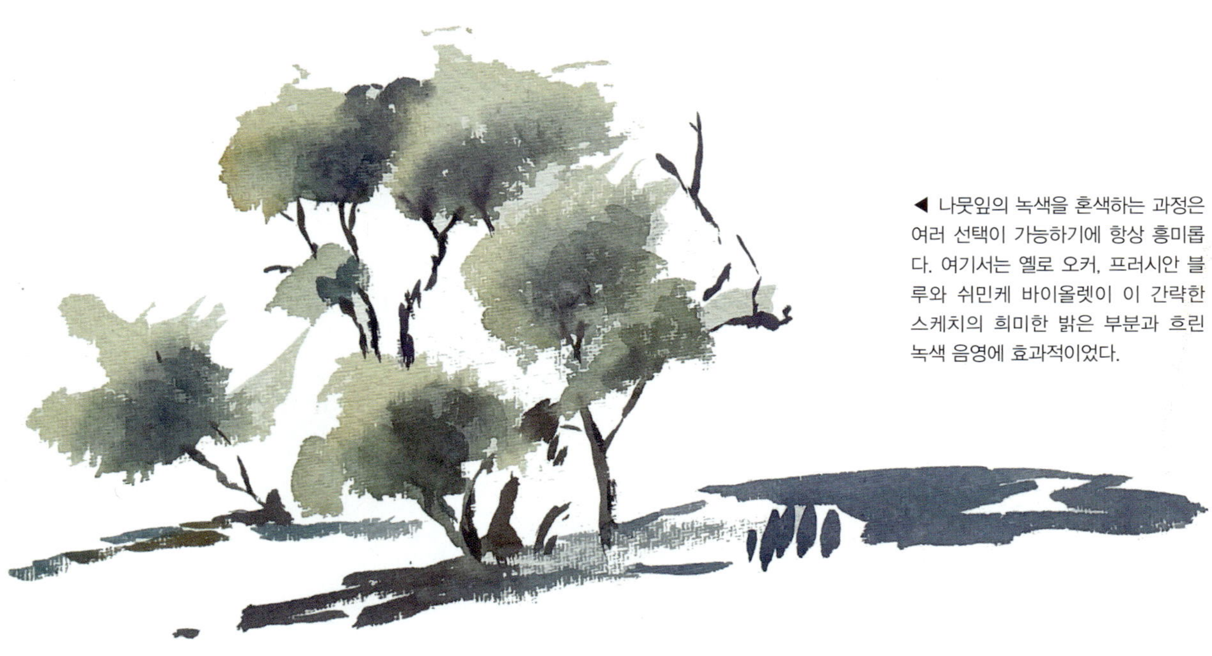

  한정된 팔레트로 그리는 수채화

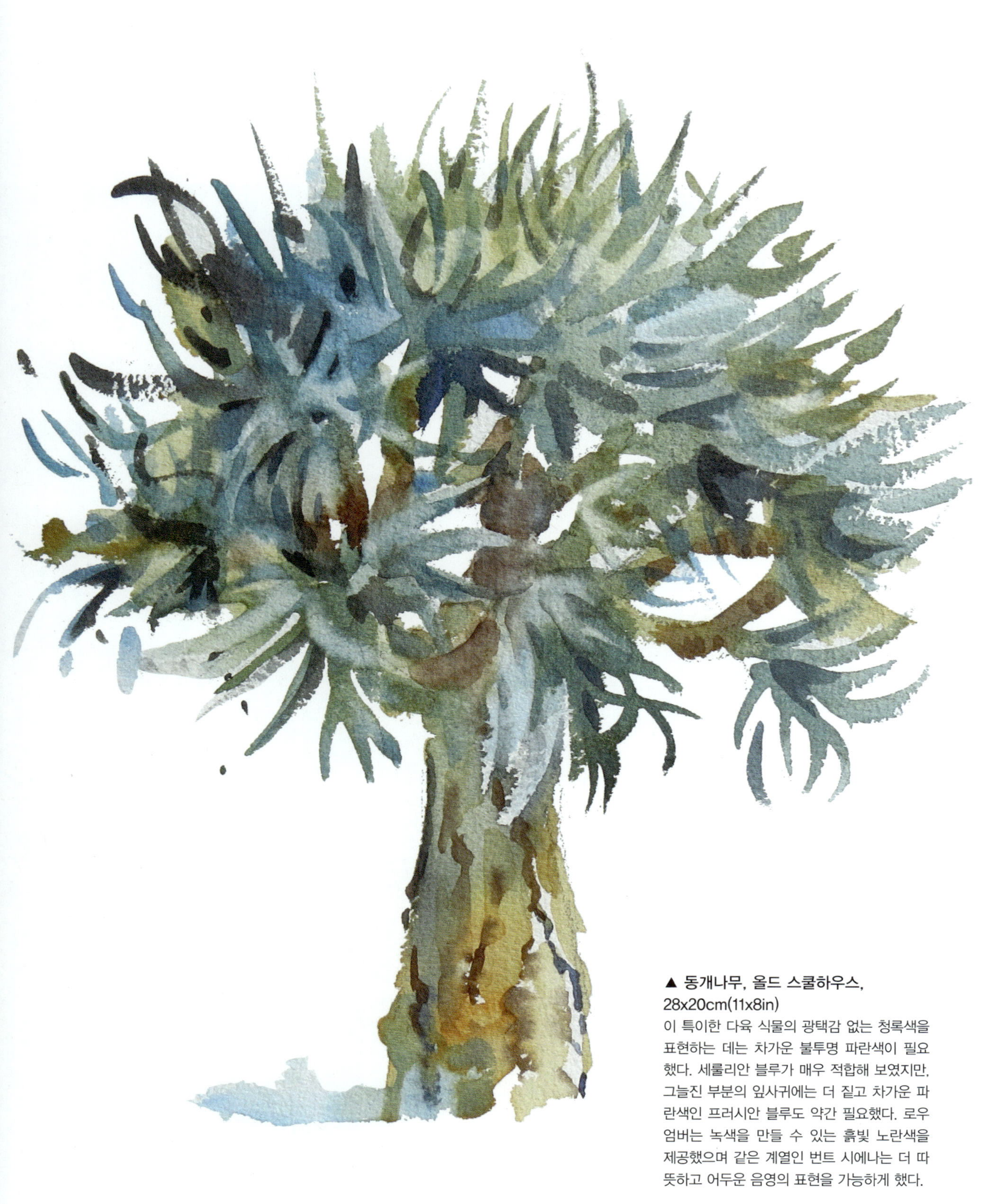

이 특이한 다육 식물의 광택감 없는 청록색을 표현하는 데는 차가운 불투명 파란색이 필요했다. 세룰리안 블루가 매우 적합해 보였지만, 그늘진 부분의 잎사귀에는 더 짙고 차가운 파란색인 프러시안 블루도 약간 필요했다. 로우 엄버는 녹색을 만들 수 있는 흙빛 노란색을 제공했으며 같은 계열인 번트 시에나는 더 따뜻하고 어두운 음영의 표현을 가능하게 했다.

풍경과 하늘

한정된 팔레트는 풍경화에 특히 잘 맞는데, 그림의 대상은 상대적으로 정적이지만 빛은 계속 변하는 상황에 유용하기 때문이다. 색을 섞는 시간을 단축하고 그림을 더 조화롭게 하는 것은 무엇이든 도움이 된다. 색 세트를 정해 두면 담고 싶은 풍경의 특징과 그들의 상대적인 색상과 색조에 집중할 수 있고, 그들이 그림에서 조화롭게 어우러질 것을 알 수 있다는 이점이 있다.

녹음이 우거진 풍경은 녹색이 중심이 되므로, 가장 적절한 녹색을 만들 수 있는 파란색과 노란색이 일반적으로 먼저 선택된다. 하늘은 그 자체로 파란색이기는 하지만 파란색을 하늘의 파란색과 똑같이 맞추려 하기보다 풍경에 가장 잘 어울리는 파란색을 찾는 것이 더 좋다. 풍경에서 주요한 색의 온도 편향을 살펴보고 이를 지표로 삼아 색을 선택한 다음, 선택한 세트를 사용하여 주시하고 있는 대상의 각 부분에 적합한 혼색을 비슷하게 만든 후에 나머지는 색의 상호작용에 맡기면 된다.

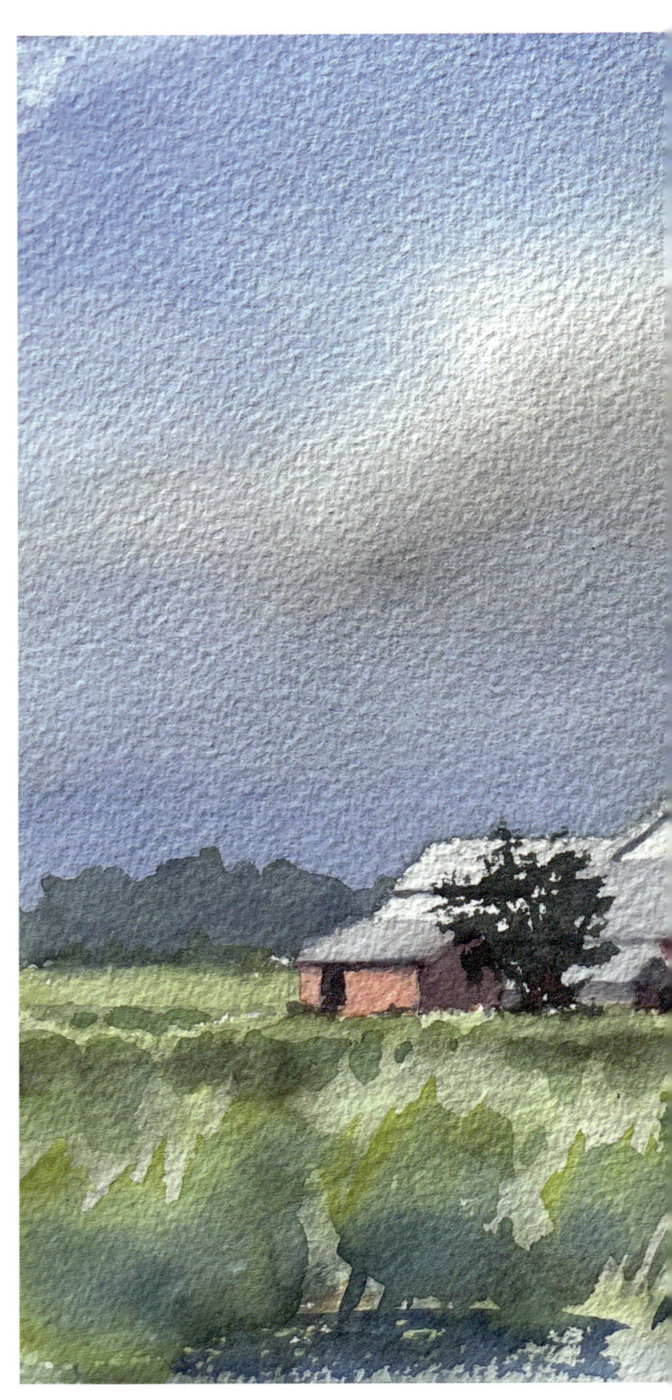

▶ **초원의 작은집**, 23x30.5cm(9x12in)

밝은 햇빛 아래의 녹색은 밝았고 그림자의 색조는 어두웠다. 하늘은 맑은 파란색이었고 부드러운 구름이 걸려있었다. 농가의 고유색은 진한 분홍색이었는데 그늘에서는 짙은 진홍색이 되었다. 파란색인 울트라마린 블루의 따뜻함과 노란색인 오레올린의 차가움 때문에 밝으면서 자연스러운 녹색을 만들어 낼 수 있는 울트라마린 블루와 오레올린을 먼저 선택했는데, 울트라마린 블루는 하늘을 표현하기에도 더할 나위 없었다. 이제는 빨간색만 선택하면 된다. 알리자린 크림슨은 희석하면 투명한 옅은 분홍색이 되고 녹색 그림자를 검은색에 가깝게 짙어지게 할 수 있어서 완벽한 선택이었다. 뭉게구름의 은은한 회색은 세 가지 색의 옅은 혼색으로 표현했다.

오레올린 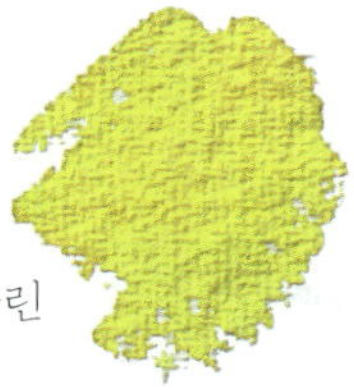
울트라마린 블루 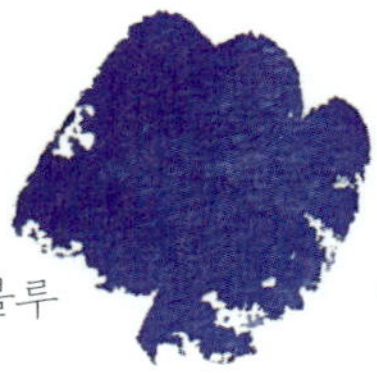
알리자린 크림슨

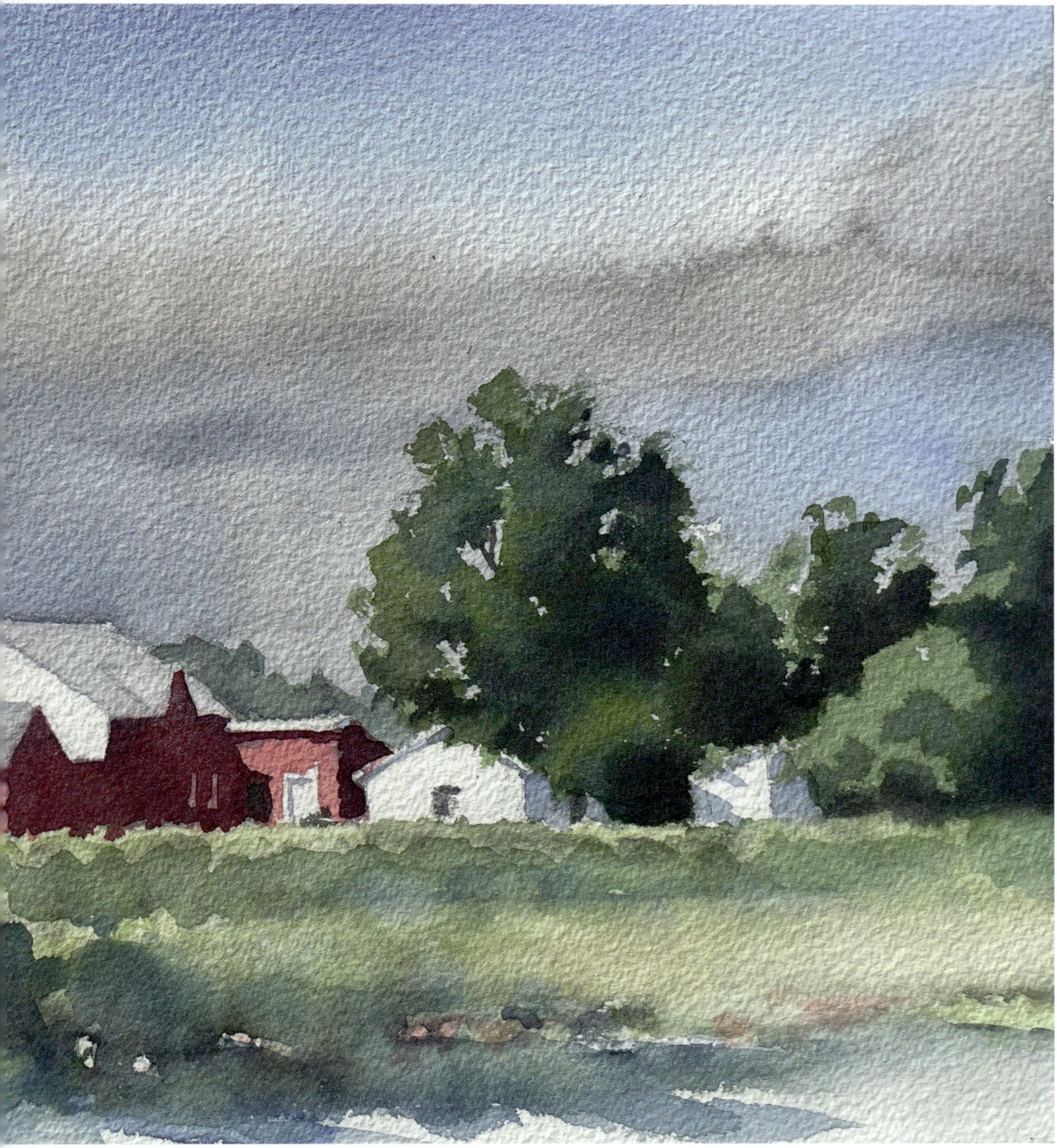

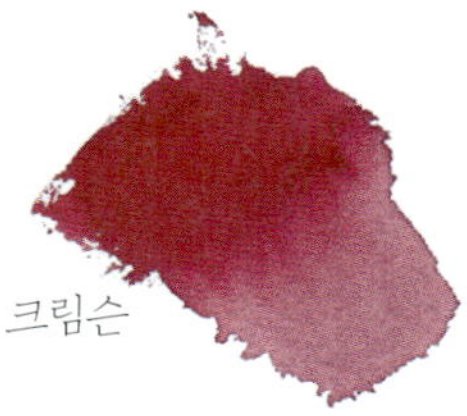

풍경과 하늘의 연결

하늘의 색과 색조는 하늘이 광원이기 때문에 풍경의 색에 영향을 미친다. 개체의 색을 별개로 보기보다는 풍경과 하늘에 모두 적합한 색을 찾아야 한다. 풍경을 그대로 모사하는 것이 아니라 풍경에서 영감을 받아 표현해야 한다는 것을 명심하자. 목표는 수채화를 잘 완성하는 것이고, 화가가 그곳을 떠난 후에도 그림은 독립적으로 존재할 것이기 때문이다. 수채화가 제대로 그려졌다면 색상의 선택은 성공한 것이다.

케이프타운에 있는 내 작업실에서 보이는 이 풍경은 산이 노을로 물들어가는 이틀 연속 저녁에 그린 것이다. 이 풍경에서 가장 밝고 순수한 색상을 지표로 삼아 어떤 기본 색상을 선택할지를 결정했고, 가장 짙은 색조를 기준으로 이러한 색상의 투명도를 선택했다.

▼ 케이프타운 작업실에서 본 풍경 I, 28x38cm(11x15in)

▶ 케이프타운 작업실에서 본 풍경 II, 28x38cm(11x15in)

루비 레드, 인디언 옐로, 프러시안 블루가 하늘을 표현하기 위한 각각의 '기본' 색상이 된다. 두 가지 색이 쌍으로 조합되어 '이차색'인 주황색과 옅은 보라색 및 녹색이 되어 빛을 비추는 경관을 표현하고, 세 가지 색이 혼합되어 그늘진 전경의 짙은 어두운색을 나타낸다.

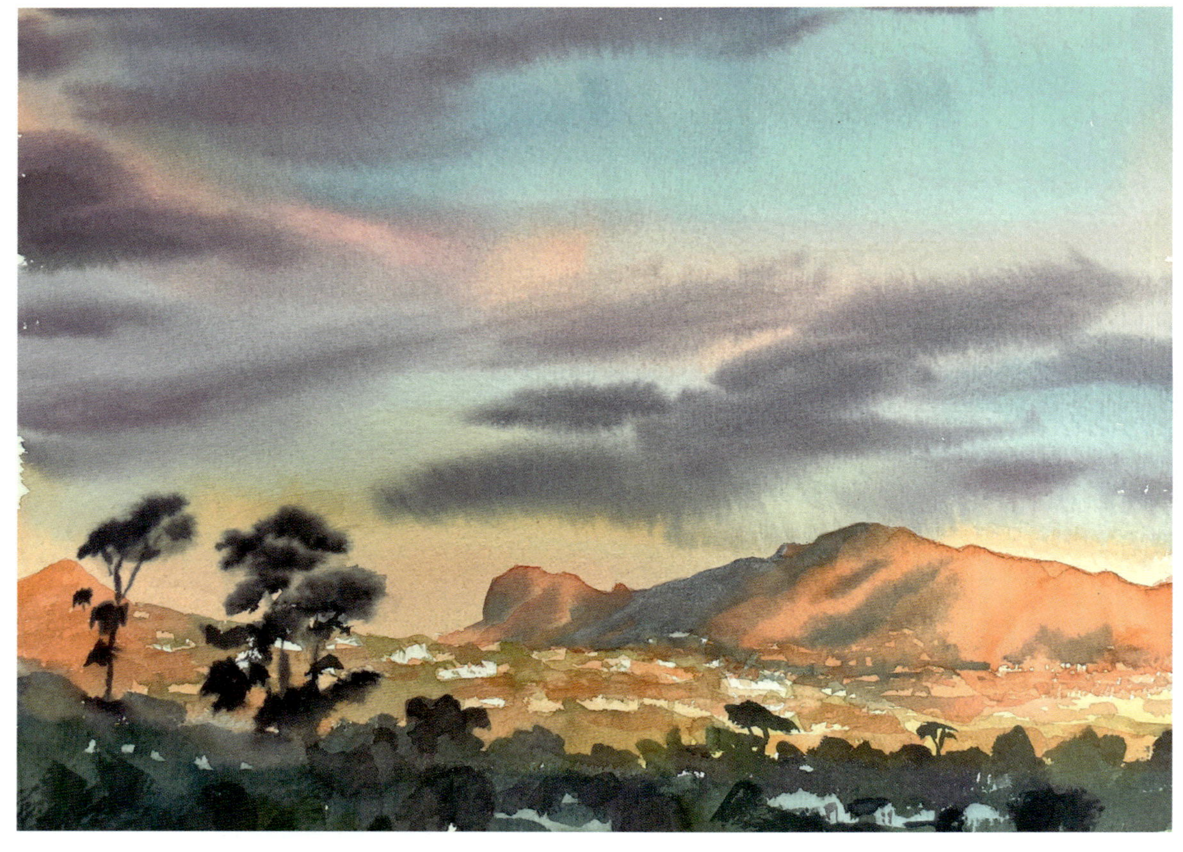

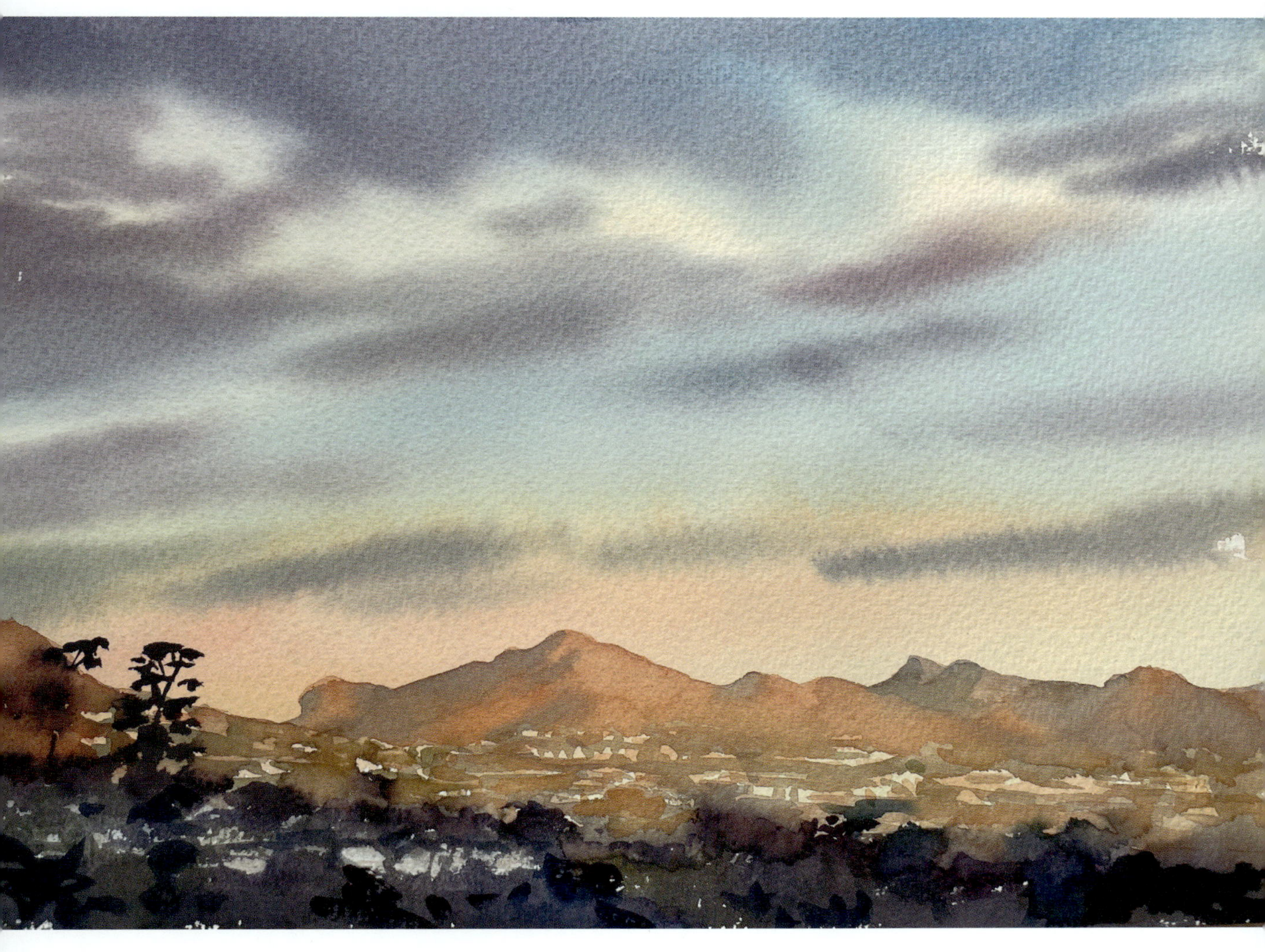

색 선택

산을 위해서는 주황색이 필요했고 하늘을 위해서는 옅은 분홍색과 노란색
이 필요했기 때문에, 혼합하여 산의 맑은 주황색을 만들 수 있는 투명한 색
이자 각각의 색으로 하늘의 밝고 옅은 색조를 표현할 수 있는 루비 레드(퍼
머넌트 로즈)와 인디언 옐로를 선택했다. 파란색은 하늘의 옅은 청록색 색
조, 구름의 회색을 띠는 연보라색 그리고 전경에 있는 나무와 풍경의 어두
운 녹색에 맞춰 결정했다. 나는 투명도가 높고 차가운 색인 프러시안 블루
를 선택했다. 차가운 빨간색인 루비 레드와 혼합했을 때 구름의 연보라색이
너무 밝아지지 않고, 따뜻한 노란색인 인디언 옐로와 혼합했을 때 빛이 닿
는 부분의 녹색도 너무 밝아지지 않기 때문이다. 세 가지의 투명한 색을 혼
합하면 짙고 어두운 전경의 녹색/보라색 그리고 검은색이 만들어진다.

하늘의 색에 성급한 판단은 금물

풍경 수채화에서는 흰 종이 위에 가장 먼저 하늘에 워시를 칠하는 경우가 많다. 그래서 마지막에 볼 때보다 처음에는 하늘이 더 두드러져 보인다(물론 의도한 것이 폭풍우가 치는 어두운 하늘이 아니라면 말이다). 작업이 진행되면서 그림의 나머지 부분보다 색조가 더 밝은 부분인 하늘은 덜 두드러지게 되므로 처음에 너무 연하게 칠하지 않는 것이 중요하다. 하늘이 파란색이라면 그림에서 가장 차가운 색일 가능성도 있다. 그래서 일단 하늘에 파란색이 있으면 색의 상호작용으로 인해 온도 편향이 작용할 수 있고 풍경의 다른 색이 파란색을 밀어내면서 더 차갑거나 더 따뜻하게 보일 수 있다. 그러니 하늘의 고유색과 일치하는 파란색보다는 풍경의 녹색에 잘 어울릴 파란색을 선택하자.

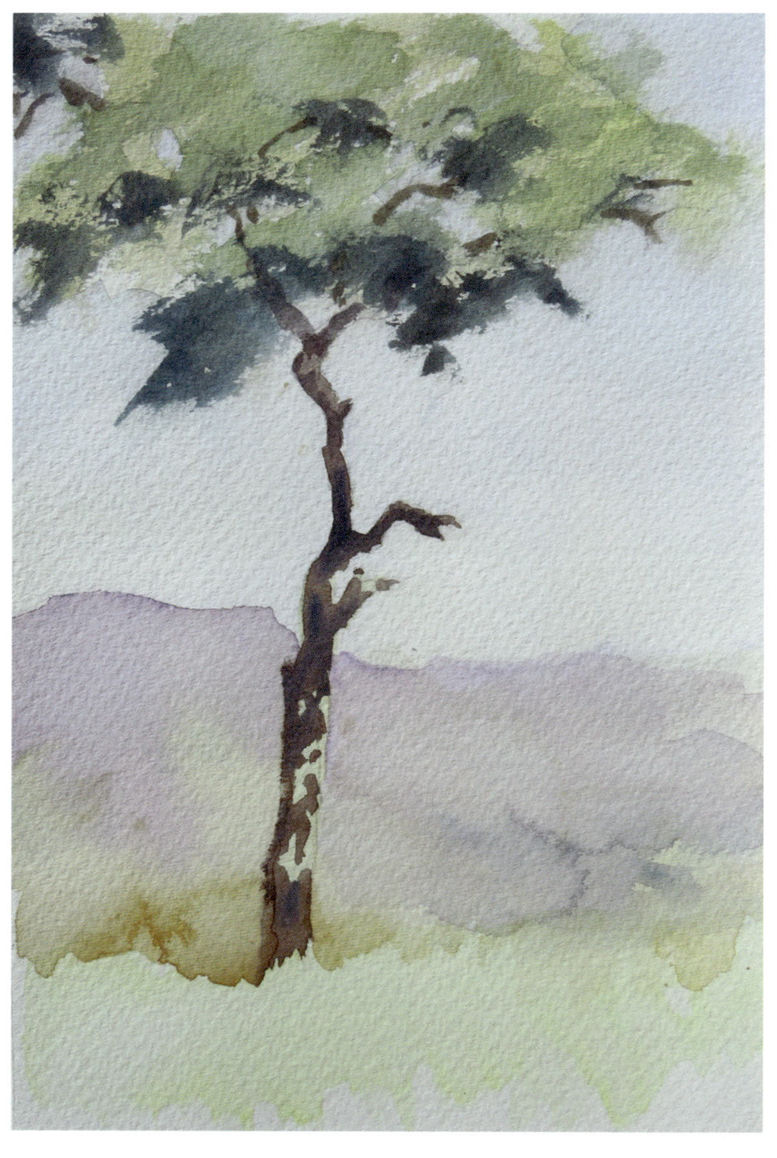

동아프리카의 마라 평원을 그린 이 간략한 스케치에서 하늘은 맑고 푸르다. 이 그림에는 하늘을 표현하기 위해 차가운 파란색인 프러시안 블루를 선택했고, 연두색 나뭇잎을 위한 깔끔하고 밝은 혼색을 만들기 위해 오레올린과 조합했다.

◀ **마라의 나무 스케치,**
28x38cm(11x15in)
매우 빠르게 그린 이 스케치의 묘미는 절벽의 옅은 보라색이었다. 나는 옅은 빛깔의 하늘을 표현하기 위해 프러시안 블루를 선택했다. 차가운 색이어서 나무 뒤의 배경으로 무리 없이 어우러지며 풀밭에 쓰인 차가운 노란색인 오레올린과 만나 보라색 절벽을 더 밝고 대조적으로 따뜻해 보이게 한다.

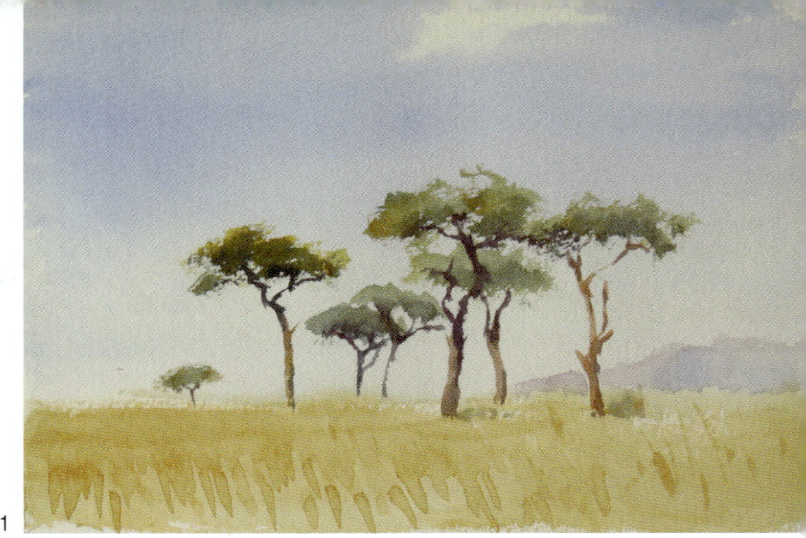

오른쪽에 있는 세 개의 스케치에서 울트라마린 블루는 옐로 오커와 조합되어 아카시아의 칙칙한 녹색을 나타낸다. 멀리 있는 절벽에 사용된 보라색과 평원의 노란색은 따뜻한 파란색을 밀어내어 더 차가워 보이게 한다. 하늘의 파란색은 첫 번째 워시로 칠해져 종이의 흰색 바탕에서는 밝아 보이지만, 물감이 마르고 나무가 추가된 후에 하늘은 색조와 온도 편향에서의 대비로 인해 훨씬 더 옅고 차가워 보인다.

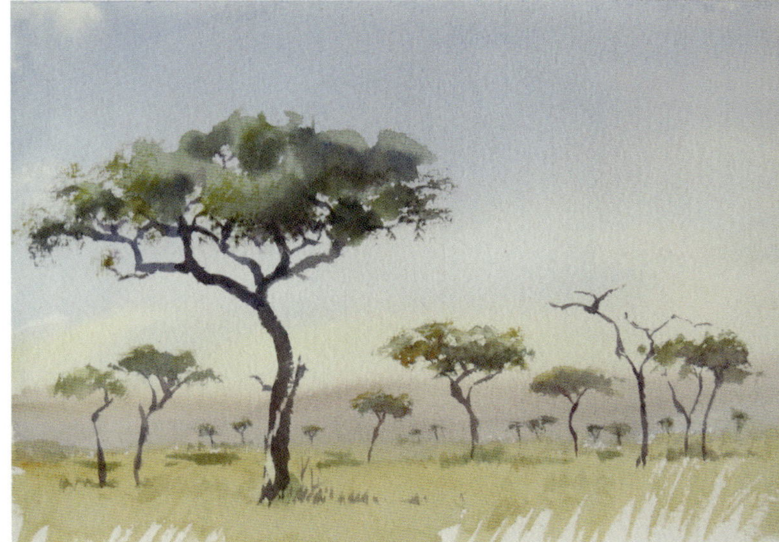

▶ 1 마라 평원의 스케치,
18x23cm(7x9in)
2 열기구가 지나간 후, 18x23cm(7x9in)
3 결혼식 나무, 18x23cm(7x9in)
파란색과 노란색을 혼합하여 풍경의 녹색을 만들면 다양한 표현이 가능하다. 울트라마린 블루, 옐로 오커, 쉬민케 바이올렛으로 구성된 똑같은 세트의 색이 각각의 그림에서 어떻게 다르게 나무의 녹색을 나타내는지 살펴보자.

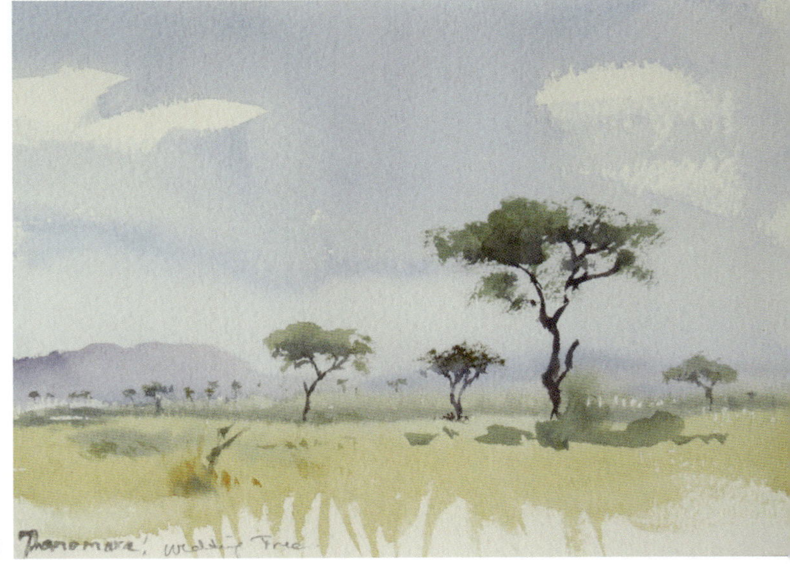

붉은색 풍경

북미의 웅장한 붉은 바위 지형은 풍경화에 밝은 빨간
색을 사용할 수 있는 절호의 기회를 제공한다. 카드뮴
레드는 내가 즐겨 쓰는 빨간색으로 그 화려함은 어느
색에도 뒤지지 않는다. 희석된 상태에서는 바로 색이
약해져서 강하게 내리쬐는 햇빛 아래에서 탈색된 빨간
색으로 중화되어 자연스러워 보이는 색이 된다. 투명한
노란색을 추가하면 엷은 색조의 주황색에 필요한 밝기
를 얻을 수 있다. 어두운 부분에 사용하기에는 카드뮴
의 투명성 때문에 한계가 있어서, 나는 종종 짙고 투명
한 쉬민케 바이올렛이나 알리자린 크림슨과 조합해서
사용한다.

▼ 레드록 캐니언, 라스베이거스,
12.5x28cm(5x11in)
이 특이하고 경이로운 바위에 쓰인 색은 갑
작스러운 폭풍우가 시작되면서 선택하게 되
었다. 붉은 바위의 그림자는 잔뜩 흐린 하늘
로 인해 부드러워지면서 신비로운 노란색과
연보라색으로 바뀌었다. 바위의 고유색으로
는 카드뮴 레드를 선택하여 인디언 옐로와
조합해 주황색을 만들었고, 망가니즈 바이올
렛을 선택하여 하늘의 노란색과 블렌딩했다.
부드러운 연보라색은 노란색과 잘 어우러져
하늘의 색을 나타냈고 중간 색조의 바위 그
림자를 표현하기에도 충분할 만큼 어두웠다.

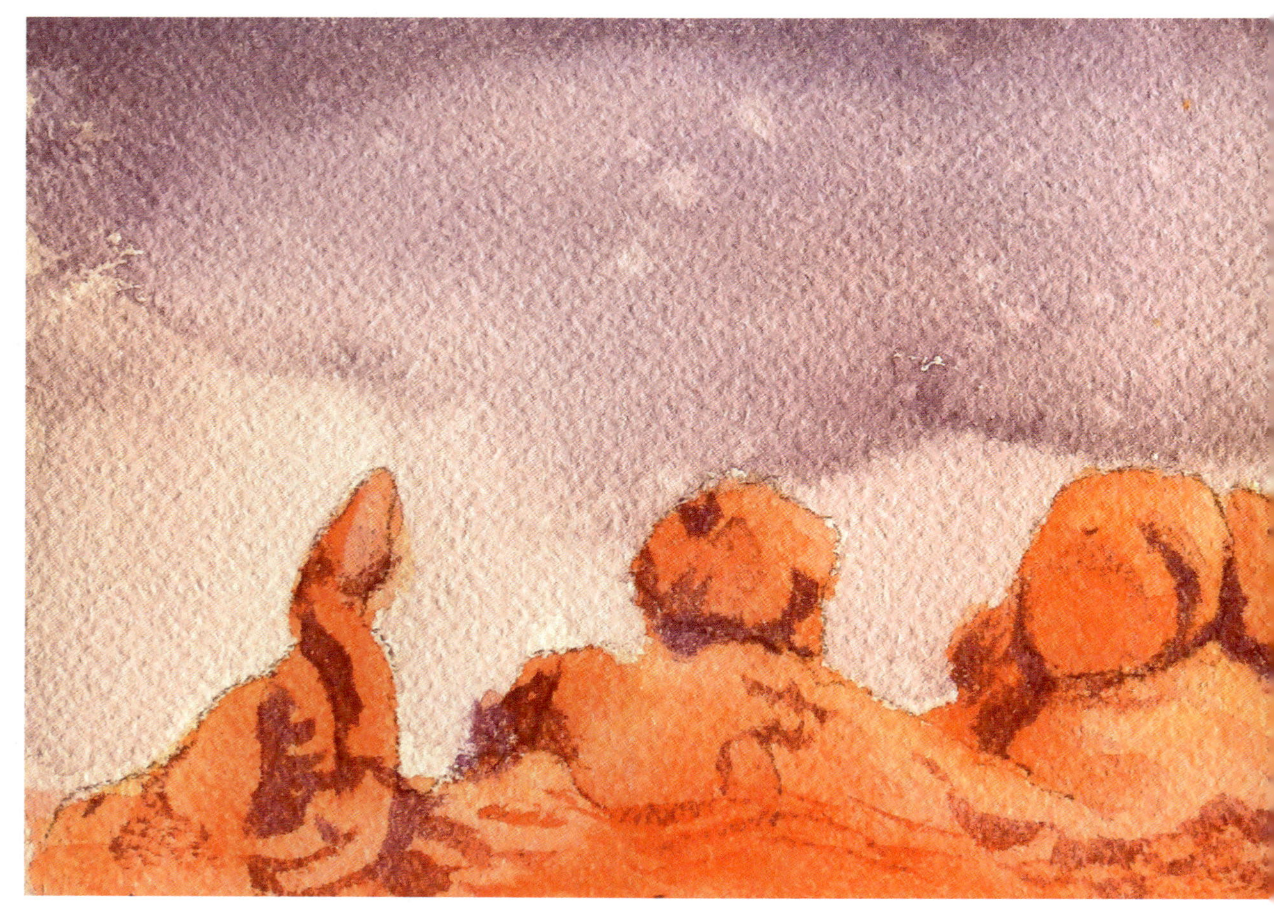

 한정된 팔레트로 그리는 수채화

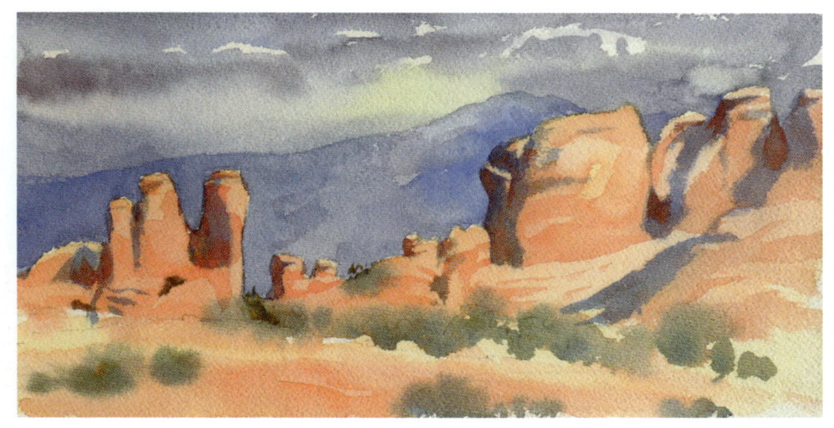

▶ 아치스 국립공원 야영지에서,
15x25.5cm(6x10in)

먼 산을 배경으로 밝게 빛나는 바위는 그늘진 부분에만 짙은 색을 띠고 있었다. 배경에 울트라마린 블루를 선택해서 반대색의 대비로 바위가 더 주황색으로 보이게 했으며, 카드뮴 레드를 혼합하여 짙은 적갈색을 띠는 음영을 나타냈다. 늘어선 나무가 생기 있는 녹색이어서 따뜻한 파란색과 혼합할 차가운 노란색이 필요했고, 그래서 오레올린을 선택했다. 오레올린을 카드뮴 레드와 혼합하면 선명한 주황색이 나오지는 않지만, 파란색 배경이 주황색의 색상을 더 밝아 보이게 한다.

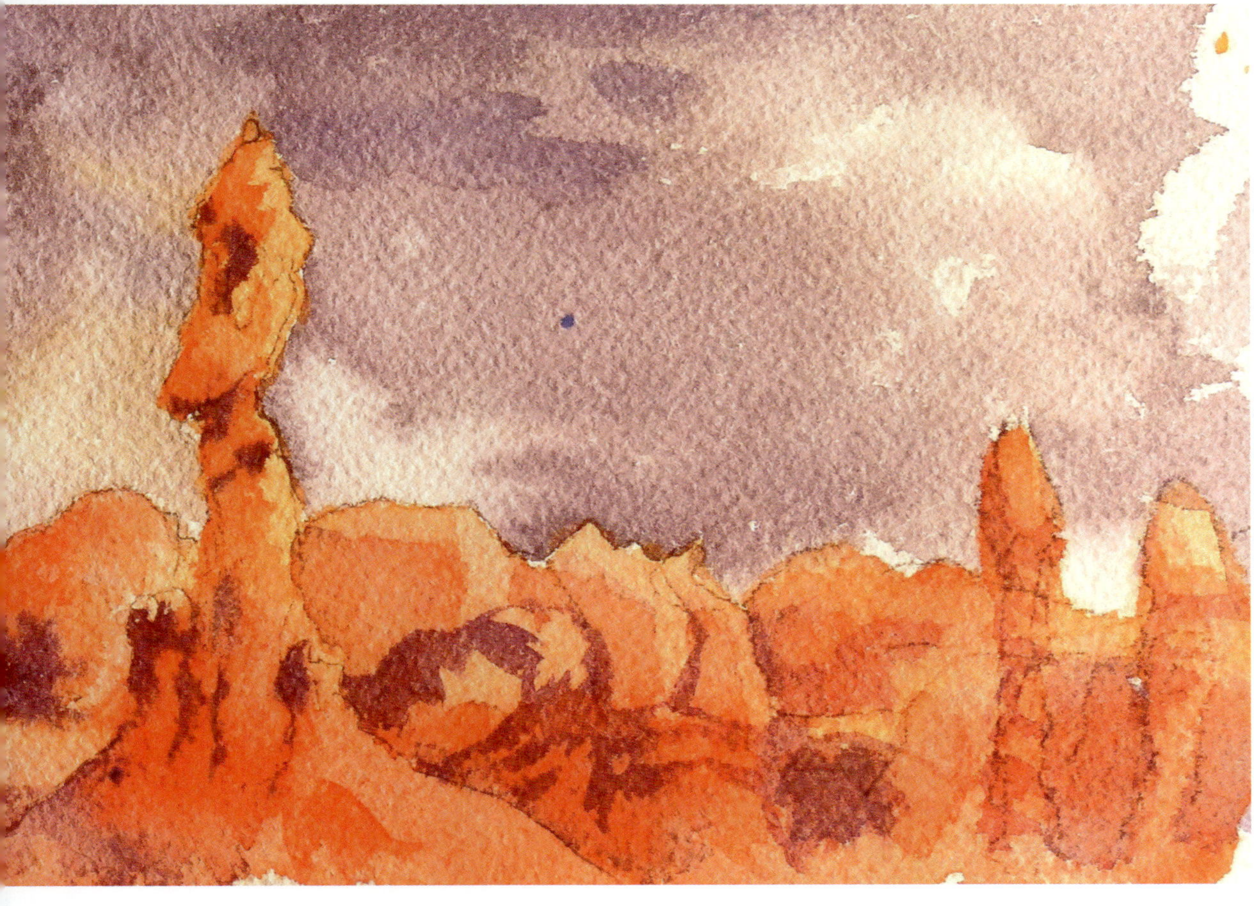

강력한 대비 효과

색의 대비는 화가의 무기고에 있는 강력한 도구이다. 다음은 미국 유타주
브라이스 협곡을 그린 두 개의 그림이다. 아래의 그림은 오른쪽의 그림보다
색이 훨씬 더 다채로운 듯 보이지만 사용한 색의 수는 더 적다. 그렇게 보이
는 이유는 앞에서 살펴본 색상환에서 가장 따뜻한 빨간색인 카드뮴 레드의
반대색이자 차갑고 투명한 청록색인 윈저 블루를 파란색으로 사용했기 때
문이다.

오른쪽의 그림 역시 대비를 활용하여 강렬함을 나타내지만, 색의 대비보다
는 색조의 대비를 활용하여 옅은 분홍색 바위와 어두운색의 말을 대치시키
고 우뚝 솟은 돌기둥의 깊은 틈을 묘사하고 있다. 나머지 색은 색상에서 서
로 밀접하게 연결되면서 조화를 이룬다.

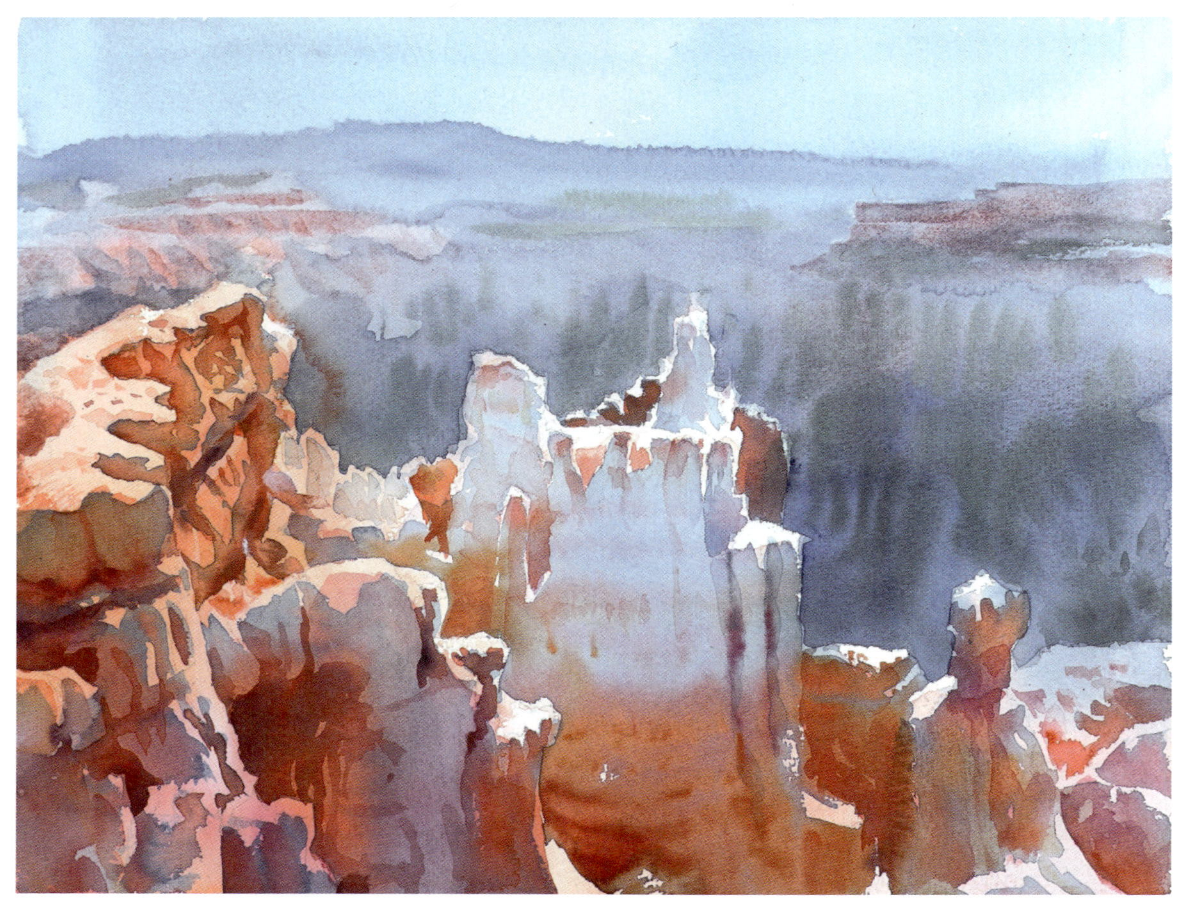

 한정된 팔레트로 그리는 수채화

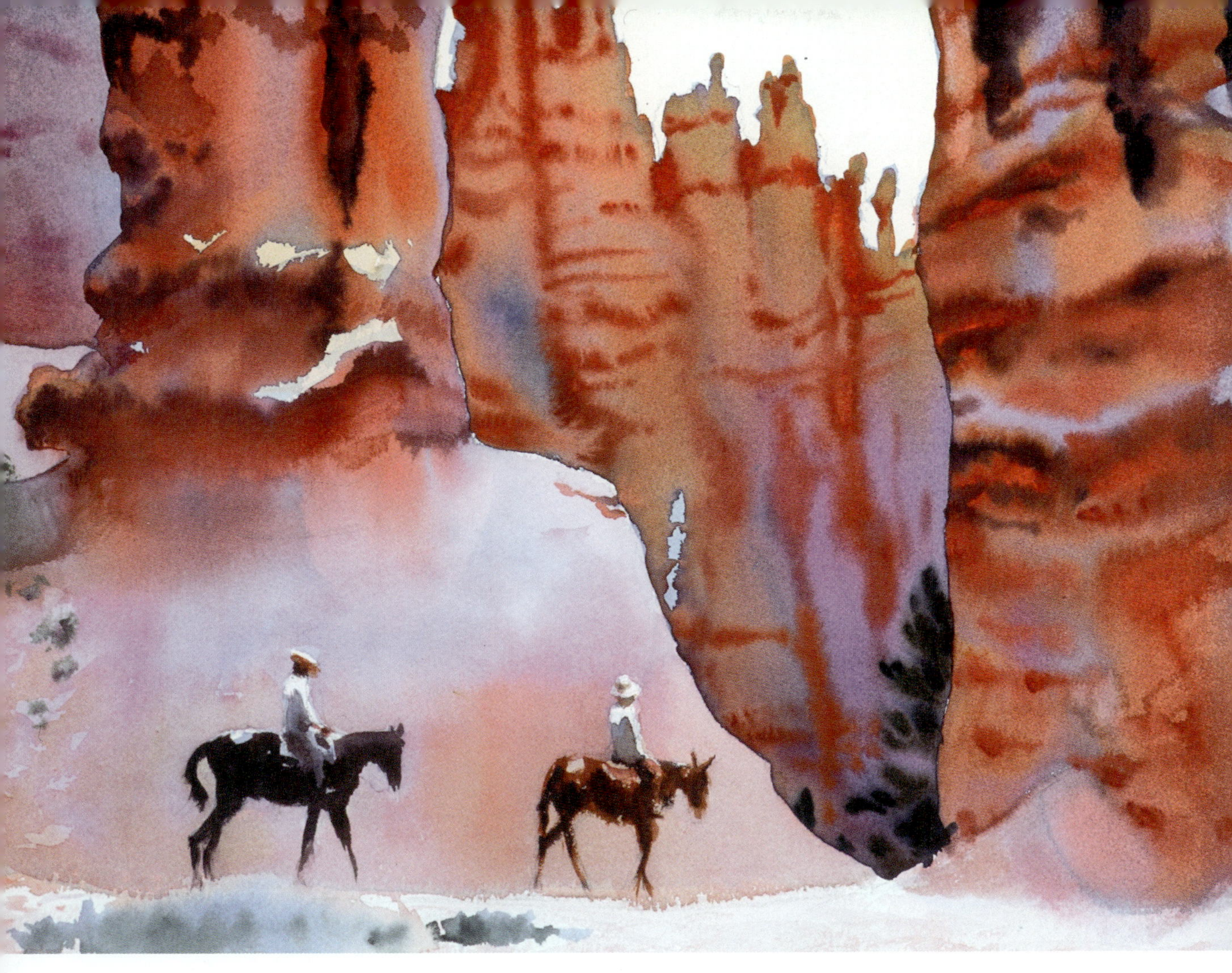

▲ 붉게 물든 길, 브라이스 캐니언,
30.5x40.5cm(12x16in)
여기 사용된 일곱 가지 색으로 구성된 세트는 전반
적인 채색에서 색상이 한정되어 보이지만 한정된
팔레트라고 하기는 어렵다. 카드뮴 레드, 인디언
옐로, 루비 레드(퍼머넌트 로즈)가 바위의 채색에 사
용되었고, 알리자린 크림슨과 쉬민케 바이올렛이
바위의 갈라진 틈을 더 짙게 표현하는 데 사용되었
다. 번트 시에나와 울트라마린 블루는 말을 탄 사
람과 말의 대조적인 어두운 색조를 나타내는 데 쓰
였다.

◀ 천공의 성, 브라이스 캐니언,
30.5x40.5cm(12x16in)
윈저 블루(녹색 색조), 카드뮴 레드, 루비 레드(퍼머넌트 로즈), 인디언 옐
로를 사용하여 멀리 있는 협곡과 하늘의 파란색과 대비를 이루는 빨간
색, 분홍색, 주황색, 흰색의 바위를 칠했다. 일부 평면적으로 보이는 빨
간색 부분에는 희석한 퀴나크리돈 레드를 옅은 색조로 겹치게 칠해 선
명함을 더했다. 카드뮴 레드는 너무 불투명해서 희석한 것으로는 이런
효과를 낼 수 없고 퀴나크리돈 레드도 고유색을 표현하는 데 카드뮴
레드를 대체할 수 없으므로 빨간색을 추가해야 했다.

폭풍우 치는 하늘

중력은 수채화의 좋은 친구로, 이를 통해 화가는 마르지 않은 물감이 종이에서 흘러가는 방향을 손쉽게 유도할 수 있다. 나는 마르지 않은 물감이 특정 방향으로 흐르도록 종이를 들어 올리고 기울이기 쉽게 평평한 상태에서 작업하는 편이다. 이렇게 하면 폭풍우가 휘몰아치는 하늘을 그릴 때 특히 유용하다.

구름 부분에 물감을 칠하고 종이를 아래로 기울이면 마르지 않은 물감이 줄무늬를 그리며 흘러내려 구름에서 비가 내리는 것처럼 보이는 효과가 난다. 일단 적당한 위치에 물감 줄기가 있으면 종이를 평평하게 두어 그 위치를 유지하거나, 아니면 종이를 세우거나 기울여서 물감이 마르면서 서서히 부드럽게 흐르게 할 수 있다. 중력의 힘을 활용하여 물감이 특정 위치로 흘러가도록 유도할 때는 세심한 주의를 기울이는 것이 다른 무엇보다 중요하다. 과립성 색은 대부분 입자가 미세한 착색성 색보다 느리게 분산되므로 혼색에서 안료에 맞게 물의 비율을 맞추는 것이 흘리기를 잘하는 비결이다.

▼ **갑작스러운 폭우, 칼라하리**
28x38cm(11x15in)
반대색인 울트라마린 파이니스트와 트랜스페어런트 오렌지를 종이 위에서 블렌딩하여 하늘의 색을 나타내고 팔레트에서 혼합해 짙은 회색과 검은색을 만들어 비구름과 풍경의 실루엣을 표현했다.

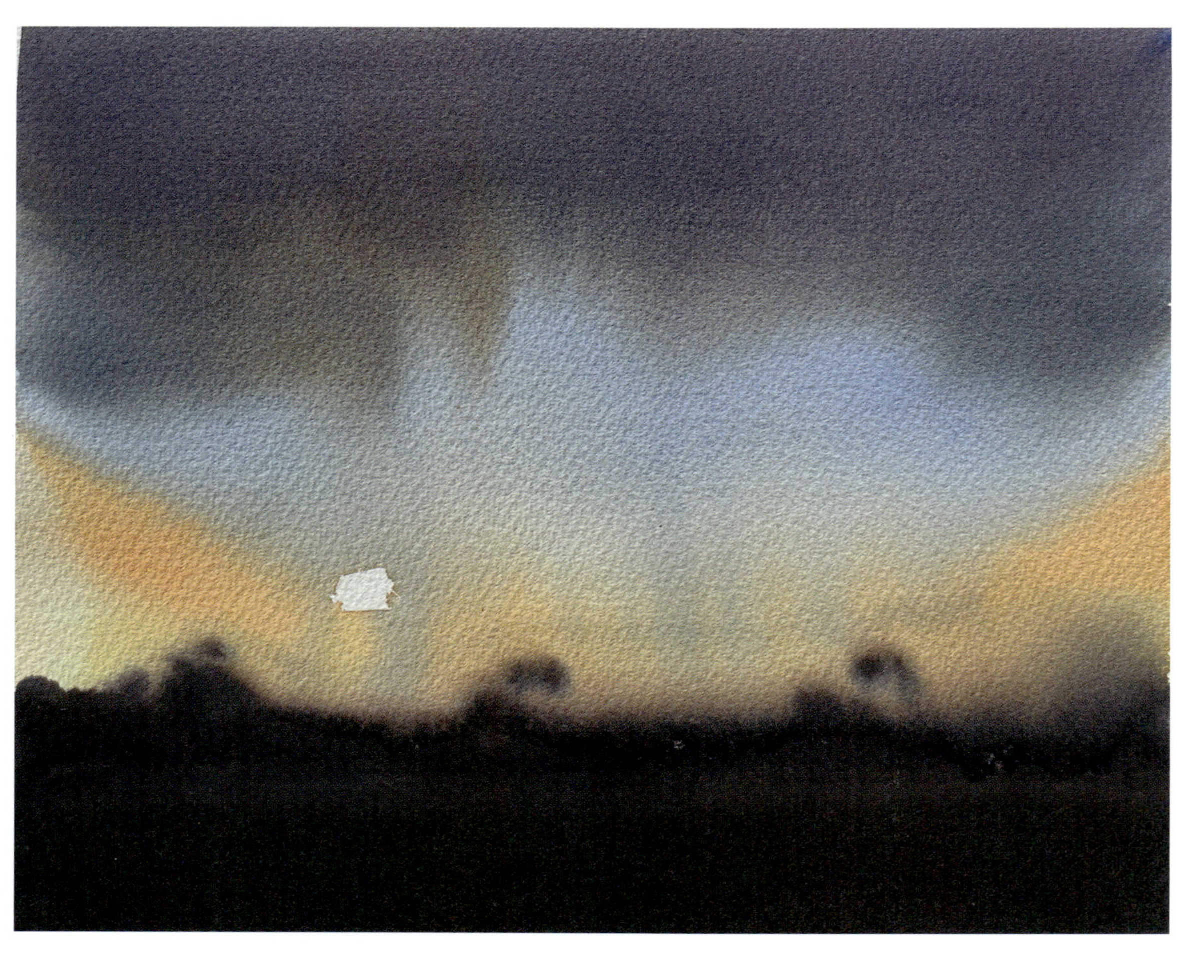

 한정된 팔레트로 그리는 수채화

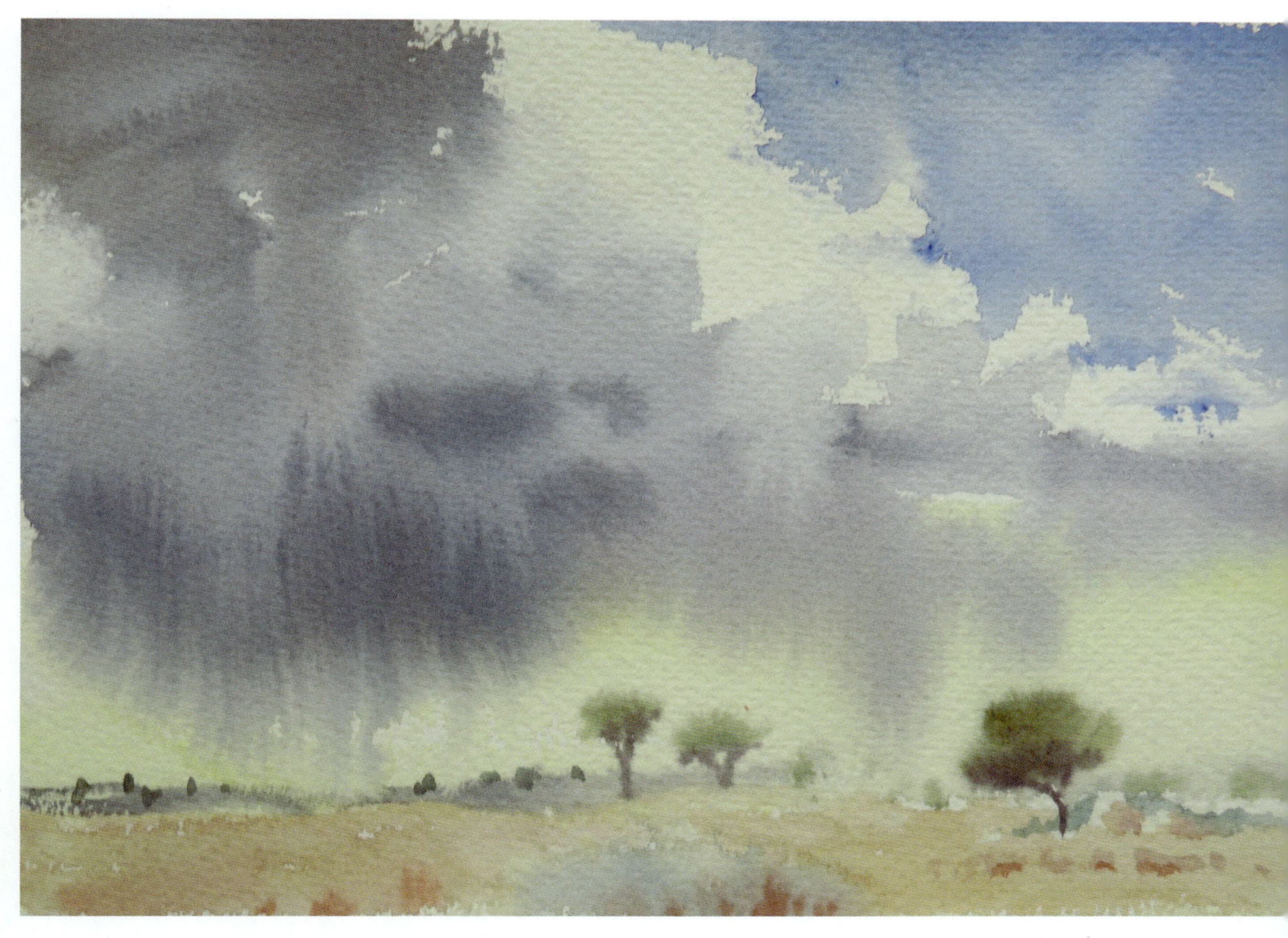

마라 평원을 가로지르는 겹겹이 쌓인 비구름을 그린 이 그림에서는 급격하게 변하는 하늘을 보정하기 위해 닦아낼 수 있는 색인 울트라마린 블루와 번트 시에나로 회색을 만들었다. 오레올린은 사나운 구름 아래 지평선을 가로지르는 거의 빛바랜 차가운 노란색을 표현하기에 완벽했고, 따뜻한 파란색과 혼합해서 나무의 자연스러운 녹색을 만들기에도 좋았다. 소량의 쉬민케 바이올렛은 회색에 따뜻함을 더하고 노란색을 더 돋보이게 했다.

섞인 칠 기법Variegated Wash – 생동감 있는 블렌딩

수채화의 가장 매력적인 특성 중 하나는 마르지 않은 물감이 움직이며 분산되는 것과 젖은 종이 표면에서 색이 혼합되는 것이다. 각각의 안료 입자는 종종 덩굴손 모양으로 분산되어 세밀한 점묘 화법의 형태로 다른 안료 입자와 섞인다. 흐린 하늘은 생동감 넘치는 섞인 칠을 연습해 보기에 굉장히 좋은 공간이 되는데, 저녁노을이 하늘을 붉은빛과 황금빛으로 물들인 후에는 특히 더 그렇다. 이 그림은 보츠와나의 외딴 마카디카디 판Makgadikgadi Pans에 있는 잭스 캠프Jack's Camp 위에 드리운 먹구름이 다 흩어져 버리기 전에 세 가지 투명한 색을 사용해 그렸다.

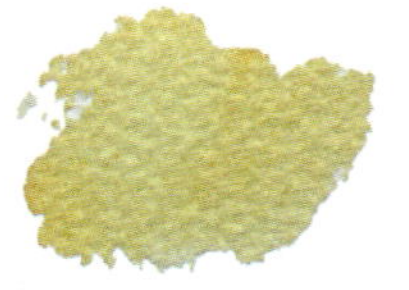
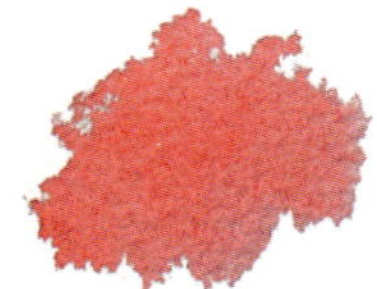
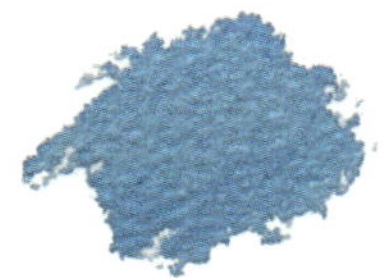

인디언 옐로   퀴나크리돈 레드   프러시안 블루

1 종이는 깨끗한 물이 엷은 막을 이루도록 넓은 평붓으로 고르게 칠해 적셨다. 곧바로 지평선 부분을 인디언 옐로로 칠하고, 종이를 비스듬히 기울여 퀴나크리돈 레드와 프러시안 블루를 하늘의 위쪽 반을 가로지르도록 빠르게 연달아 칠했다.

2 젖은 상태에서만 색이 섞이기 때문에 빨간색과 파란색을 팔레트에서 빠르게 혼합하여 짙은 어두운 연보라색을 만들어 하늘에서 구름이 모여 있는 부분에 더하고 종이를 기울여 물감이 번지게 했다. 그런 다음 바로 혼색의 농도를 높이고 약간의 노란색을 더해 왼쪽 위의 가장 어두운 구름 부분에 웨트 인투 웨트 기법으로 칠했다.

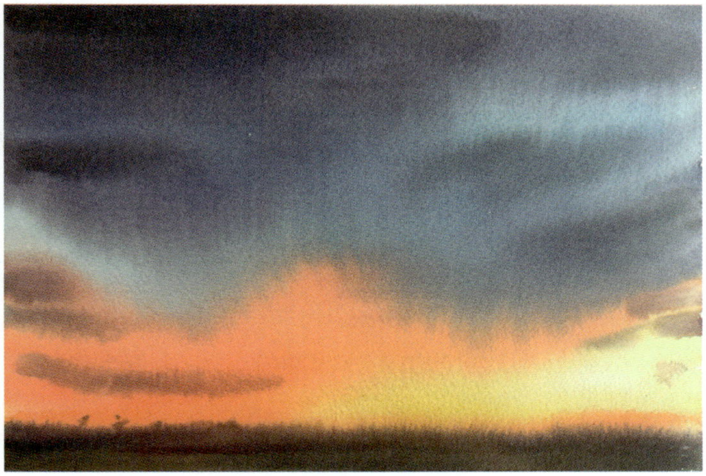

3 지평선을 따라 짙은 연보라색을 조금 칠한 다음, 혼색에 파란색과 노란색을 좀 더 추가하여 전경 부분을 위한 짙고 칙칙한 녹색을 만들었다.

4 이제 하늘이 다 말라서, 세 가지 색을 혼합해 만든 검은색을 팔레트에서 만들어 낼 수 있는 가장 농축된 상태로 써서 텐트와 야자나무의 실루엣을 그릴 수 있었다. 야자나무의 우아한 형태를 그리는 데는 리거 붓을 사용했다.

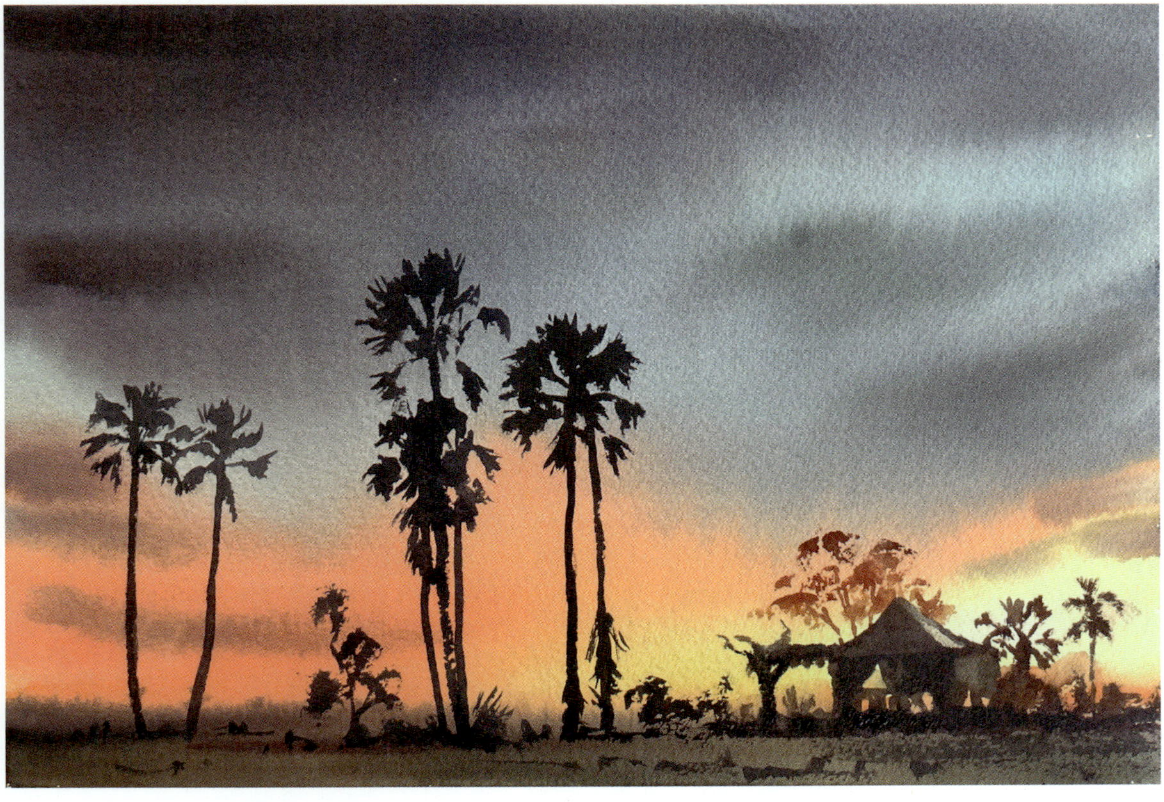

해질녘과 동틀녘

빨간색, 노란색, 파란색은 어떻게 조합해도 해질녘과 동틀녘의 하늘에서 볼 수 있는 색의 황홀한 그러데이션을 표현하는 데 효과적이다. 팔레트의 색 선택에는 가장 앞쪽에 있는 풍경의 실루엣을 얼마만큼 짙고 어둡게 표현하고 싶은지가 결정적인 영향을 미친다. 투명한 색으로는 더 짙고 깔끔한 검은색을 얻을 수 있고, 불투명한 색으로는 더 부드럽고 회색이 도는 검은색을 만들 수 있다. 색조는 상대적이어서 어떤 그림에서든 가장 어두운 음영은 검은색처럼 보일 것이며, 연출하고자 하는 분위기에 따라 선택은 온전히 그리는 사람에게 달려 있다. 팔레트와 화구 상자에 있는 빨간색, 파란색, 노란색의 다양한 조합을 실험하면서 즐겨보자.

울트라마린 블루, 인디언 옐로, 알리자린 크림슨은 모두 투명한 색으로, 해질녘의 맑고 순수한 엷은 빛깔과 짙은 색조의 실루엣을 표현한다.

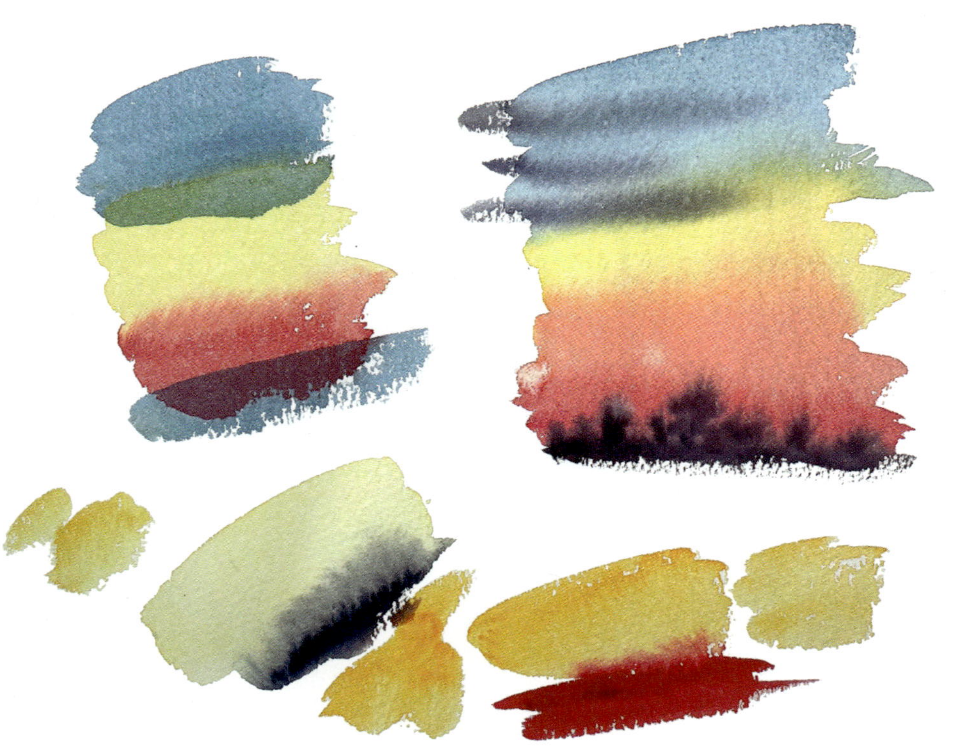

▲ 먼저 세 가지 투명한 색상으로 연습해 보자. 여기서는 프러시안 블루, 루비 레드(퍼머넌트 로즈)와 인디언 옐로의 조합을 사용했다.

이 해질녘의 그림은 불투명한 색인 세룰리안 블루, 카드뮴 옐로와 카드뮴 레드의 세 가지 색으로 채색되었다. 불투명한 색은 아무리 혼색의 농도가 진해도 짙은 검은색이 될 수 없지만, 은은하게 어두운 회색이 칼라하리의 먼지 가득한 공기에 둘러싸인 모래언덕의 실루엣에 잘 어울린다.

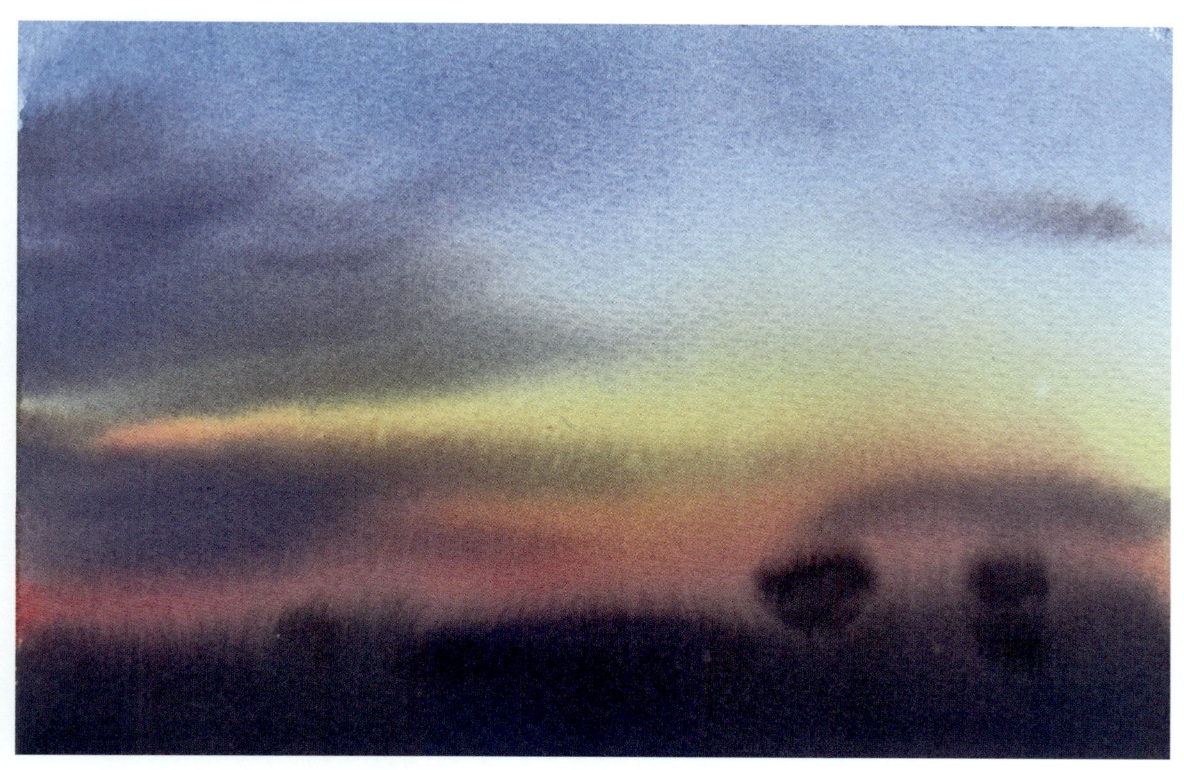

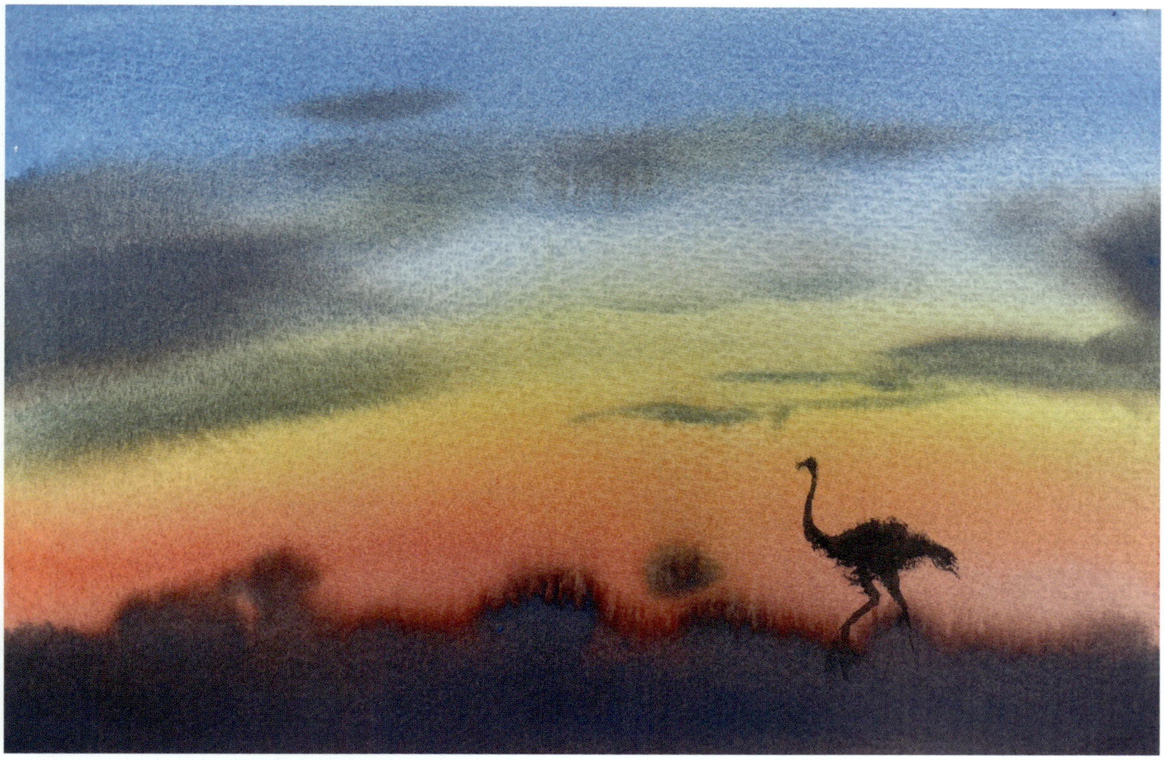

그림의 기조와 온도 편향 –
따뜻한 대상을 위한 차가운 파란색

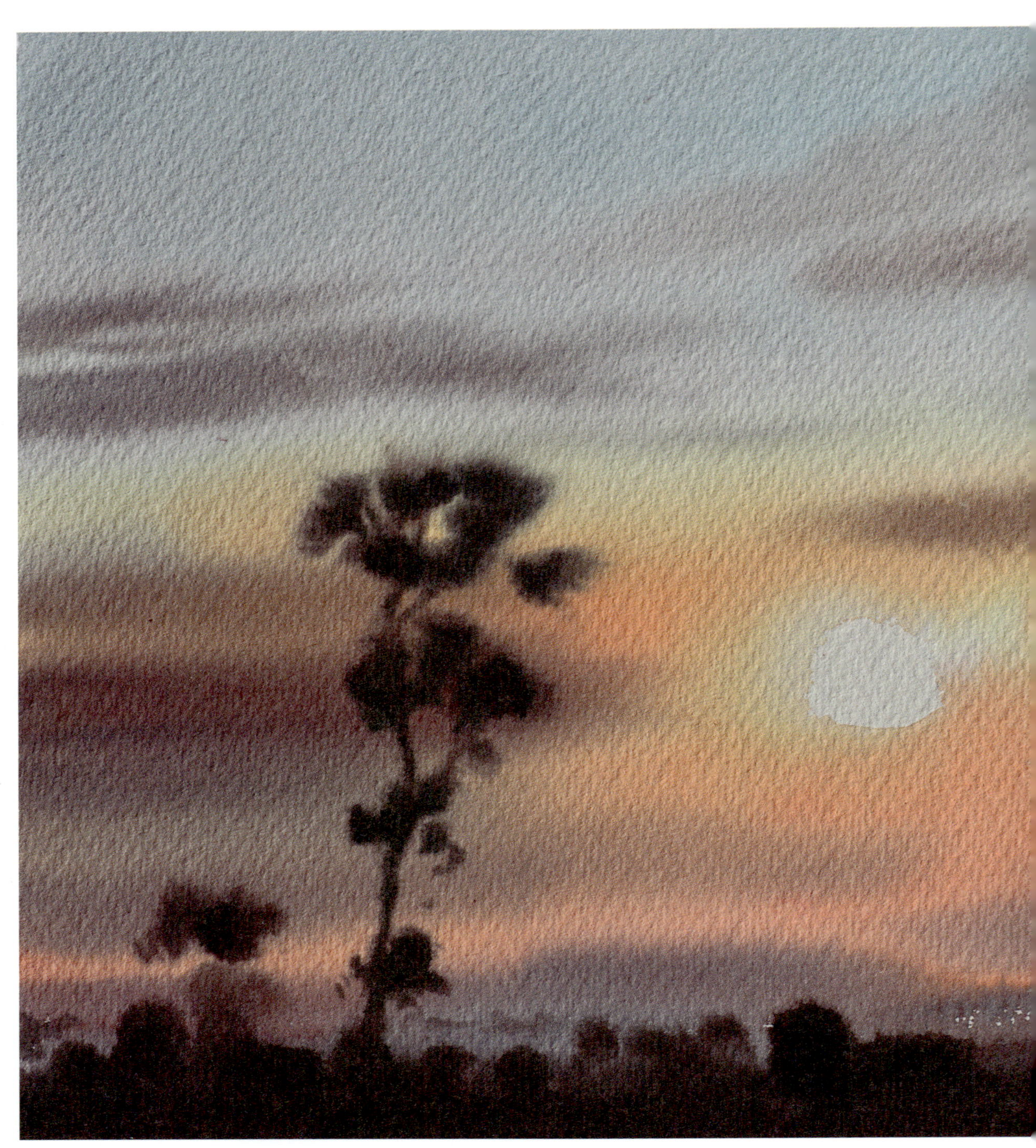

  한정된 팔레트로 그리는 수채화

해질녘은 색상 측면에서는 따뜻하지만 그렇다고 선택된 모든 색이 온도 편향에서 따뜻한 색이어야 하는 것은 아니다. 여기서는 위쪽의 차가운 파란색이 아래쪽의 빨간색, 주황색을 더 환하고 밝게 빛나 보이게 한다. 선택한 파란색은 차가운 파란색인 프러시안 블루로, 이 색의 녹색 편향으로 인해 색상과 온도에서 대비를 이뤄 지평선의 색이 더 따뜻해 보인다.

색 선택

나무와 풍경의 실루엣은 석양의 흐릿한 아지랑이와 대비되는 짙고 순수한 검은색이었다. 빨간색, 노란색, 파란색을 섞어 이 검은색을 만들려면 세 개의 매우 투명한 색이 필요했다. 현장에서 쓰는 팔레트에서 내가 즐겨 쓰는 투명한 빨간색은 루비 레드(퍼머넌트 로즈)와 알리자린 크림슨으로, 두 가지 색 모두 흐릿한 습한 공기 넘어 지평선 위로 번지는 따뜻한 코랄 레드에 비해 너무 차갑다. 나는 튜브에 든 퀴나크리돈 레드도 가지고 다니는데, 따뜻하고 완전히 투명한 색이라서 이 색을 빨간색으로 선택했다. 이 빨간색으로 맑고 순수한 주황색을 만들려면 따뜻한 노란색이 필요해서 인디언 옐로를 선택했다. 이제 파란색의 선택만 남았다.

퀴나크리돈 레드는 색조 농도가 그렇게 짙지 않아 아주 짙은 검은색을 만들 수는 없다. 인디언 옐로는 색상이 밝아서 이 역시 색조 측면에서 검은색에 큰 도움이 되지는 못하지만, 혼합을 통해 파란색을 녹색으로 바꿀 수 있으므로 빨간색과 완전히 반대되는 색을 만들 수 있는데, 이를 혼합하면 괜찮은 검은색을 얻을 수 있다. 그래서 이 녹색을 최대한 녹색으로 만들 수 있는 차가운 파란색이 필요했고 그래서 프러시안 블루를 선택했다.

◀ 하늘 높이, 28x38cm(11x15in)
퀴나크리돈 레드, 인디언 옐로, 프러시안 블루의 세 가지 투명한 색을 혼합하여 실루엣의 진하고 멋진 검은색을 만들고, 블렌딩하여 여기저기 걸려 있는 구름의 부드러운 회색을 만든다. 매우 묽은 상태로 칠한 프러시안 블루가 하늘의 밝은 노란색이 너무 녹색으로 변하지 않도록 따뜻한 인디언 옐로와 아주 부드럽게 교차한다.

변화무쌍한 하늘 - 팔레트에 변화 주기

해질녘과 동틀녘은 빠르게 변화하므로 온 하늘이 완전히 다른 범위의 색상을 나타내기 전에 신속하게 색을 결정해야 한다. 이는 '내키는 대로' 하기 좋은 구실(또는 이유)이 될 수 있다. 어떤 빨간색, 노란색, 파란색이든 쓸 수 있다는 것을 알고 있으니, 평소에 사용하지 않는 색으로 이루어진 세트를 시험 삼아 써보거나 무작위로 빨간색-노란색-파란색 조합을 선택해 보자.

아래의 화이트홀 거리 풍경에서, 구름의 각도와 하늘의 전반적인 빛은 고려했으나 빅벤 뒤로 보이는 하늘의 색은 면밀하게 고려하지 않은 채 트랜스페어런트 튀르쿠아즈, 트랜스페어런트 옐로와 퀴나크리돈 레드를 선택했다. 이 세 개의 매우 투명한 색으로 건물의 회색과 갈색 그리고 검은색을 만드는 작업은 대단히 즐거웠다.

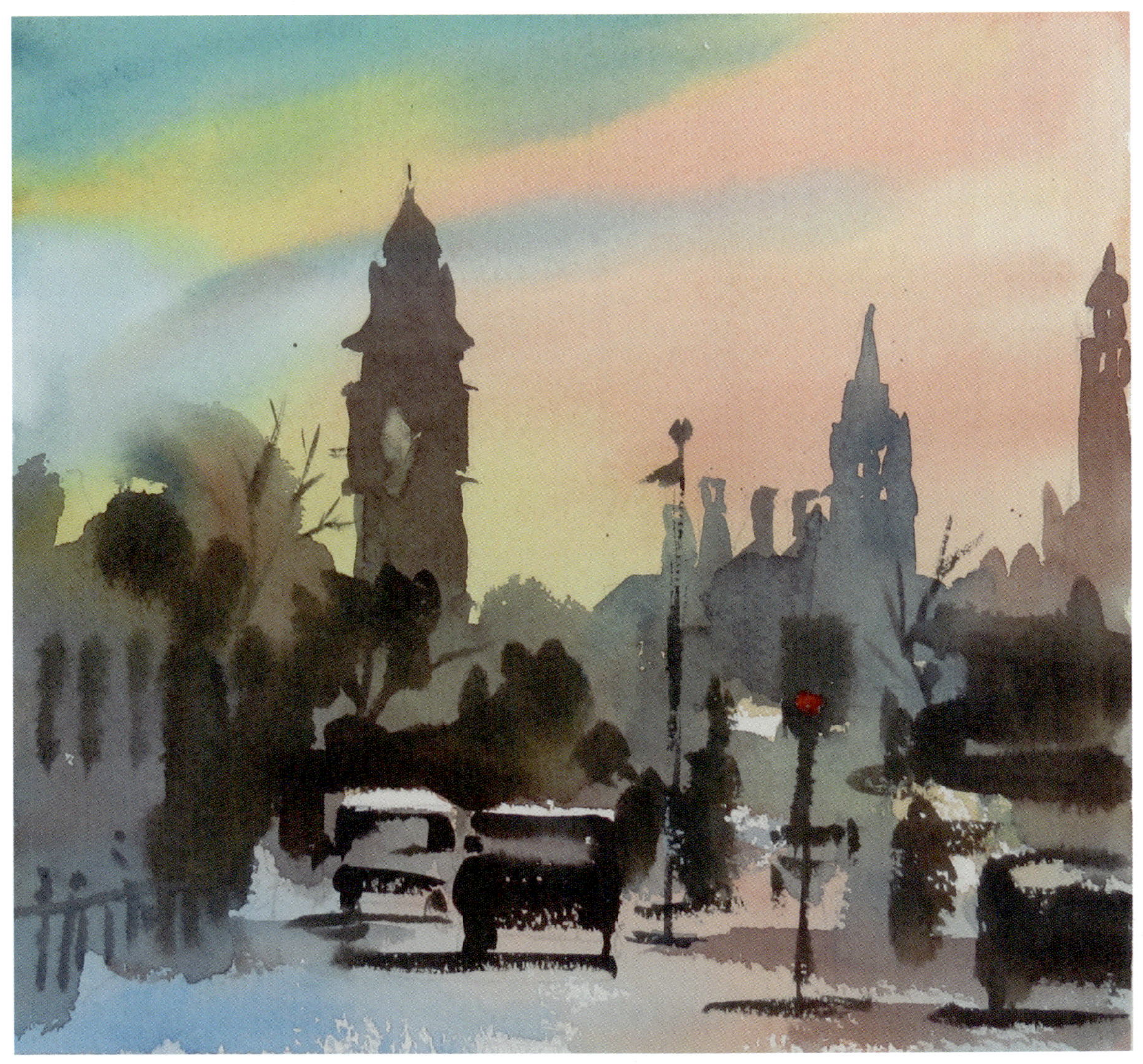

베네치아 자테레 산책로의 동틀녘은 새벽빛을 등지고 있는 산 조르조 마조레 성당의 멋진 풍경을 보여주었지만, 구름 막에 빛이 가려지기 전까지 시간이 별로 없었다. 옐로 오커와 울트라마린 블루, 번트 시에나가 이미 전날부터 내 팔레트에 있었기 때문에 지체 없이 옐로 오커에 다시 물을 묻혀 가능한 한 빠르게 하늘에 엷은 워시를 칠하고, 남아 있던 울트라마린과 번트 시에나를 섞어 옅은 금색 빛 주위를 둘러싼 구름에 가볍게 칠했다. 칠한 부분이 마르는 동안 (빛은 곧 사라졌고) 울트라마린과 번트 시에나 팬에서 덜어낸 더 농축된 상태의 물감으로 석호 위로 보이는 멋진 교회의 형태를 그렸다.

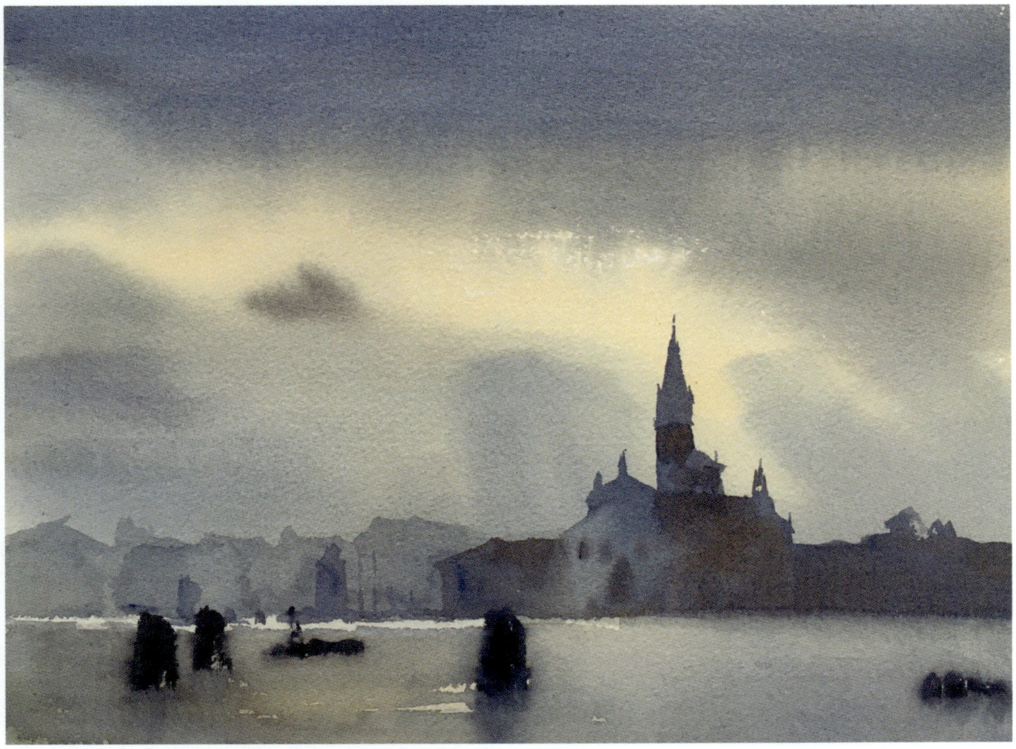

◀ 화이트홀 거리 풍경, 20x20cm(8x8in)
하늘 부분의 워시가 마르기를 기다리는 시간이 이 그림의 나머지 부분을 그리는 시간보다 더 길었다! 투명도가 높은 세 개의 색인 트랜스페어런트 튀르쿠아즈, 트랜스페어런트 옐로와 퀴나크리돈 레드를 섞으면 짙은 검은색이 될 것으로 생각했는데, 배경 윤곽 부분의 혼색이 덜 진해서 나타난 적갈색과 청회색에 기분 좋게 놀랐다.

▲ 터너의 발자취, 23x30.5cm(9x12in)
옐로 오커, 울트라마린 블루, 번트 시에나가 우연한 조합을 이뤘다. 노란색은 따뜻한 파란색과 대비되어 더 금빛을 띠었고, 갈색과 파란색이 혼합되어 회색과 검은색이 되었다.

밝고 과감하고 용감하게

물기가 많은 수채화 물감은 마른 상태에서보다 마르지 않은 상태에서 더 어두워 보인다. 그래서 해질녘의 화려한 색이 마르면서 예상보다 더 옅어지는 경우가 많고, 마르지 않은 상태에서 밝고 강렬해 보이는 선명한 색으로 작업할 때 특히 더욱 그러하다. 하지만 처음 칠했을 때 너무 강해 보일지라도 보통 과감하게 (그리고 용감하게) 작업하는 것이 좋다. 물감이 마르면서 색이 더 옅어질 뿐만 아니라 극도로 어두운 실루엣 부분이 더해지면 대비로 인해 가장 밝은 빨간색과 노란색도 뒤로 물러나게 된다. 투명한 색조를 겹쳐 칠해 색이 풍부해 보이게 할 수는 있지만, 수채화의 워시는 보강이나 반복된 덧칠이 아니라 하나의 레이어에서 색의 농도가 나올 때 더 산뜻하고 맑아 보인다.

▼ 반대쪽 그림이 마르기 전에 찍은 이 사진을 보면, 코끼리에 있는 짙은 부분이 처음 웨트 인투 웨트 기법으로 칠했을 때 얼마나 더 어둡게 보이는지, 그리고 완전히 마르기 전에 보라색 구름과 비친 그림자의 밝기를 확인할 수 있다.

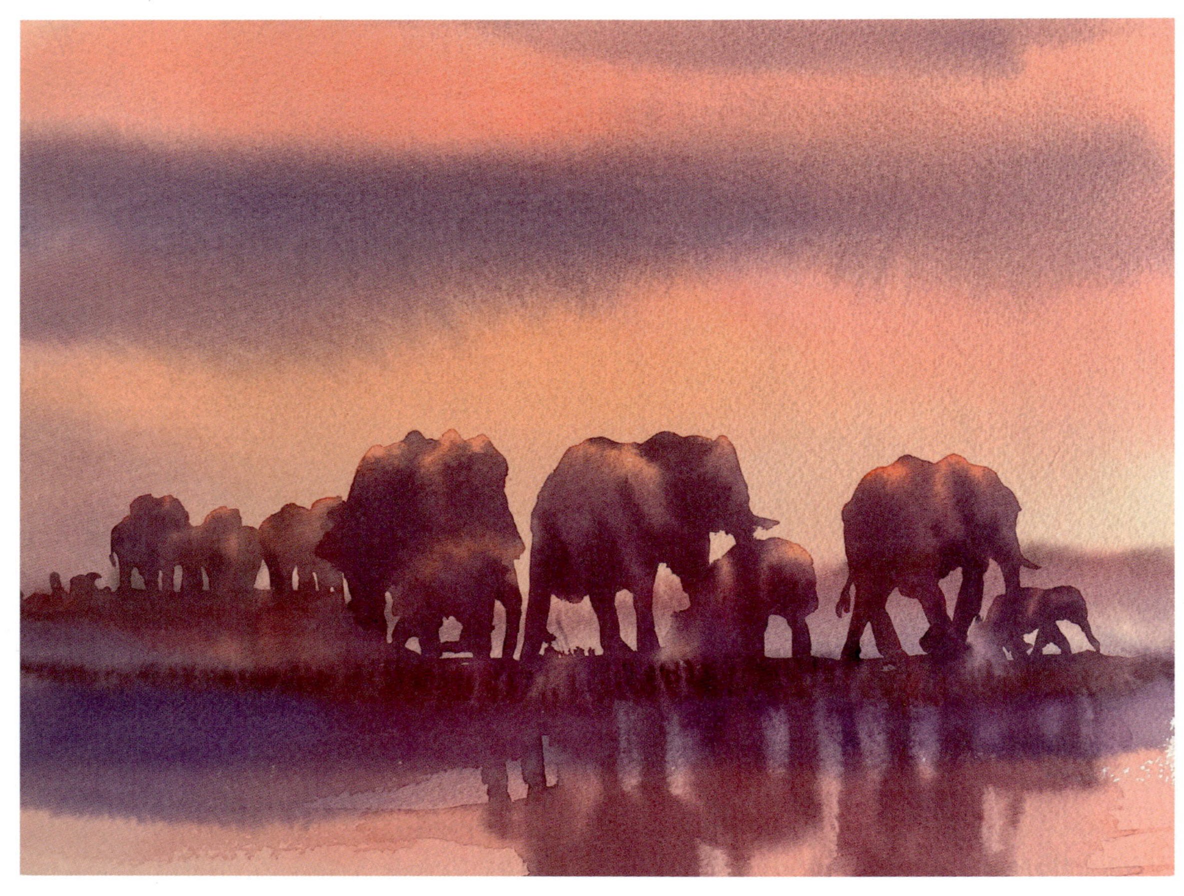

 한정된 팔레트로 그리는 수채화

▼ 빛의 강, 28x38cm(11x15in)

그림이 완전히 마르고 나면 색의 색조와 색상이 차분해져서 해가 지고 어스름해질 무렵의 풍경
을 압도하는 평온한 분위기가 나타난다. 여기서 선택한 빨간색은 퀴나크리돈 레드로, 색조가 그
다지 진하지 않은 차분한 빨간색이어서 쉬민케 바이올렛과 함께 조합해도 마르지 않은 상태에
서는 어두워 보이지만 짙은 어두운색을 만드는 데는 도움이 되지 못한다. 부드러운 이 조합을
비슷한 주제를 그린 94쪽 팔레트와 비교해 보자. 거기서는 빨간색(스칼릿 레드)의 색조가 더 짙고
노란색(트랜스페어런트 옐로)은 더 투명하여 이 그림에서보다 더 짙은 색조가 표현되었다.

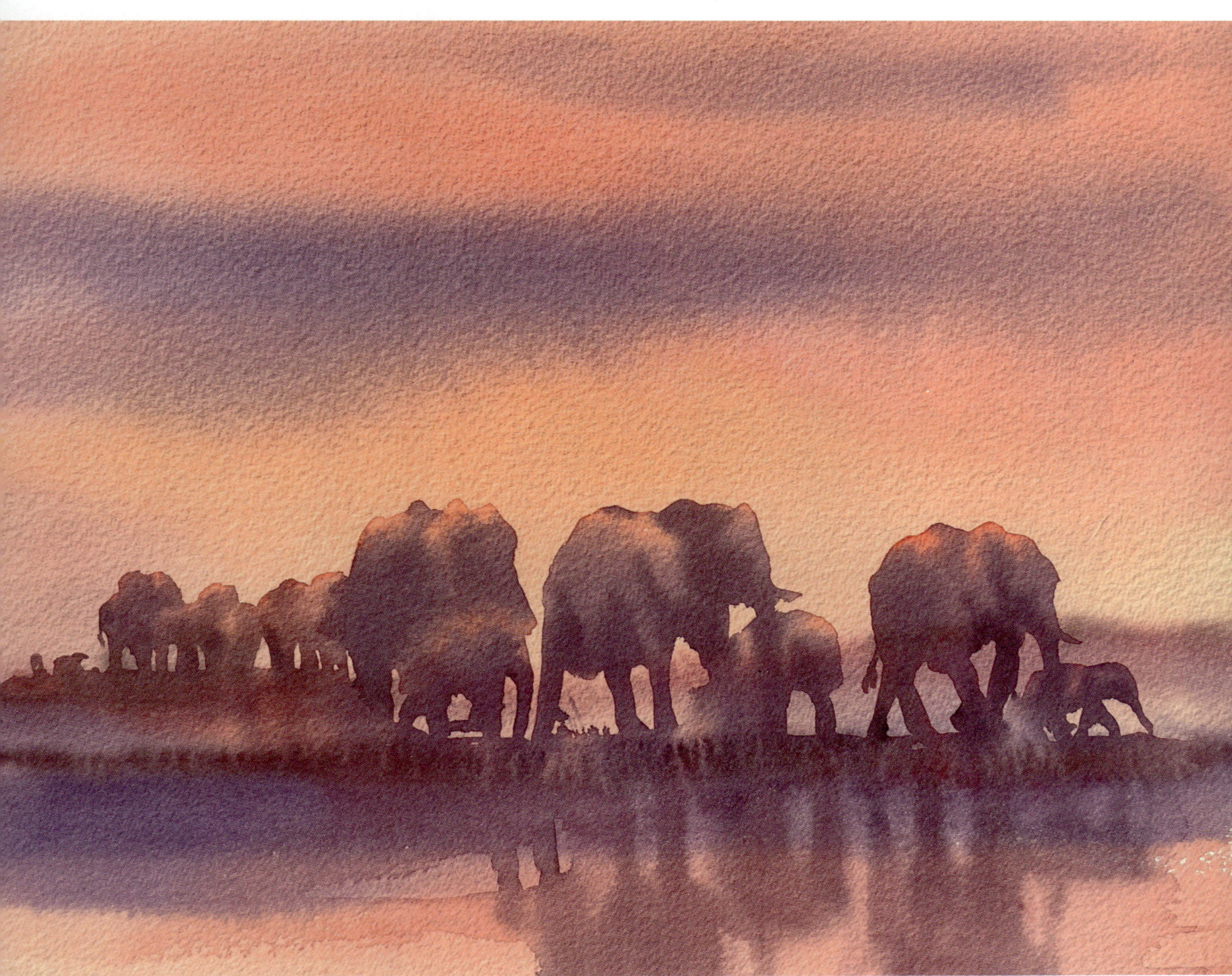

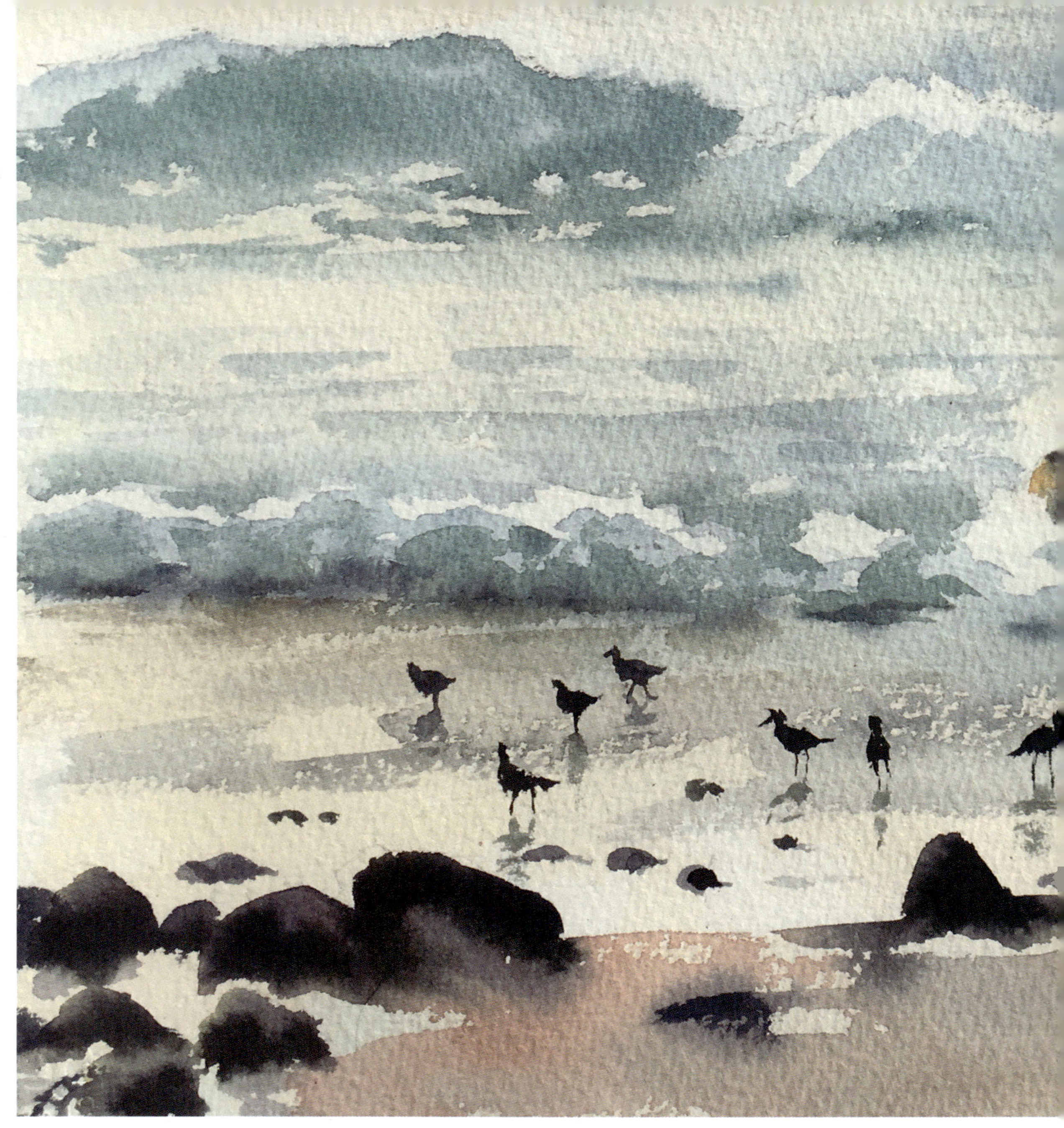

바다 풍경

바다에서 중심이 되는 색은 파란색이므로, 바다 풍경을 그리기 위해 구성하는 대부분의 조합에 서는 파란색이 가장 먼저 선택될 가능성이 매우 높다. 내가 현장에서 쓰는 팔레트에 늘 자리를 차지하고 있는 파란색은 울트라마린, 프러시안, 코발트, 세룰리안, 인디고이지만, 수채화에서 선 택할 수 있는 파란색의 범위는 정말 다양하다. 파란색을 선택할 때 주요하게 고려할 사항은 온 도 편향과 투명도이겠지만, 착색성과 닦아내기가 가능한지도 바다를 그릴 때는 매우 중요하다.

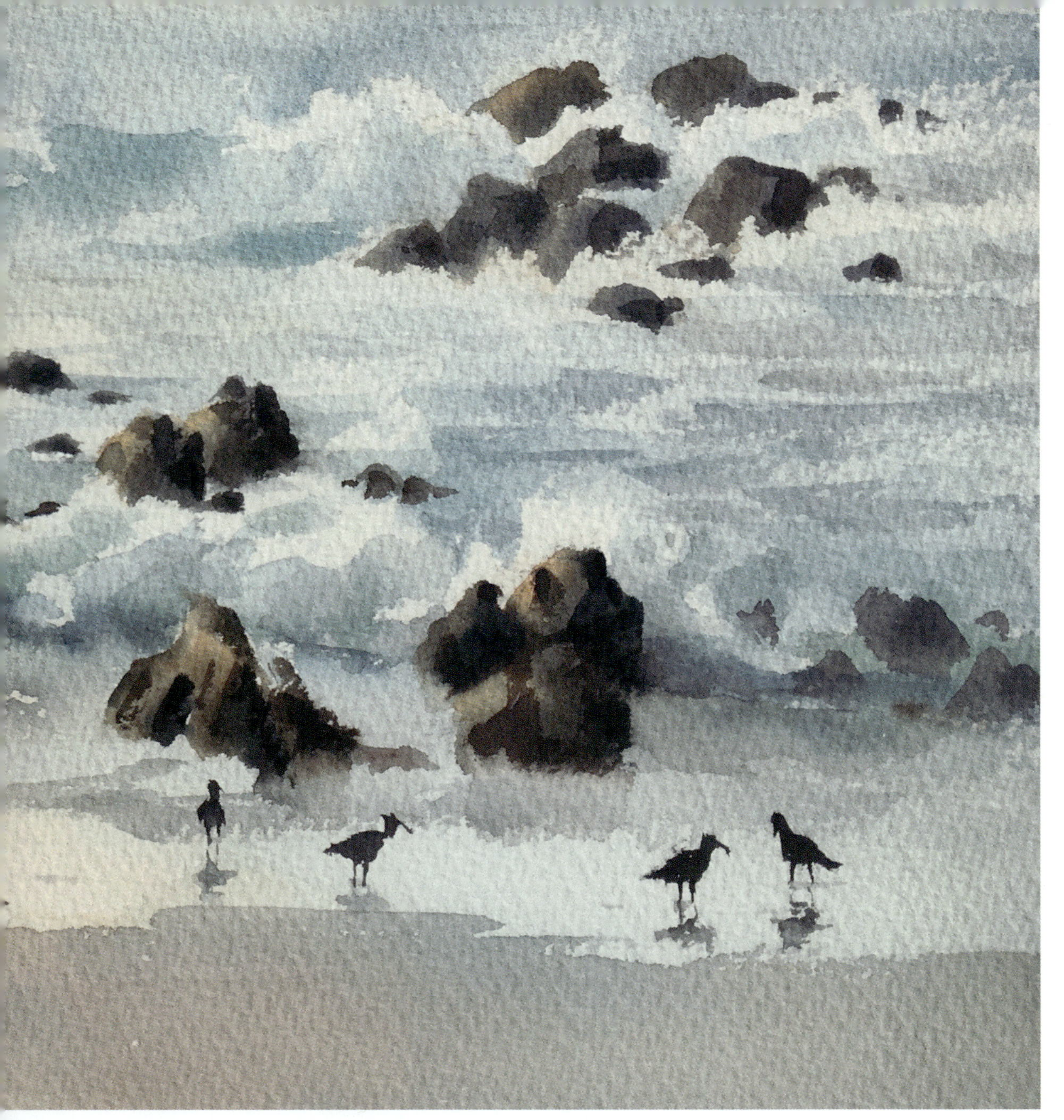

▲ 바다의 프릴, 20x38cm(8x15in)
프러시안 블루는 모래 위로 부서지는 바닷물의 차갑고 투명한 녹색에
잘 맞았다. 하늘에서 비추는 따뜻한 빛에 풍경이 물들어 있었기에 인
디언 옐로를 포함했다. 젖은 모래는 분홍빛을 띠어 세 번째 색으로 알
리자린 크림슨을 선택했고, 바위의 밝은 부분을 표현하기 위해 이를
노란색과 혼합했고, 그림자 및 어두운 바위와 새를 표현하기 위해서는
파란색과 노란색을 혼합했다. 처음에는 빠르게 검은색을 만들기 위해
번트 시에나를 추가할까도 생각해 봤지만. 그럴 필요가 없었다. 세 가
지 색이면 충분했다.

파란 바다, 파란 하늘

바다처럼 광활한 수면은 대개 짙은 파란색이지만, 꼭 똑같은 색상이라고 할 수는 없어도 하늘의 색을 반사하는 커다란 거울이 되기도 한다. 여기에 나와 있는 것과 같은 그림의 구도에서는 사실 수평선 넘어 하늘의 일부분밖에 보이지 않지만, 더 높은 하늘의 색이 바다에 반사되어 비친다. 하늘의 아랫부분은 태양의 각도나 공기 중의 수증기로 인해 위쪽의 하늘보다 더 열어 보일 수 있지만, 그렇다고 그림에서 색이 더 조화롭게 어우러지고 돋보이게 하기 위해 더 높은 하늘의 색을 아래로 가져올 수 없는 건 아니다. 나는 색상을 더 짙게 표현하기로 하고 하늘과 바다, 모래에 괴인 조수 웅덩이에 반사되어 비치는 하늘을 같은 색조로 이어지게 해서 하늘과 바다가 함께 어우러지도록 했다.

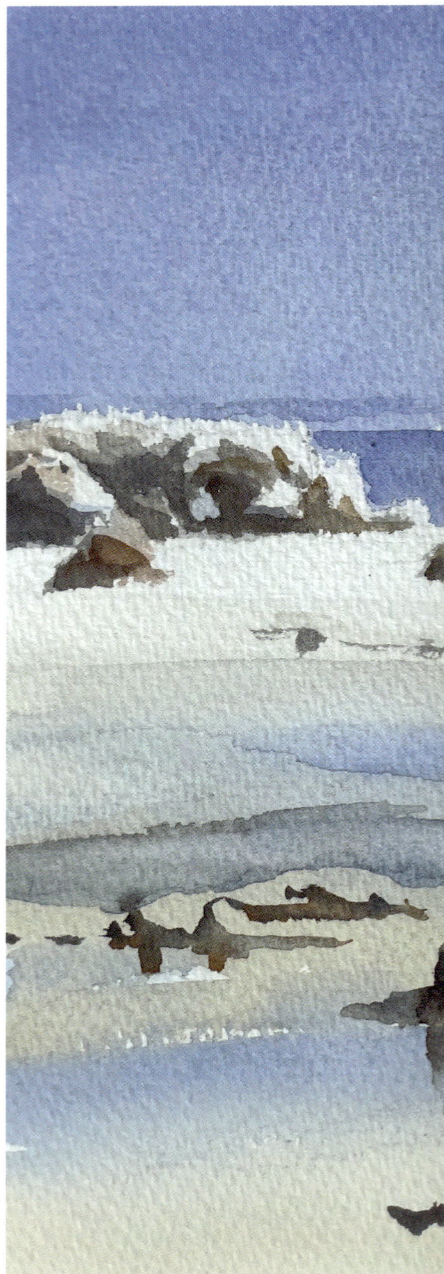

▶ 만조, 롱비치, 28x38cm(11x15in)
배경을 거의 수정하지 않고도 해변에 도착한 두 아들과 아버지가 구도에 무리 없이 더해졌다. 소년의 셔츠를 위해 카드뮴 레드를 추가해야 했는데, 카드뮴 레드가 더해지면서 대비로 인해 파란색이 더 선명해졌다. 계획은 성공적이었다!

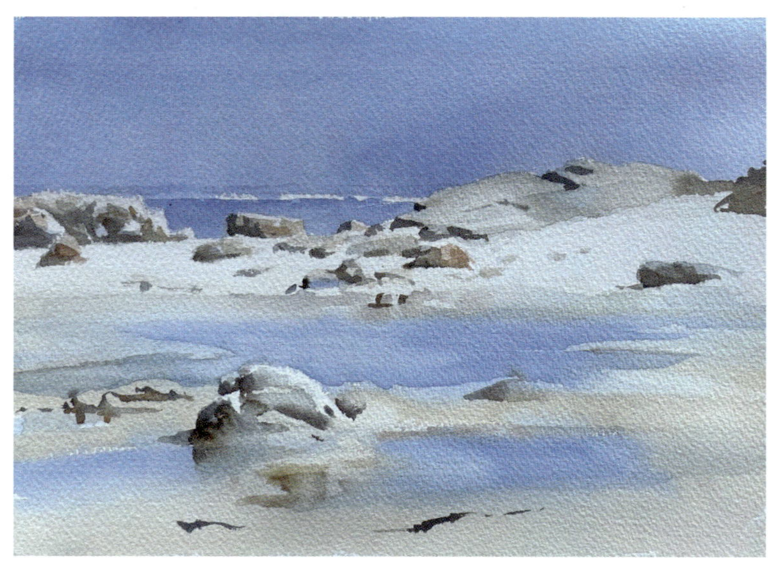

▼ 이 해변 풍경은 울트라마린 블루, 번트 시에나와 옐로 오커로 칠했다. 이 세 가지 색을 혼합하여 만든 각기 다른 회색은 그것만으로도 다양하고 보기 좋았지만, 움직이는 인물들을 더해 그림을 활기차게 만들고 싶었다.

색 선택

울트라마린 블루를 선택한 이유는 밝기와 따뜻함을 지니고 있고 번트 시에나, 옐로 오커와 섞어서 바위의 회색을 만들 수 있기 때문이었다. 또 인물을 추가하려고 해변에 사람들이 나타나기를 바라고 있었기 때문에 쉽게 닦아낼 수 있는 이 파란색을 선택했다. 다시 말해서 바위나 바다의 색을 닦아내서 밝은 부분이나 또는 사람이 실제로 나타났을 때 인물의 색을 표현할 수 있어야 했다.

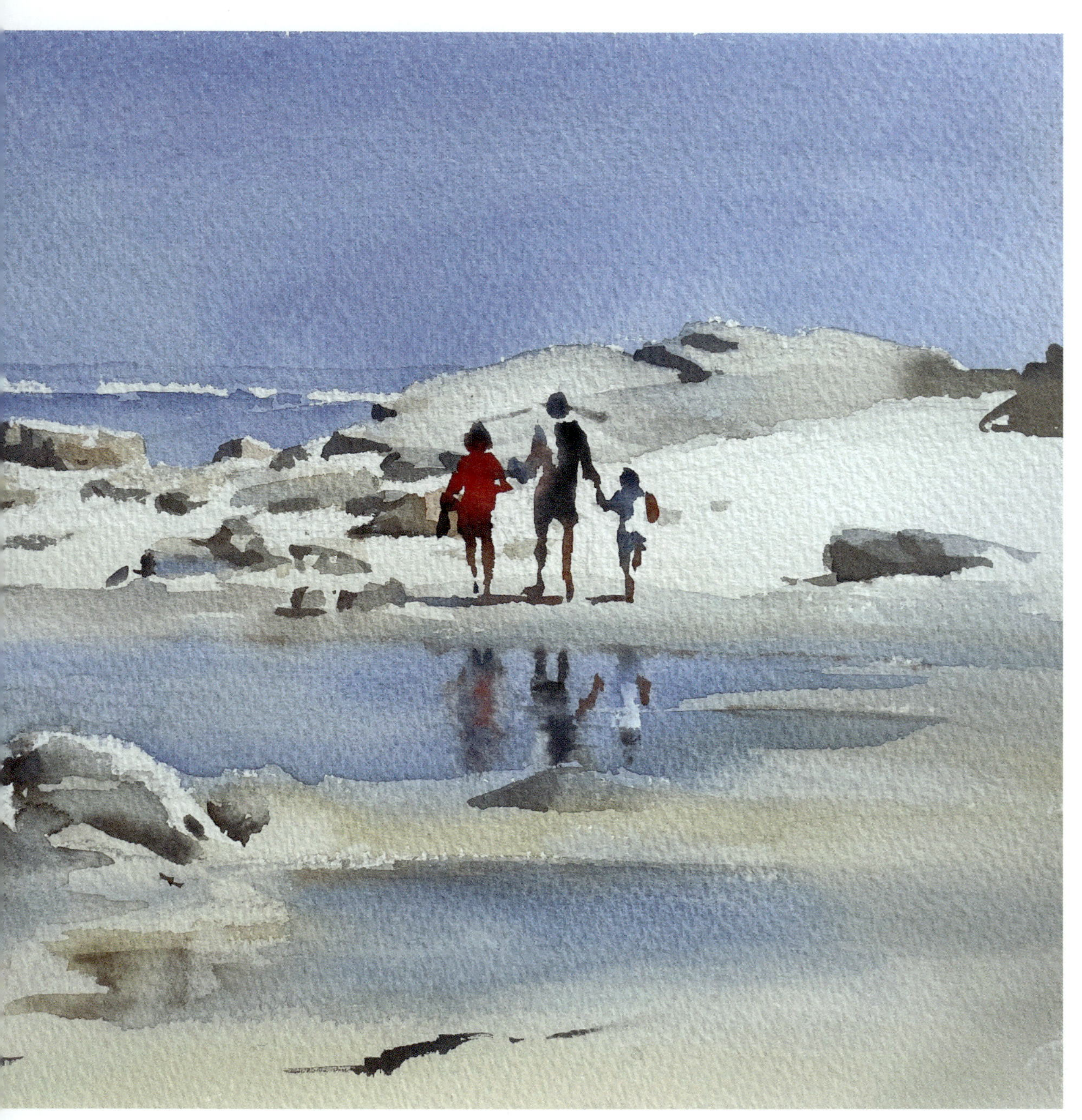

정취의 표현

날씨나 느낌 또는 정취를 묘사하는 것은 바다 풍경의 특성에서 필수적인 부분이다. 파란색의 온도와 전체 그림의 일반적인 기조를 통해 감상자에게 날씨의 특징을 설명할 수 있지만, 파란색의 편향이 정확하게 생각한 대로 작용하지 않을 수도 있다. 울트라마린이나 코발트와 같은 따뜻한 파란색은 파란 하늘과 어우러져 따뜻한 느낌을 무리 없이 전달하고, 차가운 파란색은 덜 따뜻하고 더 서늘한 날씨를 느끼게 해줄 수 있다. 하지만 파란색은 일반적으로 차가운 색이고 바다 풍경은 대개 파란색이 주조색인 경우가 많으므로, 그림에서 중요한 것은 선택한 색상의 차갑고 따뜻한 편향보다는 상대적인 온도이다. 따라서 항상 파란색을 선택할 때는 개별적으로 보기보다 전체 세트와 연관 지어 보아야 한다.

이 두 바다 풍경에서는 날씨의 느낌이 전해진다. 두 그림 모두 3색 팔레트를 사용해 그렸다. 둘 다에 옐로 오커와 번트 시에나를 선택했지만, 아래 그림에는 따뜻한 파란색인 울트라마린을 사용하고 오른쪽 그림에는 차가운 파란색인 세룰리안을 사용했다.

▼ **강아지 산책**, 23x30.5cm(9x12in)
옐로 오커, 번트 시에나와 울트라마린의 조합을 사용해 전반적으로 차가운 기조를 나타내지만, 세 가지 색은 모두 따뜻한 온도 편향을 보인다. 흘러가는 구름과 부서지는 파도 그리고 해변을 산책하는 사람의 걸음걸이는 차가운 기조가 이미 암시한 바람 부는 날씨의 느낌을 명확하게 나타낸다.

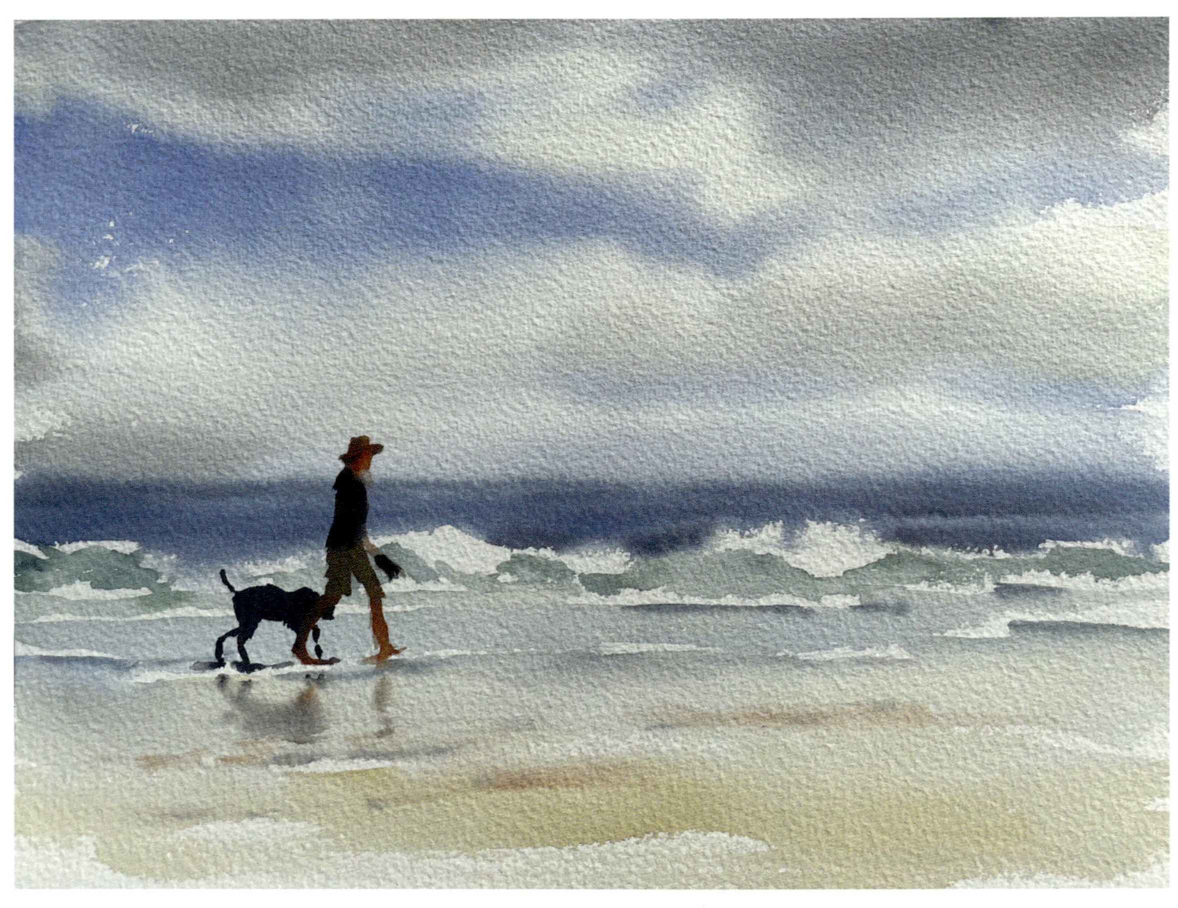

 한정된 팔레트로 그리는 수채화

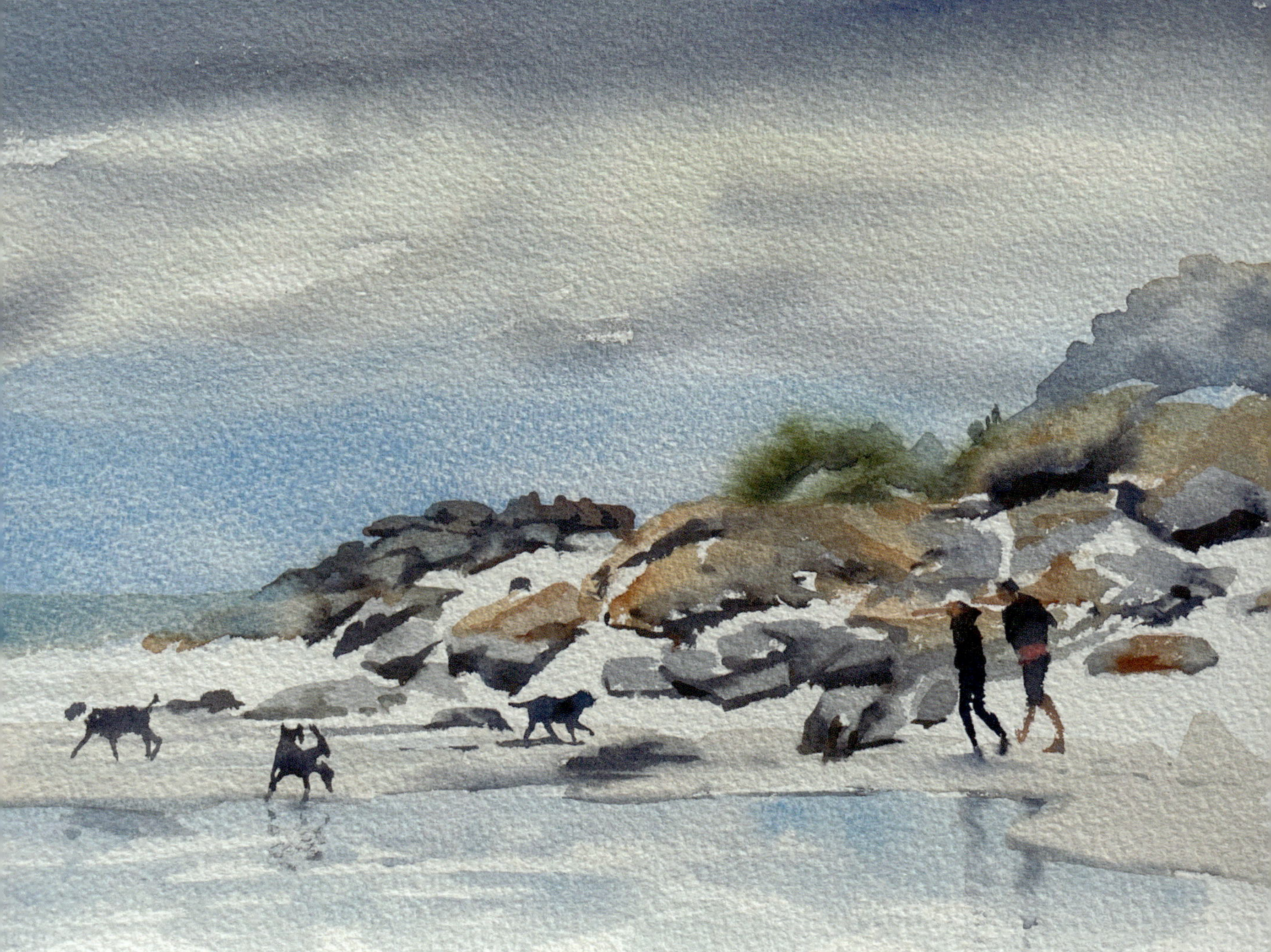

▲ 바람을 무릅쓰고, 롱비치,
23x30.5cm(9x12in)
이 그림에는 옐로 오커, 번트 시에나와 함께
차가운 파란색인 세룰리안이 사용되었다. 차
가운 파란색을 사용했지만, 바람이 부는 쌀
쌀한 날씨는 파란색의 온도 편향보다 인물들
의 포즈와 긴팔 옷으로 더 잘 알 수 있다.

거대한 바다 파도와 나란히 달리는 말들을 그린 다음 쪽의
그림은 또 다른 느낌을 나타낸다. 134쪽 그림의 파란색은 트
랜스페어런트 튀르쿠아즈로 앞의 두 그림에 쓰인 파란색보
다 훨씬 더 차가운 파란색이지만, 분위기는 활기차고 따뜻하
다. 그림 안에서 여러 색과 색조 간의 상호작용은 차가운 파
란색과 차가운 노란색을 따뜻하게 하는 효과를 낸다.

▶ 파도보다 더 빨리, 30.5x40.5cm(12x16in)
다음 쪽의 바다 풍경에서는 트랜스페어런트 튀르쿠아즈가 로우 엄버, 번트
시에나와 함께 3색 팔레트의 세트를 이룬다. 파란색과 노란색은 모두 온도 편
향에서 차가운 색이다. 차가운 파란색과 따뜻한 갈색으로 만든 검은색은 차
가워서 상대적으로 튀르쿠아즈를 녹색보다는 한층 파란색으로 보이게 하며,
로우 엄버의 차가움도 같은 작용을 한다. 마찬가지로 튀르쿠아즈도 로우 엄
버를 더 따뜻하게 보이게 한다.

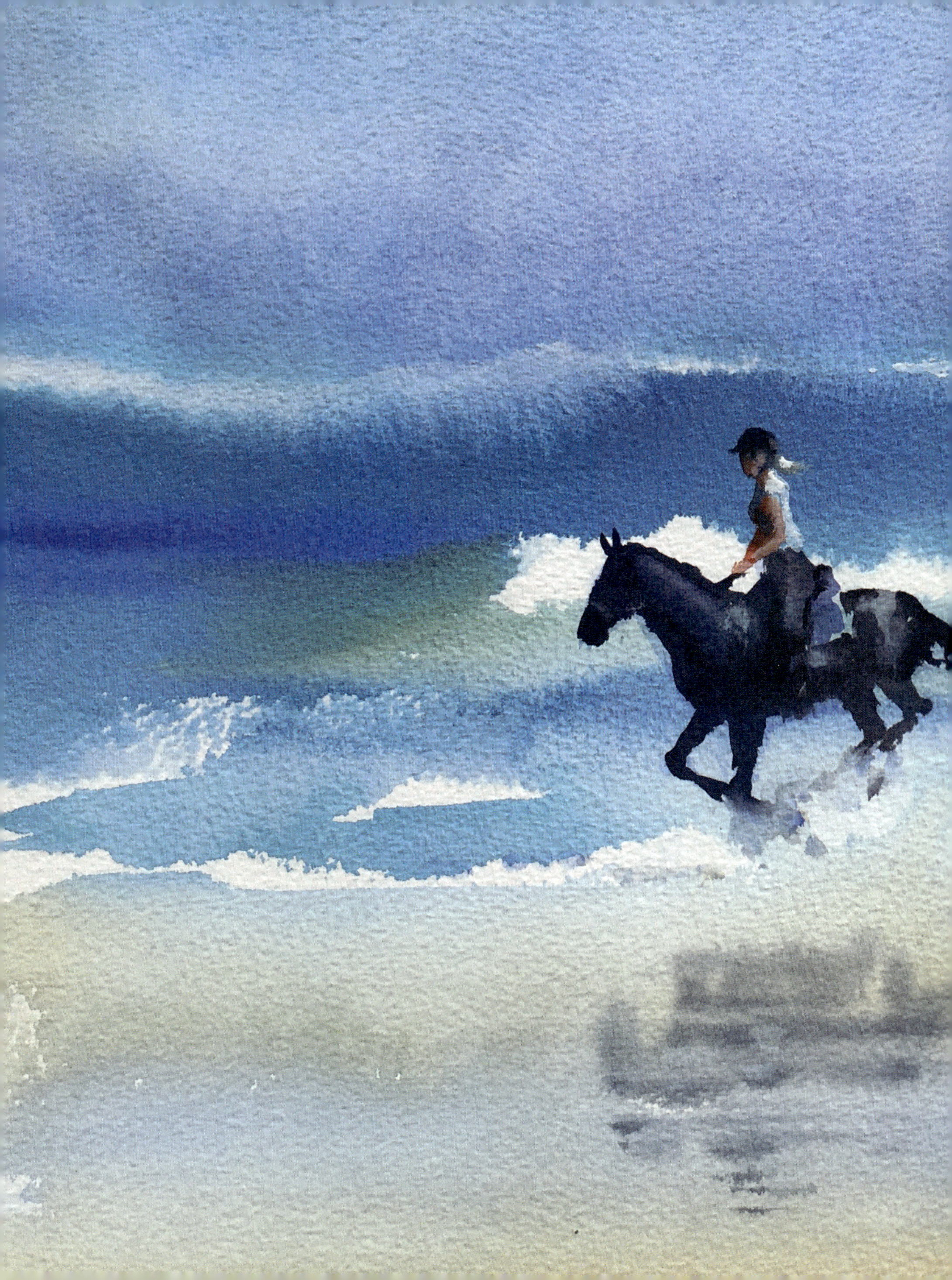

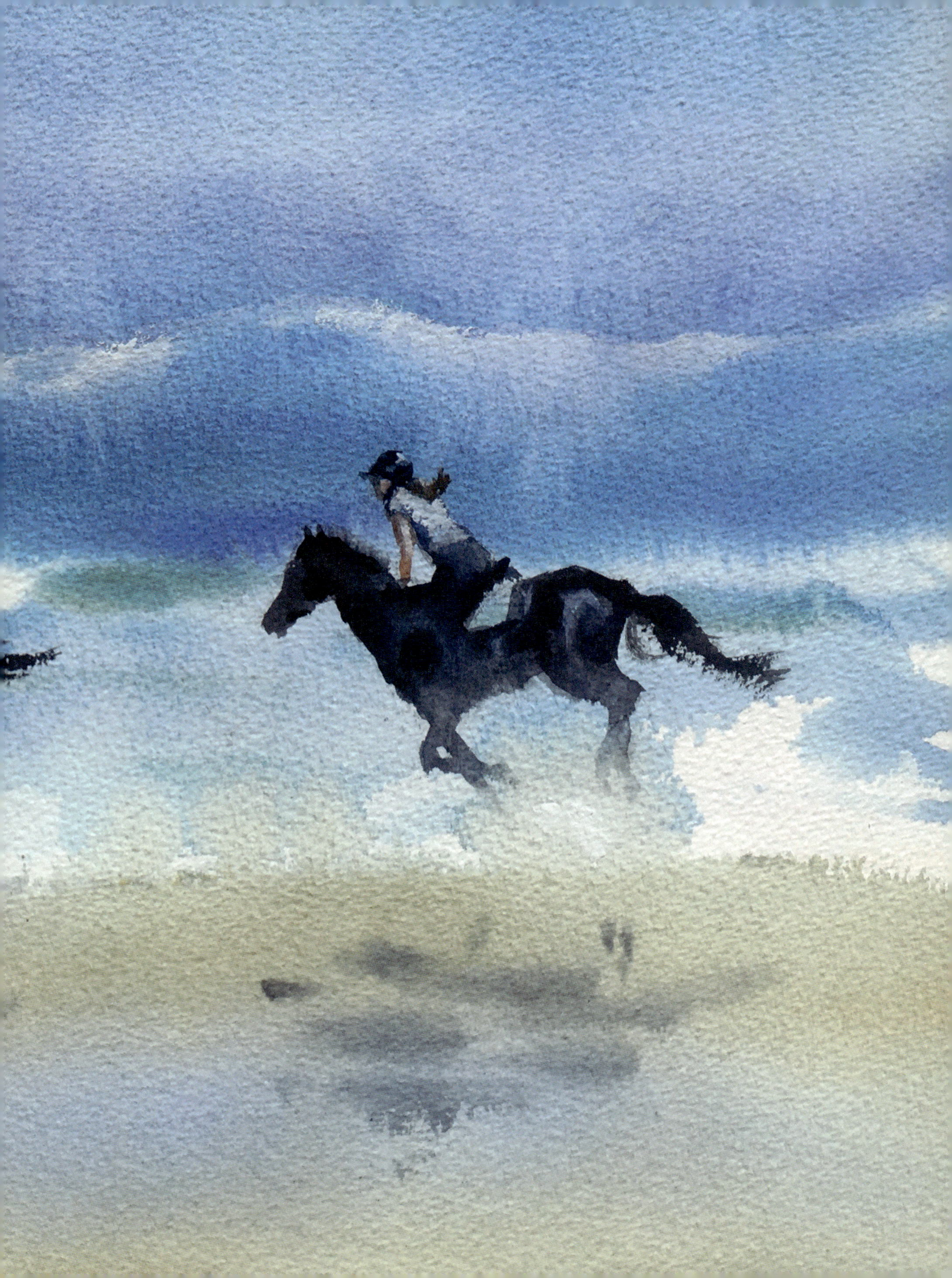

반사

바다에는 수평선 위의 하늘이나 풍경이 반사되어 비치기 때문에 바닷물이 파란색이 아닌 다른 색을 띠는 경우가 많다. 색의 선택은 주요한 색조가 좌우한다. 예를 들어 바다에 나무의 녹색이나 석양의 황금빛이나 장밋빛 색이 반사되어 비친다면 먼저 이 색을 표현할 수 있는 적절한 색상을 선택한 다음 그 색을 중심으로 나머지 세트를 선택한다.

왼쪽 그림은 시미Symi 섬에서 에게해 위로 해가 질 때 빠르게 그린 스케치이다. 건물은 황금빛으로 물들어 있었고 따뜻한 노란색이 아래쪽의 바다에 반사되었다. 나는 먼저 따뜻하고 투명한 색을 찾아 인디언 옐로를 선택했고 그림자의 노란색으로는 비슷한 색상이면서 색조의 농도가 더 짙은 로우 엄버를 선택했다.

파란색의 경우, 프러시안 블루가 적합했다. 차가운 색이어서 잔물결이 수면에서 교차할 때 노란색을 더 따뜻하게 보이게 하고, 혼합하여 집들 사이에 있는 녹색 나뭇잎을 채색할 수 있었다. 지붕과 여기저기 건물 표면을 칠할 옅은 색조의 빨간색이 필요했지만, 검은색이나 어두운색은 필요하지 않았기 때문에 카드뮴 레드를 선택했다. 이 색은 불투명해서 선명한 어두운색을 만들 수는 없지만, 희석하면 부드러운 색조는 유지되면서 노란색과 대립하지 않는 옅은 빨간색이 된다. 이를 사용하여 부둣가의 식당을 표시한 작은 붓자국에서 보이는 연한 회색의 혼색을 만들 수 있었다.

◀ **옅게 물든 바다,**
23x18cm(9x7in)
인디언 옐로, 로우 엄버, 프러시안 블루와 카드뮴 레드는 빠르게 그린 이 스케치에서 해질녘의 아련하게 따뜻한 색조를 표현한다.

▶ **푸른 석호,**
38x28cm(15x11in)
여기서는 석호의 잔잔한 수면에 호숫가 사구의 목초가 반사되어 비쳤다. 마음속으로는 소년의 스웨터를 위한 검은색을 만들기 위해 울트라마린 블루를 사용하거나 필요하겠다고 생각했지만, 그림의 나머지 부분을 진행하기에 앞서 번짐 효과가 잘 나타나야 했기 때문에 먼저 번트 시에나와 카드뮴 옐로를 선택하여 사구의 목초 색을 만들었다. 반사되어 비치는 그림자를 중심으로 색 세트를 선택할 때도 일반적으로 풍경을 그린 후 반사되는 부분을 그리는 것이 좋다. 그러면 원래 형상 아래에 반사되는 부분을 자신 있게 배치할 수 있다. 카드뮴 레드는 소년의 양동이를 위해 맨 마지막에 포함했다.

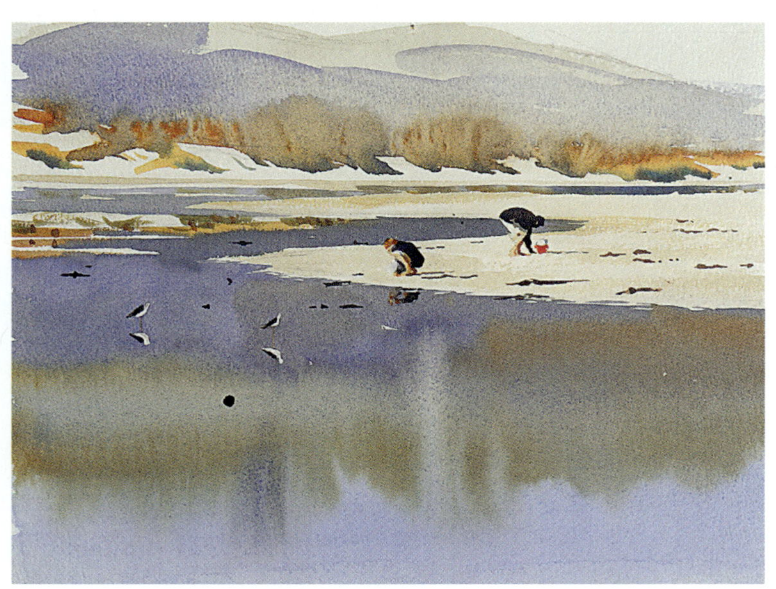

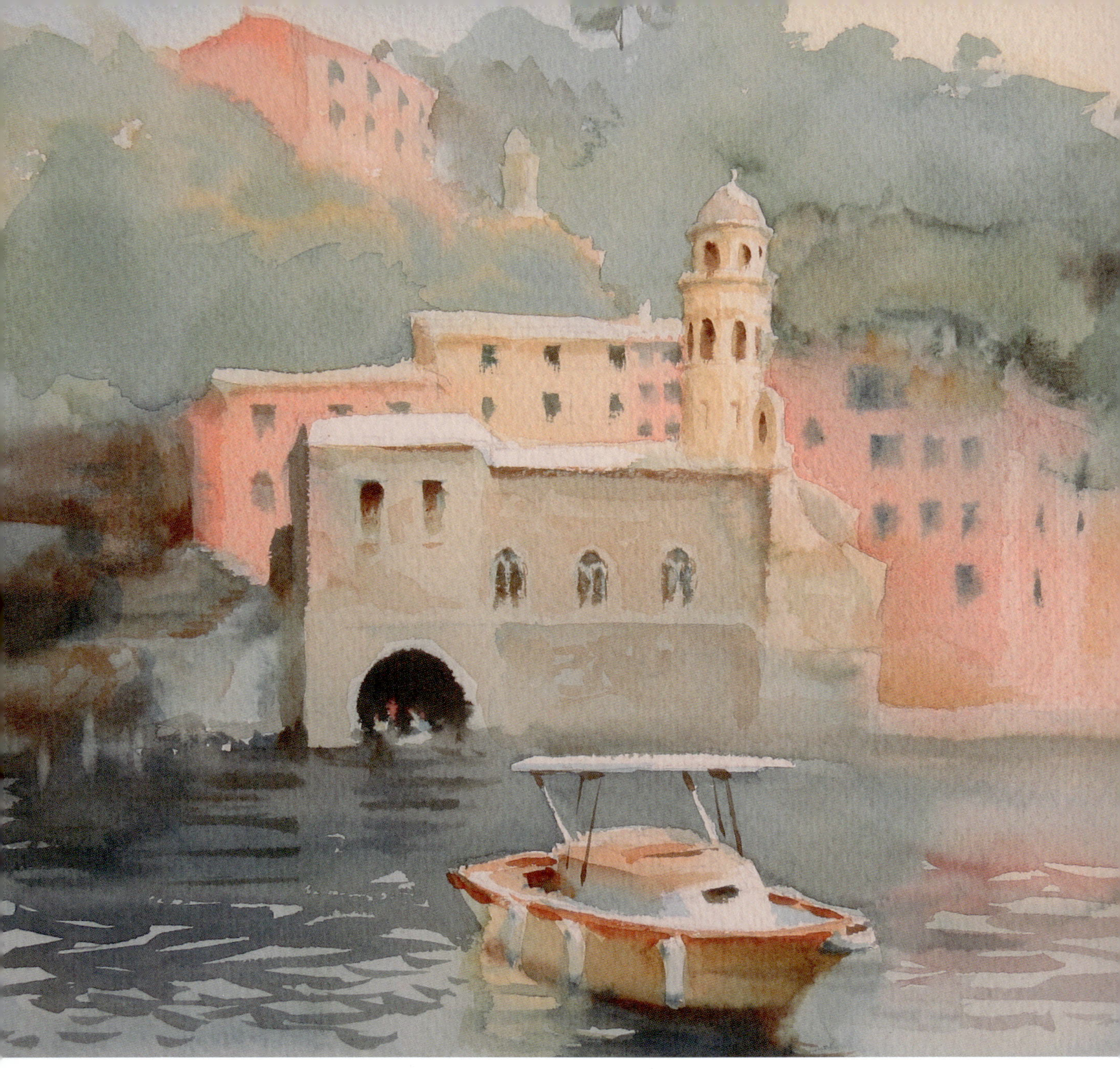

이탈리아 해안선을 따라 위치한 다섯 개의 유서 깊은 언덕 마을 중 한 곳의 이 작은 항구를 그리는 데는 다섯 가지의 색이 사용되었다. 포함된 색 중 세 개는 흙색으로, 세 개를 합쳐도 한 개의 안료에 해당된다. 순수한 빨간색은 퀴나크리돈 레드로, 배경의 건물과 나무배 상갑판의 고유색을 표현할 수 있는 부드럽고 밝은 색상과 완전한 투명성 때문에 선택했다. 로우 엄버와 옐로 오커는 더 어두운 색조를 나타낼 수 있는 번트 시에나와 함께 항구 망루와 건물 정면의 자연스러운 석조 색을 표현하기 위해 선택했다. 파란색은 프러시안 블루를 선택했는데, 온도가 차갑고 투명한 색이어서 로우 엄버와 섞어서 바닷물을, 옐로 오커와 섞어서 더 밝은 나무들을 그리고 번트 시에나와 섞어서 가장 짙은 음영을 표현할 수 있기 때문이다.

배와 건물

바다 풍경에는 종종 다양한 고유색을 자랑하는 배와 건물이 등장한다. 한 정된 팔레트는 색의 상호작용을 활용하여 광범위한 고유색을 표현할 수 있다. 핵심은 가장 주요한 색상을 찾은 다음, 머릿속으로 빨간색, 노란색, 파란색 혹은 갈색의 혼합에서 나올 수 있는 다양한 치환을 상상해 보면서 공통되는 색을 찾아내는 것이다. 여기에는 분명히 연습이 필요하지만, 흙색은 걱정 없이 추가할 수 있다는 점을 기억하자. 흙색은 모두 산화철로 만들어져서 혼색에 포함되는 안료 수가 늘어나지 않기 때문이다. 예를 들어 왼쪽의 베르나차 항구 그림에서와 마찬가지로 옐로 오커, 번트 시에나, 로우 엄버를 포함하면 더 많은 색을 쓰면서도 걱정 없이 효과적으로 한정된 팔레트를 사용할 수 있다.

코발트 세룰리안은 배의 고유색에 아주 적합한 선택이었다. 코발트 세룰리안은 세룰리안보다 더 투명한 색이어서 로우 엄버와 혼합하여 녹색이 도는 얕은 물을 표현할 수 있었다. 하지만 녹색 배에는 더 순수한 색상을 표현하기 위해 비리디언을 추가했다. 배의 줄무늬는 카드뮴 레드로, 대비를 통해 파란색과 녹색이 더 밝아 보이게 하고 작고 짙은 그림자에 적합한 혼색을 만들 수 있다.

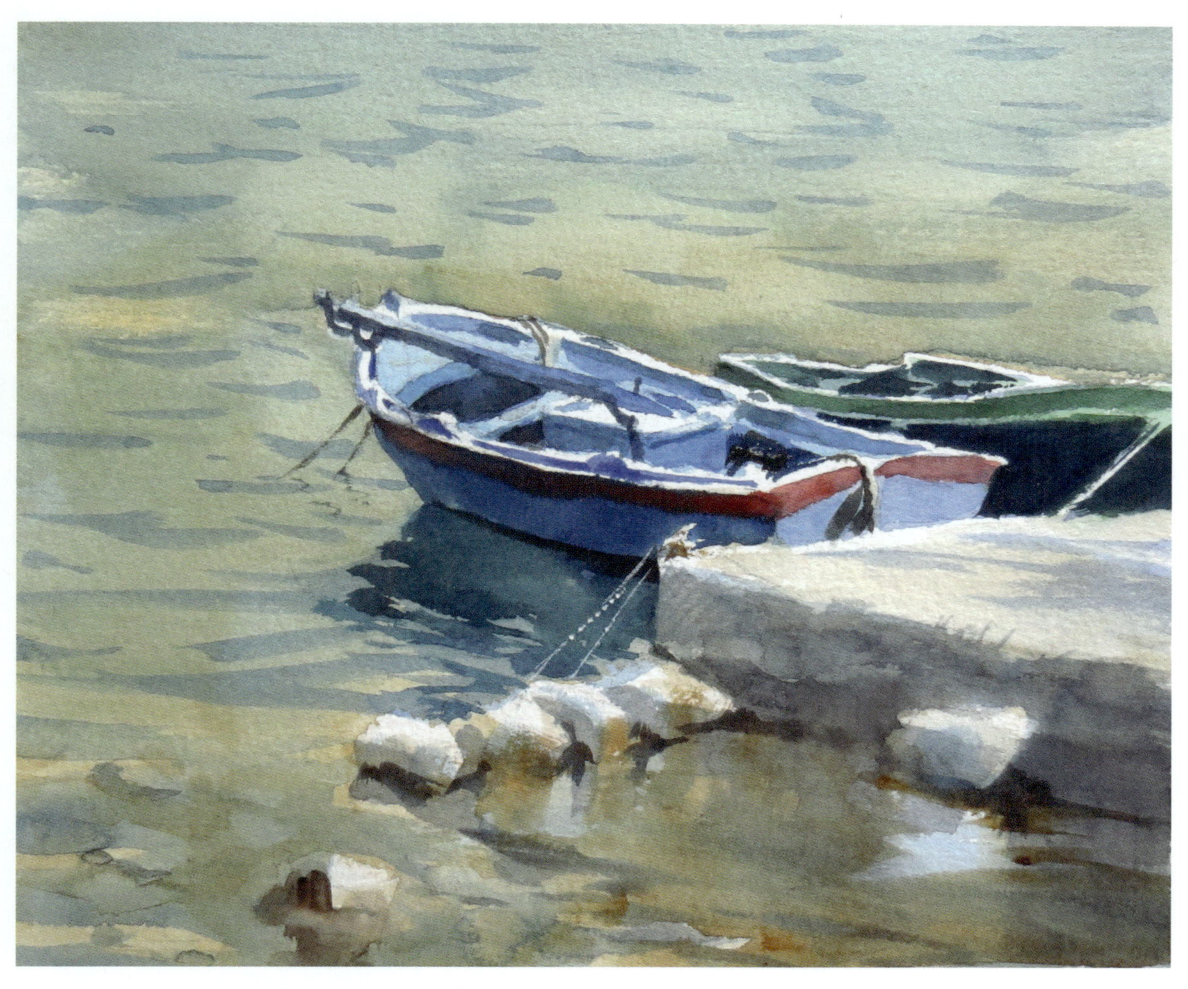

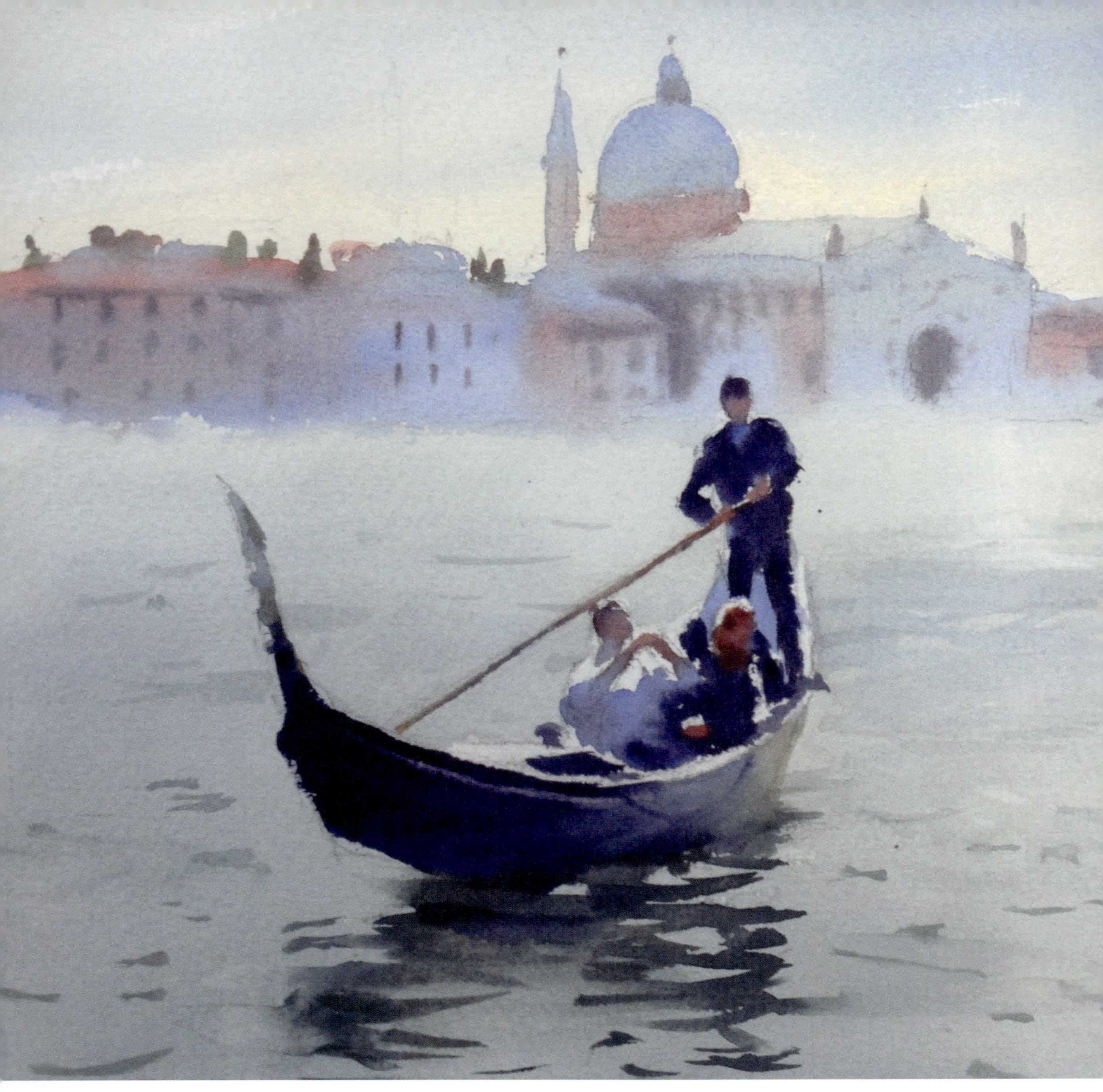

이 그림에서는 아주 미미하게 인디언 옐로를 사용했다. 색은 하늘 아랫부분을 엷게 물들이고 울트라마린 블루와 혼합되어 석호에 엷은 녹색을 더하고 곤돌라의 선미 쪽 수면의 반사를 표현한다.

이 그림에서는 하늘, 건물, 수면에 인디언 옐로를 더 많이 사용해서 전체적으로 다른 모습을 연출했다. 울트라마린 블루와 카드뮴 레드가 적절하게 혼합되어 곤돌라와 사공의 검은색이 된다.

같은 색, 다른 채색

같은 세 가지 색의 세트라도 각 혼색에 포함되는 안료의 양만 달리하면 완전히 다른 모습을 나타낼 수 있다. 여기 있는 비슷한 주제의 두 그림은 서로 다른 색으로 채색된 것처럼 보이지만, 둘 다 같은 세 가지 색, 즉 울트라마린 블루(파이니스트), 카드뮴 레드, 인디언 옐로의 세트로 채색되었다.

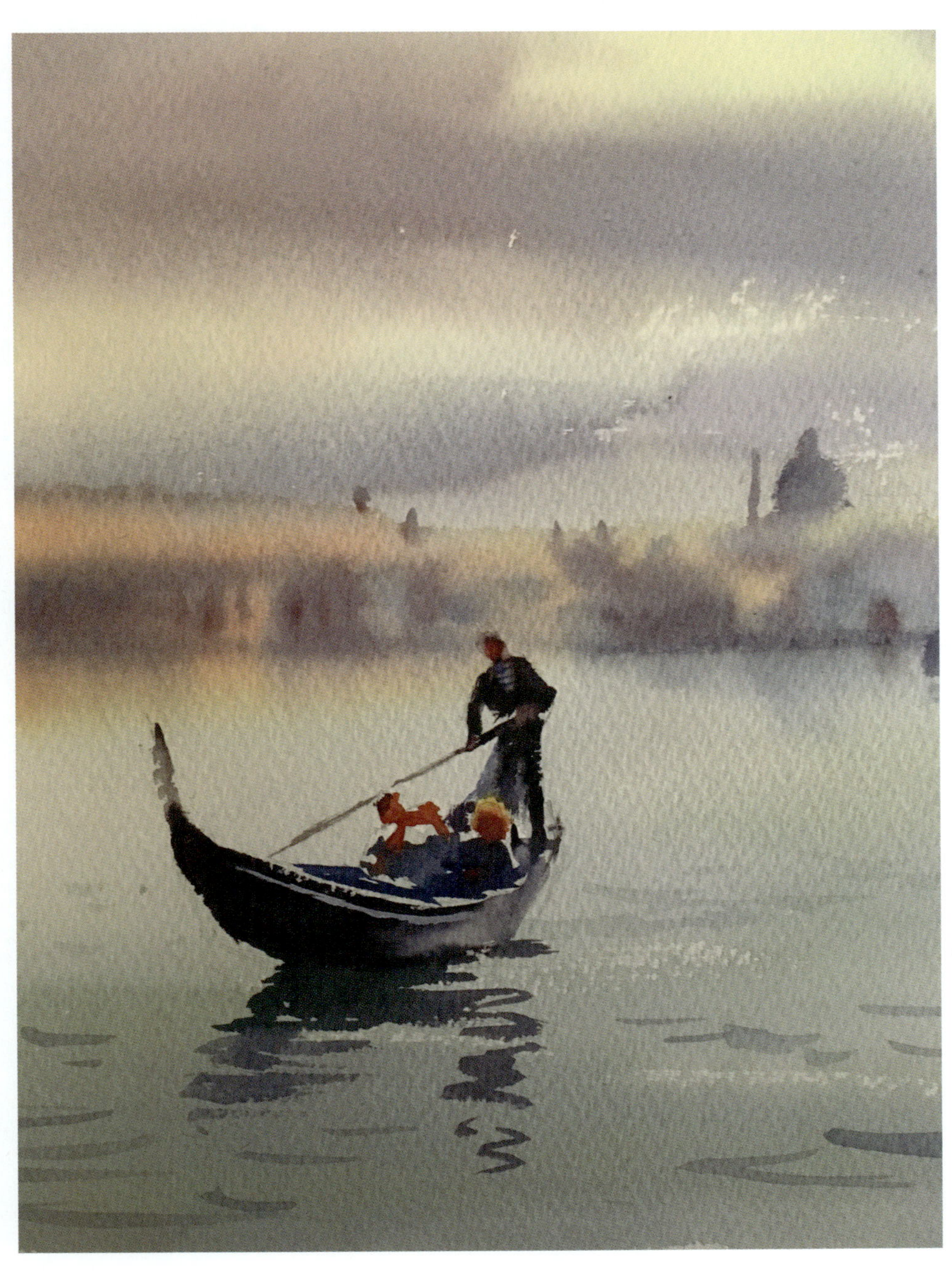

연상의 힘

바다와 해안은 단순하고 복잡하지 않은
배경을 바탕으로 하나의 초점이나 상황
을 표현할 멋진 기회를 제공한다. 재현
회화에서 관람자는 암시와 연상으로 쉽
게 그림을 이해하게 된다. 충분히 익숙한
이미지이기 때문에 화가는 묘사가 아니
라 암시를 해서 관람자가 상상력을 발휘
해 디테일을 채울 수 있게 한다. 연상과
단순함의 힘은 놀라운 설득력을 부여한
다. 한정된 팔레트가 수채화에서 그만큼
효과적인 또 다른 이유이다.

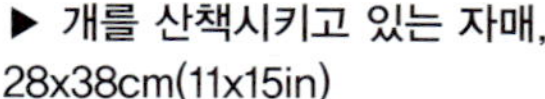

▶ **개를 산책시키고 있는 자매,**
28x38cm(11x15in)
이 그림을 그리는 데는 그리 많은 붓질이 필요하지
않았다. 울트라마린 블루와 로우 엄버 워시만 블렌
딩해서 바다와 해안을 쉽게 연상하게 했다. 아무것
도 칠하지 않고 흰 종이 상태로 남겨둔 네거티브 형
태는 부서지는 파도와 하얀 원피스에 환하게 비춘
빛을 암시한다. 강아지의 검은색인 울트라마린과
번트 시에나는 색조 대비를 연출한다. 카드뮴 레드
를 사용한 두 개의 가는 선은 소녀들이 허리에 두른
띠를 나타내며 함께 관람자를 향해 걸어 나오는 인
물들이 더 앞으로 나와 보이게 한다.

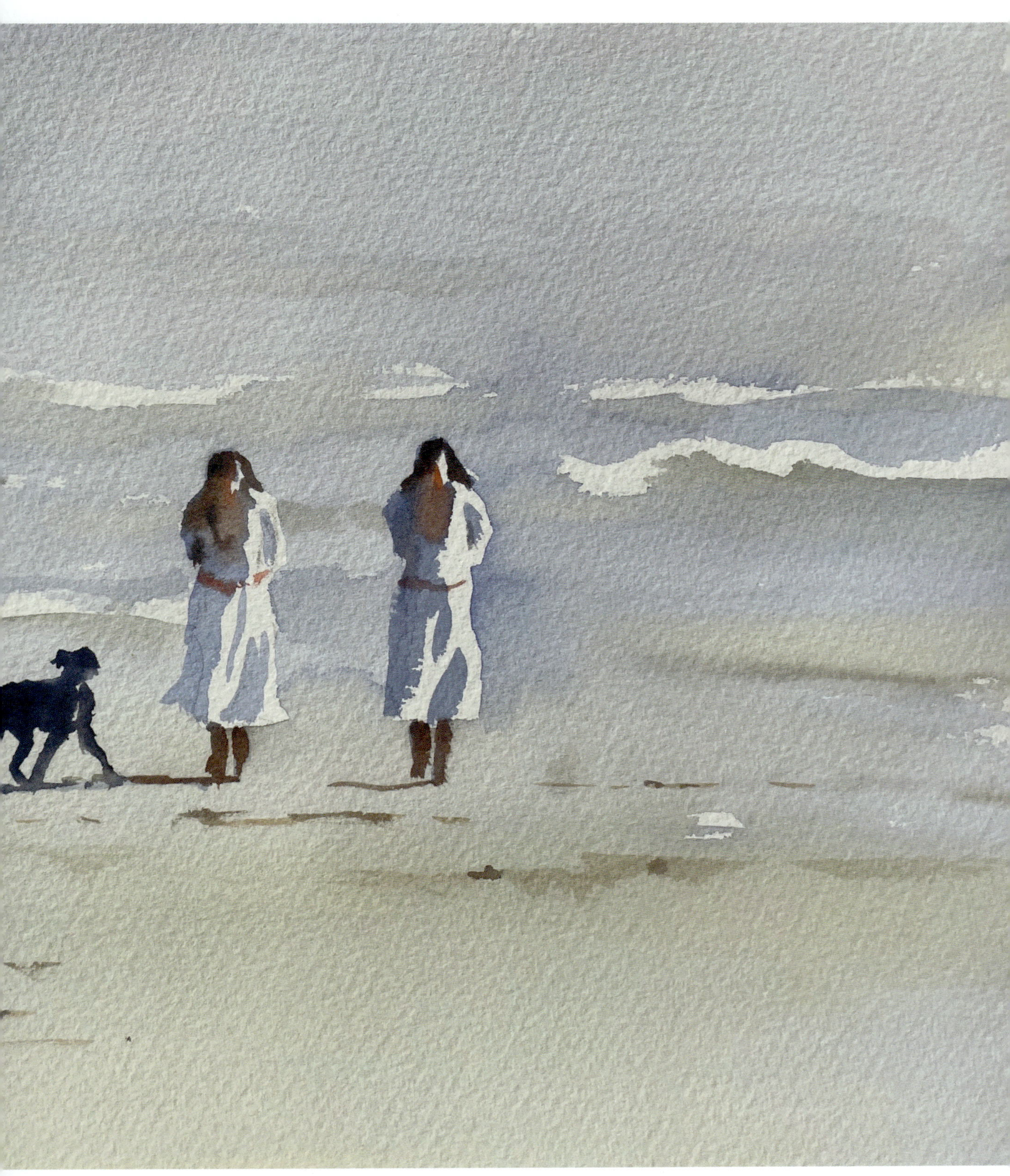

색의 레이어링 – 항구 풍경

그리스 시미 섬에 있는 네모난 집들의 파스텔색이 평온한 항구의 수면에 반사되어 비친다. 이른 아침 햇살이 정면에서 비치는 각진 구도여서 먼저 음영을 칠하기에 매우 좋은 시점이다. 그 후에 투명하고 옅은 색조로 건물 정면의 고유색을 추가하고 창문과 문을 칠한 다음 디테일을 더하기만 하면 된다. 바다의 색은 위에 있는 부둣가에서 반사되어 비치는 색으로 이루어져 있으므로 위의 시각 정보가 반영될 수 있게 가장 나중에 칠한다.

색 선택

필요한 경우에 반사된 부분의 색을 닦아낼 수 있도록 우선 울트라마린 블루를 선택했는데, 따뜻한 색의 하늘과 따뜻한 음영 그리고 배의 고유색과 잘 어울렸다. 나뭇잎의 색은 칙칙한 녹색이어서 무난하게 인디언 옐로와 혼합하여 만들 수 있었고, 인디언 옐로는 카드뮴 레드와 함께 파스텔 색조가 돋보이는 집들의 따뜻하고 옅은 노란색과 분홍색을 나타내기에 완벽했다. 나는 앞서 선택한 세 가지 색을 혼합해 검은색을 만들었을 때보다 더 투명한 검은색을 만들기 위해 번트 시에나를 추가하기로 했다. 그렇게 되면 이 투명한 적갈색을 창문과 음영의 색에 더할 수 있고, 더 투명할 필요가 있을 때는 카드뮴 레드와 함께 쓸 수 있었다. 그래서 그때부터 그림에서 그 두 가지 색을 모두 '나의 빨간색'으로 생각했다.

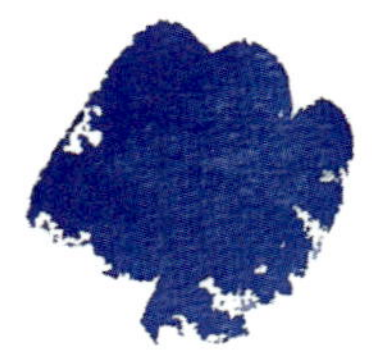
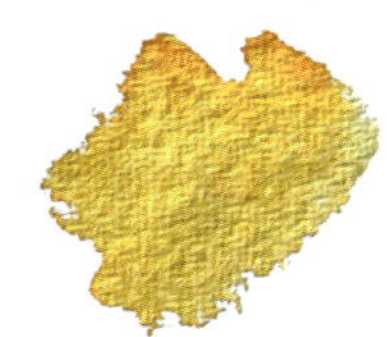

울트라마린 블루 (파이니스트) 인디언 옐로

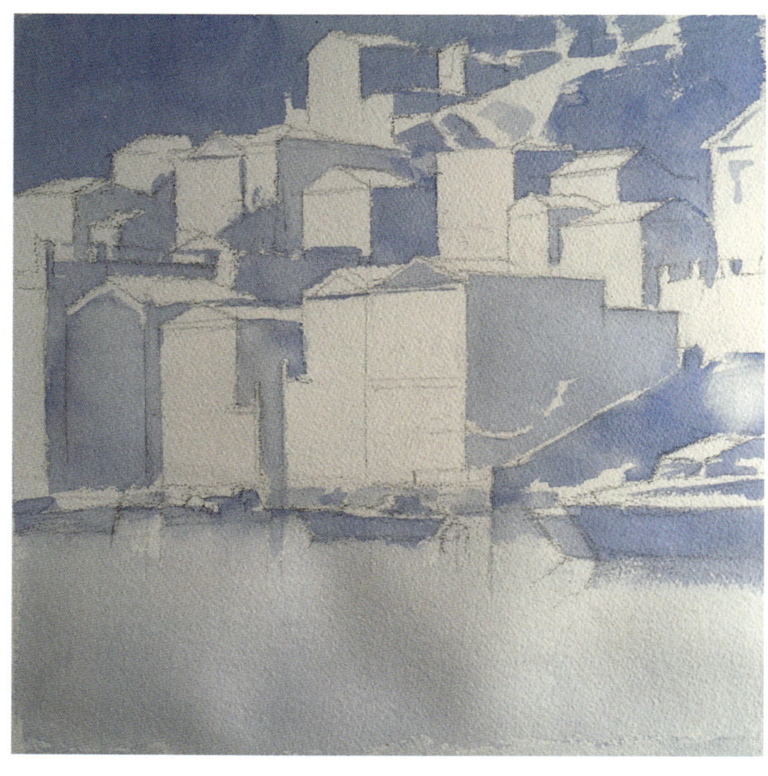

1 구도를 그린 후 하늘과 그늘진 모든 부분, 나무와 옅은 파란색 집 정면에 울트라마린 블루를 칠했다. 그런 다음 이 파란색을 더 묽게 하여 바다에 연한 색조의 워시를 칠했다.

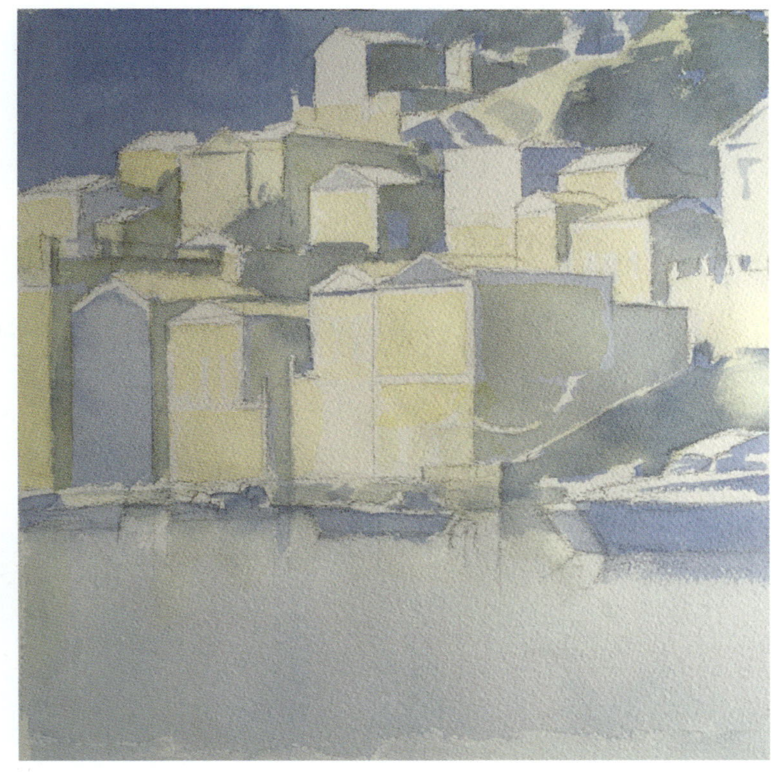

2 파란색 칠이 마른 다음, 나뭇잎과 함께 대부분의 건물 정면과 그늘진 측면을 인디언 옐로 워시로 칠했다. 바다에도 반사되는 부분 아래에 깔리도록 약간의 노란색을 엷게 칠했다.

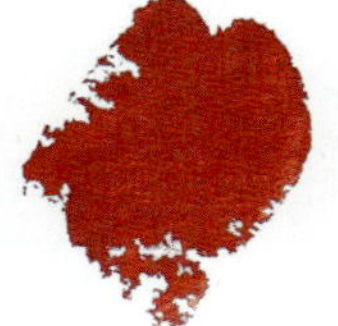
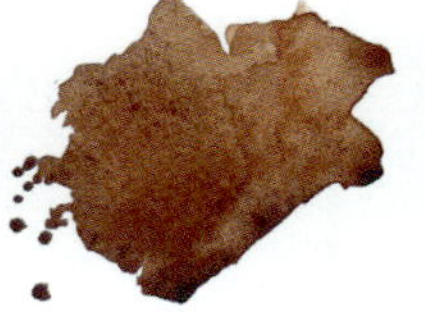

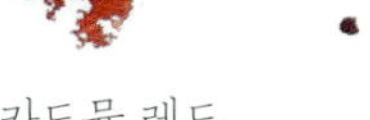
카드뮴 레드   번트 시에나

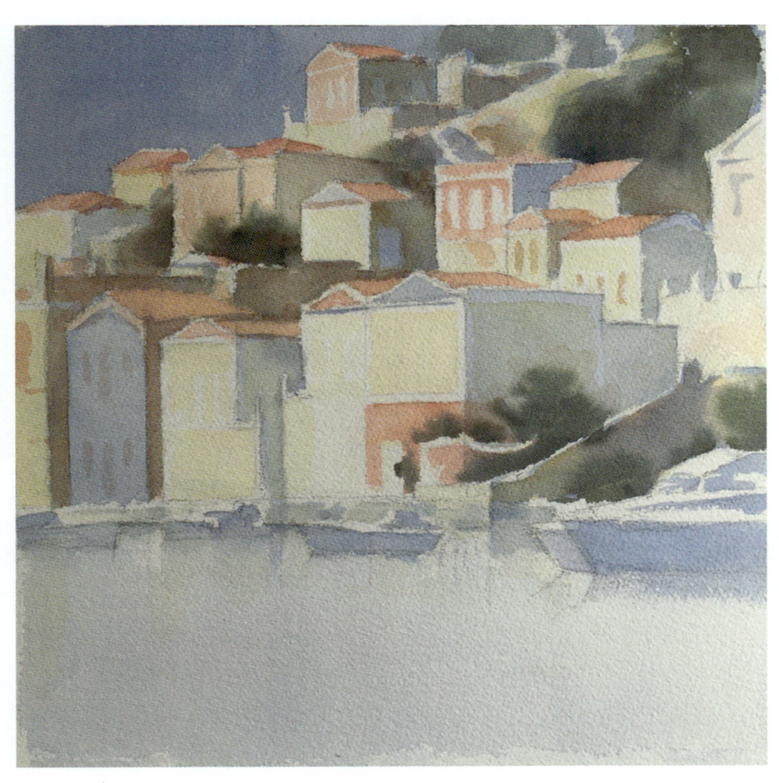

3 노란색 칠이 마른 다음 지붕과 건물 정면을 카드뮴 레드로 칠했다. 녹색을 더 진하게 하려고 번트 시에나를 따로 더하게 되었고, 약간의 엷은 카드뮴 레드를 함께 사용해서 그늘진 부분의 덧칠을 덜 불투명하게 만들었다.

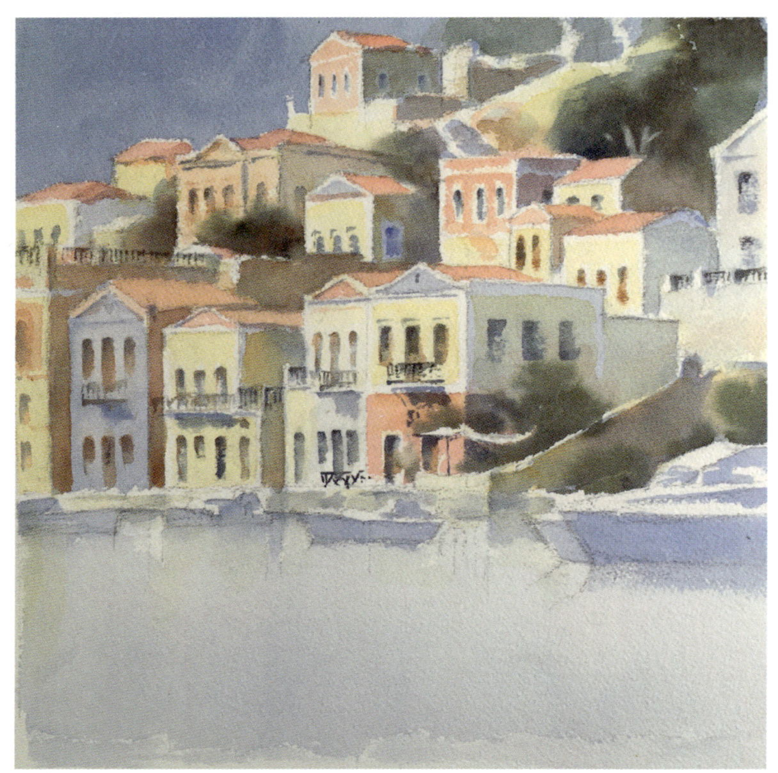

4 건물 정면과 측면의 벽이 완전히 마른 상태에서 작은 평붓으로 창문과 문 그리고 발코니를 추가했다. 난간의 얇은 검은색(번트 시에나와 울트라마린 혼색) 선은 리거 붓을 사용해 그렸다.

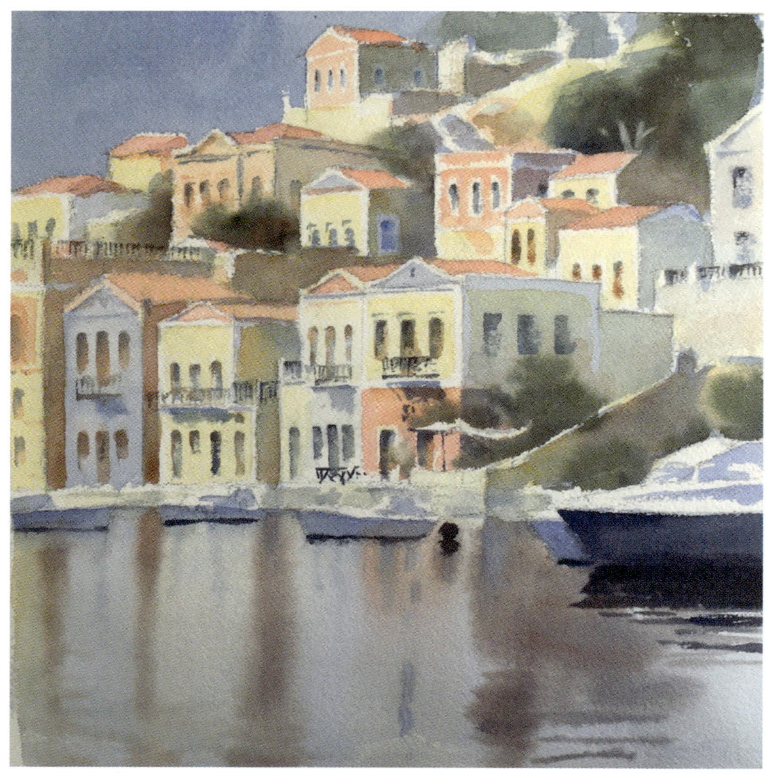

5 다양한 색의 집들 바로 밑의 바다 전체에 희석한 연한 색조의 파란색, 노란색, 분홍색을 칠했다. 집의 창문과 그늘진 측면의 더 어두운 그림자를 추가하기 시작하면서 경계를 흐릿하게 하려고 웨트 인투 웨트 기법을 사용했다. 파란색으로 배의 색조를 더 짙게 하고, 배가 수면과 만나는 선을 어둡게 했다. 언덕 높은 곳에 있는 나뭇가지에서는 색을 닦아내 어두운 나뭇잎과 대비를 이루는 밝은 나무껍질을 표현했다.

  한정된 팔레트로 그리는 수채화

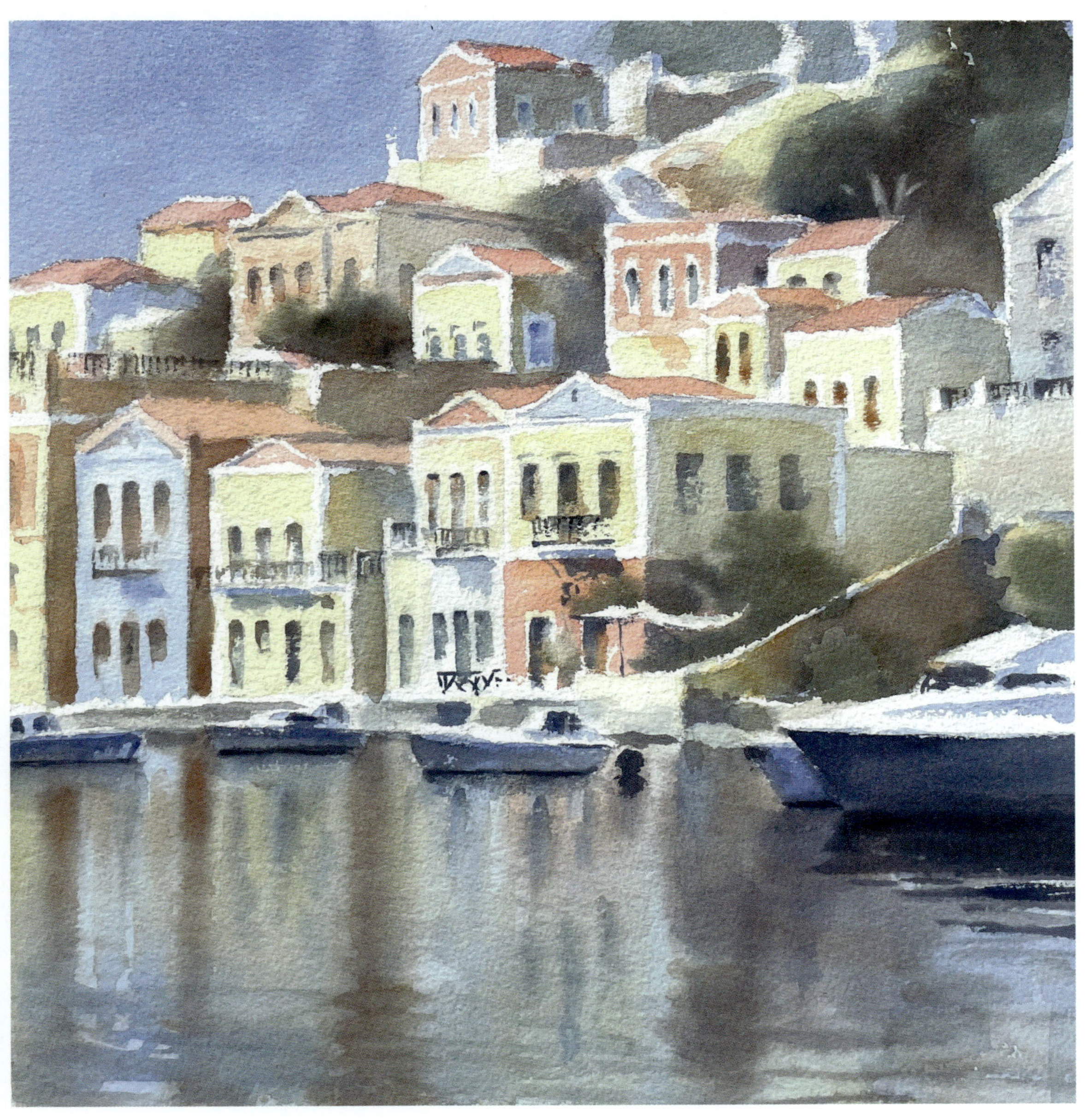

▲ 시미, 40.5x43cm(16x17in)
창문과 문에서 아래로 이어지는 그림자의 나머지 부분에 디테일을 더했다. 닦아내기를 통해 건물 정면이 반사되어 비치는 부분의 일부를 더 밝아지게 하고 사이사이의 음영을 더 어둡게 했다. 배의 음영도 더 자세히 묘사했다.

장소와 공간

도시, 건물, 광장, 차량, 카페와 실내는 인공적인 구조물과 인공적인 색으로 가득하다. 언뜻 보기에는 풍경이나 바다 풍경보다 별개의 색이 더 많이 필요한 것처럼 보일 수 있다. 하지만 색상과 색조, 온도 편향 사이의 대비 효과로 인해 내가 그리고자 하는 대부분의 대상에는 일반적으로 3색이나 4색 혹은 5색이면 충분하다. 필요한 색의 수는 보통 빛의 각도에 따라 다르다. 빛이 정면이나 측면에서 비추면 고유색의 영향력이 보고 칠하기에 더 명확해지지만, 뒤에서 비추면 밝은색에 그늘이 지므로 정확한 색상을 드러낼 필요가 없을 수 있다. 7쪽의 그림을 참고하자.

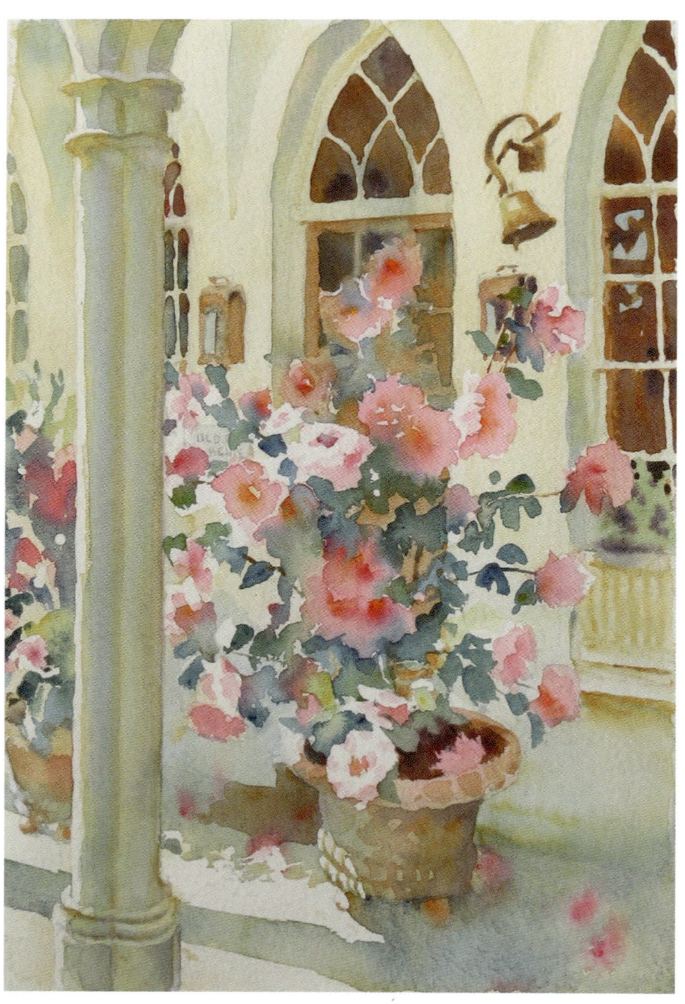

◀ 주랑, 올드 포드 하우스,
28x20cm(11x8in)
옐로 오커, 루비 레드(퍼머넌트 로즈), 프러시안 블루의 세 가지 색이 풍성한 꽃으로 장식된 영국식 주랑의 일부분을 그린 이 그림에서 부드럽게 조화를 이룬다.

▶ 역사의 시선,
50.5x35.5cm(20x14in)
베네치아풍 건물 외벽의 창문은 알리자린 크림슨, 옐로 오커와 울트라마린 블루(파이니스트)로 채색했다.

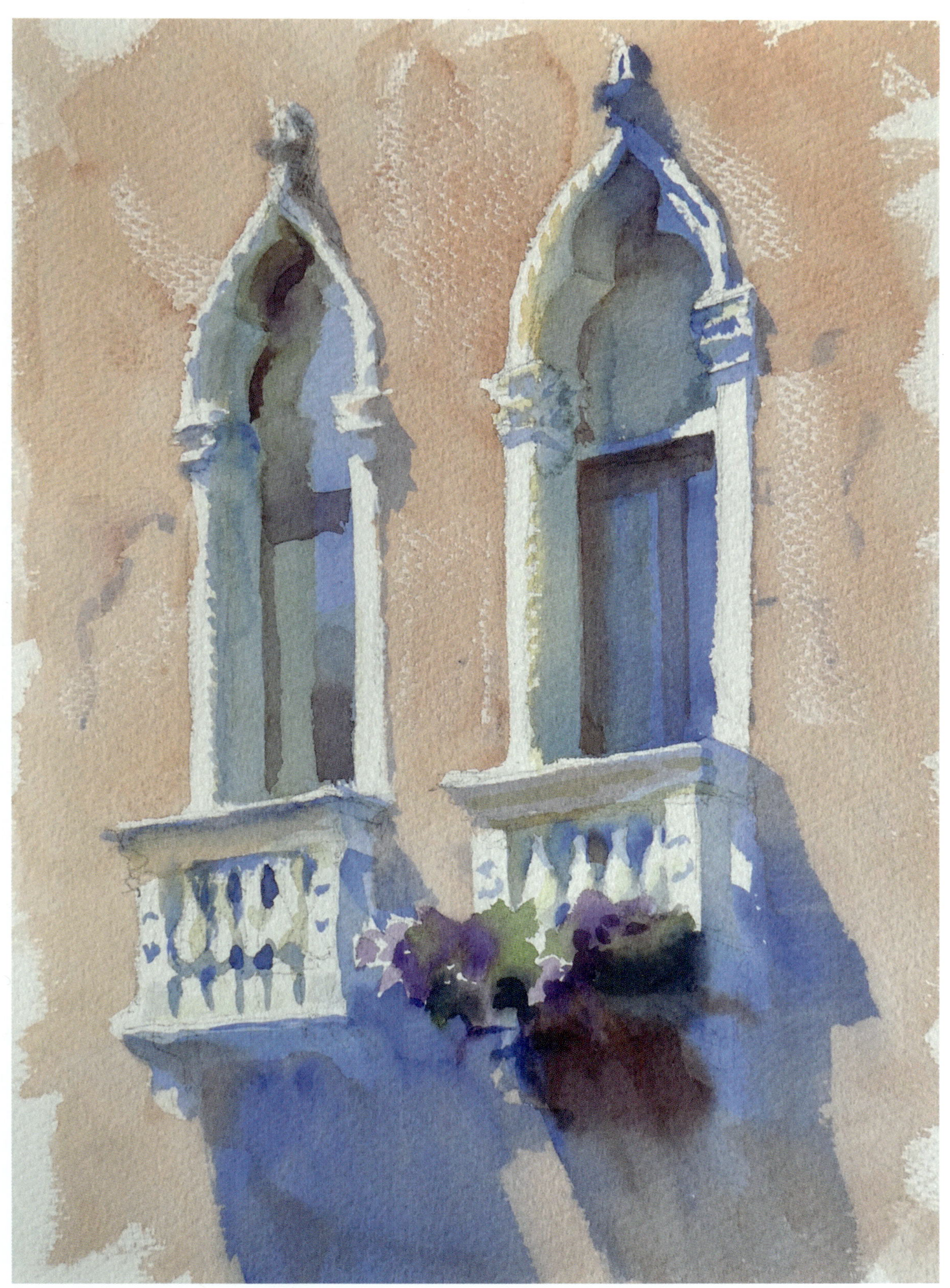

넣을까 말까?

그림에 사용되는 안료가 적을수록 칙칙하거나 탁한 색이 나올 가능성이 줄
어들지만, 3색이 4색보다 낫다거나 4색이 5색보다 낫다는 근거는 없다. 이
는 네 번째 색을 넣을지 말지에 대해 고민하는 경우가 많을 것이란 뜻이다.
여기에 있는 두 그림은 이러한 상황의 예를 보여주는데, 선택을 결정지은 요
인은 빛이었다. 문제는 번트 시에나를 포함할지 여부였다.

아래 실내 그림의 초점은 흰색 소파에 드리운 빛과 그림자이다. 나는 울트
라마린 블루와 옐로 오커를 선택했는데, 두 색을 섞으면 하얀 천의 그림자
속에 반사된 빛의 아름다운 광채를 표현할 수 있다는 것을 알고 있었기 때
문이다. 커피 테이블 역할을 하는 빈티지 트렁크 아래의 빨간 카펫은 햇빛
을 받아 엷은 분홍빛을 띠고 있었다. 이 색상을 표현하기 위해 알리자린 크
림슨을 선택한 다음, 이미 선택한 세 가지 색의 조합으로 문틀과 트렁크를
채색할 수 있을지 아니면 고유색으로 번트 시에나를 추가해야 할지를 따져
보았다. 결정에 영향을 준 요인은 배경에 있는 나뭇잎의 색과 색조였다. 알

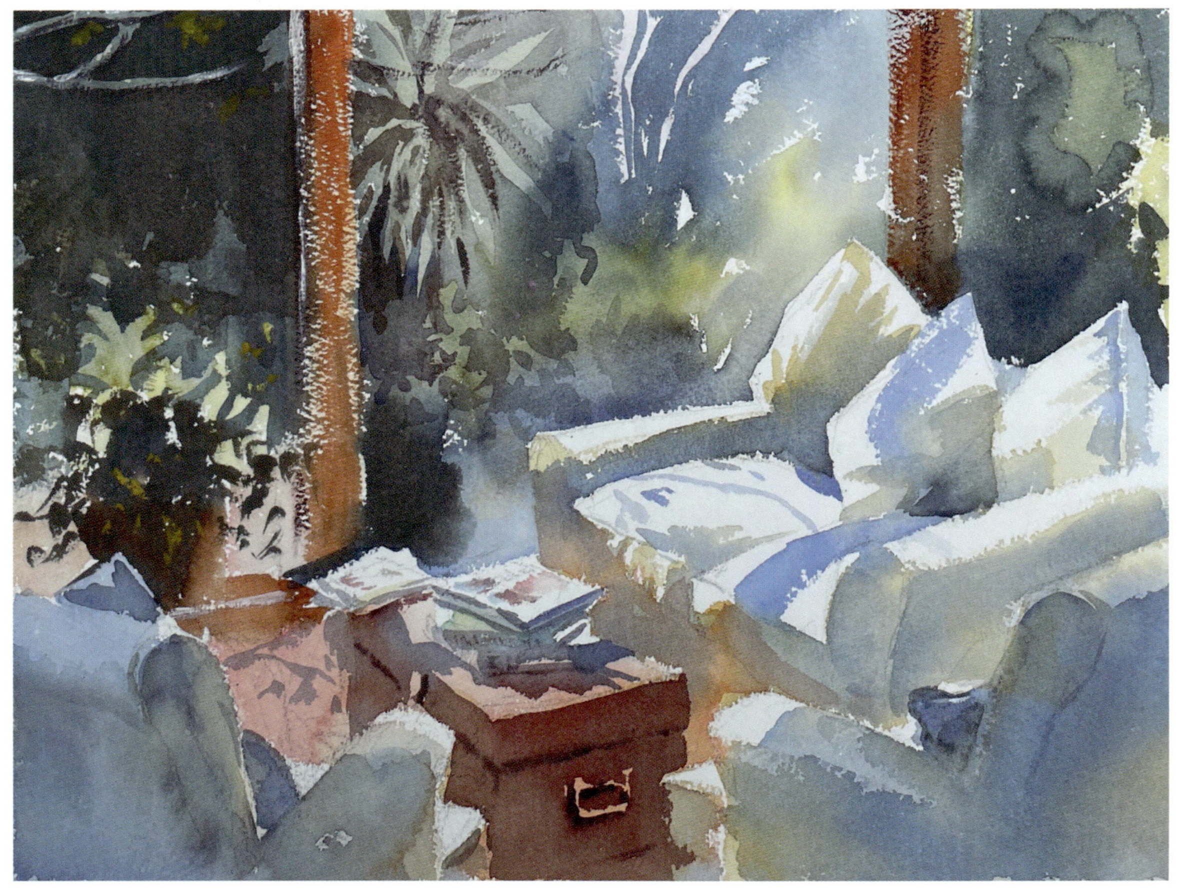

▼ 햇살이 좋아서,
28x38cm(11x15in)
옐로 오커보다 더 투명한 흙색인 번트 시에
나를 추가하면 배경의 어두운 녹색에 생기를
더할 수 있을 뿐만 아니라 산뜻하고 생기 있
는 갈색으로 문틀에 반사되는 빛을 표현할
수 있다.

　한정된 팔레트로 그리는 수채화

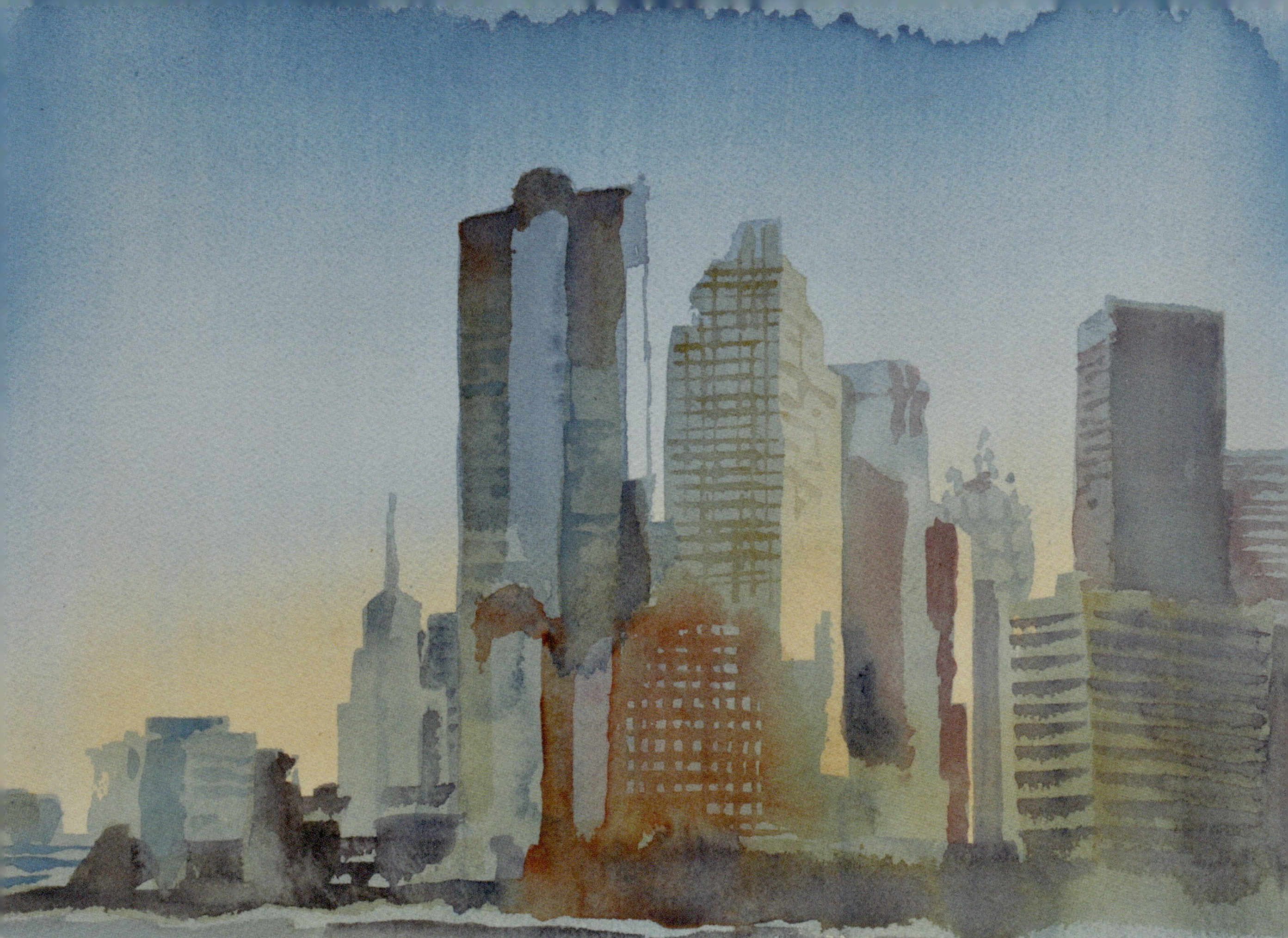

리자린으로 녹색(울트라마린 블루+옐로 오커)을 어두워지게 하면 녹색이 상당히 칙칙해지지만, 번트 시에나(옐로 오커와 같은 흙색이지만 색상이 더 붉음)를 사용하면 녹색이 더 산뜻하고 생기 있게 어두워진다. 미국 남부의 도시 댈러스의 스카이라인을 그린 위의 그림에서는 윈저 블루, 알리자린 크림슨, 옐로 오커를 선택한 후에 아랫부분에 있는 적갈색 건물의 채색에 번트 시에나를 추가할지 말지를 생각하고 있었다. 알리자린 크림슨과 옐로 오커를 섞으면 번트 시에나의 색상과 매우 비슷한 색을 얻을 수 있다. 다른 곳에는 번트 시에나를 쓸 일이 없고 윈저 블루와 혼합하면 제법 녹색을 띠는 혼색을 만들 수 있기 때문에 별도의 색을 추가할 필요가 없었다.

▲ 댈러스의 스카이라인,
25.5x30.5cm(10x12in)
갈색은 알리자린 크림슨과 옐로 오커의 혼색이며, 연보라색은 윈저 블루와 알리자린 크림슨의 혼색이고, 음영 부분은 세 가지 색을 모두 섞어 만든 혼색이다. 옐로 오커는 반투명하기 때문에 회색의 농도를 약하게 하지만 짙은 검은색이 필요하지 않았으므로 이 대상에 완벽하게 어울리는 조합이 되었다.

두 개의 파란색

지금까지 설명한 한정된 팔레트의 선택에서는 대부분 하나의 파란색만 포함했다. 하지만 대상을 제대로 표현하기 위해서는 두 개의 파란색이 필요한 그림이 있다. 각각의 파란색은 각기 다른 색상과 함께 다른 특성을 나타낸다. 예를 들면 따뜻한 파란색과 차가운 파란색이 필요하거나 투명한 파란색과 함께 불투명한 파란색이 필요할 수 있다. 구성 요소에 초점이 맞춰지는 인공적인 사물의 고유색을 표현하는 데는 종종 두드러진 특정 색상을 추가하는 것이 도움이 된다(앞에서 본 것처럼 그림의 다른 부분에 빨간색이 필요하지 않을 때 빨간색으로 작은 악센트를 더한 경우처럼 말이다–130~131쪽 참조)

샌프란시스코를 향하는 고속도로를 그린 아래 그림에는 두 개의 파란색이 쓰였다. 전반적인 채색에 두루 쓰인 파란색은 따뜻한 파란색인 울트라마린 블루이지만, 도로 가운데 부분에 있는 자동차의 옅은 청록색을 돋보이게 하려면 차갑고 불투명한 파란색인 세룰리안 블루를 추가할 필요가 있었다. 청록색의 채색에는 그 색상 자체가 필요한 경우가 많다. 파란색과 노란색을 섞어서는 청록색을 대신할 색을 만들기 어렵고 빨간색과 반대색인 청록색은 매우 차가운 색이어서 울트라마린 같은 따뜻한 파란색으로는 만들 수 없기 때문이다.

▼ '샌프란시스코에 가신다면',
20x28cm(8x11in)
세룰리안 블루는 가운데 있는 자동차 하나에만 사용되어 차를 돋보이게 한다. 이 그림에는 그 외에 울트라마린, 카드뮴 레드와 옐로 오커가 사용되었다.

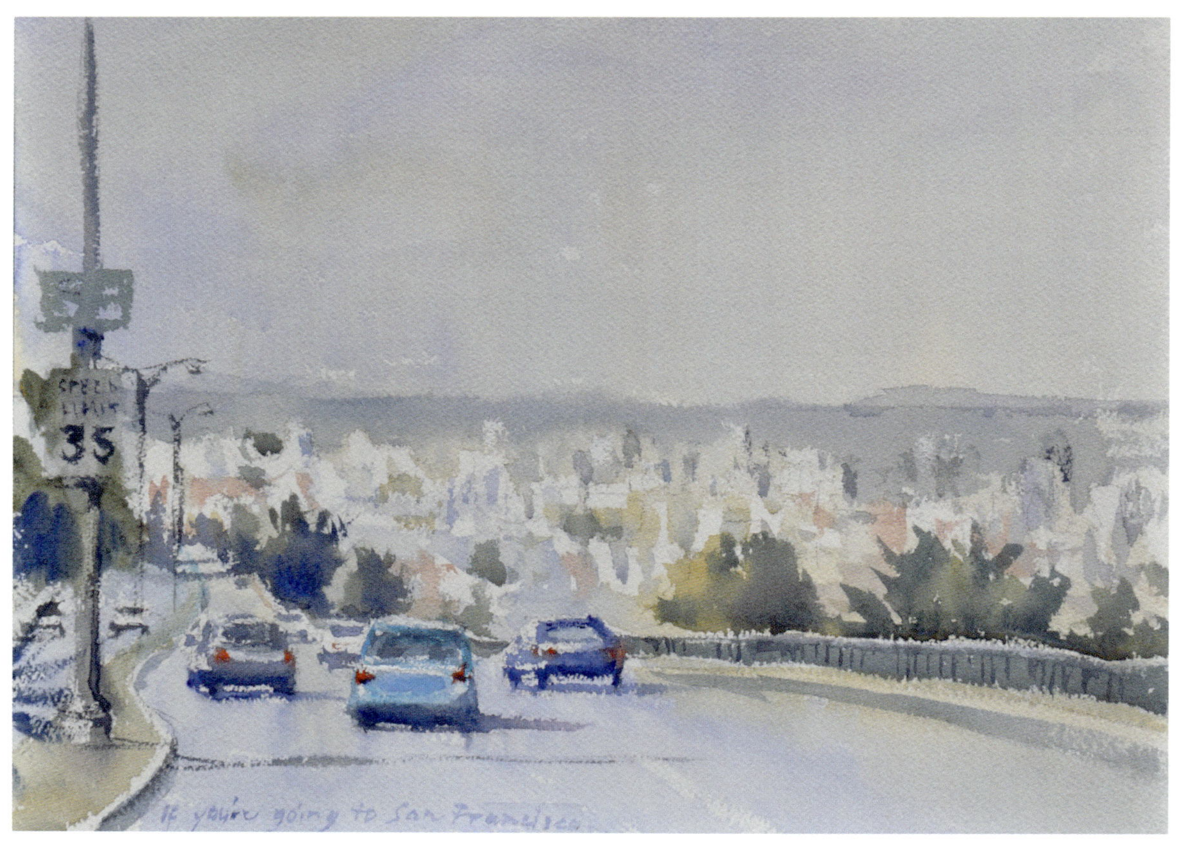

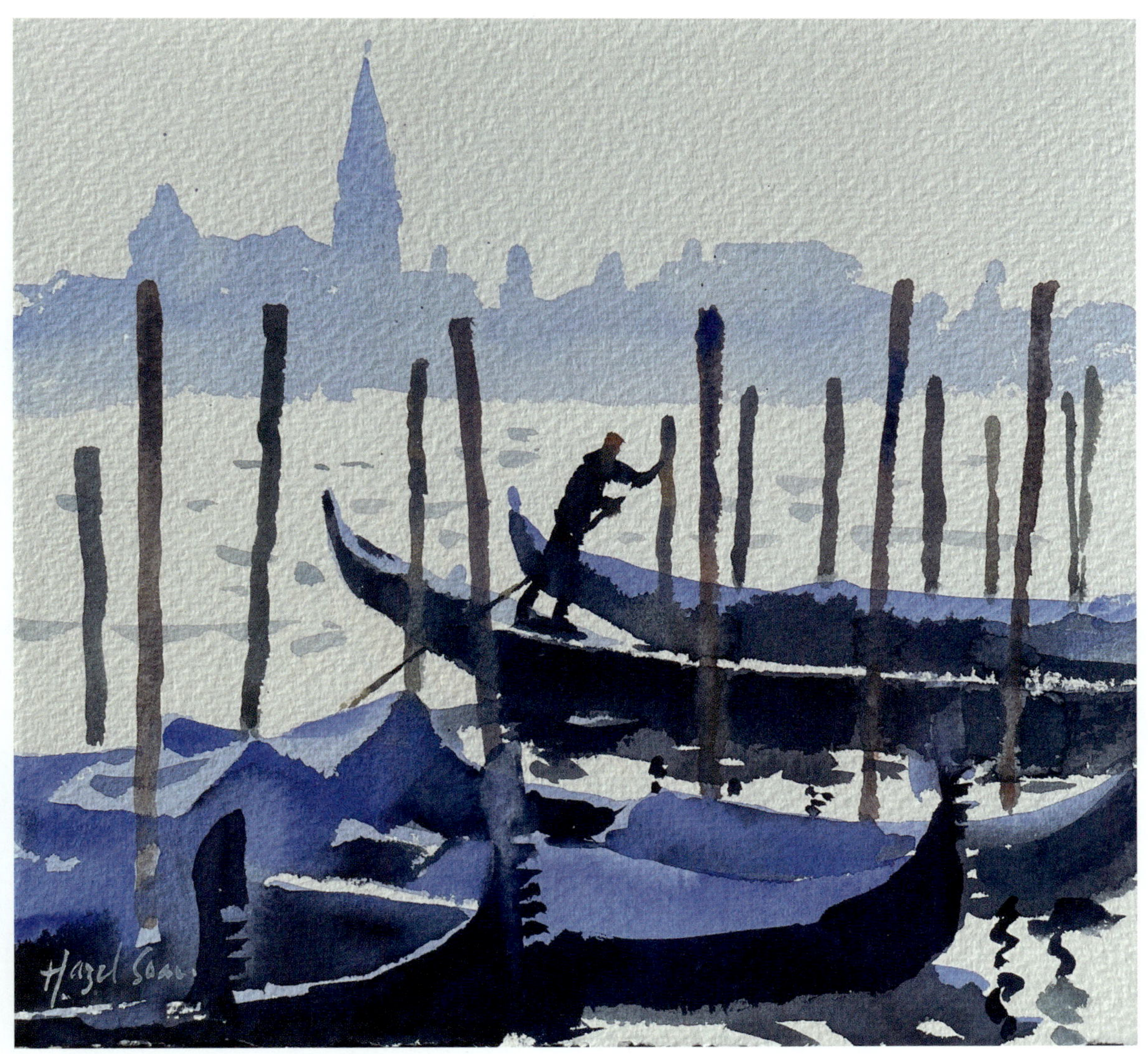

속도가 필요할 때

위의 곤돌라 그림에서 울트라마린 블루와 인디고의 두 가지 파란색을 포함한 이유는 속도 때문이었다. 이론적으로 곤돌라의 검은색은 파란색 덮개에 쓰인 울트라마린과 장대 끝과 사공의 머리와 손에 엷게 칠해진 번트 시에나를 섞어 만들 수 있을 테지만, 섞는 데 시간이 걸렸을 것이다. 인디고를 사용했기에 수평과 수직 형태의 멋진 패턴이 분주한 베네치아의 러시아워로 흐트러지기 전에 빠르게 그려낼 수 있었다.

▲ 이른 아침의 블루스,
25.5x28cm(10x11in)
이 그림의 모든 요소는 밝은 색조, 중간 색조, 어두운 색조의 인상적인 패턴을 나타내기 위해 울트라마린 블루로 밑칠을 한 다음 인디고와 번트 시에나로 더 어두운색을 더했다.

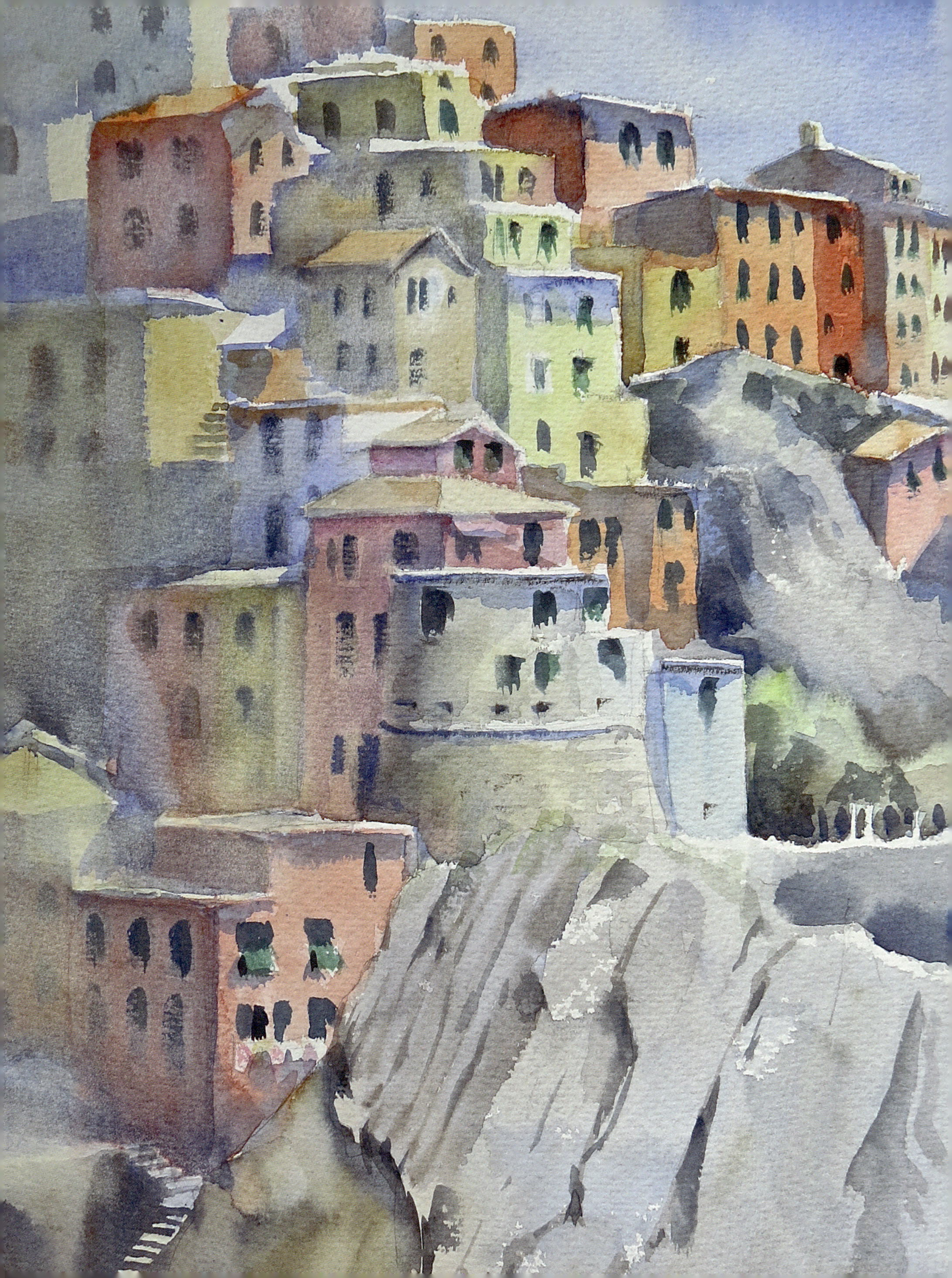

두 개의 노란색

모든 색과 마찬가지로 노란색도 따뜻한 온도 편향과 차가운 온도 편향에 따라 매우 다르게 보이고 다른 느낌을 준다. 차가운 노란색은 레몬 같은 색상을 나타내고 선명하며 녹색 편향을 보이는 반면, 따뜻한 노란색은 활기차고 밝으며 주황색 편향을 보인다. 왼쪽 그림에 있는 마나롤라의 언덕 비탈 높이 이어지는 집들은 노란색, 주황색, 분홍색과 빨간색 등 온갖 색을 나타내고 있었다. 하나의 노란색으로는 노란색의 다양한 색상을 표현할 수 없어서 차가운 노란색인 오레올린과 따뜻한 노란색인 인디언 옐로를 모두 사용했다.

아래 그림은 어두운 그림자를 배경으로 나뭇잎을 비추고 아래의 자갈길로 갈라지는 한 줄기 햇빛을 보여준다. 이 햇빛이 그림의 중심이므로 햇빛을 받은 나뭇잎의 매우 밝은 녹색을 표현할 수 있는 오레올린이 필요했지만, 그늘진 돌담의 전반적인 색과 질감에는 흙색의 노란색이 더 적절했으므로 과립 형태의 질감을 표현할 수 있는 로우 엄버를 선택했고 같은 계통의 번트 시에나도 추가해 색을 더 짙어지게 했다. 프러시안 블루는 나뭇잎이 녹색을 띠면서 차가워 보이도록 했고 대비를 통해 로우 엄버를 더 따뜻해 보이게 했다.

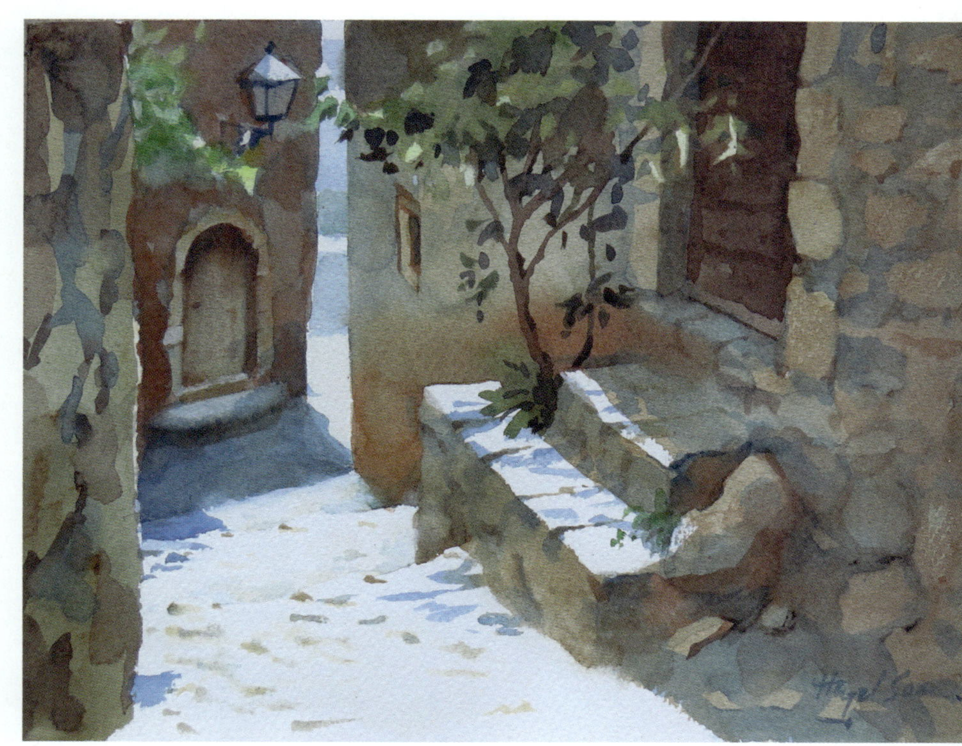

◀ 마나롤라,
30.5x40.5cm(12x16in)

이 그림에서는 아침 햇살이 비치는 건물 외벽의 다양한 고유색으로 인해 따뜻한 노란색과 차가운 노란색, 즉 차가운 레몬색의 오레올린과 따뜻함을 지닌 인디언 옐로가 필요했다. 루비 레드(퍼머넌트 로즈)로 분홍색을 확보했고 따뜻한 노란색과 혼합하여 밝은 주황색과 빨간색을 얻을 수 있었다. 울트라마린 블루는 음영을 표현하고 오레올린과 혼합되어 녹색 나뭇잎과 아래쪽 집 창문의 차양에 쓰였는데, 이는 빨간색 벽과 대비를 이뤄 더 초록색으로 보인다.

▶ 한적한 길모퉁이, 모넴바시아,
28x38cm(11x15in)

꽃과 정원

모든 대상 중에서도 꽃과 정원은 아마 가장 색채가 다채로울 것이며, 대개 한 그림에 많은 색이 등장한다. 그렇다고 한정된 팔레트를 쓸 수 없다는 뜻은 아니다. 선명함과 조화를 보장하고 그림이 칙칙해질 위험을 피하려면 사용되는 색의 수를 제한하는 것이 좋다.

대체로 기성 물감의 녹색을 사용하기보다 파란색과 노란색으로 나만의 나뭇잎용 녹색을 만드는 것을 좋아해서 이러한 색을 먼저 선택하게 되지만, 기성 물감의 녹색을 사용한다면 그건 아마 샙 그린일 것이다. 대상에 빨간색이나 분홍색 꽃이 포함되어 있다면, 빨간색을 먼저 선택한 후 그 빨간색의 속성을 바탕으로 어떤 파란색과 노란색을 선택할지 판단할 것이다.

이 그림의 대상들은 혼색 실력을 제대로 기를 수 있는 주제이다. 다양한 녹색 사이사이에 노란색, 주황색, 보라색, 분홍색이 있을 것이고 모두 앞다투어 시선을 사로잡으려 할 것이다. 팔레트에 포함되는 실제 색의 수를 줄이려면 처음부터 기본색을 혼합하여 만들 수 있는 이차색에 대해 생각하자. 보라색을 예로 들면, 빨간색이 밝아서 카드뮴을 선택한 경우에는 카드뮴 레드를 어떤 파란색과 섞어도 순수한 보라색을 만들 수 없기 때문에 보라색을 별도의 색으로 추가해야 한다. 하지만 루비 레드(퍼머넌트 로즈)를 선택했고 인디언 옐로와 혼합하여 빨간색을 만든 경우에는 이 투명한 분홍색을 울트라마린 같은 따뜻한 파란색과 혼합하여 보라색을 만들 수 있으므로, 결과적으로 이것이 파란색을 결정하는 요인이 된다.

그런 다음 인디언 옐로와 울트라마린 블루로 원하는 녹색을 만들 수 있는지 확인해야 한다. 그렇지 않다면 카드뮴 레드 대신 보라색을 별도의 색으로 추가하는 것이 나을 수도 있다. 최소한의 색으로 구성된 적절한 작업 세트를 구성하기까지 어떤 사고 과정을 거치는지가 머릿속에 그려질 것이다.

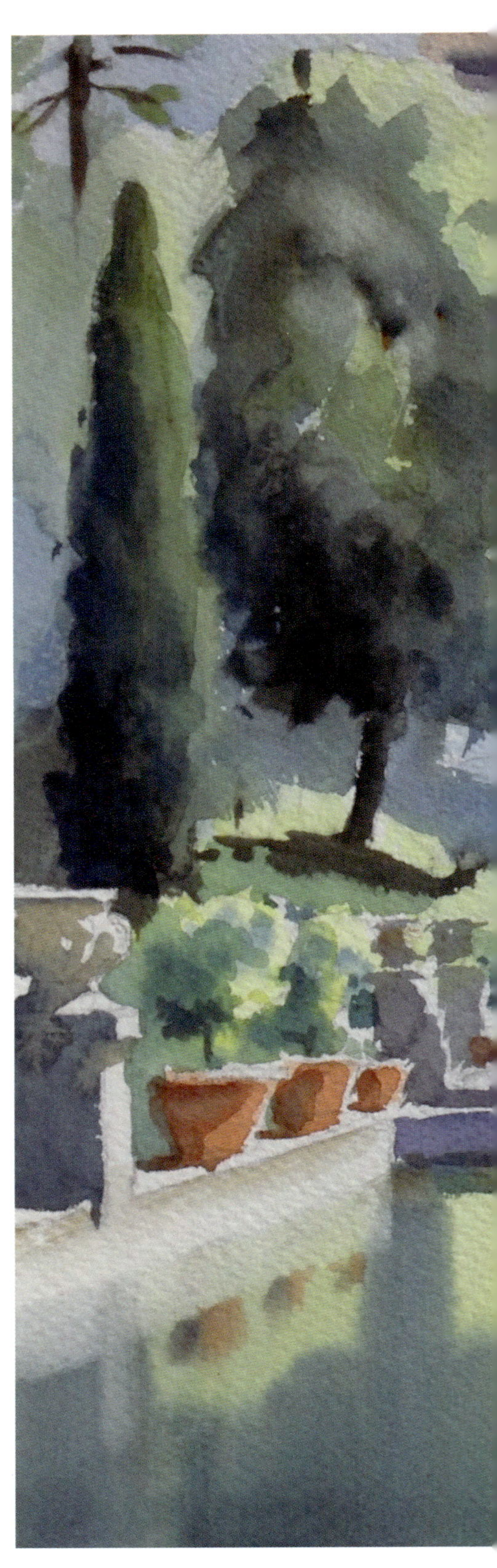

▶ 티볼리Tivoli, 38x56cm(15x22in)
햇빛을 환하게 받고 있는 나뭇잎에 이끌렸기에 먼저 오레올린을 선택했다. 그늘진 나뭇잎은 칙칙한 녹색이어서 울트라마린 블루가 적절했고 정원 건물의 그림자에도 쓸 수 있었다. 알리자린 크림슨은 옅은 배경 건물에 적합했고 파란색과 혼합하여 따뜻한 그림자를 위한 연보라색을 만들 수 있었다. 나뭇잎의 짙고 어두운 음영에서 투명도를 확보하기 위해 화분용으로는 번트 시에나를 선택했다. 옐로 오커는 가운데 배경에서 약간의 질감을 나타냈으며 왼쪽 항아리에도 쓰였다.

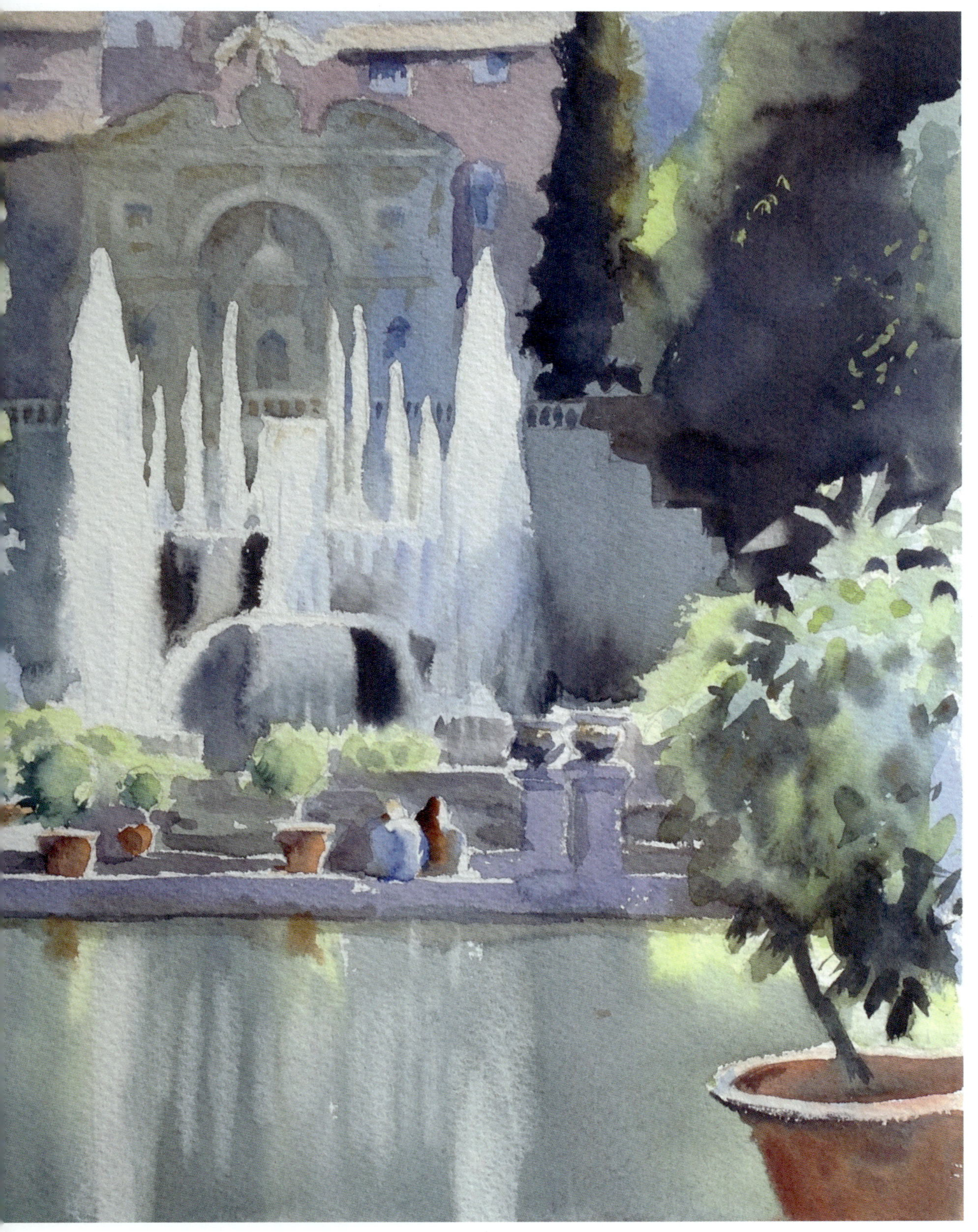

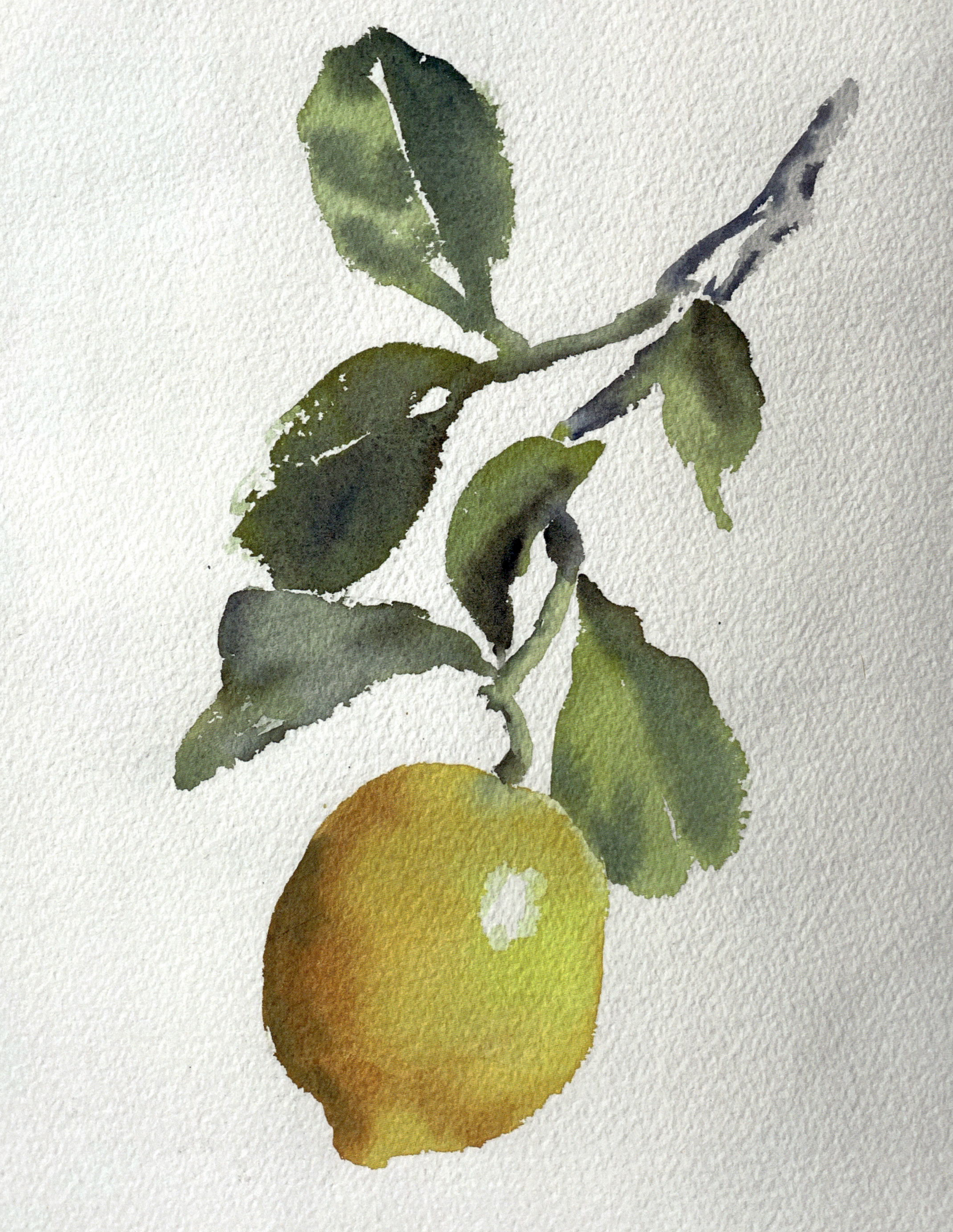

고유색

과일과 꽃에는 일반적인 풍경 색보다 더 엄밀하게 '일치'해야 하는 특정 고유색이 있다. 이는 3색 조합에 하나 또는 여러 색을 추가해 채색이 대상에 딱 들어맞도록 해야 한다는 뜻이다.

먼저 3색을 기본으로 구상하기 시작하여 전반적인 채색에 효과적이라고 생각하는 파란색/노란색/빨간색을 선택한 다음 팔레트에서 고유색과 최대한 가깝게 일치시킨다. 색을 선택하고 나서는 그림의 다른 부분에 이 색이 포함되게 해서 전체적으로 함께 어우러지게 한다.

이 레몬과 제라늄에는 프러시안 블루, 인디언 옐로, 루비 레드(퍼머넌트 로즈)로 구성된 동일한 색 세트로 채색했는데, 파란색과 노란색을 서로 다른 비율로 혼합해서 자연스러우면서도 다른 잎의 녹색을 얻을 수 있었다. 인디언 옐로는 잎에 쓰기에는 괜찮았지만 레몬의 밝은 부분에는 너무 따뜻해서 오레올린을 추가한 후 위아래의 잎에도 사용하여 함께 어우러지게 했다.

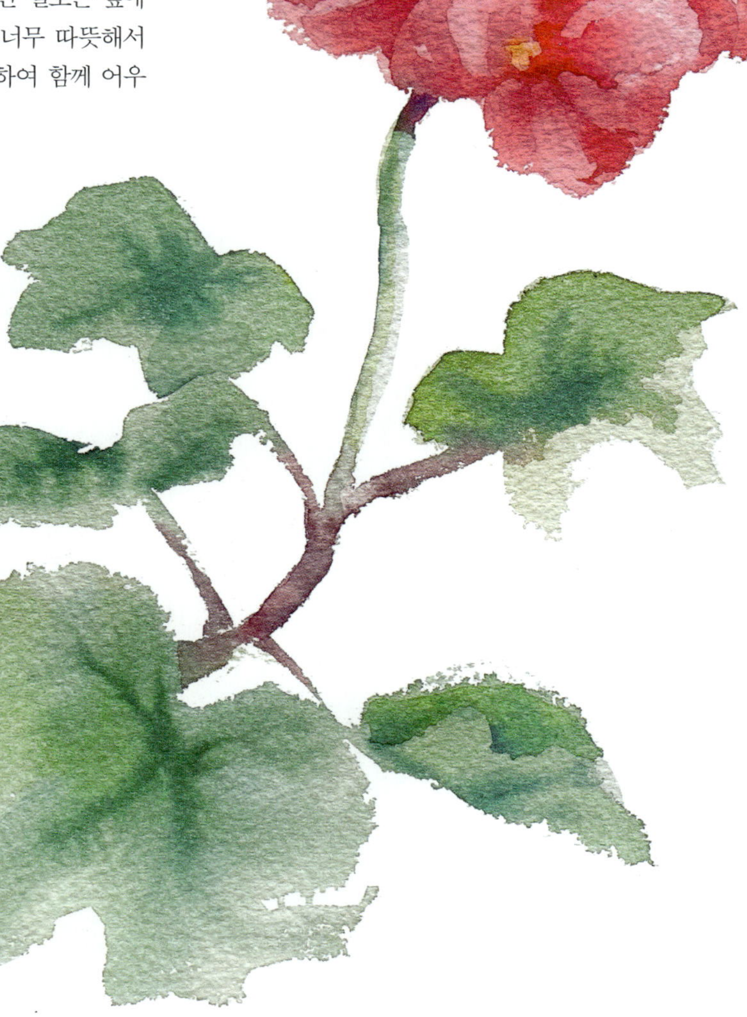

색상의 대비

반대색을 서로 대비되게 배치하면 색의 상호작용을 이용하여 꽃과 정원 그림에서 색상을 더 돋보이게 할 수 있다. 보색의 조합은 반대색의 색상을 더 밝아 보이게 하고, 온도 편향의 대비는 상대적으로 더 차갑거나 더 따뜻해 보이게 한다.

▼ 빨간색과 녹색은 반대색이므로 카드뮴 레드는 녹색의 영향을 받아 더 밝아 보인다. 녹색은 프러시안 블루와 인디언 옐로를 조합하여 만들었다. 차가운 파란색은 빨간색의 따뜻함과의 대비를 강화하는 역할을 한다. 검은색의 수술은 보색 조합인 빨간색과 파란색을 혼합하여 만들었다.

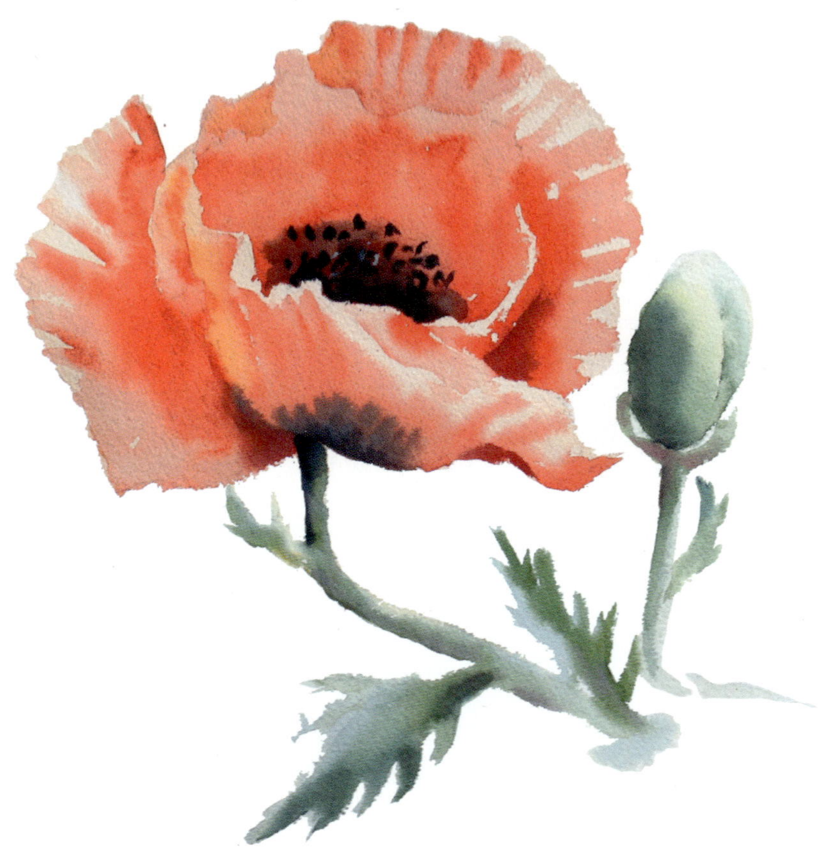

 한정된 팔레트로 그리는 수채화

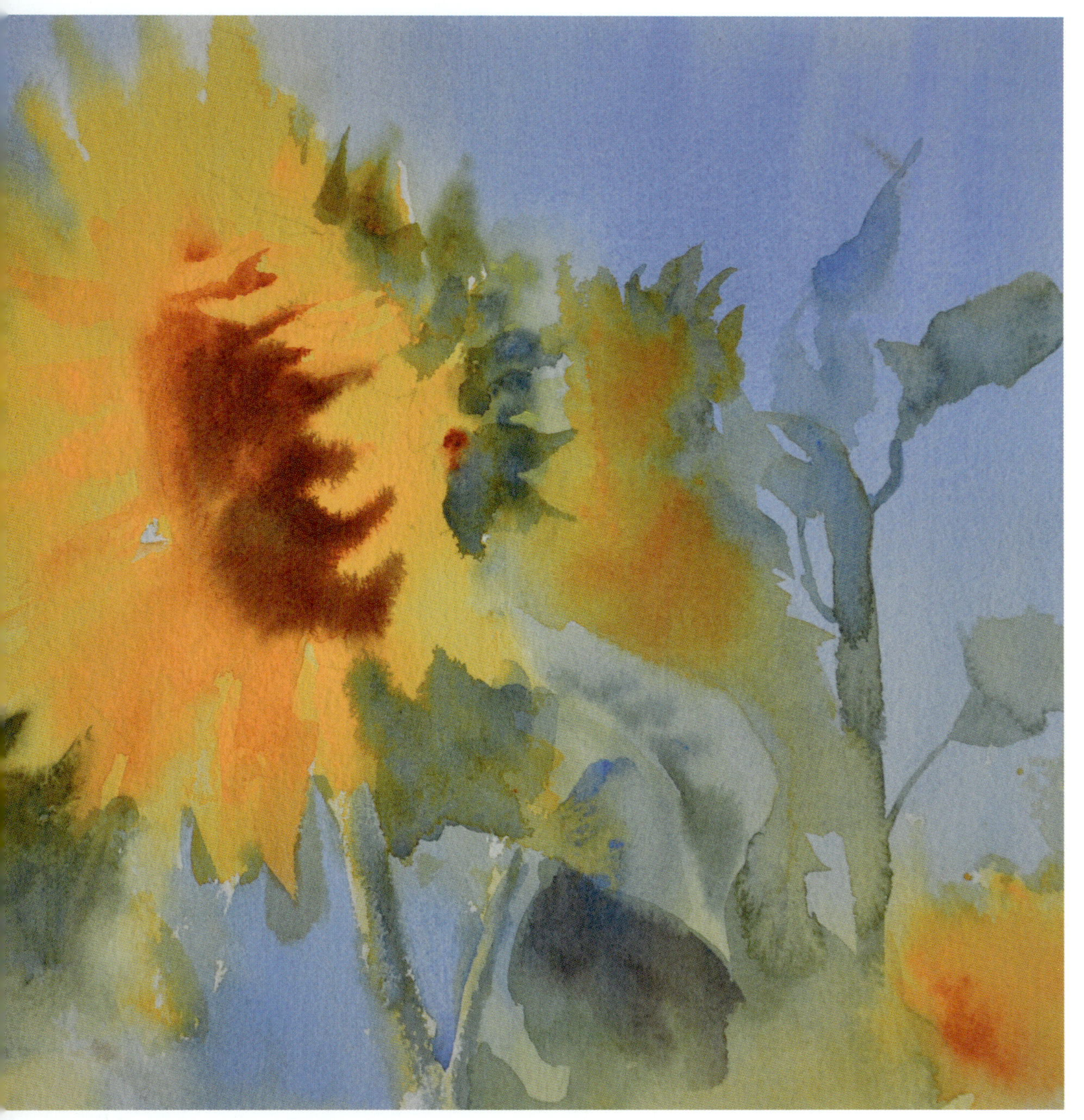

노란색을 더 따뜻해 보이게 하려고 차가운 파란색인 코발트 블루를 농축된 인디언 옐로(파란색의 반대색인 주황색을 향하는 따뜻한 노란색)와 대비되게 풍부하고 분명하게 사용했다. 번트 시에나로 해바라기씨를 칠하고 아래쪽의 잎을 어둡게 했다.

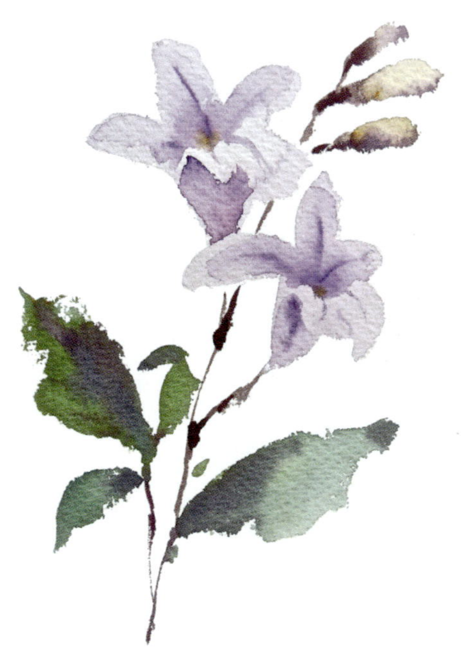

녹색, 보라색, 주황색

한정된 팔레트에서 이차색인 녹색, 보라색, 주황색은 대개 두 가지 기본색을 섞어 만든다. 그림에 등장하는 꽃에 녹색을 만들 수 있는 주요한 색인 노란색이나 파란색이 포함되어 있다면, 꽃에 사용되는 노란색이나 파란색으로 녹색을 만드는 것이 가장 좋다. 하지만 꽃이나 정원 그림에서는 녹색이나 보라색, 주황색이 널리 쓰이므로 두 가지 기본색을 섞어 만들기보다는 기성 물감의 이차색을 사용하면 선명도 관점에서 더 나을 수 있다(특히 색상이 동떨어진 색일 경우). 전체가 유기적으로 연결되게 하려면, 잎과 줄기의 채색에 사용한 보라색이나 주황색을 꽃잎의 채색에도 포함해서 꽃잎과 잎이 연결되게 하자.

▲ 꽃잎을 칠하는 데 사용한 쉬민케 바이올렛을 웨트 인투 웨트 기법으로 잎에도 더해 꽃 전체를 통일감 있게 연결한다.

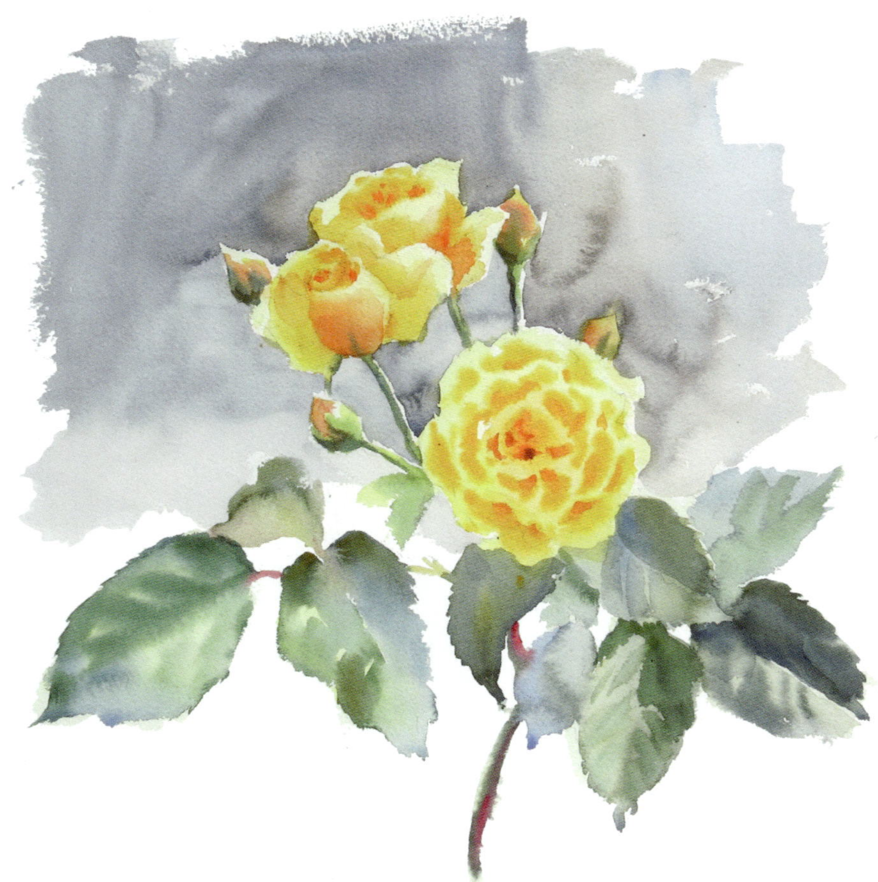

◀ 노란 장미, 그레이브타이, 51x40.5cm(20x16in)
이 노란 장미에는 두 개의 노란색이 쓰였으며 잎의 녹색은 각각의 노란색과 프러시안 블루를 섞어 만들었다. 오레올린은 고유색을 똑같이 표현하기 위해 선택했고, 옐로 오커로는 꽃잎 사이의 짙은 부분을 표현했다. 루비 레드(퍼머넌트 로즈)를 추가하여 꽃잎의 그림자를 더 짙어지게 했으며, 주황색으로 꽃눈을 엷게 물들이고 줄기도 연결되게 했다.

▶ 샐리 가든의 솔체꽃,
마운트 버넌,
25.5x28cm(10x11in)
이 그림에는 두 개의 순수한 이차색인
윈저 바이올렛Winsor Violet과 퍼머넌
트 샙 그린을 사용했고 약간의 알리자
린 크림슨과 인디언 옐로를 추가했다.
기성 물감의 녹색을 거의 쓰지 않지
만, 파란색이 필요하지 않았고 노란색
도 거의 쓸 일이 없었으므로 맑은 투
명함과 강렬한 색상을 지닌 샙 그린은
활짝 핀 꽃을 더 앞으로 나와 보이게
하는 보라색과 함께 쓰기에 완벽했다.

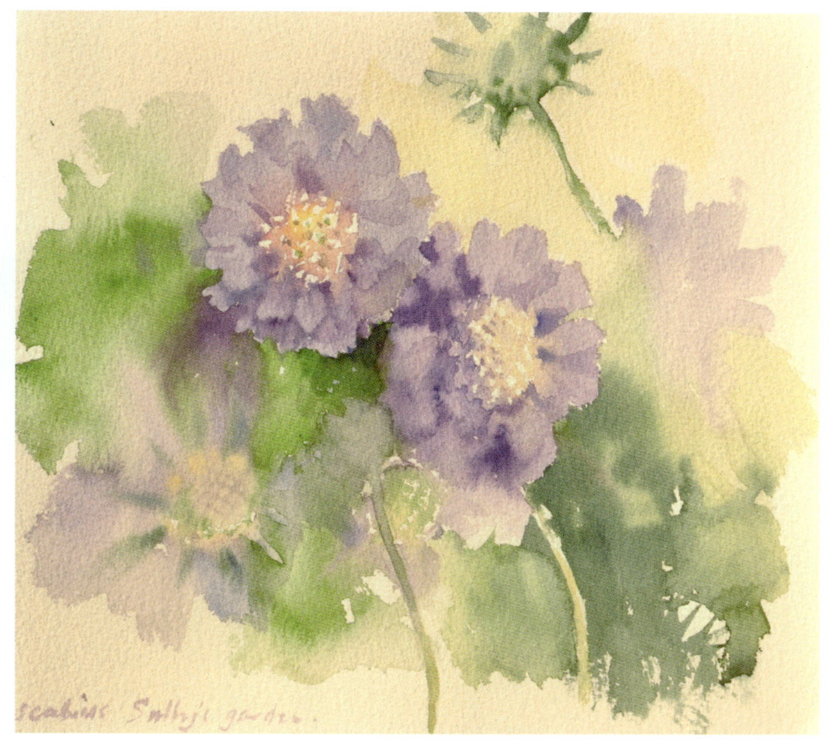

▶ **빼어난 아름다움,**
30.5x30.5cm(12x12in)
아름다운 장미를 그린다는 생각에 설
레는 마음으로 우선 트랜스페어런트
오렌지와 프러시안 블루를 선택했다.
이어서 잎의 녹색에 생기를 주려면 노
란색이 더 필요하다는 사실을 깨닫고
는 인디언 옐로로 팔레트를 변경했다.
이를 루비 레드(퍼머넌트 로즈)와 섞으
면 마찬가지로 밝고 강한 주황색을 만
들 수 있고, 파란색과 섞으면 잎에 쓰
기에 아주 적합했다. 주황색의 색상은
서로 구별이 어려운데, 이를 통해 다
시 한번 수채화에서 중요한 것은 개별
적인 색의 일치가 아니라 색의 조합이
라는 것을 알게 된다.

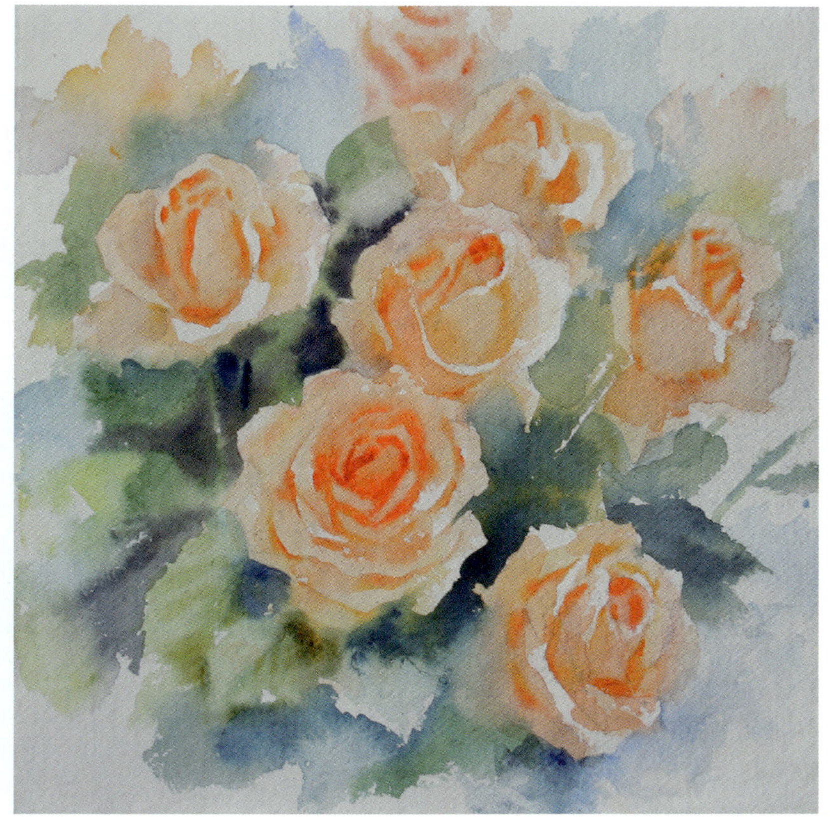

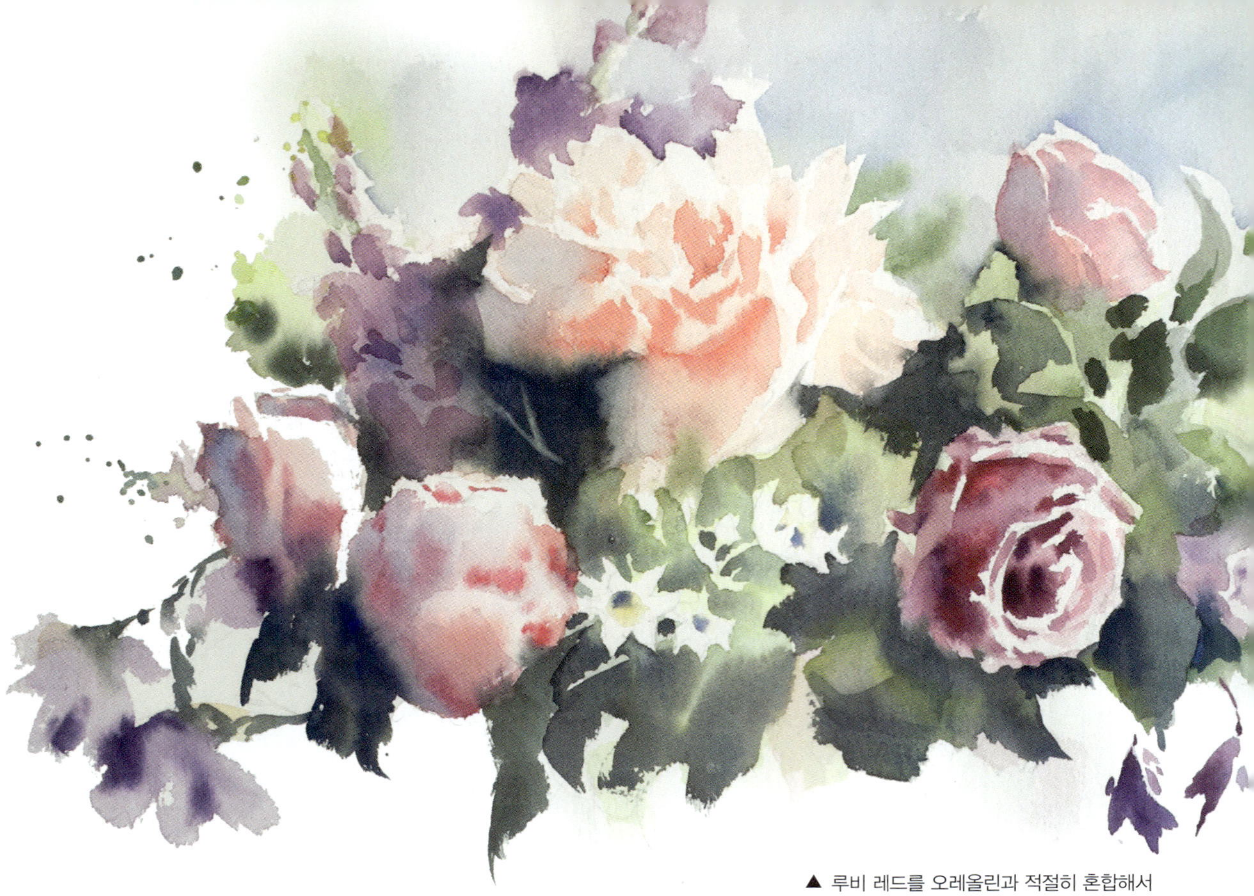

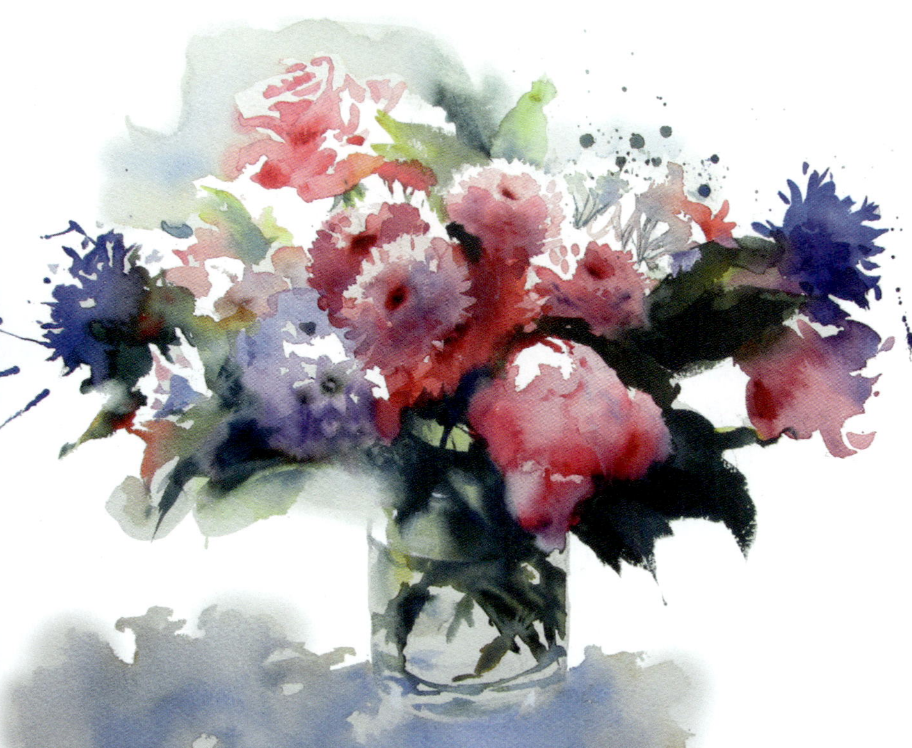

▲ 루비 레드를 오레올린과 적절히 혼합해서
가운데 있는 작약 색에 맞는 흐린 담홍색을
만들었다. 오레올린은 잎의 옅은 녹색을 표현
하는 데 효과적이었으므로 노란색의 선택이
적절했다. 오레올린은 그다음으로 파란색인
울트라마린을 선택하는 데도 영향을 미쳤는
데, 울트라마린과 혼합하면 자연스러운 녹색
을 만들 수 있고 쉬민케 바이올렛과 혼합하
면 짙은 어두운색을 만들 수 있으며 은은한
배경 색조를 표현하는 데도 효과적이다.

◀ 돌아온 여름, 56x38cm(22x15in)
이 그림에는 쉬민케 바이올렛, 울트라마린
블루, 퍼머넌트 로즈가 진한 농도로 칠해져
있으며, 오레올린이 녹색 잎에서 가장 밝은
부분을 표현하는 데 쓰였다. 나는 국화의 차
가운 분홍색 뒤에 있는 가운데 부분의 색을
표현하기 위해 따뜻한 또 다른 빨간색이 필
요했고, 오른쪽 위와 왼쪽 아래에 꽃잎이 삐
죽 나와 있는 자그마한 두 개의 붉은 프리지
어를 나타내고 싶었다. 이를 위해 색상이 따
뜻하고 투명도가 높아 잎의 혼색에 섞을 수
있고 어두운 색조를 더 짙게 할 수 있는 퀴나
크리돈 레드를 추가했다.

하나의 주제, 다양한 표현

꽃다발은 받아도 좋을뿐더러 그림으로 그리면 훨씬 근사하기까지 하다. 플로리스트가 만든 꽃다발은 대개 색을 중심으로 조합되어 있어서 색 측면에서 구성하기에 유리하다. 여기에 나와 있는 세 개의 꽃다발에는 비슷한 분홍색, 연보라색, 보라색, 파란색이 세 가지 구성 모두에 공통으로 등장하고, 각 예에 동일한 파란색(울트라마린), 보라색(쉬민케 바이올렛), 분홍색(루비 레드/퍼머넌트 로즈)을 썼지만, 각 꽃다발에 맞는 특정 색을 얻기 위해 빨간색과 노란색의 구성을 약간 다르게 했다.

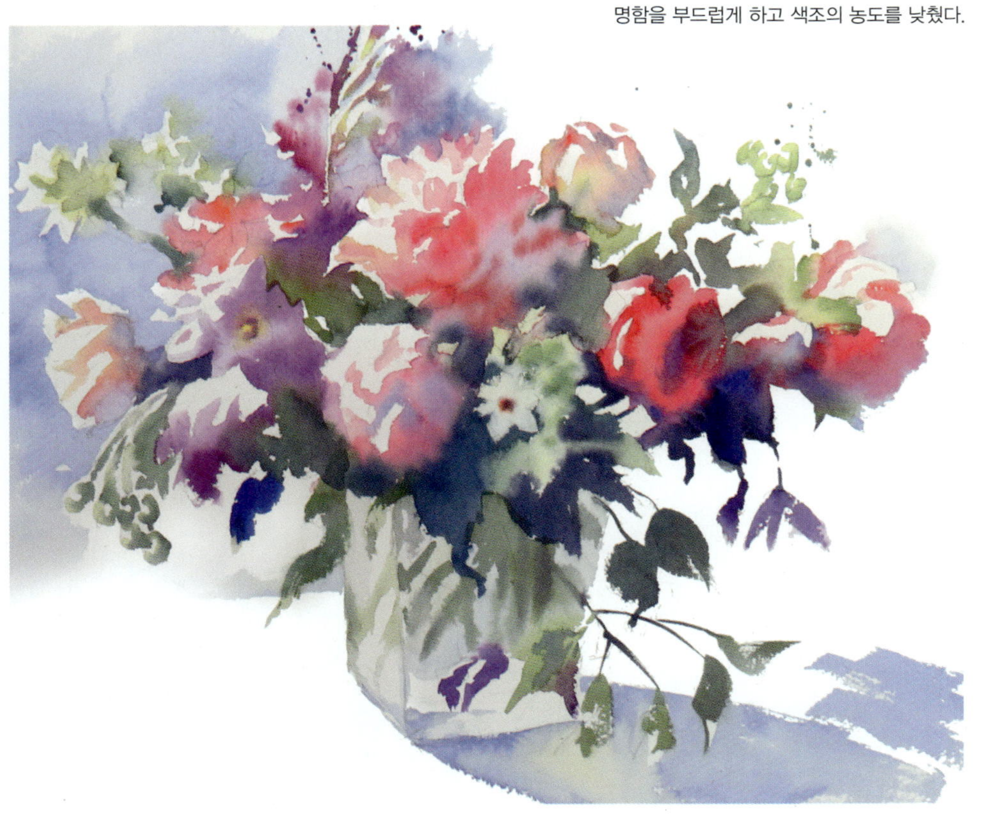

▼ 서둘러 그린 부케, 51x40.5cm(20x16in)
이 꽃다발이 은은해 보이는 이유는 이 그림을 빠르게 채색했기 때문이지만, 따뜻한 노란색인 인디언 옐로를 추가했기 때문이기도 하다. 왼쪽 위에 있는 그림의 꽃다발과 같은 팔레트(쉬민케 바이올렛, 울트라마린 블루, 루비 레드, 오레올린)를 사용하면서도 이 그림에서는 따뜻한 노란색을 추가해서 주로 왼쪽 가운데와 오른쪽 위의 장미 봉우리를 옅게 칠했다. 그런 다음 잎의 녹색에도 더해서 차가운 오레올린의 예리한 선명함을 부드럽게 하고 색조의 농도를 낮췄다.

인물과 얼굴 그리고 직물

사람을 그리는 데는 피부와 머리카락의 자연스러운 채색과 종종 더 밝고 인위적인 옷의 채색이 필요하다. 역광이 비치는 거리의 인물과 초상화의 얼굴은 아주 적은 수의 색을 사용해 그릴 수 있지만, 직물의 가공된 색이 포함되면 아주 한정된 팔레트를 사용하기는 더 어려워진다. 항상 그렇듯이 목표는 가능한 한 최소한의 색으로 작업을 하고 추가 고려 사항이 있는 옷은 채색할 수 있도록 준비하는 것이다. 혼색이 깔끔하고 안료의 수가 많지 않은 상태로 유지되기만 하면 괜찮다. 한정된 팔레트는 화가에게 유리하지 않음에도 제한하거나 속박하는 게 아니라 도움이 되니까 사용하는 것이다.

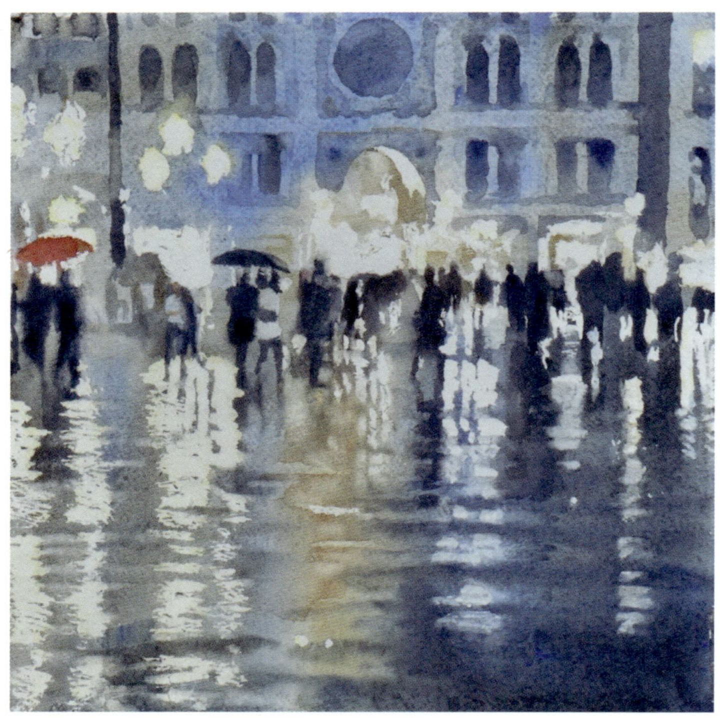

▲ 비 내리는 산마르코 광장,
30.5x30.5cm(12x12in)
옐로 오커, 울트라마린 블루, 인디고가 비 내리는 베네치아의 저녁 풍경에 색을 입히고, 대비를 이루는 우산에는 약간의 카드뮴 레드가 따로 추가되어 장면에 생기를 불어넣는다.

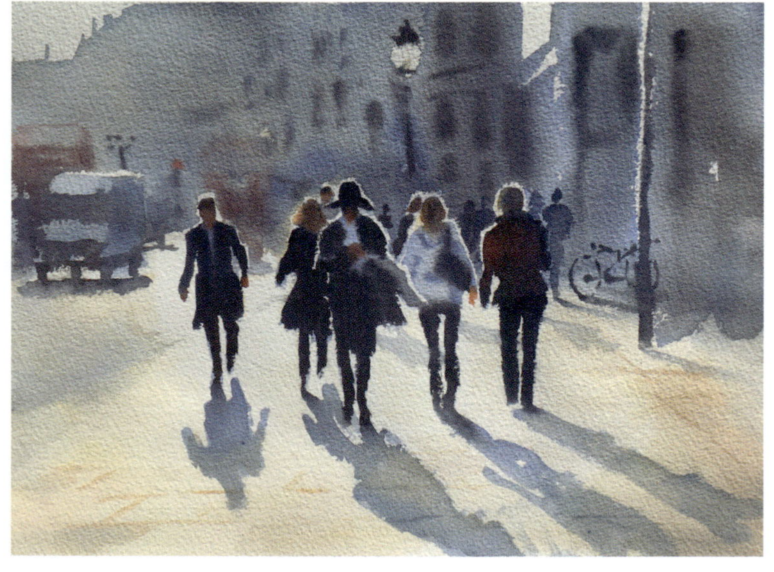

이 그림에는 옐로 오커, 카드뮴 옐로, 쉬민케 바이올렛, 카드뮴 레드, 로우 엄버, 세룰리안 블루, 알리자린 크림슨, 인디고, 프러시안 블루, 라이트 레드, 울트라마린 블루 그리고 번트 시에나까지 모두 12개의 색이 쓰였으므로 한정된 팔레트는 분명히 아니다. 그런데도 왼쪽에 있는 한정된 팔레트를 사용한 다른 두 개의 그림보다 이 그림의 전체적인 색이 밝아 보이지 않는다. 여기서는 여러 특정 색이 사람들의 모자와 옷에만 쓰였는데 따뜻한 울트라마린 블루가 이 모든 색을 연결되게 한다.

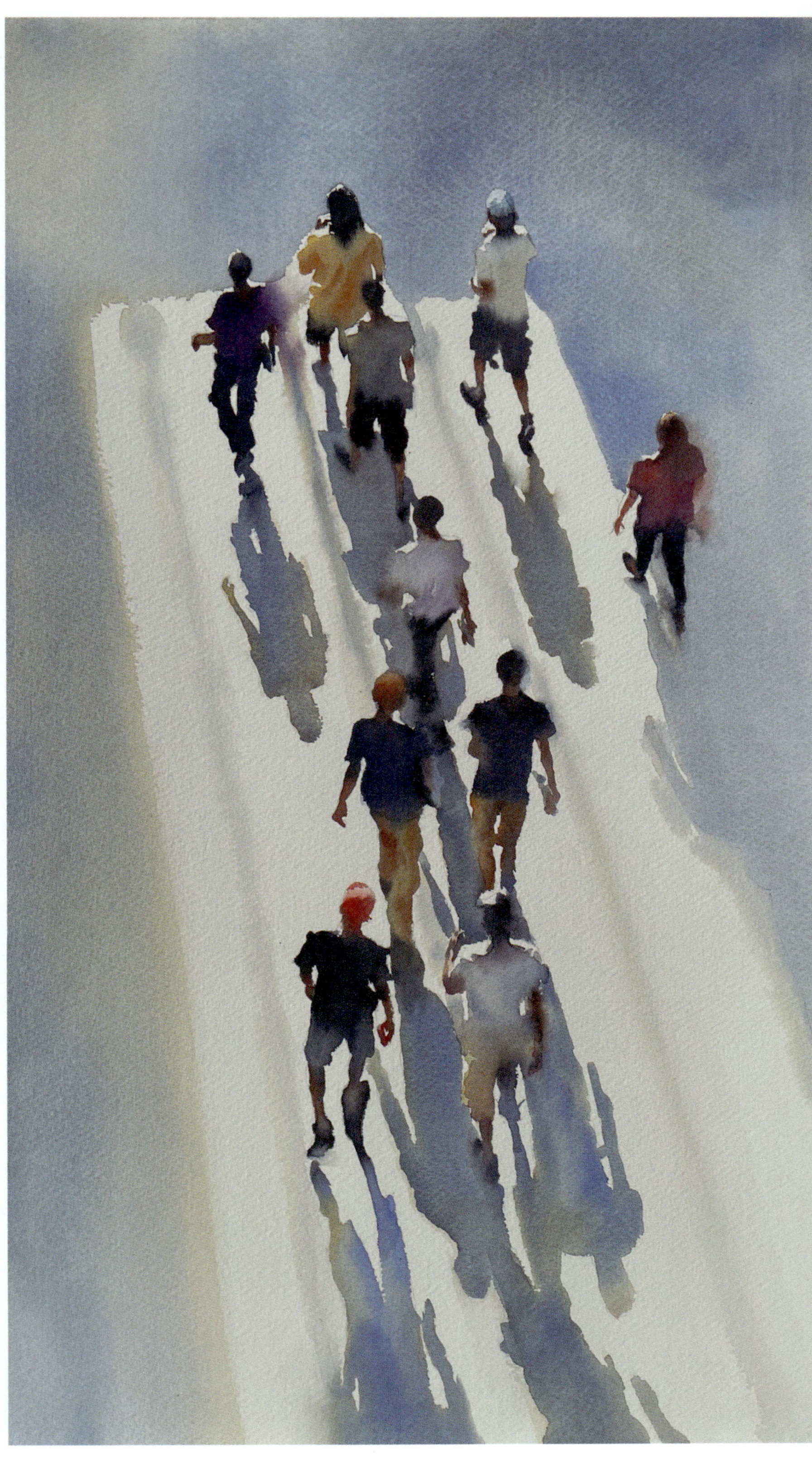

이 런던 거리의 그림에서는 옐로 오커가 밝은 빛을 나타내는 가운데, 울트라마린 블루와 번트 시에나가 인물의 실루엣을 표현하는 데 쓰였고 버스와 오른쪽의 재킷에 카드뮴 레드가 웨트 인투 웨트 기법으로 더해졌다.

장면 속 인물 – 프랑스 카페

울트라마린 블루
(파이니스트)

루비 레드
(퍼머넌트 로즈)

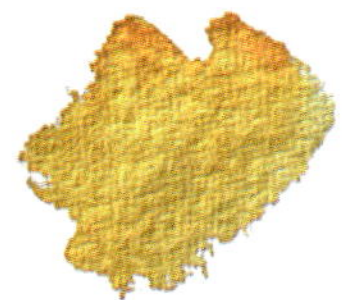

인디언 옐로

옐로 오커

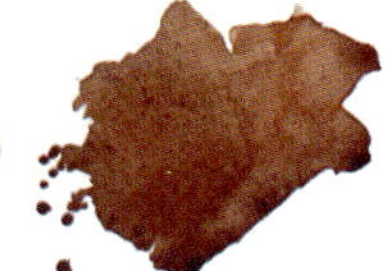

번트 시에나

색 선택

따뜻한 파란색인 울트라마린 파이니스트는 음영을 표현하고 번트 시에나와 혼합하여 검은색과 회색이 된다. 옐로 오커는 벽의 고유색을 표현하고 파란색과 혼합하여 잎의 흐린 녹색이 된다. 번트 시에나는 피부의 색조를 표현하고, 루비 레드(퍼머넌트 로즈)는 인디언 옐로와 혼합되어 옷을 위한 투명한 빨간색이 된다.

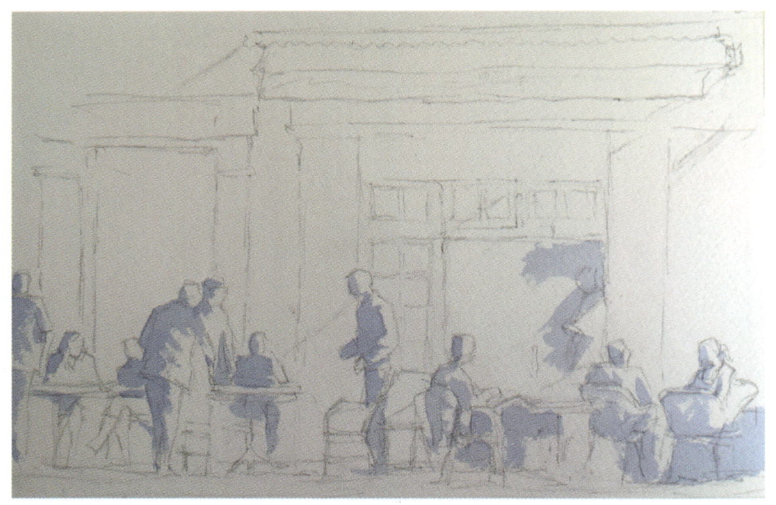

1 장면을 스케치한 후 울트라마린 블루를 희석하여 만든 옅은 색조로 인물의 음영 부분을 칠했다. 시작부터 음영 부분을 면밀히 계획하면 명암의 패턴을 명확하게 나타내고 빛의 방향과 각도를 효과적으로 표현할 수 있다.

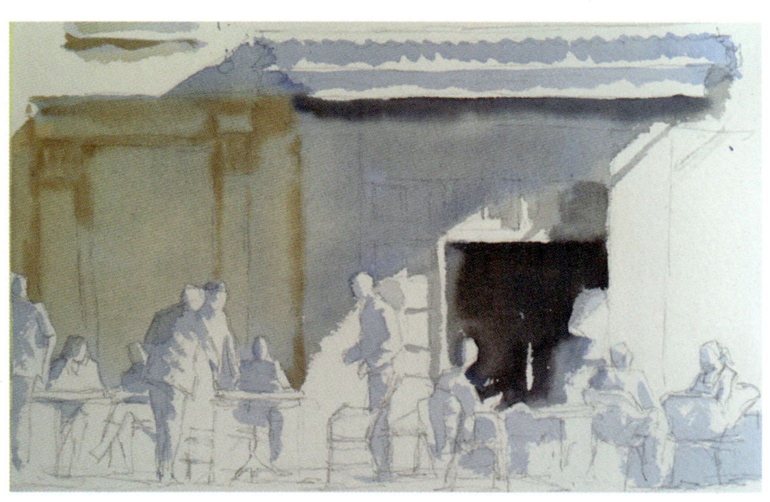

2 옐로 오커와 울트라마린을 중간 색조로 블렌딩하여 그늘진 배경 부분에 옅게 칠하고 색조를 진하게 하여 인물에서 빛을 받는 부분을 부각했다. 그런 다음 울트라마린과 번트 시에나로 어두운 회색을 만들어 입구 공간을 칠하고 이 회색을 연하게 하여 창문을 나타냈다.

3 햇빛이 비치는 벽과 지면에 옐로 오커를 섞은 묽은 인디언 옐로로 옅은 워시를 칠했다. 거의 다 말랐을 때쯤 울트라마린으로 그림자가 드리운 부분을 덧칠했다.

4 파란색과 갈색으로 인물의 그늘진 면을 어둡게 하고 루비 레드와 인디언 옐로를 혼합하여 빨간색 옷을 엷게 채색했다. 다음으로 중간 색조 부분의 음영을 더 어둡게 하고 밝은 부분의 색상을 더 선명하게 하여 대비를 이루게 했다. 얼굴과 손, 팔다리에 연한 번트 시에나로 색을 입히고 하얀 종이를 칠하지 않은 상태 그대로 두어 하이라이트를 표현했다.

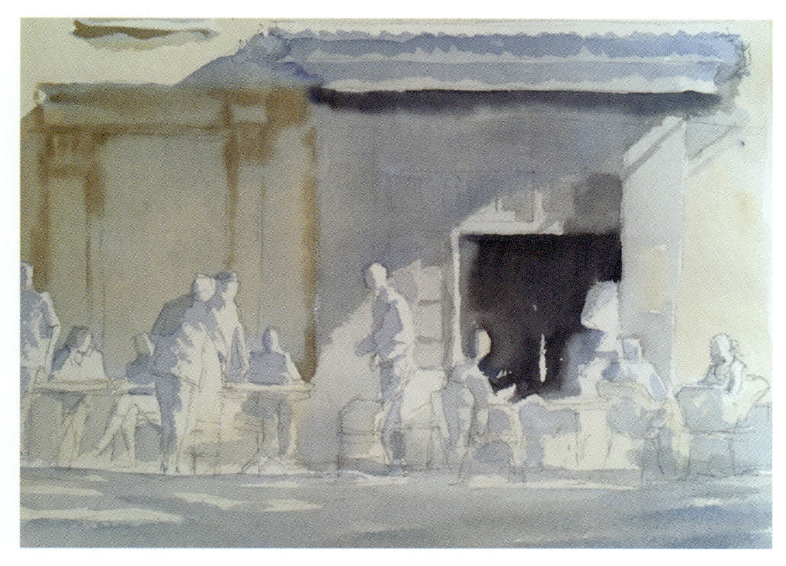

▼ 카페 드 프로방스,
25.5x35.5cm(10x14in)

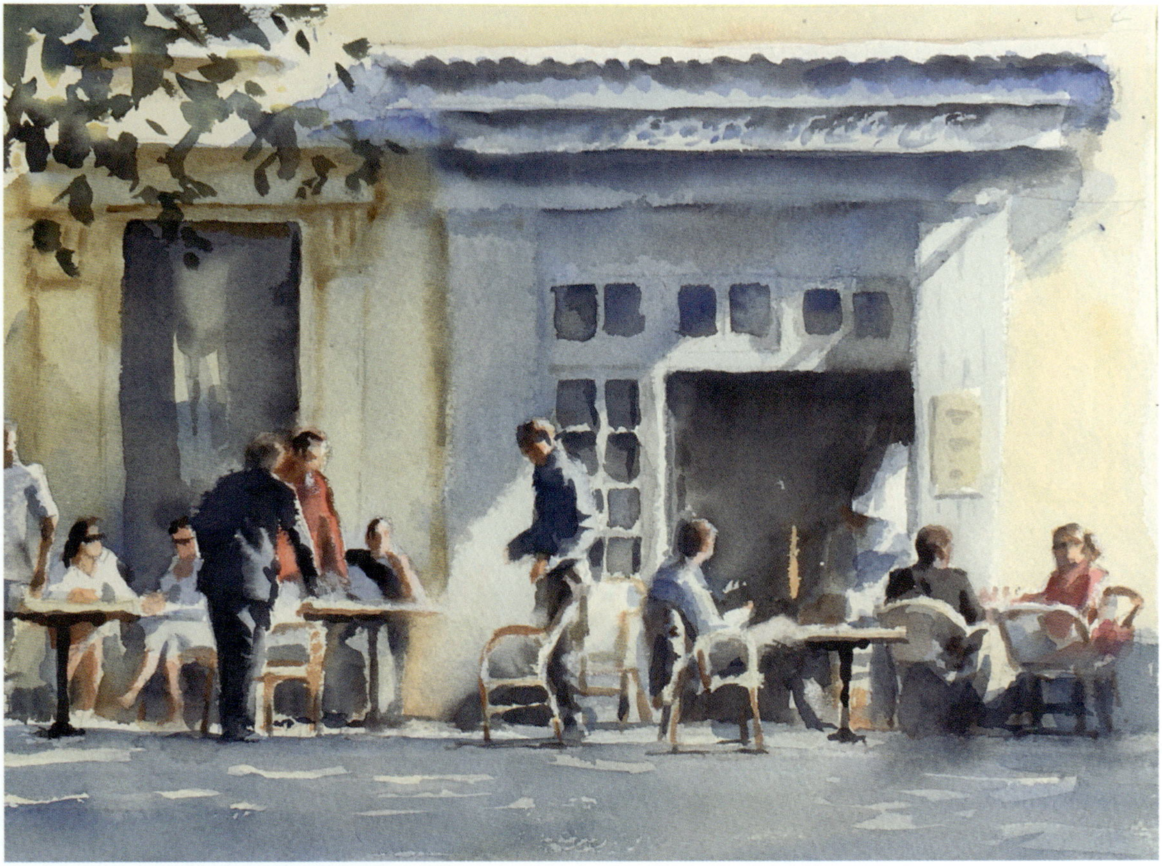

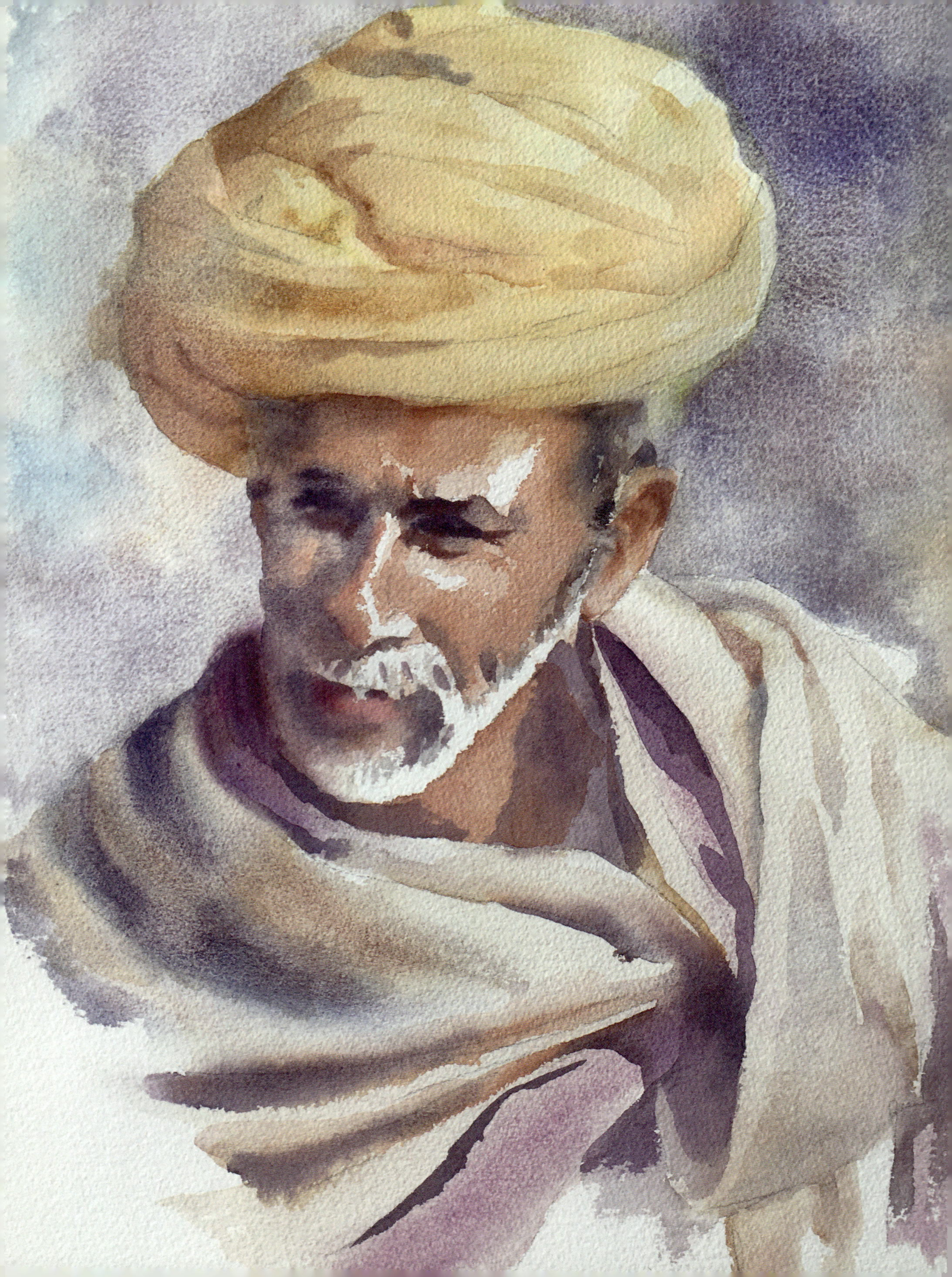

직물과 피부의 색

◀ **낙타 상인,**
40.5x30.5cm(16x12in)
이 초상화를 그리는 데는 과립 현상을 극
대화하기 위해 여섯 가지 색을 사용했다.
사용한 세 가지 쉬민케 슈퍼그레뉼레이션
Schmincke Supergranulation 물감에는 여러 가
지 안료가 포함되어 있어서, 탁해질 위험을
방지하기 위해 혼색을 할 때 여러 개의 다른
팔레트를 사용했다.

슈퍼그레뉼레이션 물감: 글레이셔 튀르쿠
아즈Glacier Turquoise, 툰드라 오렌지Tundra
Orange, 갤럭시 바이올렛Galaxy Violet

단일 안료 물감: 트랜스페어런트 시에나, 옐
로 오커, 입술에 약간의 알리자린 크림슨

피부색은 자연의 색이기는 하지만 종종 인공적인 직물의 다양한 색상만큼
명암 안에서 여러 가지 색을 나타낸다. 옷은 직물 표면에 주름이 져 있어서
주름진 부분의 색상은 대부분 뚜렷하지 않은 경우가 많으며, 옷의 고유색
은 밝은 부분과 그늘진 부분 사이의 중간 색조 영역에서 주로 보이게 된다.
따라서 밝고 화려한 색이 애초에 옷의 고유색이 나타내는 만큼 강렬할 필
요가 없다.

거친 직물의 질감은 과립성 색의 특성을 활용하면 매우 효과적으로 표현할
수 있다. 일부 전문가용 물감 브랜드는 실제로 이 특성을 향상하기 위해 몇
개의 과립성 색을 조합하여 물감을 만드는데, 왼쪽에 있는 초상화에는 이렇
게 조합된 색 세 가지를 사용했다.

▶ **찰나의 힘바족 소녀,**
25.5x28cm(10x11in)
빛이 한쪽에서 강하게 비쳐 그늘진 힘바족
소녀의 팔다리는 쉬민케 바이올렛, 트랜스페
어런트 시에나와 옐로 오커로 부드럽게 표현
된 다양한 보라색을 띠고 있다.

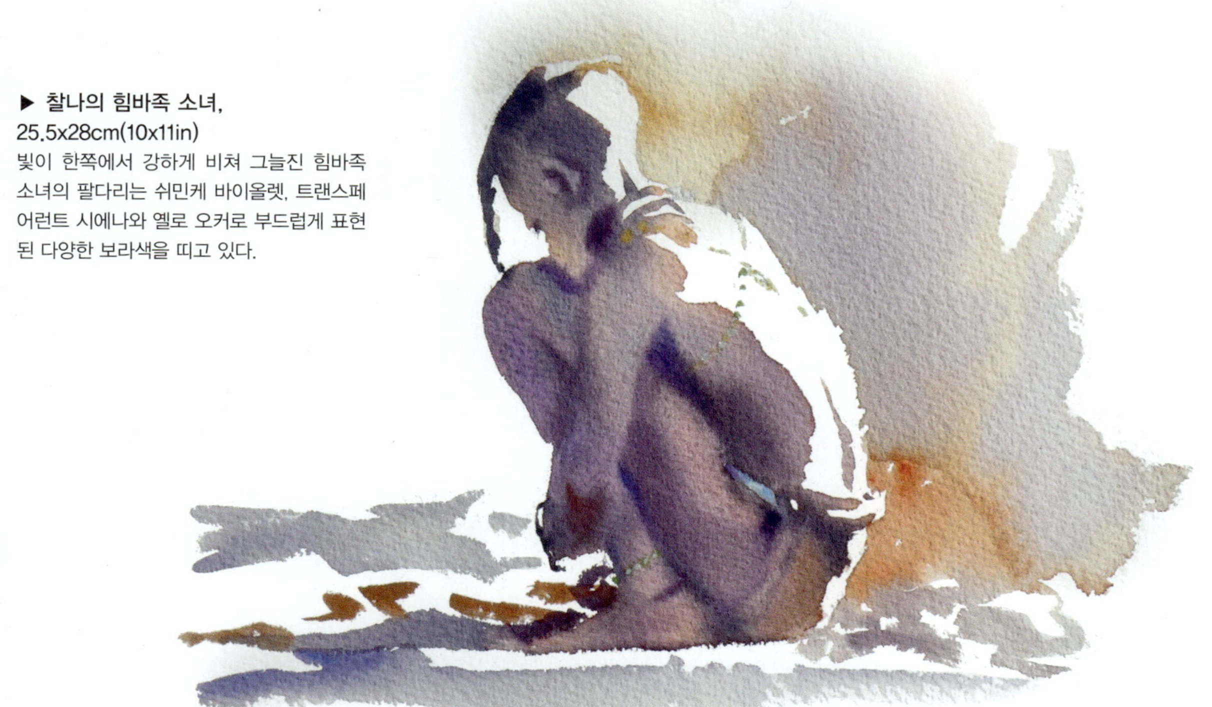

카드뮴 레드의 강렬함

카드뮴 레드를 대체할 수 있는 색은 없다고 생각한다. 이 강렬한 불투명 안료는 다른 빨간색과
달리 수채화에서 빨간색 옷을 돋보이게 한다. 여기 마사이족 전통 담요를 두른 병사 아스카리
Askari의 그림에서처럼, 그늘진 부분에서 이 선명한 색을 더 짙게 하기 위해 나는 투명도가 높고
색조 농도가 짙은 쉬민케 바이올렛이나 브라운 매더Brown Madder를 사용한다.

▼ 아스카리, 66x30.5cm(26x12in)

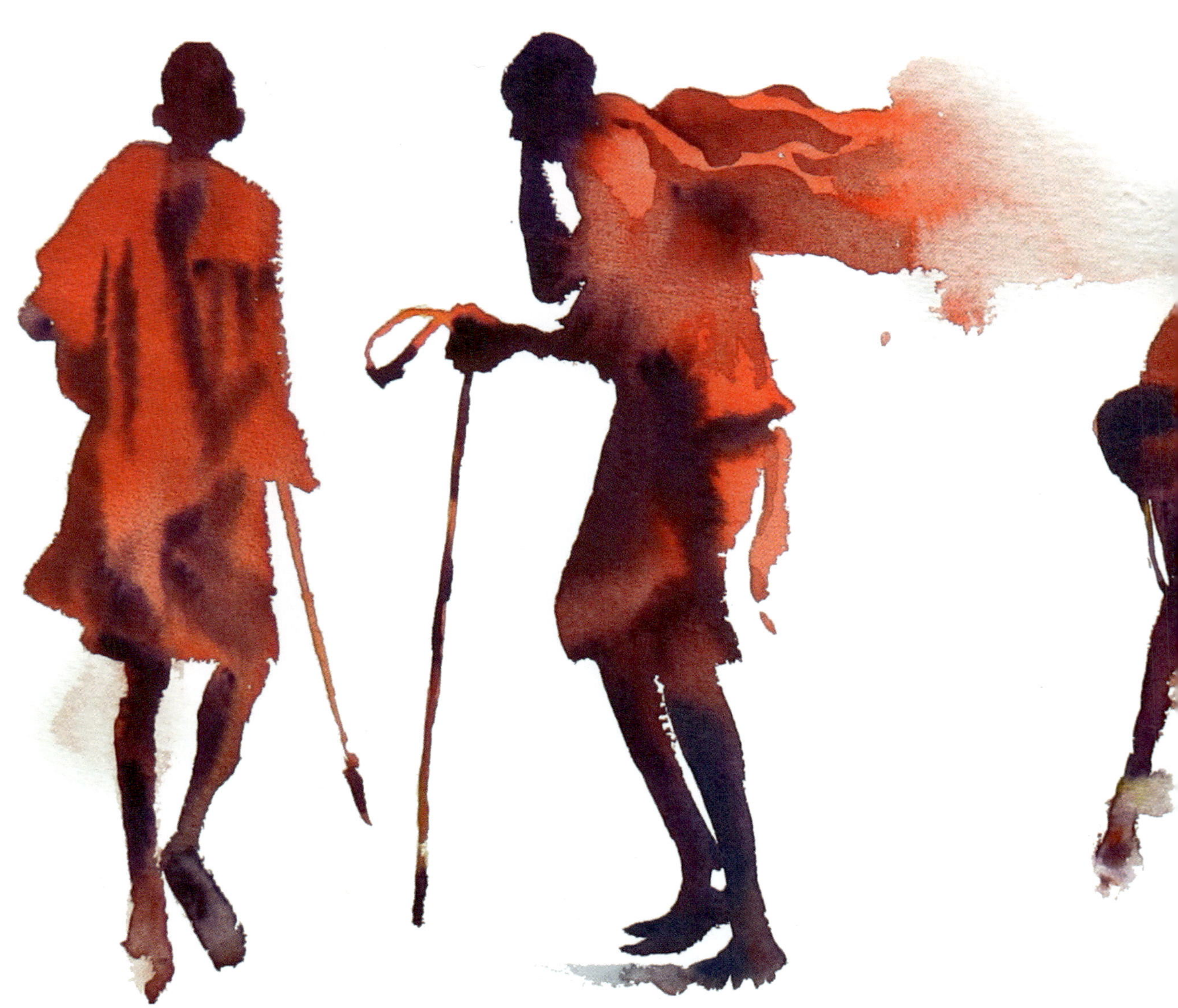

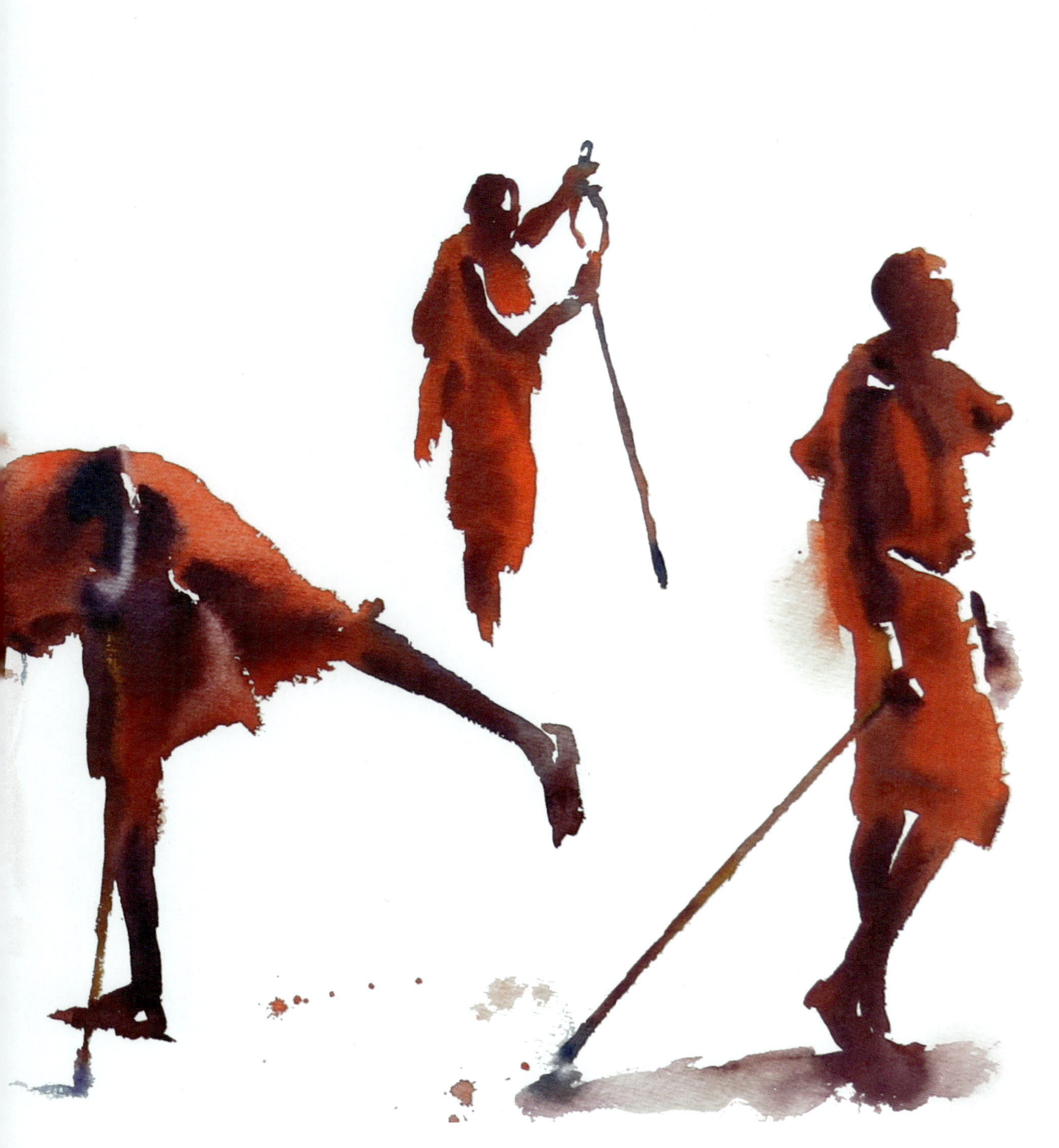

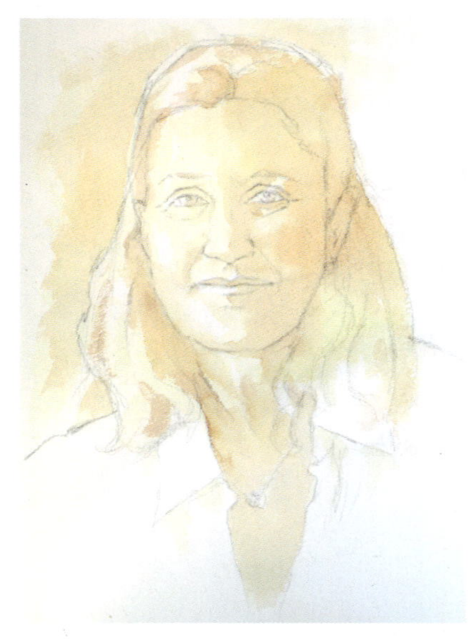

피부 색조의 표현 – 초상화

수채화의 가장 매력적인 특징 중의 하나는 광채를 표현할 수 있다는 점이다. 핵심은 가장 밝은 부분의 단계적인 그러데이션과 레이어링의 투명도 유지에 있다. 이 초상화에서는 피부 색조의 따뜻함과 생기 있는 광채를 표현하고자 했다. 이 그림은 색조에 변화를 준 여러 겹의 얇은 레이어가 각각 완전히 건조되어야 다음 레이어를 칠할 수 있었기 때문에 완성하기까지 시간이 오래 걸렸다.

1 엷고 묽은 인디언 옐로와 트랜스페어런트 시에나를 평붓을 사용해 웨트 인투 웨트 기법으로 블렌딩하여 아무것도 칠하지 않은 종이 그대로인 눈과 하이라이트를 제외한 곳곳에 칠했다.

2 눈부터 시작하여 트랜스페어런트 시에나를 울트라마린과 섞어 눈꺼풀과 짙은 눈동자를 묘사했다. 이 노란색과 파란색을 블렌딩하여 눈을 엷게 칠하고 묽은 카드뮴 레드로 볼과 입술을 칠했다.

3 순수한 트랜스페어런트 시에나로 빛이 비추는 쪽의 머리카락을 칠하고 울트라마린과 섞어 그림자가 진 쪽을 칠했다. 머리카락에 빛을 더하기 위해 배경의 녹색(울트라마린과 인디언 옐로)을 활용했다. 다시 한번 옅은 색조의 카드뮴 레드로 입술을 더 진하게 하고 흰 셔츠의 음영에 가볍게 칠하기 시작했다.

색 선택

인디언 옐로와 트랜스페어런트 시에나는 피부와 머리카락의 은근한 광채를 표현할 수 있는 따뜻한 색상과 투명도 때문에 선택했다. 카드뮴 레드는 얼굴에서 중간 색조에 따뜻함을 더하고 입술의 색을 표현하기 위해 선택했다. 색조가 아주 연해서 카드뮴 레드의 불투명도는 제한되었다. 울트라마린 블루는 트랜스페어런트 시에나와 섞어 어두운 갈색을 만들 수 있고 모사를 위해 아이라인을 수정할 필요가 있을 때 닦아낼 수 있기 때문에 선택했다. 하얀 셔츠의 음영을 표현하는 데도 완벽했다.

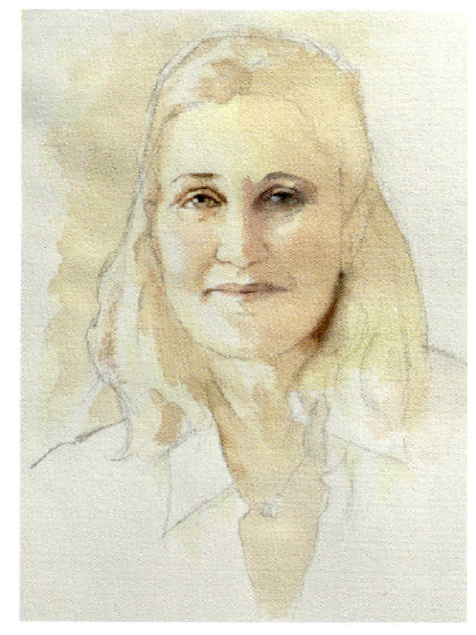

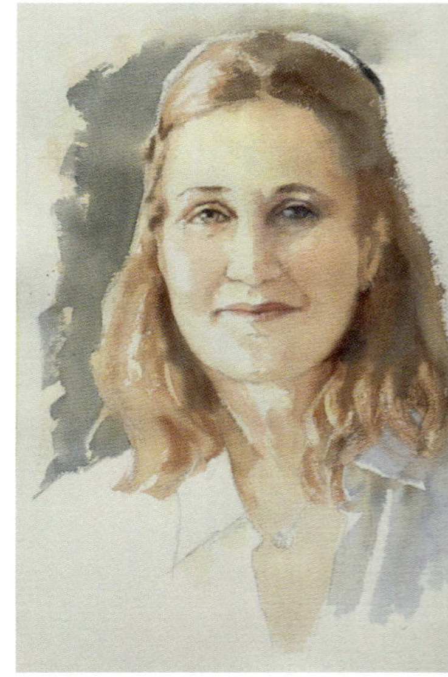

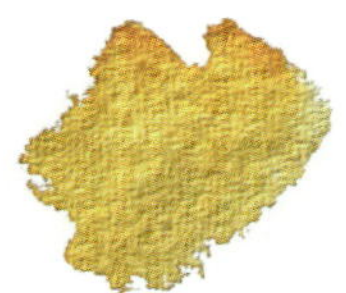

인디언 옐로

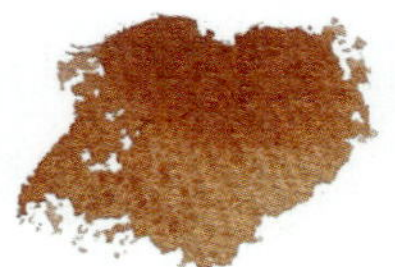

트랜스페어런트
시에나

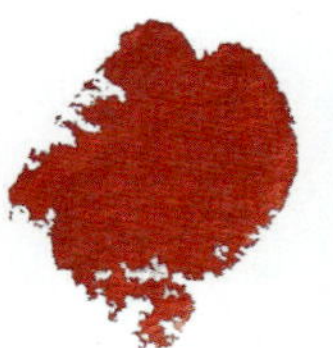

카드뮴 레드

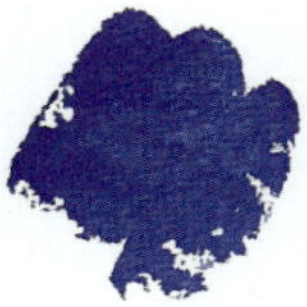

울트라마린 블루
(파이니스트)

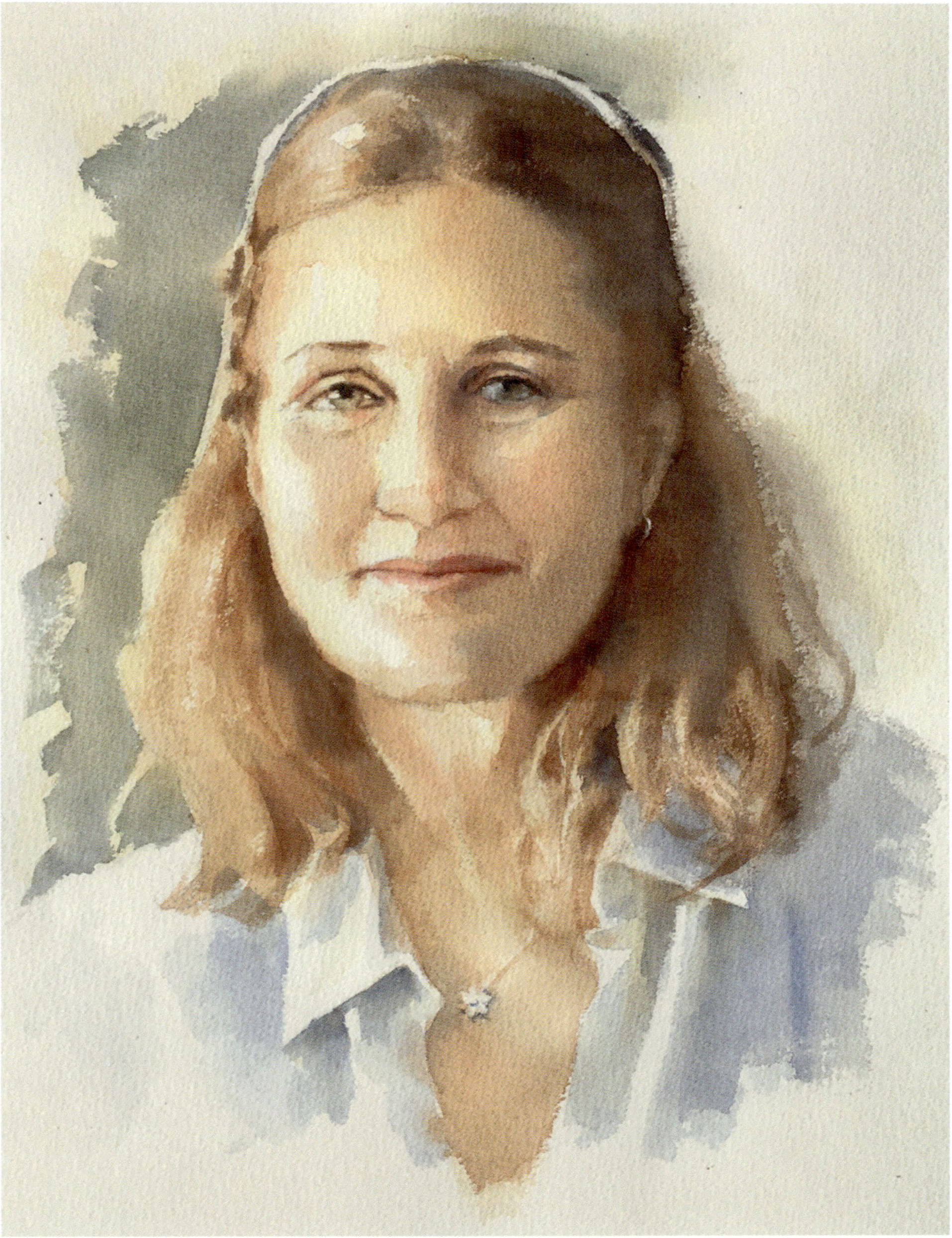

4 셔츠와 목 부분을 완성한 후 트랜스페어런트 시에나,
카드뮴 레드와 울트라마린의 엷은 레이어를 여러 번 겹
쳐 칠해 얼굴의 색조가 짙어지게 했는데, 실수로 안료 입자
가 번져 '탁해지지' 않도록 매번의 붓칠이 마를 때까지 기다
렸다가 다음번 칠을 했다.

▲ 디의 초상,
51x40.5cm(20x16in)

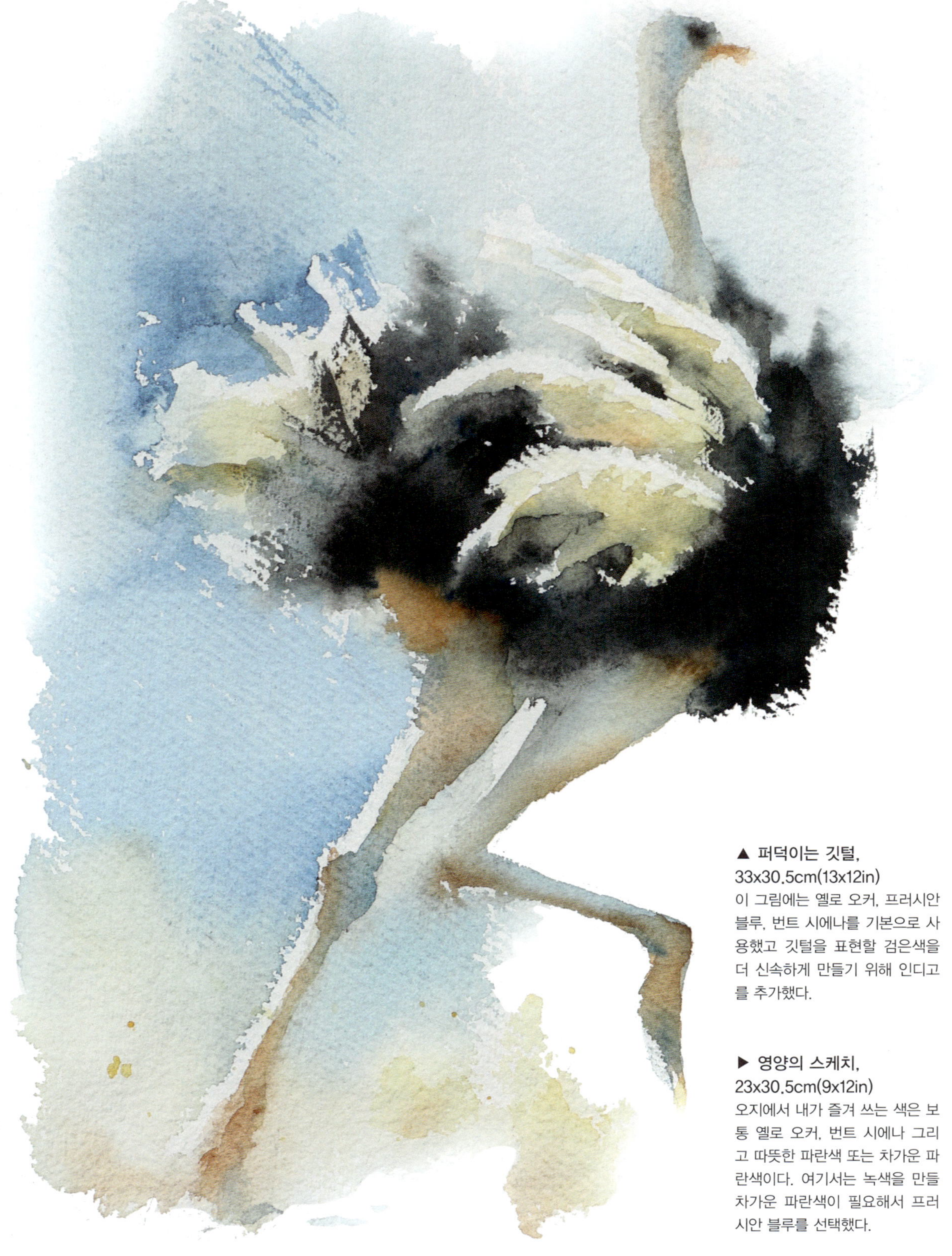

▲ 퍼덕이는 깃털,
33x30.5cm(13x12in)
이 그림에는 옐로 오커, 프러시안 블루, 번트 시에나를 기본으로 사용했고 깃털을 표현할 검은색을 더 신속하게 만들기 위해 인디고를 추가했다.

▶ 영양의 스케치,
23x30.5cm(9x12in)
오지에서 내가 즐겨 쓰는 색은 보통 옐로 오커, 번트 시에나 그리고 따뜻한 파란색 또는 차가운 파란색이다. 여기서는 녹색을 만들 차가운 파란색이 필요해서 프러시안 블루를 선택했다.

동물과 야생동물

내가 한정된 팔레트를 특히 좋아하게 된 것은 확실히 아프리카 오지에서 야생동물을 그리면서
부터이다. 한정된 팔레트는 적은 화구로 빠르게 색을 칠하고 금세 증발하는 현상도 처리해야 하
는 상황에서 생생한 수채화와 풍부한 색을 표현할 수 있는 훌륭한 방법이다. 적은 수의 색을 사
용하고 웨트 인투 웨트 기법으로 색을 더하는 것이 사파리에서의 내 작업 방식이 되었고, 작업
실과 그 외의 작업 환경에서도 그대로 활용한다.

동물의 위장偽裝은 자연 그대로인 아프리카 풍경의 색과 조화되어 한정
된 팔레트에 매우 적합하다. 종종 여러 가지 색을 지닌 새를 제외하
면, 대부분의 동물은 상당히 한정된 범위의 회색, 갈색, 황토색과 검
은색으로 표현할 수 있다. 하지만 앞에서 살펴보았듯이 삼차색은 세
개의 기본색으로 만들어지며 전체적으로 훨씬 색이 뚜렷하지 않은
동물의 고유색 속의 파란색, 보라색, 노란색, 분홍색 그리고 금색을
나타낼 수 있다. 선홍빛 혀와 분홍빛 코를 표현하기 위해 단 한 번
쓰일지라도 또 다른 빨간색을 추가해야 할 수도 있다. 따라서 이 대
상이 한정된 팔레트에 적합해 보이더라도 여전히 3색, 4색 또는 5색
의 팔레트에서 다양한 혼색을 만들어야 할 수 있다.

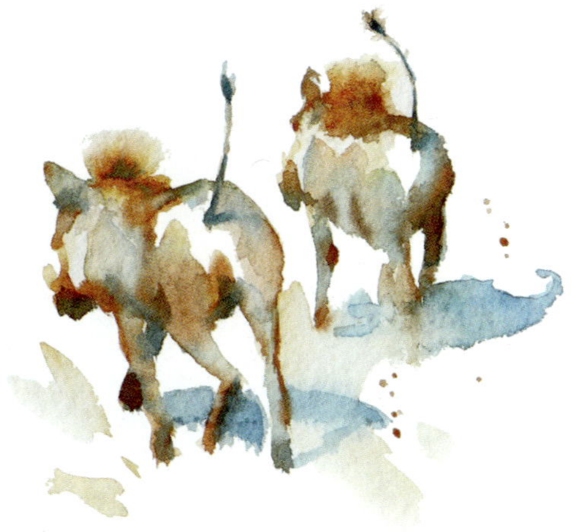

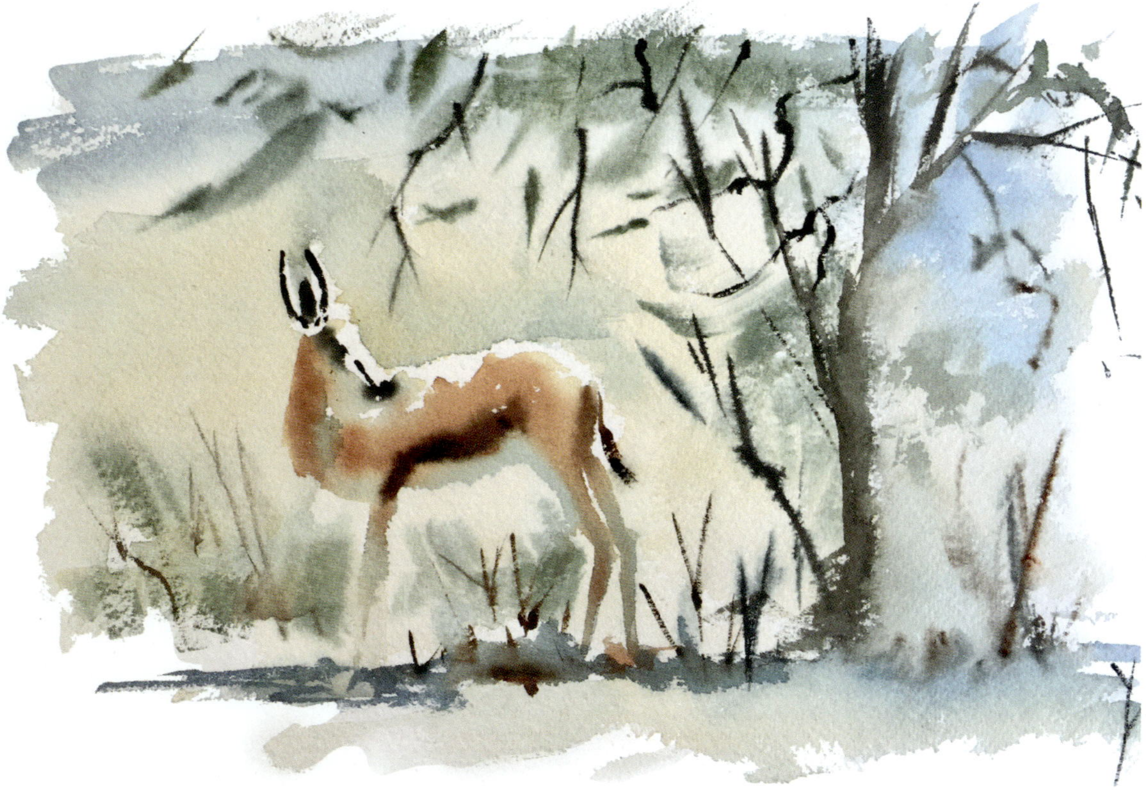

즐겨 찾게 되는 색

흙색인 로우 시에나, 옐로 오커, 로우 엄버, 번트 시에나와 번트 엄버는 동물과 야생동물을 그리는 데 매우 적합한 범위의 노란색, 빨간색, 갈색을 제공한다. 파란색의 경우는 일반적으로 나뭇잎의 색에 따라 차가운 파란색과 따뜻한 파란색을 번갈아 쓴다. 녹색이 필요하지 않다면 그림자가 진 하얀 부분의 온도 편향과 어두운 색조의 농도를 고려하여 파란색을 선택한다. 현장에서 내가 꾸준히 쓰는 파란색은 프러시안과 울트라마린이다. 코발트, 세룰리안, 인디고는 언제든 바로 쓸 수 있는 대안으로 팔레트에 두고 있다.

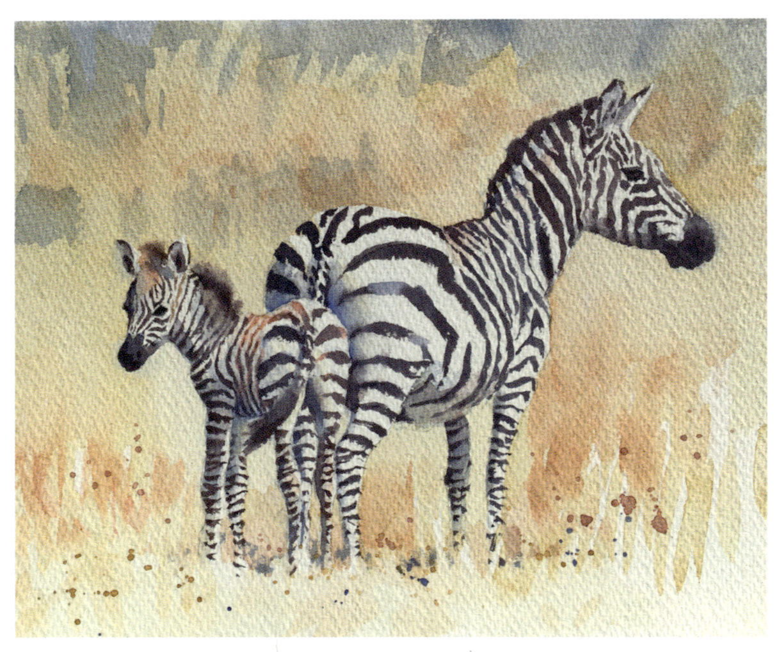

▼ **자연의 조화,**
28x38cm(11x15in)
어미 얼룩말과 새끼를 표현하기 위해 옐로 오커, 울트라마린 블루와 번트 시에나를 선택했다. 이 풍경에는 녹색이 필요하지 않아서 차가운 파란색이 없어도 되고, 따뜻한 파란색을 갈색과 적절히 혼합하면 줄무늬의 검은색을 얻을 수 있다.

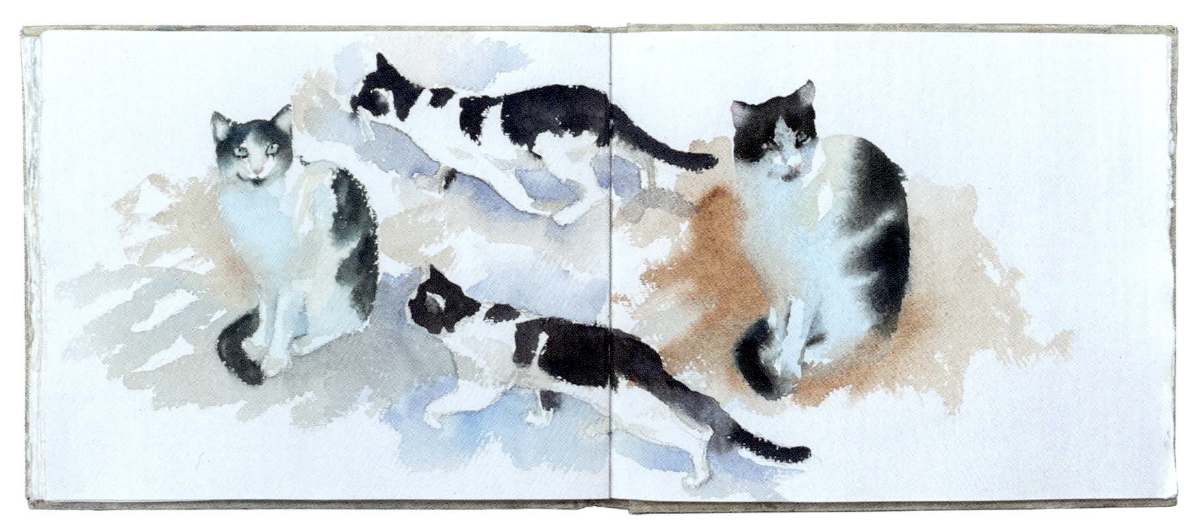

    한정된 팔레트로 그리는 수채화

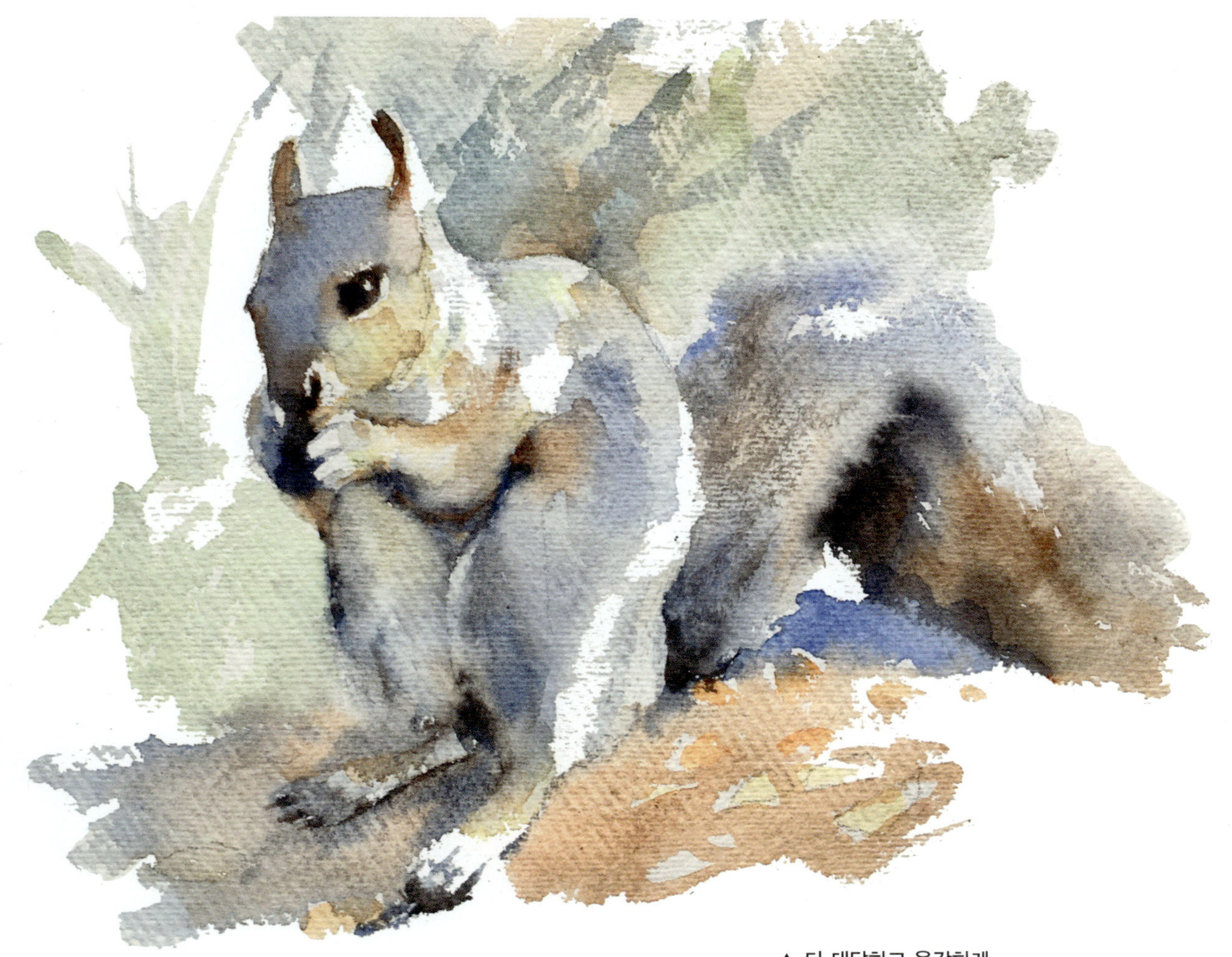

▲ 더 대담하고 용감하게,
20x25.5cm(8x10in)
겁 없는 다람쥐는 자연의 혜택을 만끽하는 데 여념
이 없어 화가가 지켜보는데도 태연했다. 여기서 노
란색은 오레올린을 선택했는데, 번트 시에나와 함
께 털의 회색을 만드는 데 필요했던 따뜻한 파란색
인 울트라마린과 혼합해 최대한 밝은 녹색을 만들
기 위해서였다.

◀ 손님, 카디 스케치북,
20x51cm(8x20in)
팬데믹으로 인한 봉쇄 기간에 내 정원에 자주 들른 고양이를 발코니에
서 그렸다. 옐로 오커와 번트 시에나는 전체적으로 쓰였지만, 파란색은
다르다. 왼쪽과 오른쪽의 앉은 자세에는 프러시안 블루를 사용했고 가
운데 걷는 자세에는 울트라마린 블루를 사용했다. 차가운 파란색과 따
뜻한 파란색의 차이는 그림자가 진 하얀 부분에서 쉽게 비교되고, 파란
색과 갈색을 섞어 만든 검은색의 차이도 마찬가지이다.

공기의 생생한 재현

수채화는 대기의 느낌을 생생하게 표현하는 데 적합하다. 열기와 먼지는 야
생동물의 서식지들을 연상시키며 내가 아프리카에서 그리기 좋아하는 주제
이다. 이 그림에서는 쉬민케 바이올렛을 두 가지 다른 따뜻한 색인 번트 시
에나, 옐로 오커와 함께 사용하여 먼지 자욱한 코끼리 행렬에 온기가 느껴
지는 연무를 표현했다.

▼ 피어오르는 먼지 속에서 소리 없이,
28x56cm(11x22in)

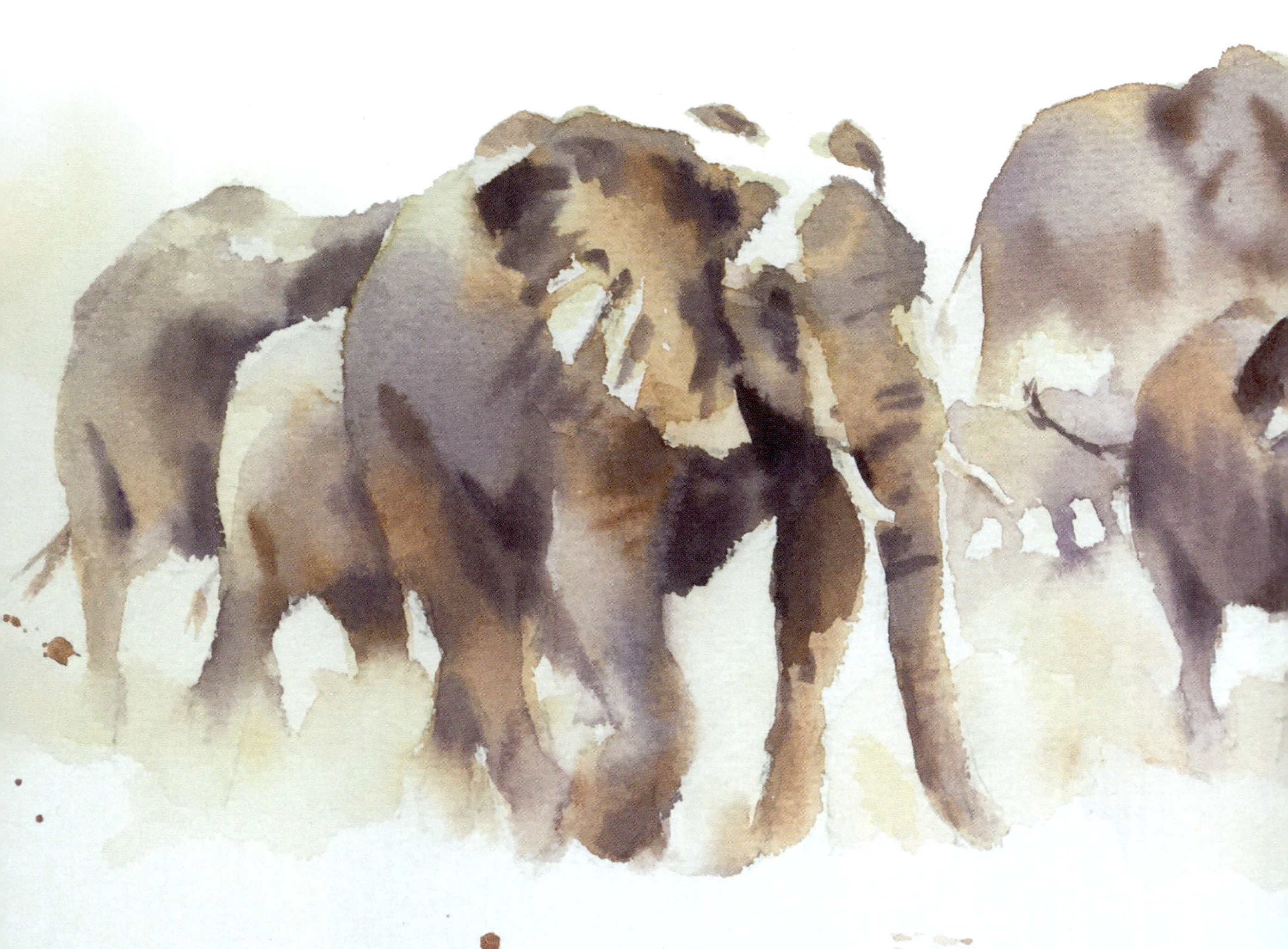

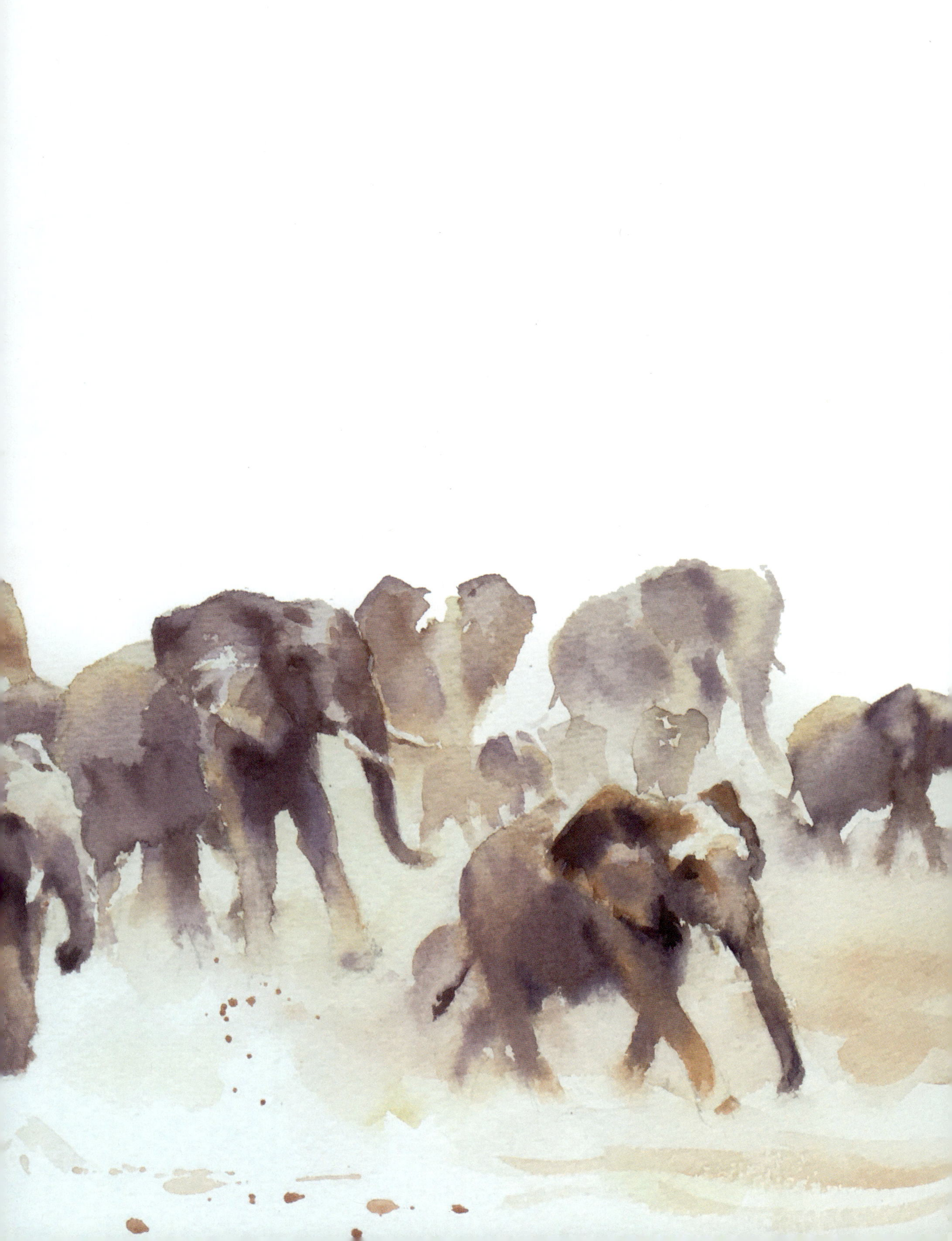

온도의 조절

빨간색과 파란색의 혼색인 보라색은 파란색과 비교하면 따뜻한 색이고 빨간색과 비교하면 차가운 색이다. 따라서 보라색은 인접한 색의 온도 편향을 원하는 대로 보이게 하는 데 활용할 수 있으며 마찬가지로 보라색도 주변 색에 의해 다르게 보여질 수 있다.

이 그림에서는 어두운색의 기수들을 채색하기 위해 매우 짙고 차가운 색인 인디고를 사용함으로써 말의 목과 엉덩이, 꼬리와 다리의 쉬민케 바이올렛이 특히 옐로 오커와 혼합되는 부분에서 대조적으로 더 따뜻하게 보이도록 했다. 일반적으로 따뜻한 파란색인 울트라마린 블루는 보라색·노란색과 함께 있으면 더 차가워 보이지만, 인디고만큼 차가워 보이지는 않는다. 차가운 음영부터 중간 색조의 파란색과 보색인 연보라색을 거쳐 따뜻한 노란색에 이르는 온도 범위의 단계적인 전개는 때로는 조금 칙칙한 노란색일 수 있는 옐로 오커를 아주 환하게 보이게 한다(이 팔레트에는 사실 알리자린이 약간 포함되어 있지만, 그 따뜻함은 큰 영향력이 없으며 강렬한 보라색에 묻혀 눈에 띄지 않는다).

▶ 경기장, 56x56cm(22x22in)

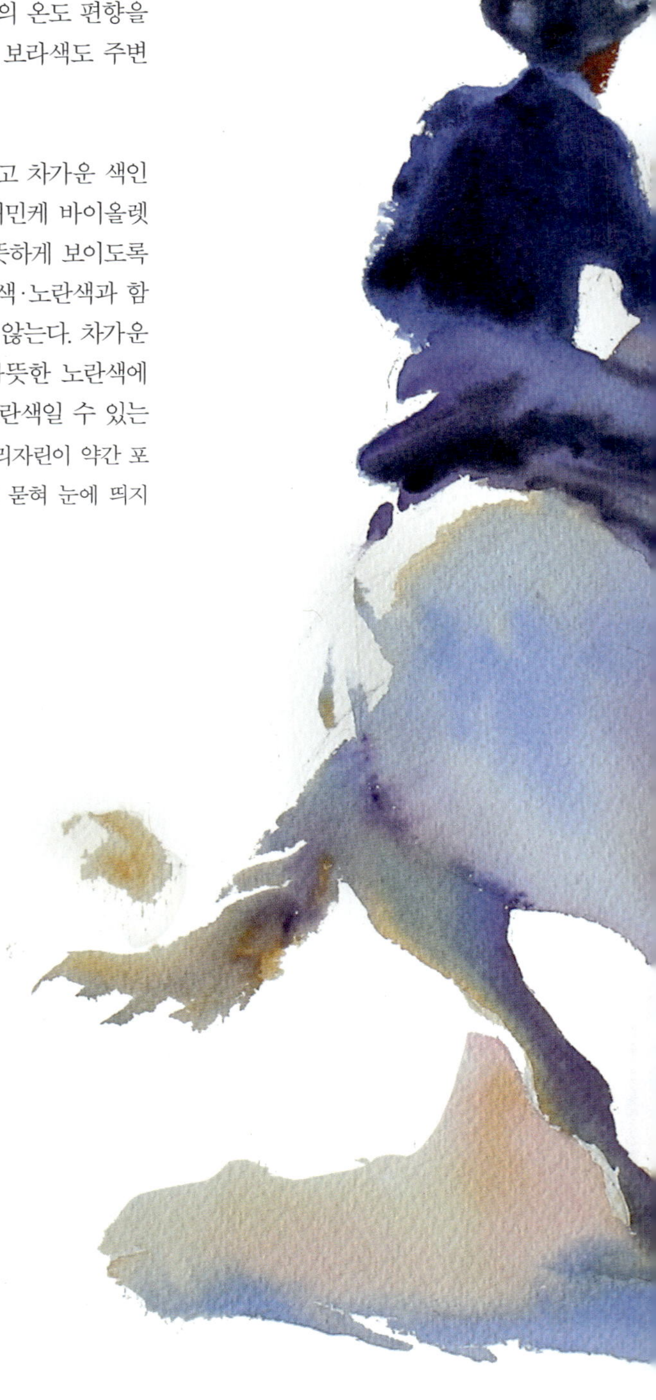

트랜스페어런트 오렌지

주황색은 동물과 그들이 서식하는 풍경 모두에서 자연적으로 보이는 색이다. 많은 새의 부리와 다리는 주황색이고 빛을 받은 갈색 털은 주황색으로 보이며 흙은 희미하게 주황색과 산화철에서 비롯된 빨간색을 띠고 있다. 여러 수채화 물감 브랜드에는 여러 가지 기성품 주황색이 있지만, 피롤Pyrrole로 만든 새로운 안료인 트랜스페어런트 오렌지가 가장 유용하다고 생각하는데, 투명도가 높아 짙은 갈색, 회색, 검은색을 만드는 데 쓸 수 있기 때문이다.

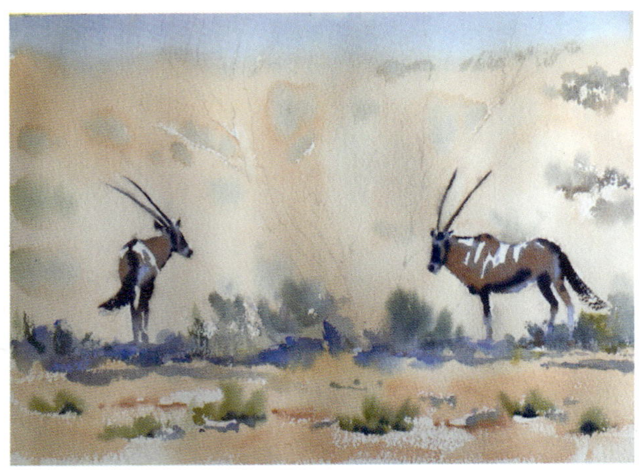

▶ **1단계:** 먼저 그늘에 있는 자리에서 옮길 것 같았던 아프리카 영양을 번트 시에나와 울트라마린 블루로 채색했다. 그러고서는 곧바로 울트라마린과 함께 트랜스페어런트 오렌지를 썼어야 했다는 생각이 들었다. 칼라하리 모래의 부드러운 주황색을 표현하기에 번트 시에나는 색상이 너무 짙었기 때문이다. 그래서 거의 배경 전체를 트랜스페어런트 오렌지로 칠하고 영양의 몸체에도 칠해서 전체적으로 색이 어우러지게 했다.

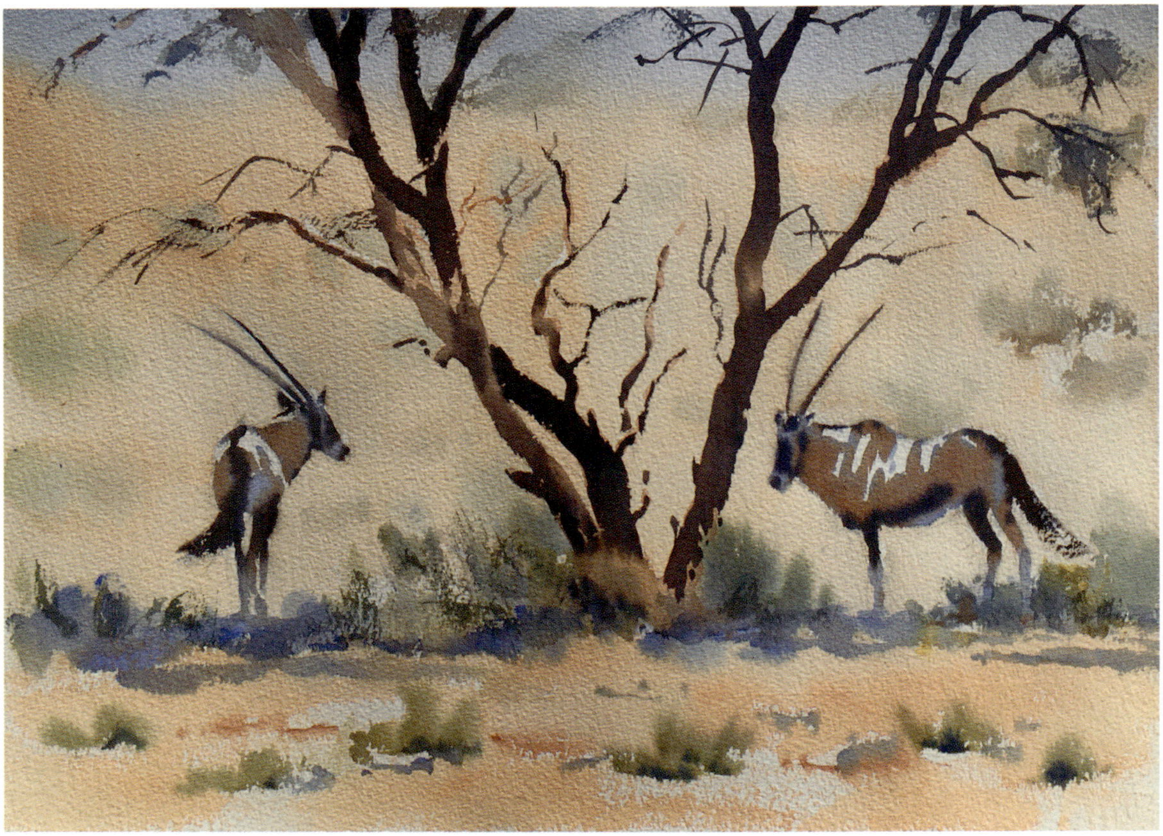

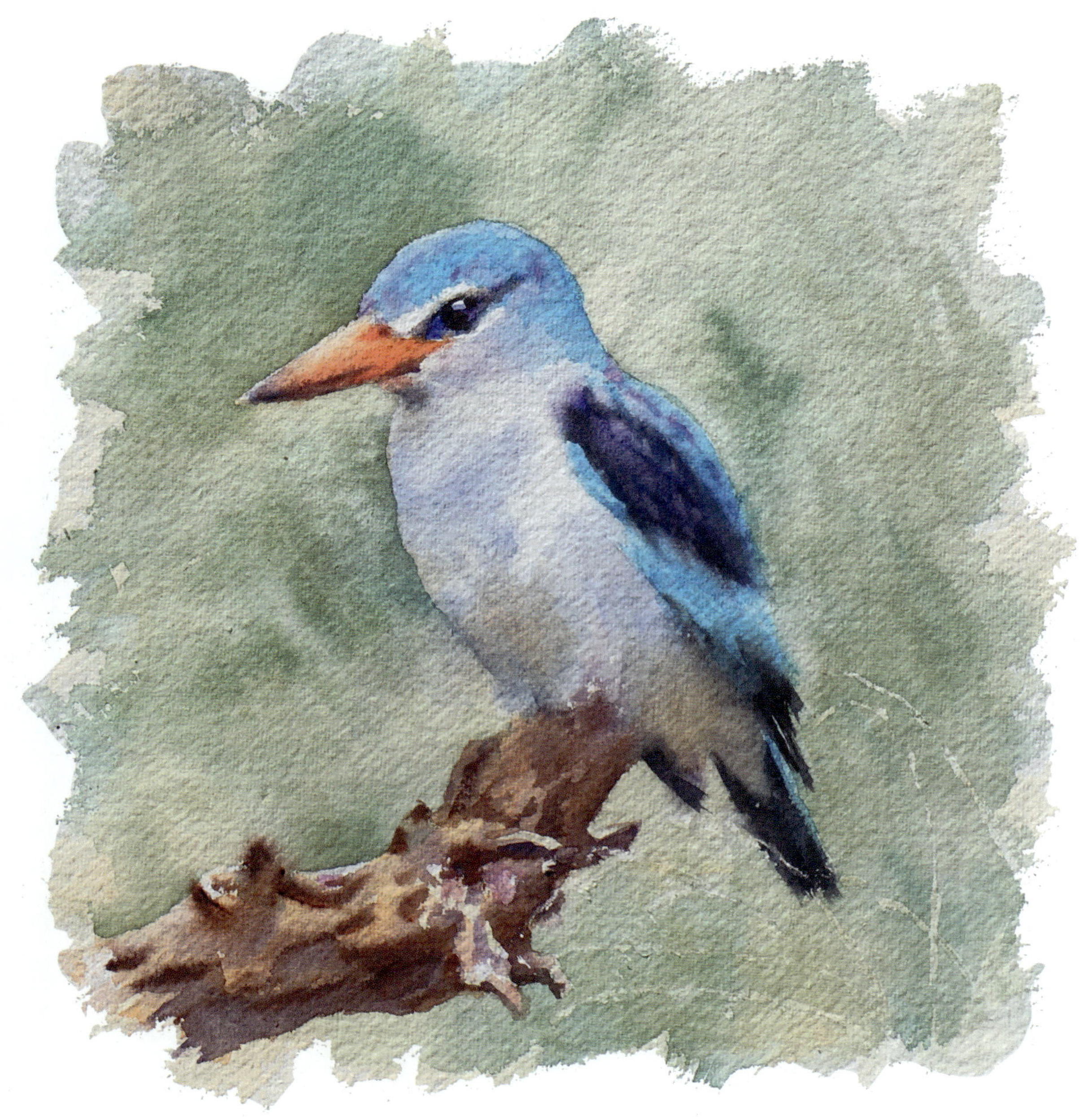

◀ **칼라하리의 쉼터, 28x38cm(11x15in)**

나무를 추가하면서 번트 엄버를 선택했는데, 번트 시에나와 같은 계통의 또 다른 흙색이며 주황색과 혼합해 따뜻하고 어두운 갈색을 만들어 빠르게 짙은 색조를 표현할 수 있기 때문이다. 그렇게 번트 시에나보다 붉은 기가 적은 차가운 흙색을 사용해 트랜스페어런트 오렌지의 따뜻함을 부각하고 영양의 음영과 나무를 어우러지게 했으며, 두 가지 색(번트 엄버와 트랜스페어런트 오렌지)만으로 어두운 줄기와 가지를 칠할 수 있었다.

▲ **물총새, 30.5x30.5cm(12x12in)**

물총새의 강렬한 색과 밝은 주황색 부리에는 여러 특정 색이 필요했다. 이러한 색을 가능한 한 최소한으로 제한하기 위해 우선 주황색과 청록색을 고유색으로 선택했다. 트랜스페어런트 오렌지는 부리에 아주 잘 어울렸고 나뭇가지 껍질의 색조를 표현하는 데도 쓸 수 있었을 뿐 아니라 꼬리의 검은색을 만드는 데도 사용할 수 있었다. 코발트 세룰리안은 청록색을 표현하는 데 효과적이었으며 반투명함을 통해 밝은 색상을 나타냈다. 날개에는 바이올렛을 청록색과 블렌딩했고 꼬리 깃털에는 이를 주황색, 파란색과 섞어 만든 검은색을 칠했다. 배경의 녹색을 만들기 위해서는 노란색이 필요했기 때문에 코발트 세룰리안과 혼합할 수 있는 따뜻하고 투명한 색으로 인디언 옐로를 선택했다.

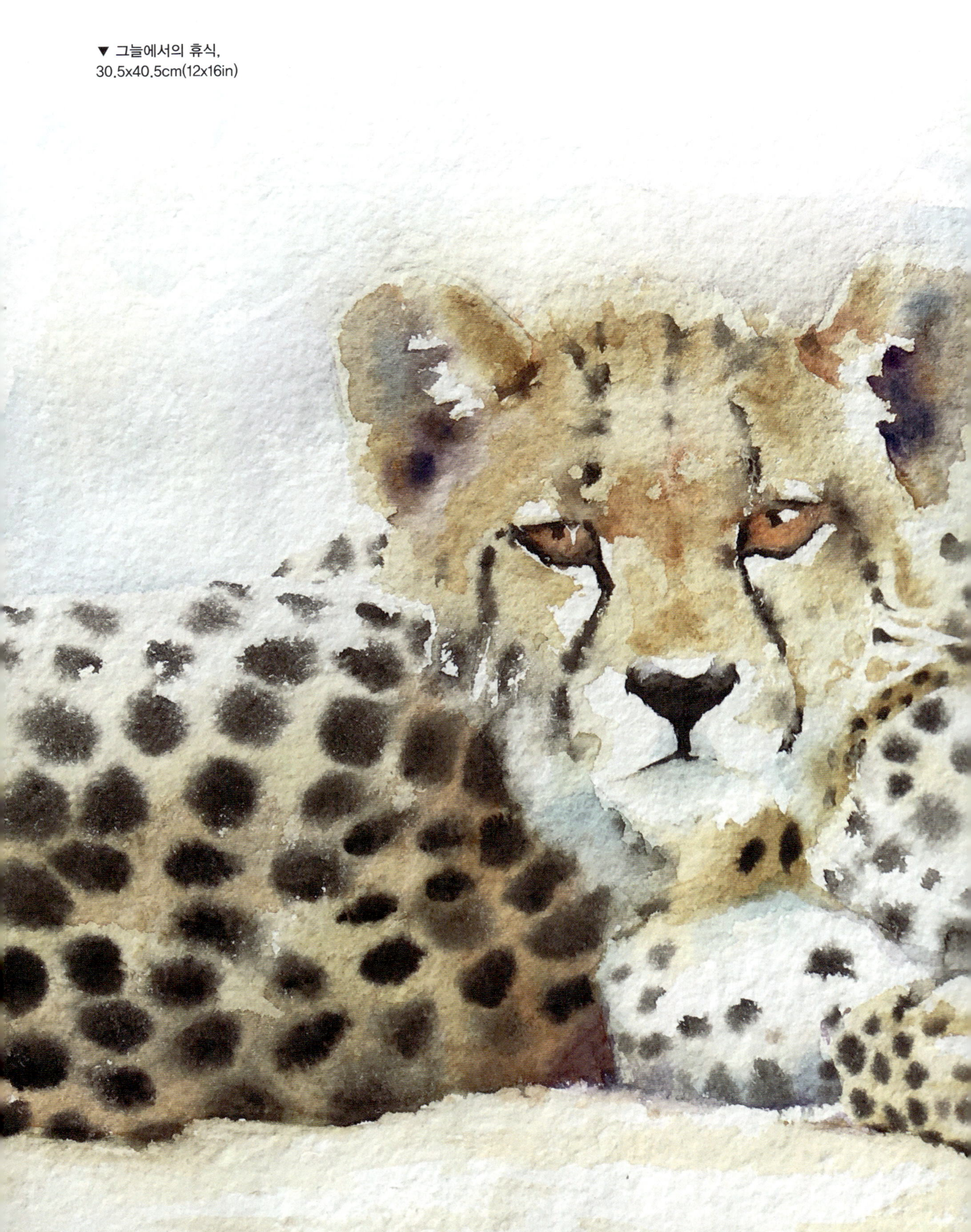

▼ 그늘에서의 휴식,
30.5x40.5cm(12x16in)

동물의 무늬

동물의 털에 있는 무늬는 동물의 고유성을 나타내는 뚜렷하고 필수적인 부분이다. 무늬는, 예를 들면 줄무늬처럼, 우선 형태를 잡는 데 사용될 수 있고, 기본 형태를 먼저 칠한 다음 그 위에 무늬를 더하는 경우도 있다. 나는 보통 형태를 채색할 때 쓴 색과 같은 색을 사용해 만든 혼색으로 무늬를 채색하지만, 여기의 경우처럼 또 다른 색이 더 적합할 때도 있다.

색 선택

먼저 이 어린 치타의 전반적인 형태를 그리기 위해 울트라마린과 옐로 오커, 번트 시에나를 사용했다. 그런 다음 무늬와 얼굴의 특징을 추가했는데, 이를 위해 웨트 인투 웨트 기법으로 색을 더했을 때 느린 움직임을 나타내는 세피아 브라운을 쓰기로 했다. 불투명한 색의 좋은 점은 크고 농밀한 입자가 투명한 안료의 곱고 가벼운 입자보다 확산 과정에서 더 천천히 퍼져나간다는 점이다. 점무늬의 경계는 부드럽게 표현되어야 하지만 마르지 않은 바탕 워시에 더해졌을 때 모양이 흐트러지지 않아야 했기 때문에 느리게 확산하는 안료가 필요했다. 농밀하고 불투명한 세피아 브라운은 이 작업에 적합한 특성을 갖추고 있었다. 전체적으로 조화를 이루기 위해 이를 얼굴 이목구비와 발톱을 암시하는 부분에도 사용했다.

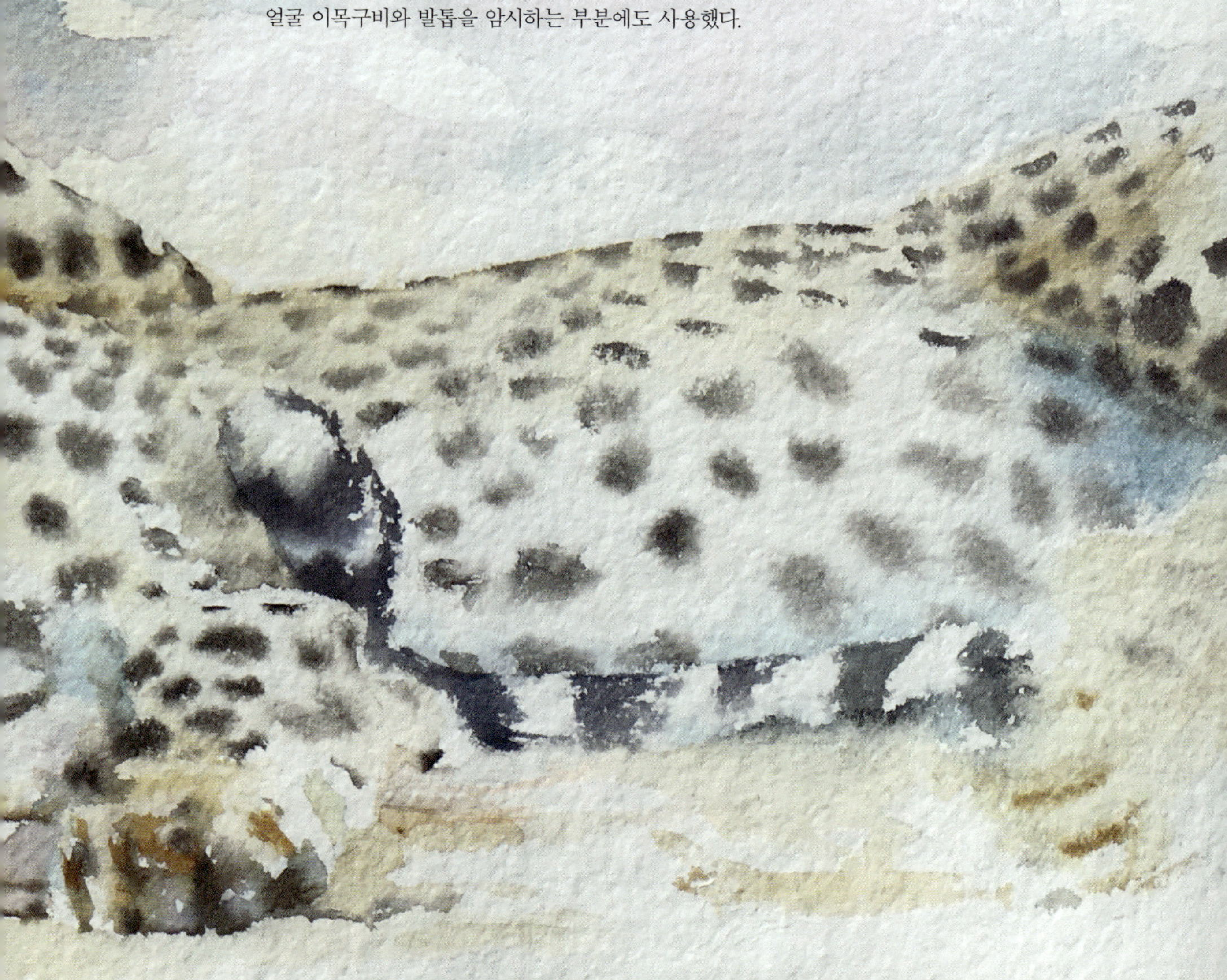

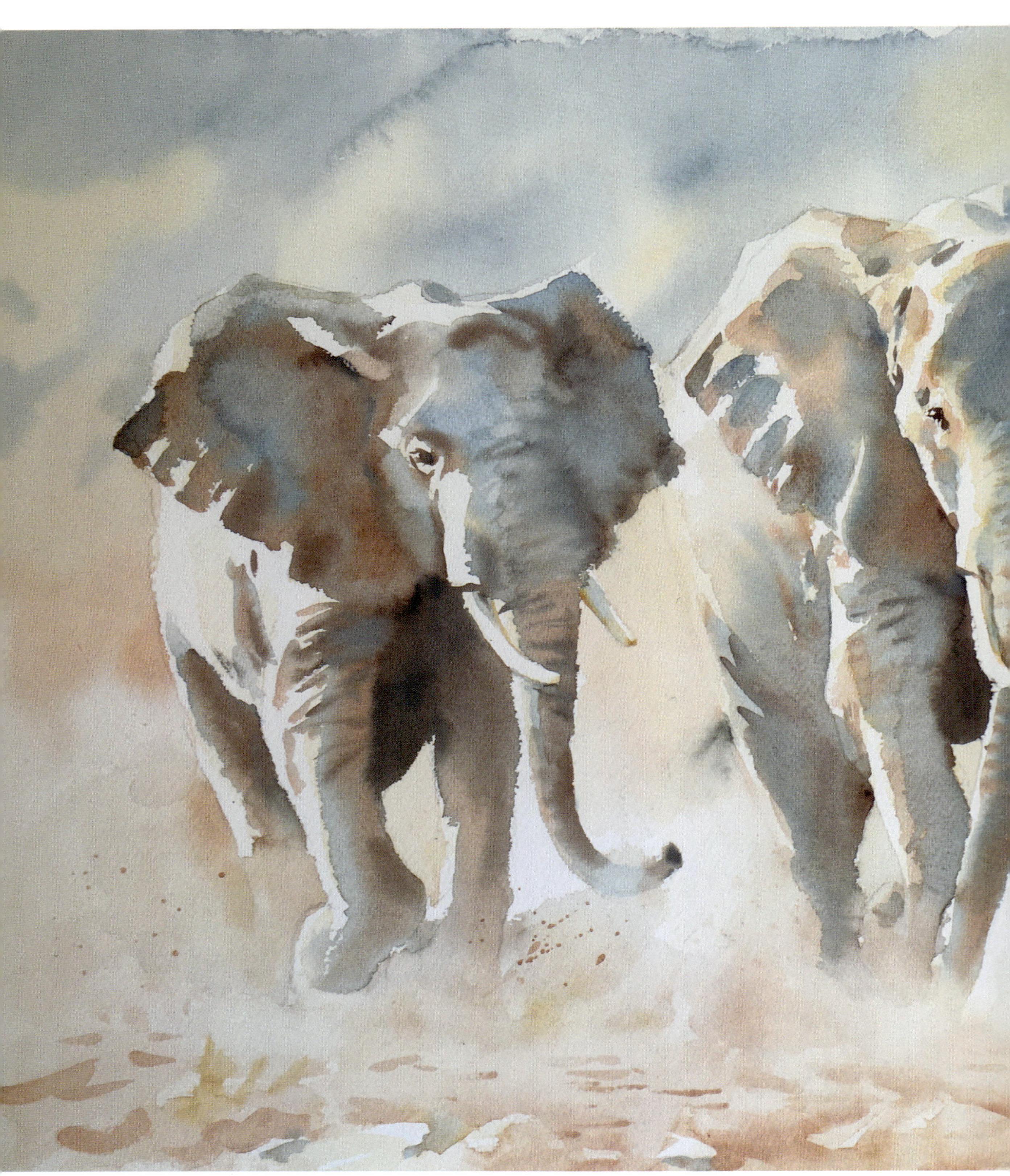

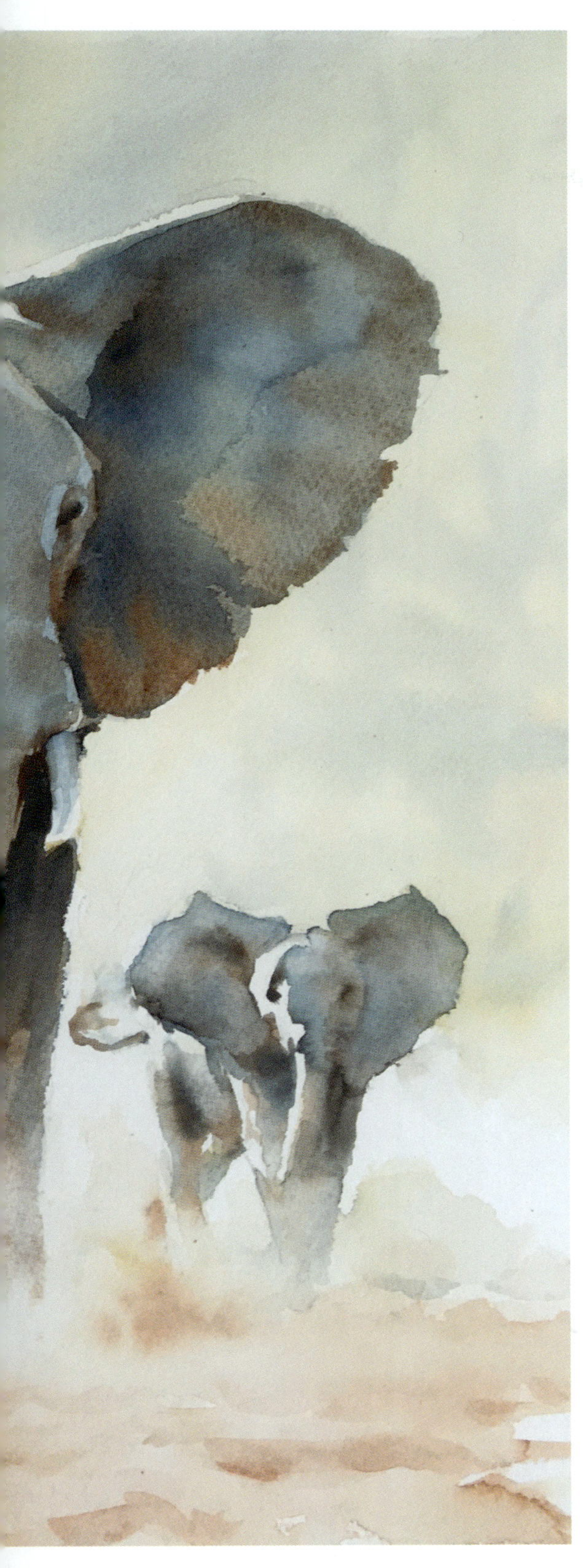

맺는 말

이 책을 읽고 나면 색 조합과 각각의 색을 선택하는 이유와 과정을 충분히 이해해서 나만의 훌륭한 한정된 팔레트를 선택할 수 있게 될 것이다. 조합은 헤아릴 수 없이 다양하게 이루어질 수 있고 요즈음에는 감사하게도 선택할 수 있는 색이 훨씬 많고 다양하다.

수채화의 매력은 산뜻함과 자연스러움이다. 수채화는 제한이 있다는 것을 이점으로 누릴 수 있는 매체이다. 다시 말해 한 그림에서 할 수 있는 붓질의 수, 칠할 수 있는 레이어의 수와 물감의 수에 한계가 있다는 점은 수채화의 장점 중 하나이고, 한정된 팔레트를 사용하는 작업 방식은 실제 작업에 바로 적용할 수도 있는 '적을수록 풍부하다Less is more'의 좋은 사례이다.

색을 더 적게 사용하고 색을 더 많이 안다고 해서 더 나은 그림을 그리게 될 것이라고는 장담할 수 없지만 더 나은 화가가 될 수는 있을 것이다. 조합은 무한하며 어려운 문제는 지적으로나 미적으로나 자극제가 된다. 또한, 그림을 망치는 문제를 해결할 방법을 알고 있으면 즐거움과 마법이 더 자주 찾아온다. 학습은 자기 학습이 될 때 더 효과적이다. 나는 여러분이 색 자체와 색상, 색조, 온도 편향 그리고 투명도와 착색성을 살펴보면서 설레고, 종이에 색을 칠하는 작업만큼 팔레트에서 색을 조합하는 과정에서도 즐거움을 발견하고, 내가 그랬듯이 모든 그림을 연구와 탐구로 바라보기를 바란다.

◀ 보호자, 56x76cm(22x30in)
이 그림에서는 번트 시에나, 옐로 오커, 프러시안 블루가 '빨간색', '노란색', '파란색' 조합을 이룬다. 이 조합은 자주 사용하는 삼색 세트이지만 여전히 나를 설레게 한다. 이 세 가지 색의 혼합만 가지고도 배울 것이 너무 많아서, 아무리 오래 산다고 해도 그 다채로움을 가늠하기에는 시간이 부족할 것이다.

감사의 말

이 책은 언젠가는 쓰게 될 책이었습니다. '적을수록 풍부하다'는 제 수채화 작업의 모토이며 한정된 팔레트는 저의 작업 방식입니다. 그렇기에 책의 집필을 제안한 배츠포드Batsford의 티나 퍼사우드Tina Persaud에게 매우 감사드리고 차분하게 용기를 북돋우며 책을 출판할 수 있도록 도와준 편집자 크리스티 리처드슨Kristy Richardson에게도 마찬가지로 감사드립니다.

감히 바랐던 것보다 책을 훨씬 더 근사해 보이게 만들어 준 디자이너 길다 파치티Gilda Pacitti와 샐리 본드Sally Bond에게 감사드립니다. 그림이 최대한 크게 들어가서 멋진 것은 물론이고, 두 디자이너는 이를 걸작으로 보이게 해주었습니다. 처음으로 제 글에 믿음을 보여준 사람이자 그 이후로도 좋은 친구로 남아 있는 캐시 고슬링Cathy Gosling에게는 언제나 감사한 마음이 있습니다. 저는 이 책을 코로나 팬데믹 기간에 썼습니다. 이 불안정한 시기에 믿음직한 조수가 되어준 안젤라 베이즈Angela Bayes와 소셜 미디어를 통해 독자들과 계속 소통할 수 있게 해 준 마르타 디 조이아Marta di Gioia에게도 감사드립니다.

훌륭한 화구는 수채화 화가들에게 큰 도움이 되기에, 저의 징표와도 같은 호라담Horadam 수채화 팔레트와 작업에 사용하는 다른 멋진 색의 대부분을 제공하는 쉬민케Schmincke에 감사드립니다. 특히 색 화학에 대한 관심을 공유하고 아낌없는 지지를 보내 준 마커스 바움가르트Markus Baumgart와 마르셀 콘스Marcel Kohns에게 감사드립니다. 제 수채화의 대부분은 손더스 워터퍼드Saunders Waterford의 백 퍼센트 면지를 사용했으며 제가 사용하는 세이블 붓은 SAA사의 제품입니다.

책은 읽는 사람이 없다면 아무 의미가 없습니다. 각자의 작업을 하는 와중에 기꺼이 시간을 내어 제 작품과 설명에 고맙다는 인사를 전하는 팬들이 있어 정말 행복합니다. 모든 분의 지지에 감사드리고, 그러한 지지 덕분에 책을 쓰는 일에 즐거움과 보람을 느낍니다.

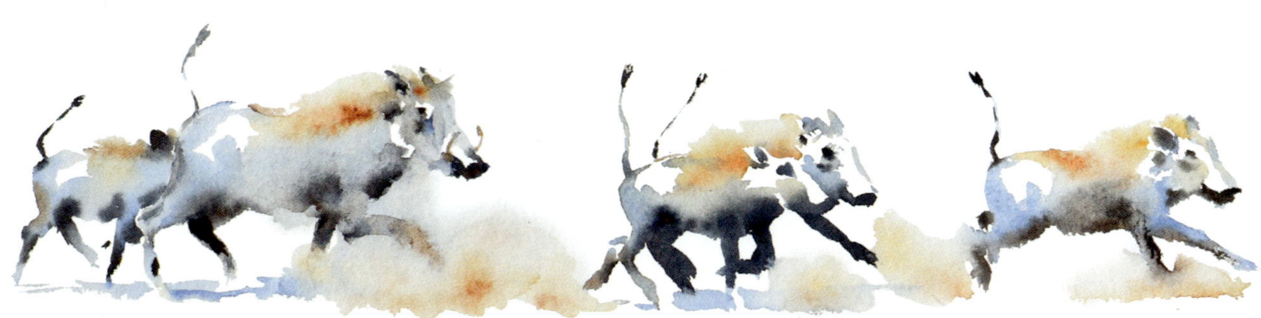